【세계민족무용연구소 학술총서 2】

 한국 전통무용의 변천과 전승

허영일 책임편집

보고사

이 책은 2003년도 한국학술진흥재단의 지원에 의하여 발간되었음.(KRF-2003-073-GM1001)

발간사

　조선왕조 시대의 무용은 독립적 예술 분과로 인지되지 않았으며, 사회 전반에 걸친 통치 이념인 '예악(禮樂)사상'에 상당 부분 견인되어, 악·가·무(樂歌舞)가 하나로 어우러진 형태의 '정재(呈才)'로서 발전되었다. 오늘날 이 '정재'는 중앙 정부의 장악원(掌樂院)이 주도했던 '궁중무용'이라는 제한적 개념으로 사용되지만, 실질적으로 이들 정재는 봉건적 계급 사회의 통치기구인 모든 지방의 관(官)이나 병영(兵營)에 소속된 '교방(敎坊)'에서 보편적으로 행해지던 예술 장르였다. 따라서 전통무용에 대한 연구는 예악사상(禮樂思想)이나 음양오행사상(陰陽五行思想) 등의 이념적 굴레에 견인된 조선 전기 무용에 대한 이해와 인간의 보편적 감정을 중시하여 예술로서의 향유를 실질화하는 경향을 보이는 조선 후기 무용에 대한 이해를 아우르는 방향으로 수행되어야 할 것이다.

　이러한 시각을 바탕으로 하여 우리나라 전통무용의 변천과 전승 과정을 검토하고, 특히 '정재'에 주목하여 논의한 것을 가려 모아 상재(上梓)하고자 한다. 한국예술종합학교 무용원 부설 세계민족무용연구소는 2003년 9월부터 한국학술진흥재단의 기초학문육성사업의 지원을 받아

'한국 근·현대사의 전통무용의 굴절과 계승 방향'이라는 주제의 연구과제를 수행하고 있다. 이 책은 1차년도와 2차년도의 과제 수행 기간에 행해진 연구 성과를 모은 것이기도 하다. 아무쪼록 이 책이 전통무용의 이론적 탐구와 모색에 작은 보탬이라도 되기를 기대해 본다.

이 책이 나오기까지 수고한 세계민족무용연구소의 연구원을 비롯한 모든 분들께 감사드린다. 편집과 제작에 각별한 정성을 쏟아준 도서출판 보고사의 편집부와 김흥국 사장께도 감사드린다.

2005년 6월 녹음 우거진 우면산 자락에서
허 영 일

차례

발간사　3

제1부 : 총론 – 한국 전통무용의 전승에 대한 시각의 재정립을 위하여
　한국 궁중무용의 변천과 전승에 관한 문화지형 독법 …………… 9
　한국 근대 전통춤의 변모 양상과 그 원인 ……………………… 29

제2부 : 궁중정재의 변천과 전승
　당악정재 <포구락>의 역사적 전개 ………………………………… 61
　당악정재 <연화대>의 변천과 전승 ………………………………… 95
　당악정재 <헌선도>에 담긴 사상과 미의식 ……………………… 118
　당악정재 <헌선도>의 실현 양상과 창사 변화 …………………… 146
　순조 무자년(1828) '연경당진작'의 성격과
　　　　연출 정재들 간의 내적 흐름 ………………………………… 172
　『정재무도홀기』를 통해 본
　　　　고종 신축년 진연의 문화사적 의의 …………………………… 197
　『국연정재창사초록』을 통해 본 고종조 연향악장 정비 …………… 222

제3부 : 문헌 자료를 통해 본 지방 정재 공연의 문화사적 의미
　정재, 「항장무」의 연희전승과 극 연출 방식 ……………………… 263
　<선루별곡>을 통해 본, 19세기 초 성천의
　　　　관변풍류와 정재공연 …………………………………………… 305
　조선후기 성천 교방의 공연활동 및 공연사적 의미 ……………… 329
　황창과 황창무의 문헌적 고찰 ……………………………………… 367
　교방정재 승무와 탈춤 중과장의 구조 비교를 통한
　　　　영향 관계 연구 ………………………………………………… 385

제1부

총론
– 한국 전통무용의 전승에 대한 시각의 재정립을 위하여 –

한국 궁중무용의 변천과 전승에 관한 문화지형 독법

- 조선왕조(朝鮮王朝)의 궁중무용을 중심으로 -

허영일

Ⅰ. 한국 궁중무용에 대한 문화론적 시각정립의 필요성

　필자는 '한·중·일(韓·中·日) 궁중무용(宮中舞踊)의 변천(變遷)과 전승(傳承)'이라는 주제(主題)로 한·중·일 3국의 무용학의 연구수준을 가늠하는 국제학술회의(國際學術會議)를 개최한 바 있다.1) 이 학술회의는 동아시아 3국의 무용계 석학(碩學)들이 모여 각국 전통무용의 변천과 전승에 대한 고견(高見)을 나누는 자리였다. 필자에겐 이 국제학술회의가 세계민족무용의 문화교류사업(文化交流事業)이 어떤 각도에서 추진되어야 하는가 하는 방향성을 점검하고, 나아가 우리 전통무용 연구의 현 단계를 가늠해볼 수 있는 의미 있는 자리였다고 생각한다.

　주지하듯, 한·중·일 3국은 지정학적(地政學的) 조건(條件)으로 고래(古來)로 친선(親善)·우호(友好)와 갈등(葛藤)·반목(反目)을 함께 겪어온 끈끈한 역사(歷史)를 가지고 있다. 과거(過去) 동아시아 역사의 공과(功過)가 어떠하든 현재(現在) 우리는 앞으로 민족간(民族間) 상생(相生)의 역사(歷史)를 희망(希望)하고 있다. 현금(現今) 세계(世界)는 글로벌사회(Global society)를 맞아 '무한경쟁시대(無限競爭時代)'로의 진입을

---

1) 2004 국제학술회의, 2004.5.24. 한국예술종합학교 KNUA홀

시대적(時代的) 필연(必然)으로 상정(想定)하고, 인류 생존의 문제에 직면한 심각한 갈등을 빚고 있는 형편이다. 서구(西歐)의 저명한 정치학자 새뮤얼 헌팅턴은 이러한 현상을 "문명(文明)의 충돌(衝突)"로 예단(豫斷)한 바 있다.[2] 그러나 우리는 우리 인간(人間)이 집단적(集團的) 이성 상실(理性喪失)에 빠지지 않는 한, 그 '문명의 충돌'이 '충돌'로 끝나지 않고 필시 '문명(文明)의 조화(調和)'로 귀결될 것임을 믿는다.

문제는 그 '문명의 조화'가 아무런 노력없이 저절로 이루어지지는 않을 것이란 점이다. 그것은 국가간(國家間)·국민간(國民間) 상호이해(相互理解)와 의식적인 접근노력이 기울여질 때 비로소 가능해질 터이다. 우리는 '아름다운 몸짓(무용:舞踊)'이 인간의 원초적이고 본능적인 감정의 표현이자 의사소통 방법임을 잘 알고 있다. 그것은 화해의 언어이다. 서구문명에 비판적인 새뮤엘 헌팅턴은 서구문명의 오만과 독단성을 여러 차례 경고하였지만, '아시아적 가치'를 근대 이후의 유교적 자본주의에 두고 있으며, 끝내 서구문명을 보편문명으로 규정하는 독단에서 크게 벗어나지는 못하였다. 우리는 이러한 오해와 편견을 해소하는 문화적 노력을 기울이고자 한다. '인류의 상생'과 '세계 문명의 조화'를 이뤄내기 위해서는 동아시아 3국의 민족문화에 관한 상호이해가 반드시 선행되어야 한다. 그것은 근접 민족의 문화의 정체성에 대한 상호 존중의 출발점이자, 시대가 요구하는 이성적인 행동실천이라 할 수 있다. 3국의 고문헌(古文獻)들은 일찍이 한·중·일 3국이 활발한 무용교류를 통해 상호우호(相互友好)를 쌓아왔음을 증언하고 있다. 우리는 이들을 통해 한·중·일 3국의 전통궁중무용에 대한 독자성과 함께 3국 전통무용의 문화적 교류실상을 확인할 수 있다. 문화적 교류의 필요성이 도

---

[2] 새뮤얼 헌팅턴,『문명의 충돌』(이희재 역), 김영사, 1997.

외시되지 않는 한, 우리나라를 중심으로 한 세 나라 민족 사이의 전통 무용예술에 대한 상호이해(相互理解)의 증진(增進)과, 무용학계의 오늘을 점검하면서 미래(未來)의 방향성을 전망(前望)해 보는 것도 뜻 깊은 작업이 될 것이다.

이러한 시각에 서면, 한국 궁중무용은 우리 민족문화 찬란한 결실임에도 불구하고, 우리 전통무용의 자체적 이론탐색과 실기 전승도 원활하게 이루어지지 못했다는 점을 실감하게 된다. 서둘러 화려하게 포장하고 시장에 내어놓는 문화수출이 아니라면, 이제 우리 민족의 문화적 특수성을 간직한 한국 궁중무용은 이론적 토대마련과 실상파악이 차분하게 수행될 필요가 있을 것이다. 이에 이 글은 이러한 시각에서 한국 궁중무용의 변천 및 전승을 검토하고, 그것의 문화적 지형을 읽어내는 몇 가지 독법을 논의함으로써, 앞으로의 발전적 논의를 향한 발판으로 삼고자 하는 것이다.

Ⅱ. 한국 궁중무용의 변천·전승과 문화지형 독법

1. 한국 궁중무용의 변천과 전승

한국 민족무용의 시원(始原)에 관한 논의는 한민족(韓民族)의 형성과 맞물린 문제임에 틀림없다. 세계 어느 민족의 경우나 마찬가지로 그것은 제천(祭天)이나, 조신(祖神)에 대한 제사 등과 같은 집단적인 의식에서 비롯된 악·가·무(樂·歌·舞)에서부터 찾아질 것이다. 그것은 독립적 무용(舞踊)의 단위가 아닌 원시종합예술 형태였을 것이며, 『삼국지(三國志)』, 「위지(魏志)」 <동이전(東夷傳)> 등에 기록된 농공시필기(農功始畢期)나 국중대회(國中大會)에서의 '음주가무(飮酒歌舞)' 또는 '상취가무희(相聚歌舞戲)' 등에서 그 모습을 찾게 된다. 그리하여 우리 무용의 시원적 모습은 중국 문헌의 여기저기에 <지모무(持矛舞)>라든가, <영선무(迎仙舞)>라든가, <탁무(鐸舞)> 등의 이름을 남기고 있다. 이러한 춤들은 궁중과 민간의 구별을 두지 않는 연맹적 부족집단 단위의 민족악무(民族樂舞)로 수렴될 것이다.

고대국가로서의 체제가 정비된 삼국시대에 들면서 '악공인(樂工人)'과 '무자(舞者)'의 구별을 두는 국가 제도적 시스템으로서의 민족악무가 정착되는데, 중국(中國) 수(隋)·당(唐) 시대의 칠부기(七部伎)·구부기(九部伎)·십부기(十部伎) 등에 '고려기(高麗伎 : 고구려의 악무)'가 있었으며, '머리를 뒤로 묶고 붉은 색의 띠로 머리를 두르며 금사슬로 치장'하거나, '노란 치마저고리에 붉고 노란 바지를 입으며, 붉고 노란 치마저고리와 바지를 입고 긴소매에 검은 가죽신을 신은 고구려(高句麗) 무자(舞者)'의 춤은 중국 왕조에까지 전파되어 제도화된 한국의 민족무용(民族舞踊)이었다.3) 고구려의 악무(樂舞)는 문헌기록뿐만 아니라 통구 무용총(舞踊塚)의 벽화로 1500여 년 전의 실상을 우리들에게 생생하게 보여주고 있다.

지역·문화적 환경으로 인해, 고구려의 악무가 중국과 교류하고 있었다면, 백제(百濟)의 악무는 고대 일본(日本)에 상당한 영향을 주었던 것으로 나타난다. 『일본서기(日本書記)』에 따르면 6세기경에 백제인 미마지(味摩之)가 오(吳)나라에서 배운 기악무(伎樂舞)를 일본에 전했다고 하는데, 이는 서역계통의 기악(伎樂)으로 일본 고전 악무인 '기가쿠(伎樂)'나 '부가쿠(舞樂)', '노가쿠(能樂)'의 원류로 작용했을 것이다. 이외에도 고구려·백제·신라 3국이 고대 일본에 금사(琴師)·무사(舞師) 등

---

3) 『구당서(舊唐書)』, 「음악지(音樂志)」 및 『삼국사기(三國史記)』, 「악지(樂志)」 참조.

을 파견하여 일본인들에게 가르쳤다는 사실이 역사기록에 전한다.4)

신라 역시 『삼국사기(三國史記)』, 「악지(樂志)」에 의하면 <가무(笳舞)>, <하신열무(下辛熱舞)>, <사내무(思內舞)> 등, 가자(歌者)・무자(舞者)・악공(樂工)의 역할이 분담된 전문화된 여러 종류의 민족무용이 있었음을 알 수 있다. 문헌자료의 진위논란이 있기는 하지만, 근자에 발견된 『화랑세기(花郎世紀)』(제6세 풍월주(風月主) 세종공(世宗公) 조(條) 및 10세 풍월주 미생공(美生公) 조(條))에는 '남도(南桃)의 정궁(正宮)이 있는 성중(城中)에서 풍월주(風月主)가 지켜보는 가운데 화랑(花郎)의 낭도(郎徒)와 유화(遊花)가 짝을 지어 손을 잡고 밤새도록 춤추고 노래하고, 성중(城中)의 미녀들이 가득 뛰쳐나왔으며, 등불이 온 천지에 빛나며, 환호성이 사해(四海)에 가득했다'는 축제적 성격의 무도(舞蹈) 현장이 기록되어 있다.5) 또한 통일신라 이후 경주(慶州) 서울에는 최치원(崔致遠, 857~?)의 <경도향악잡영(京都鄕樂雜詠)>6)에서 보듯, 서역(西域)의 우진국(于闐國)과 구자(龜玆), 사마라칸트(Samarkand) 제국(諸國)에서 유래한 「오기(五伎)」와 같은 악무(樂舞)의 문화교류가 국제적 수준으로 전개되었음을 보게 된다.

지금까지 간략히 개관해 본 삼국시대의 민족악무, 그리고 통일신라시대 및 고려시대의 팔관회(八關會)에서의 '가무백희(歌舞百戲)' 등은 주로 국가적 제전(祭典)으로서의 제도적 악무(樂舞)였으며, 한국 궁중무용의 원류였다고 말할 수 있다.

이러한 제도적 악무(樂舞)가 한국에서 중세 동아시아 왕조(王朝)의

---

4) 『일본후기(日本後紀)』, 권17 및 『일본서기(日本書紀)』, 권19 참조.
5) 화랑세기(花郎世紀) 6세 풍월주(風月主) 세종공(世宗公) 조(條) 및 10세 풍월주 미생공(美生公) 조(條) 참조.
6) 『삼국사기(三國史記)』, 권32 참조.

메커니즘(Mechanism)으로 뚜렷하게 부각되는 것은 고려시대의 악무(樂舞)가 아닐까 생각된다. 신라 헌강왕(憲康王) 때에 발생된 것으로 보이는 <처용무(處容舞)>7)는 민간무속행사에서 '벽사진경(辟邪進慶)'의 의미로 출발하여, 고려조에서 나례(儺禮)와 같은 궁중(宮中) 연례의식(年例儀式)에서 무속적 의미를 띤 채 계속 추어졌으나, 조선조에 들면서 '오방(五方) <처용무>'로 거듭나면서, 나례(儺禮)와 같은 궁중의식뿐만 아니라, 국가의 큰 경사에 벌이는 진연(進宴)·진찬(進饌) 등의 궁중연향, 그리고 나라에서 내리는 기로연(耆老宴) 등, 대소(大小) 연회(宴會)에서도 성대하게 공연되었다.8) 이는 <처용무>가 전래의 상서(祥瑞)로운 의미와 후대의 오락적 풍류가 결합되어 향유된 것이라 하겠다.『고려사(高麗史)』,「악지(樂志)」가 전하는 바, 고려시대 궁중무용은 <무고(舞鼓)>, <동동(動動:아박무)>, <무애(無㝵)> 등이 간략하나마 무보(舞譜)로 남아있다. 이들 고려시대의 전통 궁중무용은 고려궁정에서의 공연은 물론, 팔관회 등의 '가무백희'가 공연되는 성대한 민족축제 속에서 지속적으로 전승되어왔을 것이다. 고려시대의 악무가 '중세 동아시아 왕조의 메커니즘'으로서의 성격이 뚜렷이 부각된다는 점은 전통적 민족 축제적 성격의 가·무·악(歌·舞·樂)보다는 고려 문종(文宗)대에 <포구락(抛毬樂)>과 <구장기별기(九張機別伎)>, <왕모대가무(王母隊歌舞)> 등의 '당악(唐樂)'이 전래됨으로써,9) '향악(鄕樂)'과 '당악(唐樂)'이라는 이항(二項)의 악무체계(樂舞體系)가 자리잡아나간다는 의미이며, 이는 범동양권(凡東洋圈)의 보편적 국가통치질서인 예악사상(禮樂思想)이 제도

---

7) 삼국유사(三國遺事, 권2, <처용랑망해사(處容郞望海寺)> 조(條) 참조.
8) 참고 도판(圖版)은 서인화 외,『조선시대 진연 진찬 진하 병풍』(국립국악원 및 국립중앙박물관 편, 2000) 및『조선시대 풍속화』(한국박물관회, 2002) 참조.
9) 장사훈,『한국전통무용연구』, 일지사, 1977 참조.

적으로 실천되었다는 의미이기도 하다. 이밖에도『고려사』「악지」, '당악(唐樂)' 조(條)에는 <헌선도(獻仙桃)>, <수연장(壽延長)>, <오양선(五羊仙)>, <연화대(蓮花臺)> 등의 당악정재(唐樂呈才)가 소개되어 있다.

한국무용사에서 중세 동아시아의 예악(禮樂) 메커니즘이 보다 완성된 체제를 갖추게 되는 계기는 송(宋) 휘종(徽宗)이 중국 고래의 정통음악을 정비하여 제정한 '대성아악(大晟雅樂)'이 고려 예종(睿宗)대에 전래됨으로써 이후 <문무(文舞)>와 <무무(武舞)> 등, 의식악무(儀式樂舞)인「일무(佾舞)」가 정착된 사례에서 살필 수 있을 것이다.「일무(佾舞)」, 즉 이들 <문(文)·무(武舞)>는 종묘제례와 문묘제례에서 추어지는 장중한 의식무(儀式舞)이다. 이들「일무」는 조선조의 걸출한 영주(英主)인 세종(世宗)이 직접 창작한 향악정재(鄕樂呈才) <보태평(保太平)>, <정대업(定大業)>에 수용되었는데, 이들은 원래 회례악무(會禮樂舞)에 쓰기 위한 것이었으나, 세조(世祖) 임금이 이를 종묘제례악무(宗廟祭禮樂舞)로 채택한 이후 500여 년이 지난 현재까지 전승되는 귀중한 민족문화유산이기도 하다.

조선 전기의 궁중정재는 세종대의 예악정비 이후, 가장 정제되고 세련된 형식을 갖춰나갔다고 보여진다.『악학궤범(樂學軌範)』의「시용향악정재도의(時用鄕樂呈才圖儀)」에 전하는 바, 선초(鮮初)의 향악정재는 <보태평>, <정대업>, <봉래의(鳳來儀)> 등 10종이 있고, 당악정재에는 <금척(金尺)>, <수보록(受寶錄)> 등 9종이 있는데, 여기에는 조선왕조에 들어와 새롭게 창작되거나 전조(前朝)로부터 전승된 정재들이 포함되어 있다.10) 조선 성종조(1492년)에 임금의 명을 받아 찬진(撰進)된『악학궤범』은『고려사』「악지」와 조선 후기의 각종 '의궤(儀軌)'나 '홀기(笏

---

10)『악학궤범·악장가사·시용향악보』, 아세아문화사, 1975.
　　이혜구 편역,『국역 악학궤범』, 민족문화추진회, 1967 참조.

記)' 등과 함께 우리 민족무용사에 매우 소중한 정전(正典)이라 하겠다.

조선 후기의 궁중정재는 이전 시기에 선보이지 않았던 새로운 종목들이 많이 등장한다. 숙종(肅宗)조의 <광수무(廣袖舞)>라던가, 정조(正祖)조의 <선유락(船遊樂)>, 순조(純祖)조의 <검기무(劍器舞)>, <건무(巾舞)>, <공막무(公莫舞)> 등이 여기에 해당된다. 당악정재의 경우는 이전시기부터 전승된 여러 종목의 정재가 지속적으로 전승된 것으로 나타난다. 그런데 이 시기 당악정재는 상당부분 향악화(鄕樂化)되는 변모를 겪게 된다. 중국에서 전래되었거나 당악형식에 맞춰 창작된 '당악정재(唐樂呈才)'는 16세기 이후, 당악정재의 특징인 '죽간자(竹竿子)'와 같은 일부 형식을 제외하고는 대부분 향악정재로 동화된다는 특징을 보인다. 이는 명(明)·청(淸)의 교체(交替)와 이에 따른 조선(朝鮮)에서의 '조선중화주의(朝鮮中華主義)'의 성립 등과 밀접한 관련이 있을 것이다. 이 시기 한국무용사에서 우리는 민족적(民族的) 미감(美感)의 발견(發見)과 조선적(朝鮮的) 미감(美感)의 실질적(實質的) 향유(享有)가 두드러지는 현상을 만나게 된다.

조선 후기, 특히 순조(純祖)조는 한국 궁중무용이 가장 화려하게 꽃피우는 시기라고 할 수 있다. 이 시기 궁중무용에서 주목되는 것은 효명세자(翼宗익종)의 성심(誠心)과 전악(典樂) 김창하(金昌河)의 열성으로 상당수의 궁중무용이 창작된다는 점이다.[11] 이 시기 창작된 정재는 <가인전목단(佳人剪牧丹)>, <경풍도(慶豊圖)>, <고구려무(高句麗舞)>, <만수무(萬壽舞)>, <사선무(四仙舞)>, <춘앵전(春鶯囀)> 등, 대부분 향악정재이다. '죽간자'나 '구호' 등의 형식을 갖춘 <장생보연지무(長生寶宴之舞)>나, <연백복지무(演百福之舞)> 등 당악정재를 표방한 정재도

---

[11] 『자경전진작정례의궤(慈慶殿進爵整禮儀軌)』 및 순조(純祖) 기축년(己丑年) 『진찬의궤(進饌儀軌)』, 순조(純祖) 무자년(戊子年) 『진작의궤(進爵儀軌)』 등을 참조.

4종 창작되었으나, 실질적인 반주음악은 '향당교주(鄕唐交奏)'였으며, 창작된 정재라는 점에 비추어보면, 민족미감의 향유가 중시되는 시대적 추세에 따라 향악과 당악의 경계선이 자연스레 무너진 것이라 볼 수 있다. 이러한 창작정재와 함께 이 시기 궁중무용에 또 하나의 특징적인 현상이 나타나는데, 그것은 지방의 교방정재가 궁중으로 유입되어 궁중정재로 자리잡아 나가는 것이다. <선유락(船遊樂)>, <관동무(關東舞)>, <항장무(項莊舞)> 등이 대표적인 것들이다.12) 요약하자면 조선조 궁중무용은 고려조에서 승계된 악무(樂舞)와 선초(鮮初)에 창작되거나 재정비된 정재들을 근간으로 역사적 흐름에 따라 몇 종목이 유실(遺失)되기도 하였으나, 개편과 복원, 새로운 창작이 함께 진행되면서 축적적(蓄積的)으로 전승(傳承)된 내력(來歷)을 지니고 있다.

조선(朝鮮) 최말(最末)의 궁중무용은 고종(高宗)대의 진연(進宴)에서 성대하게 공연된 여러 정재종목들에서 찾아볼 수 있다. 특히 광무 5년(신축년, 1901) 고종황제 50세 생신을 경축하기 위해 베풀어진 진연은 대한제국(大韓帝國)이 자주국(自主國)임을 만방에 알리고 황실(皇室)의 존엄성과 문화의식을 내외에 선양(宣揚)하려 했던 것으로 보인다.13) 신축년과 임인년(1902)의 진연 등, 고종대의 진연이 1910년 일본제국주의(日本帝國主義)에 의한 식민지(植民地) 예속의 결과로 '비운의 왕조로서 종언(終焉)의 왕실이기에 슬픔을 달래는 향락(享樂)을 추구한 것'이라는 평가는 적절한 것이라 볼 수 없다. 이 시기 진연에서 공연된 정재들은 '의궤'와 '홀기'에 자세히 기록되어 있는데, 이들 정재는 앞 시기 정재들을 충실하게 계승하면서 고종연간에 활발히 이루어진 궁중정재의 개수

---

12) 정현석 편, 『교방가요』(성무경 역주, 보고사, 2002) 참조.
13) 고종(高宗) 신축년(辛丑年) 『진연의궤(進宴儀軌)』 및 (辛丑) 『정재무도홀기(呈才舞圖笏記)』 수종(數種)을 참조.

작업(改修作業)이 결실을 맺은 결과로 진단된다.

한국은 결코 순탄치 못했던 근대사(近代史)의 결절(決折)을 지니고 있다. 일제시대(日帝時代)에 한국궁중무용은 크나큰 시련을 겪게 된다. 그 출발점은 통감부의 간섭하에 1908년 9월에 공포된「기생단속령(妓生團束令)」이라 생각된다.14)「기생단속령」은 근대화개념의 하나인 '위생(衛生)'과 '풍기단속(風氣團束)' 등으로 표방되지만, 단속령 이후 관기(官妓)의 관할이 궁중악무(宮中樂舞)를 담당했던 장악과(掌樂課)에서 경무청(警務廳)으로 옮겨졌다. 결국 이 법령은 조선 예악질서의 실질적 근간을 이루던 연행자(演行者)의 수행능력(修行能力)을 해체시키는 결과를 가져온 것이라 할 수 있다. 물론 수직적 신분제사회에서 수평적 시민사회로의 전환은 거스를 수 없는 역사의 흐름이다. 그러나 민족악무의 계승문제라는 관점에서 바라보면, 한국궁중무용의 실질적 계승자였던 '관기(官妓)'들은 예인(藝人)이 아닌 창기(娼妓)로 전락하는 결과를 가져온 것이다. 이 지점에 한국 궁중무용예술의 크나큰 단절과 굴절이 놓여 있다. 궁중정재는 1900년대 '협률사(協律社)'나 '광무대(光武臺)', '연흥사(宴興社)' 등 극장무대에서 비로소 일반인들에게 선보였으며, 1930년대까지 겨우 10여 종이 명맥을 유지하다가 해방 이후 더욱 줄어 극소수의 춤이 국립국악원에 전승되었다.15) 궁중정재가 대개 '군무(群舞)'인데다가 까다로운 의습과 기물, 음악을 동시에 필요로 한다는 점에서 지방이나 민간에서의 전승은 대단히 어려웠을 것이란 점은 두말할 필요가 없을 것이다. 그나마 1970년대 이후 국립국악원에서 원로사범(元老師範)

---

14)「대한제국관보(大韓帝國官報)」, 4188호, 융희(隆熙) 2년(1908. 9. 28.) 및 관련논문으로 송연옥,「대한 제국기의 <기생단속령> <창기단속령>」(『한국사론』40, 서울대 인문대학 사학과, 1998)을 참조.

15) 이 시기의 실상에 대하여는 당시 '한 기자(記者)'의 이름으로 발표된「경성(京城)의 화류계(花柳界)」(『개벽(開闢)』, 1924. 6)를 참조.

들의 지도 아래 연차적으로 정재재연(呈才再演)이 시도(試圖)되어왔음은 매우 다행스런 일이라 하겠다.

2. 한국 궁중무용의 문화지형 독법

한국 궁중무용은 아름답고 화려한 자태를 한껏 뽐내고 있지만, 그 연구의 역사는 오래지 않다. 그런 가운데서도 여러 선학(先學)의 소중한 업적들은 연구의 초석(礎石)이 되어주고 있다. 최근 궁중무용 관련 논의나 자료번역이 활발히 이루어지는 것은 매우 바람직한 현상이라 생각된다. 그럼에도 불구하고 '한국 궁중무용의 변천과 전승 연구'에 관한 연구는 상당부문에 걸쳐 낙후되어 있음을 인지하게 된다. 이에 그간 연구 작업을 수행하면서 정리된 중요사안을 들어, 앞으로의 연구에서 좀 더 심혈을 기울여야 할 방향을 제시함으로써, 한국 궁중무용의 문화지형을 올바로 읽어내는 몇 가지 방법을 제시해 보고자 한다.

첫째, 궁중무용에 관한 문화·제도적 시스템에 대한 정밀한 이해가 있어야 할 것이다. 가령, 궁중연향 수행을 위한 공연자의 실상에 관한 연구가 집중 탐색될 필요가 있다. 서울에 거주하는 경기(京妓)인 '의녀(醫女)'나 '상방(尙房妓女)', 어연(御宴) 때에 지방에서 차출(差出)되는 '선상기(選上妓)', 그리고 외연(外宴)에서의 무동(舞童) 등에 관한 연구가 그것이다.[16] 선상기(選上妓)의 경우, 각종 '의궤'에 나오는 이문(移文)이나 '상전(賞典)'조를 통해 입역(入役), 연습(練習)과 공연(公演), 그리고 포상(褒賞) 등에 관한 제도적 시스템이 대강 드러나지만, 이들 자료는 중앙과 지방의 문화소통구조에 대한 생활·문화사적 이해에는 미치지는 못한다. 구체적 사례로 1848(戊申年)년 연행사(燕行使)의 일원이었던 이우

---

16) 송방송, 「조선 후기의 鄕妓와 궁중정재」(『동양학』26, 단국대 동양학연구소, 1996) 및 김종수, 『조선시대 궁중연향과 여악연구』(민속원, 2001)을 참조.

준(李遇駿)은 당시의 연행기록을 『몽유연행록(夢遊燕行錄)』으로 남겼는데, 서울에서 국경을 넘는 의주(義州) 용만(龍灣)에 이르는 남북직로(南北直路)의 곳곳마다, 이들은 성대한 전별연(餞別宴)을 제공받는다.17) 이 가운데, 평양(平壤) 관소에 머물렀을 때, 서장관(書狀官)의 수행원이었던 이우준은 서장관의 방기(房妓)로 배정된 연심, 난옥, 옥희, 소희 등의 노래와 춤을 접하게 된다. 이들은 모두 평양의 부기(府妓)들이었는데, 소희(素姬)가 가장 나이가 어려 12살이었으며, 앳된 그녀는 지나간 봄 어연(御宴)에 여령(女伶)으로 뽑혀 선상기(選上妓)로 서울에 올라가 어연을 치르고 그 사이 평양에 돌아와 있었던 것이다. 그리하여 그녀의 청가묘무(淸歌妙舞)는 평양부(平壤府) 내(內)에 명성이 자자했다고 전한다. 실제로 그녀는 『(무신년)진찬의궤(進饌儀軌)』에 그해(1848) 봄(3월 19일) 창경궁(昌慶宮) 통명전(通明殿)에서의 익일회작(翌日會酌)에 <향령무(響鈴舞)> 정재의 좌무(左舞)를 담당했었음이 사실로 밝혀진다. 궁중연향 수행을 위한 선상기(選上妓) 제도의 문화적 시스템은 이와 같은 생활·문화사적인 시각에서 다각적으로 조명될 필요가 있을 것이다. 이를 위해서는 광범위한 문헌자료조사가 진행되어야 할 것이다.

둘째, 궁중무용과 교방무용의 문화지형에 대한 충실한 이해가 필요하다. 이 문제는 첫 번째 문제와 상당부분 관련된 것이기도 하다. 궁중무용은 곧 정재(呈才)라는 용어로 일컬어지기도 하는데, 정재(呈才)는 궁중무용뿐만 아니라 전국 주요 관아(官衙)나 병영(兵營)의 교방(敎坊)이 있는 곳이면 어디서나 공연되던 춤이다. 서울 중앙에 장악원(掌樂院) 부속 '교방청(敎坊廳)'이 있었다면, 지방에는 각 지역별 교방(敎坊)이 산재(散在)해 있었다. 진연(進宴)시 '선상기(選上妓)의 입역(入役)과 복귀(復歸)'라는

---

17) 이우준(李遇駿), 「몽유연행록(夢遊燕行錄)」, 『약파만록(藥坡漫錄)』(임형택 편), 성균관대학교 대동문화연구원, 1995) 참조.

문화시스템이 중앙과 지방의 정재(呈才)의 지역적·문화적 차이를 좁혀 놓았던 것이다. 19세기 초반 자료를 고구(考究)해 보면 평안도 지방의 교방 정재종목(연향악을 담당하는 우교방右敎坊의 정재종목)이 원래 18종목 이었다가 12종목으로 정비되었음을 알 수 있다.[18] 이 12종목은 <능파무(凌波舞)>·<포구락(抛毬樂)>·<아박(牙拍)>·<향발(響鈸)>·<무고(鼓舞)>·<무동(舞童)>·<처용무(處容舞)>·<헌선도(獻仙桃)>·<검무(劍舞)>·<학무(鶴舞)>·<사자무(獅子舞)>·<발도무(發棹舞 : 선유락)>이다. 이들 12정재는 지방적 특색을 지니는 교방정재도 있지만, 대부분은 궁중정재와 동일한 종목들이다. 또한 18세기말 <평양감사향연도>의 「부벽루연회」 그림에는 궁중정재로 추어졌던 <헌선도(獻仙桃)>, <처용무(處容舞)>, <포구락(抛毬樂)>, <검무(劍舞)>, <고무(鼓舞 : 무고 舞鼓)> 등이 그려져 있는데, 이들 정재들이 지방 관장의 연회에 그대로 공연되었음을 말해주고 있다(국립중앙박물관 편(2002), 조선시대 풍속화, 서울 : 한국박물관회 참조). 이보다 앞서 18세기 초(1702)의 『탐라순력도(耽羅巡歷圖)』, 「제주양로(濟州養老)」에는 높다란 포구문(抛毬門)과 공연자의 모습이 선명하게 그려져 있다.[19] 같은 도첩(圖帖) 「귤림풍악(橘林風樂)」에는 '귤림당(橘林堂)' 오른 편에 '교방(敎坊)'으로 표기한 건물이 그려져 있기도 하다. 제주도(濟州道)에서의 사정이 이러하다면 궁중정재과 지방 교방정재의 문화적 소통문제는 지금까지의 이해보다는 훨씬 더 전국적이고 조직적인 시스템을 갖추고 있었음을 짐작케 한다. 물론 중앙과 지방의 정재에는 다소간의 차이가 발견되기도 한다. 가령 <헌선도(獻仙桃)>의 경우, 궁중정재에 있어서는 '도반(桃盤)'이 반드시 하나이고 그것

---

[18] 이만용(李晩用), 「이선악가(離船樂歌)」(『동번집(東樊集)』) 및 만옹(晩翁), <선루별곡(船樓別曲)>을 참조.
[19] 이형상(李衡祥), 『탐라순력도(耽羅巡歷圖)』, 제주시 영인 발행, 1994 참조.

은 어떤 '의궤'나 '홀기'의 기록에도 변함이 없다. 그러나 조선 후기 진주 지방의 교방정재를 기록한 『교방가요(敎坊歌謠)』에는 탁자 위에 놓인 '도반(桃盤)'이 네 개로 나타난다. 이는 정재(呈才)가 고정된 형식이 아니라 공연당시의 사정(주빈(主賓)이 몇 명인가에 따라)이나 연출자의 새로운 시도에 따라 탄력적으로 공연되었음을 말해주는 것이다. 『교방가요』에는 <육화대(六花隊)>의 중요 무원(舞員)인 '화심(花心)'을 실제로 '채화일가(彩花一架)'라 하여 '채화 한 시렁'으로 대체시키는 변화마저 나타나, 일종의 토속화(土俗化) 현상마저 읽을 수 있다. 이와 함께, 지방 교방에서 공연되던 정재종목이 인기를 끌어 궁중(宮中)으로 진출(進出)하는 사례(事例)들에 대해서도 주목해야 한다. 우리의 전통무용연구에는 사실에 대한 이해가 무엇보다 선행되어야 하겠다. 그리하여 우리의 전통무용은 이와 같은 문화적 스펙트럼으로 이해되어야 한다고 본다.

셋째, 문헌실증과 공연실기가 결합되는 실질적 연구가 수행되어야 온전한 문화지형을 독해해낼 수 있을 것이다. 우리 전통무용연구에 있어 문헌실증은 아무리 강조하여도 지나치지 않다. 그만큼 우리 무용계는 문헌·실증적 학문기반이 취약하다는 점을 반성하고, 이를 극복하기 위한 노력과 고문헌 독해자 양성에 힘을 기울여야 할 것이다. 그러나 또 한편으로 무용(舞踊)은 문헌에 갇힌 고전(古典)이 아니라, 살아있는 무형(無形)의 문화(文化)이다. 따라서 그것은 반드시 우리의 몸짓으로 다시 살아나야 한다. 정재(呈才)는 악·가·무(樂·歌·舞)가 종합적으로 실현된다는 특징을 가지고 있다. 그 중심에 무용(舞踊)이 있다. 따라서 전승력을 잃지 않은 전통무용의 올바른 계승을 위해서는 원로 사범의 지도 아래 무용계의 충실한 이습(肄習)이 지속될 필요가 있다. 한편으로는 현존 궁중무용의 원형이 고종조 궁중무용에 놓여 있으며, 일제시대를 거쳐 불가피한 시대적 변모를 수반했을 것이라는 점을 상정하지 않을 수 없다. 이 국면은 매우 민감하고 복잡한 문제이기는 하지만, 앞으로 우리 전통무용의 올바른 계승방향성정을 위해 보다 과학적이고 입체적인 접근방법이 모색되어야 할 것이다.

구체적 사례로 정재공연의 '판' 설정 문제를 예로 들어보겠다. 정재(呈才)는 역사적 변천에 따른 원형의 굴절이 있을 수 있다. 그러나 문헌에 나타나는 변모는 현장적 공연연출의 허용치가 작용한 부분도 적지 않다. 다시 말해 하나의 정재 종목에 몇 개의 버전이 있을 수 있는 것이다. 이럴 경우, 우리가 어떤 특정 정재를 복원한다고 할 때, 무엇을 기준으로 삼느냐가 문제될 수 있다. 혹시 우리는 그동안 궁중정재가 정제된 형식을 자체로 지니며, 그것은 고정불변의 격식을 가질 것이라는 선입관을 가지고 있었던 것은 아닌지 반성해 보게 된다. 이 문제를 춤 구성 문제와 공연장소의 문제로 나눠 살펴보겠다.

먼저, 춤 구성의 문제를 <무고(舞鼓 : 고무鼓舞)>를 대상으로 살펴보겠다. 주지하듯 <무고>는 『고려사』 「악지」에는 하나의 북을 두고 두 사람이 추는 일고무(一鼓舞) 형식이었는데, 『악학궤범』에는 일고무(一鼓舞)・사고무(四鼓舞)・팔고무(八鼓舞)로 형식이 다양하게 발전한 것을 보게 된다. 그런데 조선후기의 각종 '의궤'와 '홀기'에 나타나는 바를 조사해 보면 북을 하나 쓰는 <일고무(一鼓舞)>라 할지라도 '춤 판'마다 무원(舞員)의 구성은 매우 달라 북을 치는 원무(元舞) 2인(人)에 삼지화(三枝花)를 들고 주위에서 춤추는 협무(挾舞) 2인(人)인 경우, 원무(元舞) 4인에 협무(挾舞) 8인인 경우, 원무(元舞) 4인에 협무(挾舞) 16인인 경우, 단순히 원무(元舞)만 4인인 경우가 다양하게 존재한다. 이러한 경우, 현재 전승되거나 새롭게 복원하려 할 경우, 그 형식이 <일고무>인가 <이고무>인가 하는 문제를 넘어서 그 '판'이 '원형(原型)'으로 삼는 '판'이 무엇인지를 반드시 밝혀야 할 것이다.

두 번째로, 공연장소에 따라 춤의 규범과 원형이 달라질 수 있다는 점을 숙지해야 한다. <육화대(六花隊)>의 경우를 들어 이 문제를 논의해 보고자 한다. <육화대>는 『고려사』「악지」에는 보이지 않고, 『악학궤범』에 처음 그 무보(舞譜)가 나타나지만, 『악학궤범』의 형태가 당악정재의 절차에 굴절의 모습이 나타나는 까닭에, 『악학궤범』 이전에 이미 들여와 연행되었던 것으로 추정되는 당악정재(唐樂呈才)이다. 이 <육화대>의 전승과 변모에 대한 지금까지의 이해는 다음과 같다. 즉 『악학궤범』에 나타나는 조선 전기의 형식은 동쪽에 홍의(紅衣) 3인, 서쪽에 남의(藍衣) 3인으로 갈라서 각각 <일념시(一念詩)>・<이념시(二念詩)>・<삼념시(三念詩)>를 번갈아 부르며, 작대(作隊)를 이루어 춤을 추는 것이다. 이러한 <육화대>가 조선 후기의 '홀기'에는 동서(東西) 6인의 복색(服色)이 모두 달라, 동쪽 3인은 차례로 옥색의(玉色衣)・자적의(紫的衣)・양람의(洋藍衣)이고, 서쪽 3인은 초록의(草綠衣)・진홍의(眞紅衣)・분홍의(粉紅衣)의 순(順)으로 바뀌고, 노래도 기존의 <일념시(一念詩)>에서 <삼념시(三念詩)>까지를 다 부르고, 이어 이들 한시창사(漢詩唱詞)를 가곡(歌曲)으로 바꾼 창사를 다시 부르는 절차가 한 번 더 진행되는 변모를 갖는 것[20]으로 알려져 있다. 그러나 이는 중대한 오류이다. 조선 후기에도 『악학궤범』에 보이는 홍의(紅衣) 3인과 남의(籃衣) 3인으로 구성된 '판'이 있다.[21] 그것은 궁중연향의 외연(外延)에서 무동(舞童)이 추는 경우에 해당한다. 물론 가곡을 부르는 후대적 변모는 '무동'의 <육화대>에도 적용된다. 그렇다면 『악학궤범』의 홍(紅)・남(藍)의 <육화대>는 무동(舞童)이 추는 '판'을 기록한 것이라는 사실이

---

20) 장사훈 편저, 『국악대사전』, 세광음악출판사, 1984 및 <육화대> 참조.
21) 이들 무보(舞譜)는 『정재무도홀기(呈才舞圖笏記)』(한국학자료총서1, 한국정신문화연구원 영인, 1994)를 참조.

새롭게 드러난다. 조선 전기의 '여악폐지론(女樂廢止論)'을 떠올리면 이러한 사실은 너무도 당연한 것이기도 하다. 궁중정재 <육화대>는 조선 말기까지 여령(女伶)에 의한 춤판과 무동(舞童)에 의한 춤판이 동시에 추어져왔는데, 지금까지는 이를 역사적 변모로 이해하고 있었던 것이다. 또한 특정 정재는 공연장소나 공연자의 성격에 따라 춤의 구성과 연출이 당연히 달라지게 마련이다. 고종(高宗) 갑오년(甲午年 : 1894) 당시 장악원(掌樂院) 제거(提擧)였던 윤용구(尹用求)의 『국연정재창사초록(國讌呈才唱詞抄錄)』은 정재창사(呈才唱詞)를 초(抄)하는 이유에 대해 "국연(國讌 : 나라잔치)에 쓰는 정재(呈才)의 사장(詞章)은 『악학궤범(樂學軌範)』과 『등록(謄錄)』 등에서 볼 수 있으나, 잘못 기록되었거나 문리(文理)가 이어지지 않는 곳이 많다. 또한 각 전궁(殿宮)에서 사용되는 것이 똑같은 노랫말을 잡연(雜然)하게 쓰니, 참으로 미안(未安)한 일이다. 심지어 무동(舞童)과 여령(女伶)조차 분별(分別)조차 없다"[22]라고 하였다. 대전(大殿)의 외연(外延)과 대비전(大妃殿)의 내연(內宴), 그리고 동궁전(東宮殿)의 회작연(會酌宴)에 쓰는 창사(唱詞)가 다를 수밖에 없다는 점은 상식에 속한다. 장악원 제거 윤용구는 당대에 이것이 구별되지 않았던 사정을 개탄한 것이다. 오늘 우리는 100여 년 전, 해관(海觀) '윤용구'가 우려했던 바, 그 개탄의 목소리에 다시 한 번 귀 기울여야 할 것으로 본다.

이러한 문제점들을 감안하여, 앞으로의 궁중무용 연구는 과학적 문헌실증과 공연실기가 완벽하게 결합되는 방향에서 추진되어야 하겠다. 결국, 목표하는 특정 '판'의 설정과 문헌고증의 정합성, 그리고 완성도

---

[22] 윤용구(尹用求) 편, 『국연정재창사초록(國讌呈才唱詞抄錄)』(「발문(跋文)」, "國讌呈才詞章 見於樂學軌範 及 謄錄者 多有誤書 與文理不屬處 且各殿宮 一辭混用 殊涉未安 至於舞童女伶 亦無分別")

를 위한 실기공연이 반복 수행될 때, 우리의 전통무용이 올바르게 계승
될 것이기 때문이다.

Ⅲ. 한국 궁중무용, 그 거대한 민족문화유산의 광맥

지금까지 살펴본 것처럼 우리의 전통무용은 다채로운 문화적 무늬를
함의한 채, 연구자의 손을 기다리고 있다. 그것의 문화적 코드를 정확하
게 읽어내는 일은 우리 연구자의 몫이다. 이 글이 개괄적으로 논의한 몇
몇 문제점이나 새로 발견된 사실들은 그리 오래지 않은 시일에 나타난
연구수행의 결과이기도 하다. 현 시점에서 필자는 우리의 전통무용, 특
히 그 주류를 이루는 '궁중무용'의 연구 분야가 그야말로 거대한 문화(文
化)의 광맥(鑛脈)임을 느끼고 있다. 이 광맥은 단지 가치생산(價値生産)
의 실효성(實效性) 문제에 국한되지 않는다. 이 분야는 우리 민족예술(民
族藝術)의 미의식(美意識) 구명(究明)과 민족문화(民族文化)의 정체성(正
體性) 해명(解明)을 위해, 연구역량을 총집(總集)해야 할 분야이다. 필자
는 이러한 거대한 문화자산(文化資産)의 광맥(鑛脈)이 특정 개인이나 몇
몇 단체의 힘만으로 개발될 수 없다는 것을 절감한다. 무용(舞踊), 음악
(音樂), 회화(繪畵), 복식(服飾)·의상(衣裳), 문학(文學), 연극(演劇)·연
출(演出), 사회(社會)·문화(文化) 등 제반 관련 학계의 지대한 관심이
모아져야 하고, 그런 관심에 힘입어 앞으로 더욱 입체적이고 과학적인
접근이 시도되어야 한다고 생각한다. 그러한 연구역량 집중에 우리 무
용계 전체가 선도적인 노력을 기울여야 할 것이다. 앞으로 우리 무용계
(舞踊界)뿐만 아니라, 관련학계(關聯學界) 전체의 지대(至大)한 관심(關
心)이 따르기를 바라면서, 잘못된 논의가 있다면 애정(愛情)어린 비판(批
判)을 해주기를 기대한다.

참고문헌

『진연의궤(進宴儀軌)』(高宗, 辛丑年)
「음악지(音樂志)」, 『구당서(舊唐書)』
「악지(樂志)」, 『삼국사기(三國史記)』
『진찬의궤(進饌儀軌)』(純祖 己丑年)
『진작의궤(進爵儀軌)』(純祖 戊子年)
『정재무도홀기(呈才舞圖笏記)』(辛丑)
『악학궤범』·『악장가사』·『시용향악보』(아세아문화사, 1975)
윤용구(尹用求) 편, 『국연정재창사초록(國讌呈才唱詞抄錄)』
이만용(李晚用), 「이선악가(離船樂歌)」, 『동번집(東樊集)』
이우준(李遇駿), 「몽유연행록(夢遊燕行錄)」, 『약파만록(藥坡漫錄)』(임형택 편), 성균관대학교 대동문화연구원, 1995.
이형상(李衡祥), 「탐라순력도(耽羅巡歷圖)」(제주시 영인 발행, 1994)
『일본서기(日本書紀)』 권19.
『일본후기(日本後紀)』 권17.
『자경전진작정례의궤(慈慶殿進爵整禮儀軌)』
「정재무도홀기(呈才舞圖笏記)」(한국학자료총서1), 한국정신문화연구원 영인, 1994.
『화랑세기(花郎世紀)』
「경성(京城)의 화류계(花柳界)」, 『개벽(開闢)』, 1924. 6.
『조선시대 풍속화』, 국립중앙박물관 편, 한국박물관회, 2002.
김종수, 『조선시대 궁중연향과 여악연구』, 민속원, 2001.
『대한제국관보(大韓帝國官報)』 4188호(융희(隆熙) 2년), 1908. 9. 28.
새뮤얼 헌팅턴, 『문명의 충돌』(이희재 역), 김영사, 1997.
서인화 외, 『조선시대 진연 진찬 진하 병풍』, 국립국악원, 1994.

송방송, 「조선 후기의 향기(鄕妓)와 궁중정재」, 『동양학』 26, 단국대 동양학연구소, 1996.
송연옥, 「대한 제국기의 <기생단속령> <창기단속령>」, 『한국사론』 40, 서울대 인문대학 사학과, 1998.
이혜구 편역, 『국역 악학궤범』, 민족문화추진회, 1967.
장사훈 편저, 『국악대사전』, 세광음악출판사, 1984.
장사훈, 『한국전통무용연구』, 일지사, 1977.
정현석, 『교방가요』(성무경 역주), 보고사, 2002.

한국 근대 전통춤의 변모 양상과 그 원인

강인숙

Ⅰ. 서론

이 논문은 우리의 생활사 속에서 자연스럽게 전승되었어야 할 우리 나라의 전통춤이 근대의 역사적 굴곡을 거치면서 어떻게 변화되고, 왜곡된 방향으로 전개되었는가를 추적함으로써 우리 전통춤의 변모 원인을 분석하는 데 그 목적이 있다.

이 논문에서 말하는 자연스러운 전승의 시기란 우리가 외세의 영향을 받기 이전, 즉 일제 강점기 이전의 시기를 말한다. 일제의 한반도 강점으로 말미암아 우리의 전통예술은 주체적인 변화와 자주적인 근대화의 과정을 밟지 못하고, 타율적이고 강제적인 변화의 길을 걷게 되었다. 해방 이후 1960년대에 들어서 비로소 우리 전통예술 보존과 전승의 중요성이 부각되고, 전통예술의 보존과 전승을 위한 여러 가지 제도적인 조처가 행해졌지만, 이미 상당 부분 왜곡되고 굴절된 형태를 바로 잡는 것은 쉽지 않은 일이었고, 아직도 우리에게는 그 과제가 주어져 있다.

이러한 작업을 위해서는 우리 전통춤이 일제 강점기를 전후하여 어떻게 변모되었으며, 그러한 변모의 주된 이유는 어디에 있었는가를 먼저 정확히 해명할 필요가 있다. 근대 전통춤의 변천사에 대한 대부분의 글들은 전통춤의 변화의 근본적인 원인을 일제의 문화정책에서 찾으려고 한다. 그러한 인식이 잘못된 것은 아니지만, 그러한 거시적인 분석은 그 자체로서 우리의 과제를 해결하는 데 아무런 도움이 되지 못한다. 정작 우리에게 요구되는 것은 일제의 문화정책 혹은 문화제도의 어떤 부분이 우리 전통춤의 어떤 부분에 영향을 주었는가에 대한 해명이다. 따라서 이 논문에서는 전통춤의 변모 요인을 식민 통치정책에 따른 제도적인 변화, 인적 조건과 의식의 변화, 공연무대 등 물리적 조건의 변화로 구분하여 분석해 보고자 한다.

이러한 분석을 통하여 이 논문은 조선조 말엽 강제적 개국과 일제의 강점 등을 겪으면서 우리 전통춤 전승에 있어서 근본적인 왜곡을 가져올 수밖에 없었던 요인들을 드러내고자 한다. 이 원인 분석은 역으로 우리 전통춤의 자연스런 전승을 위해서 유지해야할 조건이 무엇이며, 그것이 굴절되었다면 어떤 부분의 해결을 통해서 그것이 바로잡힐 수 있겠는가를 추정하는 데 기여할 수 있을 것이다.

일반적으로 전통춤은 정재와 민속춤을 모두 포함하지만, 이 논문에서 우리 전통춤을 주로 정재로 한정하려 한다. 그 이유는 민속춤의 경우 역사적 기록이 빈약하여 근대기의 변모 양상을 정확히 파악하기 어려운 데 비해, 정재는 의궤, 홀기 등의 다양한 문헌을 통해서 춤의 내용, 양식, 구조 등을 대략적으로나마 살펴볼 수 있기 때문이다.

Ⅱ. 일제 강점기의 통치 정책에 따른 변화

1. 장악원의 해체와 이왕직아악부로의 축소

조선의 기본 통치 개념은 예악(禮樂)에 그 기본 바탕을 두고 있었다.

이 예악을 관장하는 기관 중의 하나가 악(樂)을 다스리는 장악기관이다. 그래서 이 기관은 유교를 바탕으로 예와 질서를 지키며, 나아가 국가의 권위와 위세를 세우고 이를 널리 알리기 위한 일을 한다. 그러므로 조선의 장악기관은 단순한 음악이나 정재만을 관장하는 기관이 아니라 조선의 정신을 관장하는 기관 중의 하나였던 것이다. 이런 점에서 조선사회에서 장악기관의 역할과 기능은 매우 중요한 것이었다.

조선의 장악기관은 국운의 흐름과 함께 많은 시대적 변화를 겪는데, 특히 근대에 들어와서는 그 변화 양상의 폭이 크다. 장악기관의 시대에 따른 명칭의 변화[1]를 살펴보면 다음과 같다. 건국 초기 태조시대에 장악기관은 아악서, 전악서, 봉상시(奉常侍)[2], 관습도감 등 4기관으로 구성되었다가 태종 6년(1406)에 악학(樂學)이 새로 첨가 되었다. 이 제도는 세종시대까지 지속되다가 세조 4년(1458)에 악학과 관습도감은 악학도감(樂學都監)으로, 아악서와 전악서는 장악서로 합쳤고, 세조 12년(1466)에 장악서의 이름으로 통합된다. 그 후 장악서는 예종 원년(1468) 장악원(掌樂院)으로 바뀐다. 연산군 11년(1505)에 연방원(聯芳阮), 함방원(含芳院)으로 변화하다가 중종반정 이후 다시 장악원으로 환원되어 조선 말기까지 그 명맥이 유지되었다.

그러나 조선조 말엽에 급변하는 시국 속에서 장악원의 명칭은 수시로 바뀌게 되는데, 이는 나라의 국운과 함께하는 일면을 보여준다. 장악원은 고종 32년(1895) 궁내부(宮內府)의 장례원(掌禮院)으로 이전되면서 장악원이라는 이름은 사라지게 되었다. 이후 장악원은 광무1년(1897) 장례원(掌禮阮) 협률과(協律課)로 흡수되고, 광무 4년(1900) 교방사(敎坊司)로 개칭되었다가, 광무 9년(1905) 예식원(禮式院) 장악과로 개칭된다.

---
1) 장사훈, 『국악대사전』, 세광음악출판사, 1984, 634~645쪽 참조.
2) 봉상시는 예조에 소속된 관청으로서 종묘제향과 시호의 일을 하였다.

융희 2년(1907) 군대가 해산되면서, 장례원 장악과로, 융희 3년(1908)에는 장례원 장악부로 개칭된다. 조선조 말엽에 이를수록 장악원 명칭의 변화와 더불어, 장악원의 규모가 축소되고 성격이 약화되어 간다.

장악원은 궁중에서 연주되는 춤과 음악 관한 모든 일을 맡아보던 관청이다. 장악원은 악공(樂工)[3], 악생(樂生)[4], 관현맹인(管絃盲人), 무동(舞童), 여악(女樂) 등으로 구성되어 있으며, 이들의 역할은 조의(朝儀), 연희(演戱), 행차(行次) 등의 궁중 행사와 모든 제사 때 춤과 음악을 제공하는 것이었다.

장악원의 규모와 품계는 조선 사회에서 그들이 향유한 사회적 위치를 나타내는 것이다. 이를 통해 우리는 조선 시대 악(樂)의 중요성을 다시 한번 살펴볼 수 있다. 장악원 규모와 품계를 살펴보면 다음과 같다.[5] 장악원은 3개의 관직으로 구성되었는데, 과거 출신의 양반관료인 원직(元職)[6], 중인, 악생, 악공 출신의 행정 관료인 상직(常職)[7], 악을 담당한 악생, 악공, 관현맹인이 있었다.

성종 때 정비된 장악원의 직제와 그 인원수를 살펴보면, 원직 6명, 상

---

[3] 악공은 우방(右坊)에 소속되어 연향에 사용되는 향악(鄕樂)과 당악(唐樂)을 주로 연주하였다(『한국민족문화대백과사전』19, 한국정신문화연구원, 웅진출판사, 1995, 252쪽).

[4] 악생은 좌방에 소속으로 제례의식 때 아악을 주로 연주함(한국정신문화연구원, 위의 책, 1995, 252쪽).

[5] 장사훈, 앞의 책, 640~644쪽 및 송방송, 『악장등록연구』, 영남대학출판부, 1980, 110쪽.

[6] 원직은 제조(提調), 정(正), 첨정(僉正), 주부(主簿), 직장(直長) 등의 관직이 있다.

[7] 상직은 전악(典樂), 부전악(副典樂), 전율(典律), 부전율(副典律), 전음(典音), 부전음(副典音), 전성(典聲), 부전성(副典聲)의 관직이 있었다. 그 수는 46명 정도이다. 이들은 주로 악생·악공 출신으로 습악을 그만두고 장악원의 행정관리로 직책을 맡은 체아직(遞兒職)이었다. 이 체아직의 녹관의 품계는 종5품에서 종 9품까지로 구성되어 있다.

직 46명이고, 좌방악생 399명, 우방악생 572명, 그 외에 관현맹인, 가동(歌童), 여기(女妓), 잡무에 종사하는 차노비(差奴婢), 유품을 관리 수행하는 근수노(根隨奴)가 있다. 성종 이후 악공과 악생은 왜란과 호란으로 나라가 어지러울 때를 제외하고는 그 수의 변화가 거의 없다. 오히려 광무 4년(1900)에는 제조를 늘리고, 장악원의 주사가 증원되었으며, 교방사도 722명으로 그 수가 증가되었다. 그러나 1908년에는 장악원 인원수는 700명에서 240명으로 감원된다. 그리고 1908년 8월 24일 장악원 분과규정에 의하면, 장악부에서는 국악과 음악(서양악)이 분리되었고, 악원 양성과 악기를 보관하였다. 이 때를 전후로 서양악이 우리나라에 들어왔고, 우리의 전통음악을 국악이라 명하고, 서양악을 음악이라 칭하기 시작하였다.

1910년 일본은 우리나라를 합병하면서 조선의 통치이념인 예악정치를 일체 인정하지 않았다. 예악 정치의 상징인 장악원이 해체되는 것은 당연한 결과였다. 그 해 12월에 일본이 이왕직관제(李王職官制)를 발표하고, 이에 따라 다음 해 1911년 2월 이왕직관제가 시행되면서, 장악원은 이왕직아악대(李王職雅樂隊)로 위상이 격하되었다가, 1915년에 가서는 이왕직아악부(李王職雅樂部)로 변화되었다.

융희4년(1910) 국악사장 이하 악사, 전악, 악공, 악생 등 270명으로 감원되었고, 악원의 해체에 따라 악뿐만 아니라 잡무도 함께 취급하였으며, 궁중의 여악도 폐지되었다. 1915년 이왕직 아악부의 정원은 아악사장 이하 154명으로 구성되었다가 1917년에는 57명의 악인만이 남아 궁중악의 명맥을 유지하고 있었다. 일제강점기에 아악생 모집인원을 살펴보면 다음과 같다[8]. 1919년 제1기 아악생(수업기간 3년)으로 9명, 1922

---

8) 김호정, 「국립국악원의 시대적 변요」, 세종대석사학위논문, 1992, 17쪽.

년 제2기 아악생(수업기간 4년)으로 18명, 1926년 제3기 아악생(수업기간 5년)으로 18명, 1931년 제4기 아악생(수업기간 5년)으로 18명, 1936년 제5기 아악생(수업기간 5년)으로 18명, 1940년 제6기 아악생(수업기간 4년)으로 25명, 1945년 제7기 아악생(수업기간 5년)으로 25명을 모집하였다. 그러나 제7기 아악생은 8.15광복과 함께 자진 퇴학하게 되었다. 이렇게 적은 인원수로 궁중의 의례 자체가 전승된다는 것은 거의 불가능한 일이다. 따라서 정상적인 전승이 이루어졌다고 보기 어렵다.

조선시대 장악기관인 장악원은 국가의 주요한 제향에서 음악을 연주하고, 궁중의 엄숙한 조의와 연향에서 춤과 음악을 연주했다. 그러나 경술국치 이후에는 나라의 제사가 줄어들고, 궁중의 조의는 폐지되었으며, 연향이 축소되었다. 장악원은 폐지되고 그 역할의 일부를 이왕직아악부가 담당하였다. 이들의 활동은 종묘대제뿐만 아니라 일반인을 위한 아악연주, 월 1회 정기 라디오 방송에 의한 연주 등을 통해 궁중악(宮中樂)의 명맥을 유지하였다. 그러나 정재는 여악의 폐지와 함께 이미 궁중 밖으로 내몰렸고, 궁중에서는 그 명맥을 찾아보기가 거의 힘들게 되었다.

2. 춤 교육제도의 변화 : 전통예술과 교육제도의 단절

중앙에서는 장악원이 이왕직아악부로 축소되고, 지방에서는 교방이 해체됨으로써 교방에서 활동하던 관기들은 그들의 생활을 위하여 기생조합을 형성하게 되었다. 이것은 1908년 경시청이 기생들로 하여금 기생조합을 조직하여 활동하도록 규제하는 시행령을 제정함으로써 강요된 것이기도 하다. 1914년경부터 기생조합은 일본식 명칭을 따서 권번(券番)으로 개칭되었다. 그 후 '기생조합'과 '권번'은 기생 단체의 명칭으로 혼용되다가 나중에는 '권번'으로 통일된다. 그리고 권번은 1942년 일제가 그 영업을 정지시킬 때까지 유지된다. 권번이 완전히 사라진 것은 해방 이후이다.

조선시대의 장악원과 지방의 교방은 기생들을 관리할 뿐만 아니라, 기생들에게 정재를 가르치는 교육기관이었다. 이제 장악원과 교방이 해체되고 이왕직아악부에서는 여악이 금지된 이후에 전통예술의 교육을 담당한 곳은 바로 권번이었다. 연행의 주체인 기생을 교육한 권번의 교육제도에 대해 살펴보면 다음과 같다.[9]

기성권번 학예부규칙에 의하면, 수업기간은 3년이다. 입학연령은 8세에서 20세까지이다. 수업료는 1개월에 1원 50전이며, 한 가지 춤을 배울 때마다 악사비로 30원을 지급한다. 교과목은 시조(時調), 가곡(歌曲), 검무(劍舞), 예상우의무(霓裳羽衣舞), 금(琴), 양금(洋琴), 가야금(伽倻琴), 한문(漢文), 시문(詩文), 서(書), 행서(行書), 해서(楷書), 도서(圖書), 사군자(四君子), 영모(翎毛), 산수(山水), 인물(人物), 일어(日語), 독본(讀本), 회화(會話)이다.

지방마다 다소 차이는 있으나 일반적으로 오전에 조회를 시작으로 예절교육과 더불어 기악, 시조, 창, 단가, 춤을 주로 배우고 한문, 습자를 하기도 했다. 오후에는 개인 연습과 더불어 일본어를 배웠다. 이들의 생활지도는 예술지도와 마찬가지로 매우 엄격하고 철저하였다. 복장착용, 걸음걸이, 앉는 자세, 머리빗기, 식사하기, 말하기에 이르기까지 생활전반에 대한 규제가 따랐고, 교외활동도 엄격한 규율을 지키도록 하

---

9) 김정녀,「권번춤에 대한 연구」,『한국무용연구』7호, 한국무용연구회, 1989, 21~22쪽.
김영희,「매일신보로 찾은 한국춤사④」,『몸』4·5월호, 2001, 43~47쪽.
문현상·김미숙,「권번이 무용에 미친 영향」,『무용학회논문집』20호, 대한무용학회, 1997, 43~44쪽 참조.

였으며, 풍기문란의 행동을 하면 퇴학을 당했다. 수업은 월요일에서 금요일까지 오전 오후로 나누어 실시되었으며, 토요일은 오전 수업만 있었다. 교원은 학감, 부학감, 교사가 있었다.

이 권번에서의 교육을 통해서 기생들의 전통예술은 명맥을 근근이 유지하였지만, 공간의 축소, 출연 인원의 감소, 춤사위의 변형 및 축소 혹은 증대, 전통예술의 상업화 등 많은 변화가 이루어졌다. 상업적 개념이 도입됨에 따라 관객이 좋아하고 선호하는 춤과 춤사위는 살아남고, 그렇지 못한 춤과 춤사위는 사라지면서 새로운 춤 양식과 춤사위가 형성되었던 것이다. 이는 교방 정재의 원형이 소실되는 중요한 계기가 된다. 이런 외적인 변화보다 더욱 중요한 변화는 내적인 변화였다. 높은 분에게 드린다는 정재의 본래 목적이 사라진 것이다. 또한 권번의 통합, 삼패의 조직화, 극장 공연의 감소, 경시청의 통제와 규제 강화, 관객의 관심의 변화 등으로 말미암아 우리의 전통춤은 차츰 그 원형을 잃게 된다.

한편 일제는 근대 학교 교육의 기준을 제시하였는데, 여기서 전통예술은 완전히 배제되었다. 일제는 이를 사립학교에까지 적용시킴으로써 한국전통예술이 근대교육과 결합할 수 있는 여지를 차단하였다. 일제가 설정한 근대교육 체계에 따라 서구에서 들어온 예술은 예술로서 인정되고, 우리 전통사회에서 행해지던 예술은 예술로 인정받지 못하였다. 따라서 한국 전통예술은 자체적 발전에 따라 근대적인 예술로 변화할 수 있는 힘을 상실하고, 외부에서 주어지는 환경에 수동적으로 적응할 수밖에 없었다. 자체적으로 근대화를 수행하면서 그에 따른 전통예술의 위기를 주목하고, 이에 대한 체계적 보호 정책을 단행한 일본과는 달리, 외부적으로 강요된 근대화 속에서 전통예술에 대한 체계적인 보호정책을 마련하지 못한 우리의 전통예술은 아주 열악한 상황에 처할 수밖에 없었다. 우리의 전통문화에 대한 자긍심을 부여하는 교육체계가 전무한 상태에서 국가의 어떤 보호도 받지 못한 채 전통예술은 시장 논리에 맡겨진 것이다.

이 시대에는 전통예인들 중의 일부만이 그 지역에서 인정받고 전문적인 연예인으로 생계를 꾸리거나 부를 축척할 수 있었다. 19세기부터 인기를 끌어온 소리광대나 명창들은 일제 강점기에도 자신들의 레코드를 취입하거나 공연함으로써 일정 정도 사회적 명성을 유지하였다. 그러나 식민지 시대 문화자본은 전통예술에 관심을 기울이지 않았다. 문화자본은 일본으로부터 소위 '모던'한 문화를 수입하고 이식시키기에 바빴으며, 식민지 정부는 이를 조장하였다. 따라서 일제 강점기의 전통예술인들은 대중문화로의 진출을 통해 신무용, 신극, 신민요의 탄생을 가져왔지만, 고급문화로 정립된다거나 근대교육체계와의 접목에 성공한다거나 하는 등의 변화는 만들어내지 못한 것이다. 대부분의 전통예술은 전문적인 예술성이 떨어지는 민간예술의 형태로나마 잔존하기에 급급하였다.

일제의 문화정책은 우리 전통 예술이 근대적 교육제도 속에서 자리 잡을 수 있는 길을 봉쇄하였다. 또한 일제는 전통예술들이 근대화된 사회 속에서 그 자생력을 확보하기도 전에 이를 시장 논리에 방치함으로써, 그 전승력에 치명적인 손상을 주었다.

3. 공제도의 도입 : 기생의 창기화 정책

일제 강점기의 통치정책의 하나로 도입된 공창제도는 우리의 전통예인 집단을 창기화하는 공식적인 제도로서 일본의 제도를 우리의 사회에 강요한 예이다. 이는 전통춤이 그나마 소수의 연행주체에 의해 전승되던 것을 단절시키는 중요한 요인이었던 것이다.

일제는 이미 1894년 청일전쟁 때부터 일본군의 일본거류인들의 '성욕 배설공간'을 공식화한 유곽(遊廓), 곧 공창제도를 운영하고 있었다. 여기에 일본 현지에서 데려온 일본인 예창기(藝娼妓 또는 藝妓), 특별요리점, 석대업(席貸業), 대좌부(貸座敷), 대합(待合) 등의 창녀업체들이 모두 유곽을 겸하고 있었다. 나아가 일제 경시청은 서울의 시곡(시동)에 상화가(賞花家)나 상화실(賞花室)이란 이름으로 한국 기생들과 창기들을 집단 거주케 하여 공개적으로 유곽화 사업을 치열하게 전개시켰다. '아름다운 꽃을 구경할 수 있다는 집'이란 뜻의 상화실은 말할 나위 없이 창기를 두고 손님을 받는 기생집을 가리킨다. 이는 한국사회에 매춘의 사회화 기초를 이룩하면서 제도 개편을 통하여 한국인들을 끌어당겨 매매음을 공식화한 것을 의미한다.

일본은 1904년 경성영사관령 제3호에 의해 일본 매춘녀의 공창화를 기도하였고, 1905년에는 여악을 폐지하고, 1908년에는 관기제도를 폐지하고 경성유녀조합 설립을 유도하였다. 일제통감부는 서울만 하더라도 시곡동의 김명완 등 47명으로 하여금 '경성유녀조합 설립 신청서'를 1908년 6월에 경시총감 미루야마 시게토시(丸山重俊) 앞으로 청원토록 조정케 하여 허가를 내줌으로써 공창화의 사회적 기초를 확립하였다. 통감부는 1908년 9월에 제정한 단속령으로 이들을 통제할 수 있게 되었다. 또한 1909년 8월에는 한성창기조합을 설립토록 하고, 1916년에는 경무총감부령 제3호 '예기작부치옥영업 취제규칙'과 경무총감령 제4호 '대좌부 창기취제규칙' 등을 통하여 매매음을 할 수 있는 사회적 기반을 조성하였고, 이를 배후에서 조정하고 있었다.[10]

일제 통감부의 경시청은 기생과 창기를 관장하고 있었으며, 실제로

---

10) 노동은, 「기생, 성녀(聖女)인가? 성녀(性女)인가?」, 『음악과 민족』 10호, 민족음악연구소, 1995, 183~186쪽.

1909년 4월에 '창기조합조직 명령건'을 발동하여, 한국 기생들과 창기들을 유곽화 시켜 나갔던 것이다. 통감부가 처음에는 기생들과 불특정 다수에게 성을 제공하고 그 댓가를 지불받는 창기와 구별하였지만 점차 구별을 애매모호하게 하였다. 이것이 바로 성매매를 사회적으로 공식화하는 공창화(公娼化) 정책이었다.

그러면 이러한 공창화 정책이 갖는 함의는 무엇인가? 그것은 전통예술의 유력한 주체였던 일패 기생 집단의 와해를 의미한다. 나아가 일패의 와해는 그나마 명맥을 유지해 오던 전통춤의 단절을 의미한다. 본래 장악원과 교방에 소속되었던 기녀들은 자기의 소속이 사라짐에 따라 사회 속으로 편입되고 기생조합이라는 조직을 형성하게 된다. 그들은 사회조직의 한 세력으로 전통예술의 명맥을 유지하고 전승하는 예인집단이 된 것이다. 그런데 이능화가[11] 지적한 바와 같이, 과거 기생에는 크게 세 개의 급이 존재했다. 일패(一牌)는 왕실이나 관청에 소속된 기생, 이패(二牌)는 기생출신으로 첩이 된 후 밀매음하는 은근자(慇懃者) 혹은 은군자(隱君子), 삼패(三牌)는 창녀를 이르는 탑앙모리(搭仰謀利)를 의미한다. 이밖에 화랑유녀(花郞遊女), 여사당패(女祠堂牌), 색주가(色酒家)등 소위 갈보(蝎甫)라고 불려진 매춘부가 있다. 이와 같이 기생에 분명한 등급이 있었음에도 불구하고, 일제는 일패 집단의 와해를 위해 공창제도, 즉 몸을 파는 사람들에게 행한 성병검사를 실시함으로써, 이러한 경계선을 없애버렸던 것이다.

일제의 통치정책에 따른 이왕직장악원의 여악 폐지와 일패 기생 집단의 와해는 전통춤 전승에 있어서 인적 조건의 중대한 변화를 가져왔다.

---

11) 이능화, 『조선해어화사』(이재곤 역), 동문선, 1992, 442~451쪽.

Ⅲ. 인적 조건의 변화

공연예술의 세 가지 요소는 연행자, 관객, 무대이다. 이 세 가지 요소 중에 두 가지가 인적 조건에 해당된다. 그만큼 공연예술에서는 인간이 능동적이거나 수동적인 매개체로서 중요한 역할을 한다. 이런 점에서 인적 조건의 변화는 공연예술인 정재의 변모에 중요한 요인이 될 수 있다. 인적 조건의 변화는 크게 연행주체의 변화와 향유주체의 변화로 다시 구분될 수 있다. 오늘날의 개념으로 말하자면, 연행자의 변화와 관객의 변화이다.

1. 연행주체의 변화 : 연행주체 계급의 이행과 해체

정재에 있어 연행주체의 변화는 일차적으로 연행의 주관기관인 장악원의 축소, 궁중여악(宮中女樂)의 폐지에서 비롯되었다고 할 수 있다. 왜냐하면 이는 정재가 궁중에서 민가로 나오는 계기가 되기 때문이다. 즉 궁중을 떠난 여악과 악공들은 민간으로 진출하여 새로운 공연 여건을 만들었던 것이다. 둘째로 정재의 연행주체가 관기에서 기생으로 변화되고, 특히 삼패로 이행되었다는 점을 들 수 있다. 마지막으로 일부이기는 하지만 해외유학생 출신에 의해 정재가 단순한 춤의 형태적 소재로 사용되어 기존의 전통춤 변모와는 다른 형태의 변모가 이루어진다.

과거 우리의 전통사회는 신분이 확실히 구분되는 사회였다. 이런 사회 속에서 각 신분에 속한 사람들은 그들 나름의 향유문화를 가졌다. 궁중에서는 관기들에 의해 정재를 연주되었고, 양반들의 풍류방에서는 기생들의 춤과 음악이 공연되었으며, 일반인들은 그들의 삶의 현장에서 다양한 형식의 마당놀이와 춤 등을 즐겼다. 이런 신분에 의한 전통예술의 구분이 경술국치를 거치면서 무너진다. 그 첫 현상이 연행주체인 관기와 기생들의 해체이다.

정재의 연행주체는 관기였다. 그러나 일제강점기에 일반인에게 궁중무를 전파한 사람은 기생들이고, 기생들에게 궁중무용을 가르친 사람은 장악원의 선생들이다. 이들은 1908년 기생조합을 결성하여 무용교육과 공연활동에 종사하였다.

이미 경술국치 이전에 궁궐에서 나온 관기들은 민가에 정재를 소개하기 시작하였다. 이는 1907년 경성박람회에서 관기가 정재를 연희한 것으로 미루어 알 수 있다. 여기서 관기들은 궁중의식에서 행하였던 것을 그대로 행하였다고 밝혔고, 이를 민가에서는 기생무라고 하지 않고 관기정재무라 불렀다. 또한 같은 해 12월 궁내원, 태의원, 상의사 소속 행수기생의 자선연주회가 있었다. 이것이 관기들의 마지막 무대였다. 여기서 관기들은 자신의 소속을 밝히고 자선연주회를 개최하였다. 당시 기사에 의하면[12], 궁내부 행수기생, 태의원 행수기생, 상의사 행수기생 등이 자선연주회를 발기했다고 한다. 발기한 이들이 궁내부, 태의원, 상의사의 명칭을 걸고 있는 것으로 보아, 이들은 자신들의 이름을 걸고 독자적으로 궁궐 밖에서 연희한 것이다. 이 공연은 관기가 행사에 초대된 것이 아니라, 그들이 직접 행사를 주최하였다는 점과 정재의 주체인 관기가 직접 일반인에게 정재를 소개한 점에서 그 의의가 크다. 이때 공연된 종목으로는 검무, 가인전목단, 선유락, 항장무, 포구락, 사자무, 학무 등의 정재와 평양날탈패, 환등 등의 민속춤이 섞여 있었다.

경술국치 이후 궁중의 여악이 폐지되면서, 관기들은 궁중 밖으로 나올 수밖에 없었고, 본격적으로 민가에서 활동을 하게 된다. 이들은 민가에서 기업을 차리거나 협률사, 광무대, 단성사 등에서 춤을 추었다. 이

---

12) 『대한매일신보』(1907년 12월 14일) 및 김영희, 「매일신보에서 찾은 한국춤사⑪」, 『몸』 5월호, 2002, 52쪽.

와 같이 조선왕조의 몰락과 함께 궁중여악은 그 기반을 잃게 되었고, 물밀듯이 들어오는 서구 문물 속에서 살아남기 위한 한 방편으로 그들은 스스로 변화를 도모할 수밖에 없었다. 이 변화가 정재의 변모를 초래하는 주요 요인이 된다.

궁중여악의 폐지로 궁중에서 나온 예인들 사이에는 민가에서라도 궁중악을 지켜야한다는 생각이 팽배하였다. 이런 예인들이 모여서 만든 단체가 조양구락부(調陽俱樂部)이다. 1911년 이를 후원하기 위해 정악유지회(正樂維持會)가 만들어졌다. 이 단체가 만들어지면서 조양구락부는 더 체계적인 조직으로 개편되는데, 그것이 1911년 6월에 만들어진 조선정악전습소(朝鮮正樂傳習所)이다. 이듬해 조선정악전습소는 여악을 가르치기 위해 다동에 여악분교실(女樂分校室)을 설치한다. 여기서는 지방에서 상경한 무부기[13])들을 모아 여악을 가르쳤는데, 40명의 무부기가 있었다고 한다. 이 때를 계기로 무부기가 공식화되기 시작하였다. 정악전습소분교실은 장악원의 하규일이 친일파 송병준의 지원을 받아 만든 무부기조합이다. 이를 후에 다동조합이라고 불렀다. 이와 같이 조선정악전습소는 단절될 뻔한 정재의 맥을 이어가는 데 중요한 역할을 하였다.[14])

당시의 기생조합으로는 한성조합을 위시해서 1913년에 설립된 다동기생조합과 광교기생조합이 있고, 삼패로 구성된 신창조합이 있었다. 앞서 살펴 본대로, 일제의 경시청은 기생을 규제하게 위해 기생단속령을 공포하는데, 1908년 9월15일 '기생 및 창기 단속시행령 제정건'이 경시청령으로 제정되었다. 이로써 경시청이 발행하는 인가증 없이는 매매

---

13) 무부기란 기부(妓夫 / 기생서방, 포주)없이 기생을 영업하는 기생을 말한다(김영희, 「매일신보에서 찾은 한국춤사⑬」, 『몸』 7월호, 2002, 40쪽).
14) 김영희, 「매일신보에서 찾은 한국춤사⑧」, 『몸』 9월호, 2001, 46~48쪽.

음업도 각종 여행이나 공연행위들 아무것도 할 수 없게 통제하게 시작했다15). 이 기생단속령은 예기(藝妓)와 창기(娼妓)로 구분되던 기생 계급의 폐지를 의미하였다. 이는 사회적으로 그동안 암묵적으로 인정되어 왔던 기생과 삼패들의 경계가 허물어지는 현상이다. 즉 기생계급의 해체를 의미한다. 이에 대항하여 예기들은 스스로 자신의 격을 찾고자 했다. 그래서 그들은 창기 및 삼패와의 차별성을 두기 위해 기생조합의 이름을 걸고 정기적으로 연주회를 했다. 그것이 기생조합의 정기연주회이다. 그러나 곧 삼패들 역시 기생조합을 형성하고, 조합의 이름으로 정기연주회를 개최함에 따라, 기생들의 정기연주회 개최는 큰 의의를 발휘하지 못했다. 그러나 이를 통해 기생들은 자발적이고 주체적인 조합 활동을 하였고, 예기로서의 모습을 보여주었다. 이 연주회는 기생들이 했던 연주회 중에서 가장 비중이 있는 연주회이며, 이는 후에 권번시대에도 온습회라는 명칭으로 계속되었다. 그 외에도 기생들은 고아원이나 학원, 조산부양성소 등 공공단체의 어려운 재정을 돕기 위해서 자선 공연연주회를 개최하였다. 1907년 경성고아원 경비 조달을 위한 관기들의 연주회 이후, 광교기생조합의 조산부양성소연주회, 평양기생조합의 진명여학교 연주회 등이 여기 해당한다. 이 연주회는 기생조합의 전통으로 이어졌다. 이는 기생에 대한 사회인식을 높이는 데 기여하였다.

　바로 이 시기, 즉 1900년에서 1920년에 이르는 시기는 예인으로서 기생들의 전성시대였다. 대부분의 춤 공연은 기생들이 맡았다. 기생은 전문연예인으로서 공연예술과 대중문화의 토대였다. 공연자로서의 기생은 전통춤을 개발하고, 보존하고, 전수하는 주체였다. 기생들의 공연종목은 40종목이 넘는 궁중무와 민속무였다. 이렇게 다양하게 공연종목이

---

15) 노동은, 『한국근대음악사』1, 한길사, 1995, 557쪽.

많은 것은 1915년 시정오년 기념공진회에서 장기공연을 하였기 때문이다. 그곳에서 다동조합과 신한조합16)은 격일로 매일 정재를 공연17)하였는데, 이 때 그동안 공연되지 않았던 궁중무들이 많이 재현되었다. 왜냐하면 기생조합들이 서로 경쟁관계에 있어 20여 일간의 장기공연에서 참신한 공연을 보여주어야 했기 때문이다. 그래서 예기들이 집결되어 있던 광교조합와 다동조합은 장악원 출신의 교사들이 궁중에서 추었던 정재를 중심으로 공연하였다. 그동안 광교조합, 다동조합이 세워지기 이전인 협률사, 광무대, 단성사에서 정재 공연은 주로 장생보연지무, 가인전목단, 검무, 무고, 학무, 선유락, 항령무, 포구락, 항장무, 사자무의 10종과 승무, 한량무, 성진무, 승진무 등의 민속무가 주요 공연종목이었다. 그 이후 공진회를 위한 공연에서 무애무, 봉래의, 헌천화, 만수무 등 30여종의 정재가 재현되었고, 시정오주년기념성택무, 철도축하무가 창작되었다18).

공진회에서의 공연은 조선조의 마지막 잔치인 1902년 진연 이후 별로 추어지지 않았던 정재를 민간의 극장에서 연행되었다는 점에서 그 의의가 크다. 하지만 그것은 정재의 형태적 명맥만 유지하는 것이지 전통춤의 정확한 전승은 아니었다. 왜냐하면 장악원 출신의 선생에 의해 정재가 재연되고 가르쳐졌기 때문에 정재의 명맥은 유지되었다고 할 수 있지만, 반면에 춤의 소요시간이 짧아지면서 춤의 외형적인 형태가 변화하였고, 정재의 내용과 목적이 이미 그 의미를 상실했기 때문이다. 따라서 그것이 전통춤의 바람직한 전승이라고 보기는 어렵다. 또한 이

---

16) 다동조합은 공진회에서 공연하고, 신한조합은 조선연극장에서 공연하였다.
17) 시정오년기념공진회의 공연기간은 1915년 9월18일에서 시작해서 10월10일까지 공연으로 약 22일간 공연하였다.
18) 김영희, 「매일신보에서 찾은 한국춤사①」, 『몸』 1월호, 2001, 37쪽.

시기에 정재를 바탕으로 한 창작춤인 시정오주년기념 성택무(聖澤舞)가 추어졌다. 이는 조선 초기 당악정재인 성택(聖澤)19)을 기본으로 창작한 것이다. 이 춤은 일본이 조선에 대한 정치를 시작한지 5년이 된 것을 축하하고, 조선과 일본이 융화·발전하기를 바라는 내용의 춤이다. 이 춤에서 중국황제를 일본 천황으로 바꾸고, 여덟 방향을 13도로 바꾸는 변화가 나타난다. 이와 같이 기생들의 창작춤은 정재의 양식을 크게 벗어나지 못하면서, 이를 상황에 맞추어 변형시키는 형태였다. 이는 곧 정재가 변모되는 현상의 일부가 된다. 그들이 공연한 정재는 새로운 관객층이 요구하는 공연방식과 장소의 이질성에 맞춰 그 규모를 가감하였기 때문에 원래의 모습과는 달랐다. 그러나 단절될 뻔한 정재의 명맥을 그나마 존속하게 하였다는 점에서 기생들의 정재 재현과 창작은 그 나름의 의의를 지닌다.

당시의 기생은 전문연예인으로서 국내외적으로 유명한 인물이었다. 1914년 한 신문이 장기간 연재한 인기 연예인 소개 기사에 의하면, 당시 100여명의 인기인 중에 기생이 90명을 차지할 정도로 기생의 비중이 컸다고 한다.20) 이 뿐만 아니라 조선을 소개하는 관광책자에 의하면, 조선에는 3대 명물이 있는데, 첫째는 금강산이요, 둘째는 기생이요, 셋째는 인삼이라는 말을 통해서도 기생이 국내뿐만 아니라 국외에서도 예술문화의 중요한 주체임을 알 수 있다.

우리나라에 처음 수입된 서양춤은 민속춤(Folk Dance), 혹은 사교춤(Social Dance)과 덴까스 레뷰춤이다. 사교춤은 1900년 무렵 대한 제국에 부임한 각국의 영사들의 사교모임의 자리에서 추던 춤으로 즐기기

---

19) 성택은 조정의 사신을 위로하는 것으로 황제의 덕을 치하하고 송축(頌祝)하는 것이다.
20) 김영희, 「매일신보에서 찾은 한국춤사⑭」, 『몸』 9월호, 2002, 50쪽.

위한 춤이다. 레뷰춤[21]은 무대에서 보여주기 위한 춤이다. 이 춤은 쇼에서 추어지는 흥미위주의 춤이며, 무거운 소재를 다루기보다 관객의 관심을 끌만한 가벼운 주제를 화려하고 재미있게 다룬 춤이다. 이 춤은 1903년 덴까스가 이끄는 곡예단에 의해 처음 소개되었는데, 주요 종목은 마술기술이고, 그 사이 사이에 춤과 음악, 연극, 가극을 보여주었다. 덴까스 곡예단은 13살 된 배구자(裵龜子)를 경성무대에서 데뷔시켰는데, 그 이유는 그녀가 기생과 다르다는 데 있었다. 즉, 그녀의 기예는 고상하고, 우미한 신문화이므로 기존의 공연예술과는 격이 다른 예술이라는 것이다. 이를 통해 우리 근대사회가 전통연희보다 신문화에 높은 위상을 부여하고 있음을 알 수 있다. 그 이후 1919년 송욱제천화(松旭薺天華), 1921년 해삼위청년학생단이 조선에 들어왔고, 1930년대에는 악극이 등장하면서 무도바람과 함께 우리 춤 문화에 커다란 영향을 미쳤다.

이와 같이 개화기에서 1924년까지의 춤은 각색된 전통춤과 사교춤이 주류를 이루었다. 이에 따라 새로운 춤의 주체로 서양에서 춤을 배운 사람들이 등장하기 시작한다. 그리고 이 시기의 특이한 현상 중 하나는 관람을 위한 춤과 더불어 즐기기 위한 춤이 발달했다는 것이다. 이는 대부분의 실내극장의 목적이 연회장 혹은 무도장이었다는 사실에서 비롯된다. 1925년 이후에는 춤의 주체로 해외유학생들이 합류한다. 이 해외유학생이 춘 춤을 우리는 신무용이라 부른다. 이 신무용의 대표적인 인물은 최승희와 조택원이다. 이들은 당시 일본의 현대무용을 개척한 사람인 이시이 바쿠(石井漠)의 공연을 보고, 일본에서 무용공부를 한 사람들이다. 이런 의미에서 이시이 바쿠의 공연은 무용사적으로 큰 의의

---

21) 레뷰(Revue)란 드라마, 희극, 오페라, 발레, 재즈 등의 여러 요소를 취하고 음악과 춤을 뒤섞어 호화찬란한 연출을 하는 무대예술을 말한다(김영희, 「매일신보에서 찾은 한국춤사⑮」, 『몸』 10월호, 2002, 58쪽).

를 지닌 공연이다. 이와 같이 외국 무용단의 공연은 지식인들을 무용의 주체자로 변화시키는 데 중요한 역할을 하였다. 이런 영향을 받아 외국에서 무용을 공부하고 온 유학파들은 새로운 무용의 향유층을 형성하고, 새로운 무용의 주체로 등장하게 된다.

신무용은 새로운 무대 형식과 관람방식이 요구되던 근대초기에 무용가의 자율적 창작, 춤 작품의 완결성, 그리고 춤의 독립성을 바탕으로 실내무대에서 공연된 신식 예술춤이다. 이를 위해 새 시대 정신에 어울리는 새로운 움직임 방식이 개발될 필요가 있었다. 당시 무용가들은 한국적인 것에 대한 관심을 견지하면서 현대무용을 바탕으로 한 신무용과 전통춤을 무대에 현대화한 신무용을 모색하였다. 전반적으로 신무용은 이 두 방향을 절충한 소품공연이 주류를 이루고 있었다. 이 사실은 신무용의 작품들이 주로 독무이며, 소요시간이 짧고, 춤의 줄거리도 단편적이며, 삶의 희노애락을 표피적으로 표현하고 있었다는 것을 말해준다. 이와 같이 해외유학파에 의한 전통춤의 현대화는 전통춤의 정신을 이어받지 못한 상태에서 단순한 외적인 형태 혹은 소재의 이용만으로 한정되어, 진정한 의미의 전통춤의 전승은 이루어지지 못하였다.

20세기 초 전통춤 연행주체의 변화는 장악원, 풍류방의 몰락, 여악의 폐지, 삼패의 성장 등과 같은 다양한 변수에 의해 총체적으로 진행되었다. 1903년 관기와 삼패가 한 무대에서 공연을 하면서 더욱 급속히 변화되었다. 이는 1908년 관기의 혁파, 1909년 삼패 기생의 조직화와 이에 따른 삼패의 연희종목 확산에 있다. 이와 더불어 연행주체로 해외 유학파가 가세한다. 이들은 새로운 스타일의 신무용을 함으로써 전통춤은 더욱 새로운 스타일로 급격히 변화하기에 이른다.

2. 향유 주체와 의식의 변화

경술국치 이후 궁중에서 왕의 송축을 기원하던 정재가 폐지되어 궁궐 밖으로 나감에 따라 정재는 더 이상 왕이나 왕족을 위한 전유물이 아니었다. 앞에서 언급한 바와 같이 정재는 의례가 아니라 하나의 공연물로서 일반 사설극장에서 돈을 받고 불특정 다수에게 보여주는 공연물에 불과하였다. 따라서 재주를 높은 분께 드린다는 정재의 의미는 퇴색하였고, 각 정재가 지니는 의미 또한 굴곡되고 변용되었다.

고종황제어극 40주년을 기념하기 위해 협률사(協律司)가 설립되었다. 하지만 전염병으로 말미암아 공연이 취소되자 왕을 위해 준비된 공연이 1903년 일반을 위한 공연장으로 변화하게 된 것이다. 그러면서 협률사(協律司)는 협률사(協律社)로 바뀌었고, 왕이나 양반들만이 볼 수 있었던 희대 공연을 일반인들도 볼 수 있게 되었다. 그러자 협률사에는 많은 일반 관객들이 몰리게 되어 연희자인 기생과 창부를 더 많이 필요로 하게 되었다. 당시 창부가채(唱夫歌債)라는 제목의 창부 보수를 밝힌 광고에 의하면, 1906년 수입이 가장 좋을 때는 하루저녁에 117원 40전이나 벌었고, 관람료는 황, 홍, 청색으로 구분하여 황색은 1원, 홍색은 70전, 청색은 50전이었다고 한다. 관객의 수는 매일 저녁 약 160여명이 되었다고 한다. 협률사가 생긴 이후 학교의 학생들이 줄어들 정도였다는 것으로 미루어 보아 젊은이들도 많은 관심을 가졌다는 것을 알 수 있다.[22]

협률사의 구성원을 살펴보면, 1차 조직에서 궁중의 대의원 소속 의녀와 상의사 침선비 등에서 선발하였고, 2차 조직에서는 고종의 칙령을 받은 김창환, 송만갑이 전국의 명인, 명창을 서울에 집합하게 하여 김창

---

22) 이광국, 「협률사와 원각사 연구」, 『배달말』 6, 배달말학회, 1981, 104쪽.

환을 단장으로 판소리 명창인 송만갑·이동배·강용환·유공열·허금파·강소향 등과 경서도 명창인 박준재·분영수·이정화·홍도·보패 등 남녀 170명으로 구성되었다. 이들은 국가로부터 급료를 받았다. 이때 급료는 1등 창부가 20원, 2등 창부가 14원, 3등 창부가 10원의 순이었다.23)

협률사는 정부 주도로 처음으로 만든 민속악 예인 중심의 조직이다. 이는 대중을 상대로 한 소통 언어가 정재가 아니라 민속악임을 인정한 것이다. 1903년 3월 27일 제국신문에 의하면, 협률사는 사찰을 근거로 하는 예인들을 모두 관장하였다. 즉 사찰을 근거지로 삼고 활동하던 공인, 예인뿐만 아니라 승광대(僧廣大)까지도 연희 활동을 금지시킨 것이다. 이는 전국의 모든 예술 활동을 협률사의 관장 하에 두겠다는 의도였다. 이는 개화기의 예술행위에 대한 첫 번째 통제였다.24)

협률사의 공연 내용은 전래하는 판소리 다섯 마당과 창극(唱劇), 각종의 무용과 민요, 탈춤 등이다. 장내에 술 취한 손님들이 떠들고 싸우면, 무대 위에서 기생과 창우들이 이들의 흥을 돋우었다고 한다. 또한 협률사는 친일 내각에 기생을 제공하는 역할도 하였다. 이런 사실로 인하여 협률사는 일필회의 상소에 의해 폐지되고, 1902년 원각사로 개칭하였다.

원각사는 이동백(李東伯)을 단장으로 당대 최고의 가기(歌妓) 24명, 김창환(金昌煥)등 명창 40명으로 출발하였으나 흥행에 실패하였다. 원각사의 주요 공연종목은 판소리와 무용, 잡기였는데, 구체적으로 살펴보면, 무고, 승무, 검무, 가인전목단, 선유락, 항장무, 포구락, 학무, 북춤 등이다. 또 평양날탈패와 창부땅재주와 같은 천민으로 취급된 무당과

---
23) 단국대공연예술연구소, 『근대한국공연예술사자료집1』, 단대출판부, 1984, 174~175쪽.
24) 단국대공연예술연구소, 위의 책, 176쪽.

재인 출신들이 추던 춤과 환등, 향응영무, 사자춤도 있었다.

그런데 협률사와 원각사에서의 공연을 통해서 전통예술 향유층의 의식이 점차 변화하고 있었다. 이는 일본문화와 서양문화를 무비판적으로 수용한 일부 지식인들로부터 발단된 의식의 변화이지만, 언론 등을 매개로 급속도로 확산된다. 1907년 11월 29일자 황국신문은, 전래되는 전통예술은 인민의 수치라는 기사25)를 싣고 있다. 이런 주장은 새로운 창작극의 갈망으로도 볼 수 있다. 그런데 당시의 식자층은 전통 연희에 대한 기본적인 지식이 없었던 데다가 새로운 것만을 기대하다 보니, 자연히 자국의 예술을 폄하(貶下)했고, 열등의식까지 가지고 있었다. 이런 논조는 연희자들의 전업을 하도록 권장하는 것이었다. 판소리, 탈춤, 민속인형극, 무용은 아무런 사상도 내포하지 않을뿐더러, 음풍(淫風)이 대중을 방황케 하여 급기야 망국에까지 이를 것이니 해서는 안 된다는 논지이다. 이는 개화를 주창하면서도 주자학에 빠진 식자층의 자가당착적 사고방식을 단적으로 표현해 주는 것이다. 전통극을 흉국(凶國)의 음희(音戲)로까지 매도한 식자층은 개화기에 있어서 연희의 발전을 크게 저해하고 있었던 것이다. 이런 예술관은 일본의 문화예술 탄압을 자초하는 결과를 빚게 된다. 왜냐하면 우리의 전통적인 공연예술은 하나의 상풍패속(傷風敗俗)의 음난물로 매도되었기 때문이다.26) 당시의 식자층은 공연예술의 주 향유층으로서 전통예술에 대한 이해가 거의 없었으며, 서구식의 새로운 문화예술만을 추구하였다. 이러한 여건에서는 수요와 공급의 원리에 따라 수요층인 관객의 기호에 맞추어 공급층인 예술 주체가 변화할 수밖에 없는 것이다. 이 변화가 전통춤의 변모를 가져오는 가장 중요한 요인일 수도 있다.

---

25) 단국대공연예술연구소, 앞의 책, 188쪽.
26) 단국대공연예술연구소, 앞의 책, 188~189쪽.

Ⅳ. 물리적 조건의 변화 : 연행 공간의 변모

춤은 시간과 공간의 예술이다. 춤에 있어 공간이 갖는 의의는 매우 크고 중요하다. 이런 점에서 연행공간의 변화는 춤이 지니는 기본요소의 변화라고 할 수 있다. 과거 정재가 행해지는 춤 공간은 전정(殿庭)으로 옥외장소이다. 이런 춤의 공간이 서구의 문물에 영향을 받아 실내극장이 생기게 됨에 따라 자연히 실외에서 실내로 들어오게 되었다. 이런 춤 공간의 변화 과정 속에서 정재 또한 실내극장의 춤 공간에 맞는 형태로 변모한다. 그 변모의 양상을 근대 극장의 역사적 변천과 함께 살펴보고자 한다.

19세기 이후 서울이 상업도시로 변모해 감에 따라 시민들의 연희에 대한 욕구가 팽배해지고 이에 따라 극장이 생기기 시작했다. 초기 극장은 오늘날과 같은 성격의 관람을 위한 극장이기보다는 사람들의 모임 장소로서 무도회장과 같은 성격의 극장이다. 이런 성격의 실내극장으로는 1899년에 세워진 아현무동연희장(阿峴舞童演戱場), 1900년에 용산 무도연희장이 있다. 당시 황성신문의 보도에 의하면 이 무동연희장에 사람들이 운집하여 장내 정리를 위해 경찰이 출동할 정도였다고 한다. 이 보도에서 같은 무동 연희장이 아현을 비롯하여 여러 곳에 세워졌다는 표현으로 미루어 무동 연희장은 이동형 가설무대로 생각된다. 여기서 무동은 민간으로 나온 궁중무 또는 춤 일반을 지칭한 듯 하고, 공연물은 춤을 포함하여 민속 야외 연희 종목이었던 것 같다.

그 이후 오늘과 같은 성격의 극장인 프로시니움 스타일로는 1902년에 관립극장인 협률사, 1907년에는 동대문에 연흥사를 비롯하여 광무대(光武臺), 사동에 연흥사(演興社), 낙원동에 장안사(長安社), 종로에 단성사(團成社) 등이 세워졌다.

협률사(協律司)란 광무 6년(1902) 우리나라 최초의 실내극장으로 희대(戱臺)를 관리하기 위한 관청이다. 이는 고종의 어극사십년칭경례식(御極四十年稱慶禮式)을 위하여27) 고종의 칙허를 얻어 만들어진 것으로 고종의 칙명을 받아 가무녀(歌舞女)를 조직했고, 김창환(金唱煥), 송만갑 등은 전국의 명인(名人)·명창(名唱)을 서울로 모아 그 수가 170여 명에 이르렀다. 이들은 정부로부터 급료를 받았다. 협률사가 궁내부에 소속되어 있을 때는 외국의 국빈에게 보일 행사를 준비하는 관계로 무대 공연도 엄격했고 관객들이 지켜야할 규율도 엄했다. 협률사에서의 공연은 유료로 진행되었는데, 공연 내용은 명창, 기생, 무동이 출연하는 춤과 소리였다. 당시 황성신문 기사에 의한 협률사의 면모를 소개하면 다음과 같다.

"근일 협률사에서 각색 창기를 조직하였는데, 태의원(太醫院) 소속 의녀(醫女)와 상의사(尙衣司) 침선비(針線婢) 등을 이속(移屬)하여 명왈(名曰) 관기(官妓)라 하고, 각 삼패(三牌) 등을 병부(幷付)하여 명왈 예기(藝妓)라 하고 신음률(新音律)을 교습하였는데, 또 근일 관기(官妓)로 자원 신입자(自願新入者)가 유하면 명왈 예기(預妓)라 하고, 관기예기지간(官妓藝妓之間)에 처하여 무부야녀(無夫冶女)를 허부(許付)하는데, 무론 모인(無論某人)하고, 10인, 20인이 결사(結社)하고, 예기(預妓)에 원입(願入)한 여자를 청원(請願)하면 해사(該司)에서 의원허부(依願許付) 할 차(次)로 정규(定規)하였다더라"28)라고 되어 있다.

여기서 알 수 있는 바는 먼저 협률사의 기생은 태의원, 상의사 소속

---

27) 협률사를 만든 목적은 고종황제어극 40주년 행사를 위해서라는 주장과 정부의 군악대 창설경비를 마련하기 위해 참령 장봉환(張鳳煥)의 소청에 의해 만들었다는 주장이 있다(단국대공연예술연구소, 앞의 책, 173~174쪽).
28) 『황성신문』, 광무6년 8월 25일자 및 장사훈, 앞의 책, 834쪽.

의 관기와 삼패로 구성되어 있다는 것이다. 새로 들어온 사람을 예기(預妓)라 하며, 이들은 무부기(無夫妓)로서 10명 혹은 20명 있었다. 예기를 원하면 그 뜻을 가려 허가하였다. 또한 그들에게 신음률을 가르쳤다 등의 내용을 알 수 있는데, 이는 전통춤이 바람직하게 전승되지 못하고 변모하는 중요 요인으로 파악될 수 있다. 특히 관기와 삼패를 한 무대에서 같이 공연하게 함은 기생 사회의 질서 파괴를 의미한다.

협률사(協律司)는 전염병, 가뭄, 러일전쟁 등 국제문제로 협률사(協律社)로 바뀌게 되었다. 그리고 1903년에는 경영권도 정부에서 민간에게 넘어가 관립극장에서 사설극장으로 변모하게 된다. 이후 협률사는 공연장의 풍기문제 등의 이유로 1906년 정부로부터 폐지령을 받았고, 1908년 2월 관인구락부, 그해 7월 원각사라는 명칭으로 개칭되었다.29)

원각사는 이인직이 이등박문의 명령에 의해 세운 극장이다. 원각사의 설립목적은 이등박문이 우리의 민중문화를 없애기 위한 방편으로 우리의 전통예술을 일본 연극, 즉 신극으로 변화시키려고 한 데 있다. 그러나 여기서 공연된 공연물은 신극이기보다는 영업을 목적으로 한, 즉 대중의 홍미를 끌기 위해 타락하고 변질된 창극이나 무용 등의 전통예술이었다.30) 특히 원각사는 공연예술이 가장 많이 공연된 장소이다. 이 시기에 연행된 음악과 춤은 전통예술을 개작하거나 재구성한 작품으로서 돈을 지불하는 불특정 다수, 즉 공연예술의 향유계층의 홍미 욕구에 맞는 작품으로 구성되었다.

개화기에는 이러한 관립극장과는 달리 광무대(光武臺)31), 연홍사(演

---

29) 단국대공연예술연구소, 앞의 책, 175쪽.
30) 박노춘, 「한국 신연극 오백년 사략」, 『논문집』 2, 1959, 33~35쪽.
31) 광무대는 초기 전기회사활동사진소라는 명칭으로 영화만을 상영했다가 1907년 6월부터 광무대라는 명칭과 함께 영화와 더불어 민담, 무용을 함께 공연하는 연회장으로 바뀐 것이다(단국대공연예술연구소, 앞의 책, 167~173쪽).

興社)32), 단성사(團成社) 등의 사설극장들이 세워져 무대예술 발전에 기여했다. 그러나 이들 사설극장들은 창극이나 민속무용 등의 전통예술을 주로 공연한 광무대를 제외하고는 주로 영화를 많이 상영하였다. 1908년 5월에 있었던 광무대의 공연에서는 관기남무, 지구무, 전기광무, 가인전목단, 항장무, 승무, 무고 등이 춤으로서 공연되었다. 이 춤들은 궁중정재를 재현하거나 그것을 모방하여 창작한 춤과 민속춤이다. 이 중 전기광무는 전기 조명을 비추고 나비처럼 나는 형태를 갖춘 춤으로서 대중의 관심에 대응하여 개발된 레파토리였다.

근대 실내극장의 생성은 정재를 실외에서 실내로 들어오게 하였다. 그럼에 따라 정재는 과거 음악과 더불어 궁중악의 일부로 연희되던 것이 이제는 민속의 전통연희, 판소리, 판소리의 분창인 창극 등과 함께 전체 공연의 일부로 공연되었다. 이는 정재에 있어 춤 공간, 춤의 소용시간, 춤사위, 춤 박자의 변화를 가져와 정재가 변모하는 중요한 요인으로 작용한다. 특히 이 시기에 대부분의 전통춤에 커다란 변화가 생기는 것은 춤 공연이 극장이 기획하는 기획공연이었고, 이를 행한 연행자는 극장의 전속 기생들이었기 때문이다.

V. 결론

이 논문은 자연스럽게 전승되어야 할 우리의 전통춤이 일제 강점기를 거치면서 변모하게 된 원인을 분석하는 데 목적이 있다. 이 원인 분

---

32) 연흥사는 1907년 11월 말경 송지만(宋芝萬), 이준동(李俊東), 이종진(李鍾振) 3인이 사동 장윤직(張潤稙)의 집을 일부 개조하여 설립하였다. 특히 이 극장은 판소리와 분창(分唱)을 시도한 극장으로서 명창들을 전국에서 뽑아 오기도 하였다(단국대 공연예술연구소, 앞의 책, 167~173쪽).

석을 통해 우리 전통춤의 자연스러운 전승을 위한 조건은 무엇이며, 굴절이 있었다면 어느 부분의 해결을 통해 그것을 바로 잡을 수 있는가를 추정하는 데 기여하기를 기대한다.

이 논문에서는 전통춤의 변모 요인을 식민 통치 정책에 따른 제도적 변화, 인적 조건과 의식의 변화, 물리적 조건의 변화 등 세 부분으로 구분하였다.

첫째, 식민 통치 정책에 따른 제도적 변화이다. 이 제도적 변화는 그동안 전승되어온 우리의 제도가 일본에 의해 파괴되고, 변화되어 일본식 제도로 변모되고, 편입되는 양상을 의미한다. 이런 현상 중의 하나가 공창제도이다. 공창제도는 우리 전통예술의 유력한 주체였던 일패 기생 집단의 와해를 가져왔다. 일패 집단의 기생은 관기로서 예기(藝妓)이다. 이들은 초기 장악원이나 교방에 소속하였다. 장악원은 조선시대 춤과 음악을 관장하는 기관이다. 장악원의 품계와 규모는 그들이 사회적으로 인정을 받은 계층임을 말해 준다. 그러나 일제 강점기에 장악원의 폐쇄, 궁중여악의 폐지, 이왕직 아악부로의 축소, 기생계급의 파괴, 공창제도 실시, 관객의 관심의 변화, 극장공연 횟수의 감소, 전통예술교육의 굴곡과 단절은 우리 전통춤이 차츰 그 원형을 잃는 요인이 되었다.

둘째, 인적 조건의 변화이다. 이는 연행주체와 향유주체의 변화이다. 연행주체의 변화는 크게 세 부분으로 나누어진다. 첫 번째 변화는 장악원의 폐쇄, 궁중여악의 폐지로 관기가 없어진 것이다. 두 번째 변화는 기생과 삼패의 구분이 사라진 것이다. 세 번째 변화는 해외유파 출신의 등장이다. 이런 연행주체의 변화를 겪으면서 우리의 전통춤은 왜곡된 형태로의 변모를 가져온다. 향유주체의 변화는 왕이나 왕족을 위한 공연에서 댓가를 지불한 불특정 다수를 위한 공연으로의 변화이다. 이는 정재가 지니는 고유한 특질이 무시된 채 불특정 다수들이 선호하는 예술 양식의 잔존을 의미한다. 즉, 수요와 공급의 원리에 의해 관객이 선호하는 춤은 살아남고 그렇지 못한 것은 사라지거나 변모한다. 즉 춤이 적자생존의 법칙에 의해 선택된다.

셋째, 물리적 조건의 변화이다. 이는 연행공간의 변모를 의미한다. 원래 정재는 궁중의 뜰인 전정(殿庭)에서 연행되었다. 하지만 궁중 여악의 폐지와 함께 궁중 밖으로 나온 정재는 당시 실내극장인 협률사, 원각사, 광무대에서 공연을 하게 된다. 이런 공간의 변화는 춤 공간, 춤사위, 춤 박자, 춤의 진행방식, 춤의 소요시간 등의 변화를 가져와 정재가 변모하는 중요한 요인으로 작용한다. 특히 이 시기에 대부분의 전통춤에 커다란 변화가 생기는 것은 춤 공연이 극장이 기획하는 기획공연이었고, 이를 연행한 연행자가 극장의 전속 기생들이었기 때문이다. 이는 전통춤이 극장이나 관객의 기호에 맞는 춤으로 빠르게 변모되는 원인이 된다.

참고문헌

김영희, 「<매일신보>에서 찾는 한국춤사」①④⑧, 『몸』 1·4·5·8월호, 2001.
김영희, 「<매일신보>에서 찾는 한국춤사」⑬⑭⑮, 『몸』 5·7·9월호, 2002.
김정녀, 「권번춤에 대한 연구」, 『한국무용연구』7호, 1989.
김천흥, 『심소 김천흥무악 70년』, 민속원, 1997.
김호정, 『국립국악원의 시대적 변요』, 세종대학교석사학위논문, 1992.
노동은, 「기생, 성녀(聖女)인가? 성녀(性女)인가?」, 『음악과 민족』10, 1995.
노동은, 『한국근대음악사』1, 한길사, 1995.
단국대공연예술연구소, 『근대한국공연예술사 자료집』1, 단대출판부, 1984.
문현상·김미숙, 「권번이 무용에 미친 영향」, 『무용학회논문집』20, 1997.
박노춘, 「한국 신연극 오백년 사략」, 『논문집』2, 1959.
송방송, 『악장등록연구』, 영남대학출판부, 1980.
이광국, 「협률사와 원각사 연구」, 『배달말』6, 1981.
이능화, 『조선해어화사』(이재곤 역), 동문선, 1992.
장사훈, 『국악대사전』, 세광음악출판사, 1984.
한국정신문화연구원, 『한국민족문화대백과사전』19·24, 웅진출판사, 1995.

제2부

궁중정재의 변천과 전승

당악정재 〈포구락〉의 역사적 전개

장정수

Ⅰ. 머리말

　〈포구락〉은 고려 문종 27년(1073)에 송나라로부터 유입되어, 조선을 거쳐 오늘날까지 연행되고 있는 궁중정재 종목이다. 고려조와 조선조에 주로 사신 접대, 종친·형제 연회, 왕실 내연 등 궁중 연회에서 연행되었으며, 지방 관아의 연회 및 선비들의 기로연(耆老宴) 등에서 공연되기도 하였다.

　오랜 역사와 광범위한 분포를 지닌 〈포구락〉은 고려조에는 송악(宋樂)을 기본틀로 삼고 있다가 조선 초기에 들어와 일부 정비되었고, 조선 말기에는 향악이 가미되는 등 점차 토착화되어 우리 식으로 변해 왔으며, 근대화 이후 오늘날에는 본래의 궁중정재에서 상당히 변모된 형태로 공연되고 있다.

　본고의 목적은 문헌 자료를 중심으로 하여 〈포구락〉의 역사적 변천 과정을 추적해 보고자 하는 것이다. 지금까지의 〈포구락〉 연구는 『고려사악지』, 『악학궤범』, 『정재무도홀기(呈才舞圖笏記)』 사이의 차이만 포괄적으로 서술되었을 뿐, 시대에 따른 연행 방식의 변화, 작품의 구성 및 창사(唱詞)의 변화 등에 대해서 심도 있는 논의가 이루어지지 않았다. 이에 본고에서는 『고려사악지』, 『악학궤범』, 10여 종의 『정재무도홀기』뿐만 아니라 실록, 진연·진찬의궤, 문집(文集) 기록, 회화(繪畵) 등 <포구락>과 관련되는 모든 자료를 대상으로 하여, <포구락>의 다양한 존재 양상을 제시하고, 시대에 따른 연행 방식, 정재의 구성, 창사(唱詞) 내용 변화 등을 분석해 내고자 한다.

고려시대에 <포구락>이 유입된 이래 조선전기, 조선후기, 근대기를 거치면서 어떤 변화를 겪게 되었는지, 그러한 변화의 원인과 의미는 무엇인지를 밝혀 보고자 하는 이러한 작업은 현재까지 이어지고 있는 궁중정재의 원류를 밝힌다는 점에서 의의가 있을 것이며, 앞으로도 지속되어야 할 전승과 복원 작업의 방향 설정에도 기여하는 바가 있을 것이라 기대한다.

Ⅱ. <포구락>의 수용 : 『고려사악지(高麗史樂志)』

<포구락>은 고려 문종 27년(1073)에 송나라로부터 유입되어, 궁중 연회 및 팔관회, 연등회 등에서 널리 연행되었다.[1] 고려조의 궁중 연회

---

1) <포구락>의 유입과 <포구락>이 연등회, 팔관회 등에서 공연된 사실은 『고려사악지』의 다음 기록을 통해 확인할 수 있다.
    문종 27년 2월 을해일에 교방에서 아뢰기를 "여제자 진경(眞卿) 등 13명에게 전습시킨 <답사행(踏沙行)> 가무를 연등회에 사용하기를 바랍니다"라고 하니 왕이 그 의견대로 시행할 것을 명령하였다. 11월 신해일에 팔관회를 베풀고 왕이 신봉루(神鳳樓)로 거둥하여 교방악(敎坊樂)을 감상하였는데 여제자 초영(楚英)이 아뢰기를 "새로 전습한 가무는 <포구악>과 <구장기별기>인바 <포구악>에는 여제자 13명이요, <구장기>에는 제자가 10명입니다"라고 하였다. 31년 2월 을미 연등회 때 임금이 중광전에 거둥하여 교방악을 감상하였는데, 교방 여제자 초영이 아뢰기를 "왕모대 가무의 일대는 55인이고 그 춤은 네 글자를 만드는데 '군왕만세' 혹은 '천하태평'이라는 글자입니다"라고 하였다(文宗二十七年二月乙亥 敎坊奏 女弟子眞卿等十三人 所傳踏沙行歌舞 請用於燃燈會 制從之 十一月辛亥設八關會 御神鳳樓觀樂 敎坊女弟子楚英奏 新傳抛毬樂九張機別伎 抛毬樂弟子十三人 九張機弟子十八 三十一

는 화려하고 사치스러워 비난을 받을 정도였으며, 팔관회 또한 금욕적이고 종교적인 팔계율(八戒律)과는 달리, 화려하고 풍류적이며 향락적이기까지 했다. 고려의 팔관회는 정통 불교의례와 연관을 맺고 있으나 정통 불교와는 달리 채붕(綵棚)을 설치하고, 불교 교리에서 금지하던 백희가무(百戱歌舞)를 즐기기도 하였다.2)

(가) 무인일. 河淸節(왕의 탄신일)이므로 만춘정으로 행차하였다. 왕이 재추(宰樞)·신하들과 연흥전(延興殿)에서 연회를 베풀었다. 이 때 대악서(大樂署)와 관현방(管絃坊)에서 채붕, 준화, <헌선도>, <포구락> 등의 가무 놀이를 다투어 준비하였다.……왕의 배는 비단으로 장식하고 비단으로 돛을 만들었으며, 정신을 잃고 놀았는데 그 놀이가 지나치게 사치롭고 화려하였다.3)

(나) 33년에 최이가 임금을 위하여 연회를 배설하면서 큰 상 여섯에 칠보 그릇에 음식을 차려 놓았는데 지극히 풍부하고 사치스러웠다. 최이가 스스로 자랑하여 말하기를 "다시 오늘과 같은 날이 있을까?"라고 하였다. 최이는 연회하고 놀기를 즐겨서 무시로 모여서 술을 마셨다. 어느 때는 3품 이상을 자기 집으로 초대해서 연회를 배설했고 혹은 재상들과 문무관 4품 이상을 위하여 연회를 베풀었다. 연일 노래 부르고 풍악을 잡혀서 밤중이 되어야 파하는 일도 있었다. 어느 때 재상들과 장군들 도합 46명을 초대해서 연회를 배설하였는데 술이 한창 돌자 어사 중승장군 임재가 술잔을 잡고 광대춤을 추었다. 보는 사람들이 야비하게 여겼다. 또 양부(兩府)와 여러 장군들에게 연회를 베풀어 즐길 때, 악사(伶人)들에게 당악(唐樂)을 연주시켰는데 하늘에서 별안간 천둥 번개가 일어났다. 최이가 공포를 느끼고 중지시켰다.4)

年二月乙未 燃燈 御重光殿 觀樂敎坊 女弟子楚英奏 王母隊歌舞 一隊五十五人 舞成四字 或君王萬歲 或天下太平)(『高麗史』71, 樂 2, 用俗樂節度, 文宗).
2) 전경욱,『한국의 전통연희』, 학고재, 2004, 167쪽.
3) 戊寅 以河淸節 幸萬春亭 宴宰樞侍臣於延興殿 大樂署管絃坊 爭備綵棚樽花·獻仙桃·抛毬樂等 聲伎之戱……其御船 飾以錦繡 假錦爲帆 以爲流連之樂 窮奢極麗. 『高麗史』, 毅宗 21년(1167) 4월 8일.

위의 자료를 통해 고려시대 왕과 귀족들의 사치스럽고 환락적인 연회의 모습과 이 자리에서 <포구락>, <헌선도> 등의 당악정재가 연행된 사실을 확인할 수 있다. 또한 위의 자료들은 당시 궁중정재는 단지 궁중연회의 전유물이 아니라, 지배층 전반이 함께 즐긴 연희물이었음을 알려 준다. 당악정재는 기본적으로 선계(仙界)를 지향하는 의식을 바탕에 깔고, 그러한 의식을 임금에 대한 축수(祝壽: 불로장생에 대한 기원)로 구현하기 때문에[5] 그러한 내용을 잘 담고 있는 <헌선도>, <수연장>, <오양선>, <포구락>, <연화대> 같은 당악정재가 이러한 연회에서 즐겨 공연된 것으로 보인다.

고려 후기의 화려한 연회에서 공연된 <포구락>의 모습은 어떠했는지 살펴보자. 고려시대에 연행된 <포구락>의 형태는 『고려사악지』 당악 부분에 자세하게 소개되어 있다. 『고려사악지』의 <포구락>은 창사가 많은 부분을 차지하며, 정재의 절차나 춤사위에 대해서는 자세하게 언급하지 않았다. <포구락>은 12명의 선녀들이 하늘에서 내려와 꽃놀이와 포구희(拋毬戲)를 하고 돌아가는 제의적인 가무희의 형태를 띠고 있다.[6] 즉, '선녀들이 춤과 노래를 바치러 왔음을 고하는 개장(開場) 구호치어(口號致語)-임금에게 바치는 선녀들의 춤과 노래-선녀들의 포구놀이-임금에게 바치는 춤과 노래-재주를 다 보인 후 물러나기를

---

4) 三十三年 怡享王 設六案陳七寶器 膳饌極豊侈 怡自詩詡曰 復有如今日者乎 怡好燕樂聚飮無度 或宴三品以上于其第 或宴宰樞及文武四品以上 歌吹連日 或至夜分而罷 嘗會宰樞及諸將軍等四十六人宴 酒酣 御使中丞將軍林宰執卮作倡優舞 見者鄙之 又燕兩府及諸將軍極歡 使伶人奏唐樂 天忽雷電 怡懼止之.(『高麗史』, 「列傳」 42」, 崔忠憲)

5) 조규익, 「악장과 정재의 미학적 상관성」, 『민족무용』4, 세계민족무용연구소, 2003, 105쪽.

6) 박진태, 「당악정재의 연극적·희곡적 측면-헌선도·오양선·포구락·연화대를 중심으로-」, 『고전희곡연구』6집, 한국고전희곡학회, 2003, 21쪽.

청하는 수장(收場) 구호치어 – 퇴장'의 구조로 이루어져 있다.

고려시대 <포구락>의 가장 큰 특징은 관객과 연행 주체 모두 '무대 공간은 선계이며 무기(舞妓)는 선녀, 관객은 신선'이라는 전제에 합의하고 있다는 것이다. 따라서 <포구락>의 구성은 실제 무대에서의 행위와 정재를 통해 드러내고자 하는 의미가 일치함을 보여준다. 창사는 서사성이 뛰어나며, 연행의 과정과 내용을 다 담아내고 있다.

당악정재는 죽간자 두 사람의 개장 구호로 시작된다. <포구락>의 개장 구호는 음악에 맞추어 기동(妓童)들이 춤을 바치려고 하니 무대에 등장하여 연행할 것을 허락해 달라고 청하는 내용이다.

雅樂鏗鏘於麗景	우아한 음악이 아름다운 경치 속에 울려나오고
妓童部列於香階	기동(妓童)은 향기로운 뜰에 떼지어 늘어서서
爭呈綽妁之姿	다투어 아름다운 자태를 드러내네.
共獻蹁躚之舞	함께 너울대는 춤을 바치려 하오니
冀容入隊	너그러운 마음으로 대열을 들이시어
以樂以娛	춤과 음악을 즐기시기 바랍니다.

다음에 기녀들이 4개의 대열로 나누어 선 다음 「절화령삼대사(折花令三臺詞)」를 부르고 꽃병 앞으로 나가 꽃을 꺾는 형상을 하며 춤춘다. 이 창사는 잔치가 진행되고 있는 현장 및 잔치의 분위기를 묘사하였는데, 푸른 장막을 친 무대에서 기녀는 춤추고 악공은 노래를 부르며 관중들은 술잔을 나누는 흥겨운 모습을 그리고 있다. '화연(華筵)', '나기(羅綺)', '금준(金樽)', '침취영일장유연(沈醉永日長遊衍)' 등의 표현이 아름다운 여인과 함께 한, 화려하고 흥취가 한껏 고조된 잔치 분위기를 잘 드러내고 있다.

翠幕華筵相將	푸른 장막 화려한 연석으로 서로 이끄니
正是多懽宴	참으로 즐거운 잔치로세.
擧舞袖回旋	춤옷 소매 치켜들고 빙글빙글 돌고
遍羅綺簇宮商	늘어선 미녀와 모여선 악공이
共歌淸羨	함께 노래하니 그 소리 맑게 넘쳐흐르네.
瓊漿泛泛滿金尊	경옥 같은 좋은 술이 금잔에 철철 넘치니
莫惜沉醉永日長遊衍	실컷 취해 화창한 봄날 오래오래 노는 일 아끼지 말라.
願樂嘉賓	아름다운 손님 즐겁게 하기 위해
嘉賓式燕	아름다운 손님에게 잔치를 베푸네.

서막에 해당하는「절화령삼대사」가 잔치 자리의 분위기를 묘사했다면, 이어지는「동천경색사(洞天景色詞)」는 앞으로 진행될 포구놀이의 전 과정을 집약적으로 그려내고 있다.

洞天景色常春	동천(洞天)의 경치는 언제나 봄이라.
嫩紅淺白開輕萼	여리고 고운 붉고 흰 꽃들이 곱게 피었네.
瓊筵鎭起金爐烟	화려한 잔치자리 금화로에서 향연이 일어
重香凝錦幄	진한 향기가 장막에 엉기었네.
窈窕神仙妙呈歌舞	아리따운 선녀들이 절묘한 노래와 춤을 바치고
攀花相約	꽃을 잡고 서로 언약하네.
彩雲月轉朱絲網徐在	달은 채운(彩雲) 벗어나고 붉은 실그물 느슨한데
語笑抛毬樂	담소하며 포구락을 하는구나.

繡袂風翻鳳擧轉	비단소매 바람에 나부끼니 봉황이 나는 듯하고
星眸柳腰柔弱	별빛 같은 눈동자에 버들 같은 허리 가냘프구나.
頭籌得勝懽聲近地光容約	첫알을 이기게 되면 환성이 우렁차고 얼굴빛 화려하다.

滿座佳賓喜聽仙樂	만좌(滿座)한 아름다운 손님들 신선의 음악 기쁘게 들으며
交傳觥爵	술잔을 주고 받네.
龍唫欲罷彩雲搖曳	풍류소리 끝날 제 채운(彩雲)이 나부끼니
相將歸去寥廓	서로 이끌고 하늘로 돌아가려네.

1~4구는 꽃, 향로, 비단장막으로 꾸며진 무대를 묘사하였으며, 5~6구는 선녀들이 꽃을 꺾으며 춤을 추는 공연 내용을 묘사하였다. 7~12구는 포구락을 연행하는 기녀들의 모습과 포구락 놀이 방식을, 13~14구는 술을 주고받으며 즐기는 관중을 그렸다. 끝으로 15~16구는 선녀들이 꽃꺾기와 포구희를 마치고 선계로 귀향하는 것을 서술하였다.

「동천경색사」는 '무대장치-꽃놀이-포구희-관중의 술잔치-가무단의 퇴장'으로 구성되어 있는데, <포구락>의 한 부분을 구성하면서 동시에 <포구락>의 전 과정을 설명함으로써 중층적인 구조를 띠고 있다.

다음에 이어지는 「양행화규사(兩行花竅詞)」부터 1대~6대까지의 각대(各隊) 창사(唱詞)는 실제 포구놀이의 과정을 묘사하고 있다.

兩行花竅占風流	두 줄로 늘어선 미인들이 풍류안(風流眼)을 차지하려고
縷金羅帶繫拋毬	금실 박은 비단띠에 포구를 매었도다.
玉纖高指紅絲網	섬섬옥수로 홍사망(紅絲網) 높이 가리키고
大家着意勝頭籌	모두들 1등 점수 얻으리라 다짐하는구나.

위의 창사는 포구놀이가 시작되기 직전의 장면을 묘사함으로써, 지금부터 본격적으로 포구놀이가 시작될 것임을 알리는 역할을 한다. 포구문 앞에 기녀들이 두 줄로 늘어서 있고, 포구는 비단띠에 묶여 있다. 놀이에 참가한 기녀들은 홍사망(紅絲網)을 가리키며 서로 승리할 것이라며 전의를 다진다. 포구놀이가 시작되면 각대(各隊)의 무희들이 왼쪽

부터 한 명씩 나와 詞를 부르고 공을 던지는데, 좌우대(左右隊)가 동일한 창사(唱詞)를 부른다.

1대 창사
滿庭簫鼓簇飛毬   뜰에 가득한 음악 소리 나는 공을 따라 모이고
絲竿紅網惣臺頭   실 장대 붉은 그물 향해 모두 머리 치켜들도다.

2대 창사
頻歌覆手抛將過   노랫소리 잦은데 손 뒤집어 공을 던져 보내면
兩行人待看回籌   양편의 구경꾼 회주〔결과〕보기 기다리네.

3대 창사
五花心裏看抛毬   오색 꽃 속에서 포구를 보니
香腮紅嫩柳烟稠   향기로운 붉은 볼이 버들 연기 사이로 아른거리네.

4대 창사
淸歌疊鼓連催促   맑은 노래 잦은 북소리 연달아 재촉하니
這裏不讓第三籌   이런 가운데 세 번째 공은 사양하지 않으리.

5대 창사
簫鼓聲聲且莫催   피리소리 북소리 재촉하지 말아요.
彩毬高下意難裁   채색공 높낮이 가늠하기 어렵다네.

6대 창사
恐將脂粉均粧面   행여나 분단장 곱게 한 이 얼굴에
羞被狂毫抹汚來   미친 듯한 붓끝으로 먹칠하면 어쩌나.

1대에서 6대까지의 창사는 포구놀이의 진행 과정을 사실적으로 그려

내고 있다. 1대 창사는 풍악이 울리는 가운데 공을 던지면 구경꾼들이 공을 따라 고개를 돌리는 모습을 표현하였다. 2대 창사는 결과를 기다리는 관중을, 3대 창사는 꽃이 만발한 봄날 진행된 포구놀이와 공놀이를 하느라 볼이 발갛게 상기된 기녀들의 고운 모습을 묘사하였다. 4대 창사는 두 번이나 실패한 후 세 번째는 꼭 넣으리라 다짐하는 모습, 5대 창사는 음악소리가 재촉하는 가운데 머뭇거리며 공을 어르는 모습, 6대 창사는 혹시 실패하여 먹칠을 당하면 어쩌나 염려하는 모습을 묘사하였다. 이와 같이 각대 창사는 포구놀이가 이루어지는 현장의 살아 있는 장면을 전달하고 있다. 각대 창사를 통해, 공을 던질 때 음악이 연주되어 분위기를 고조시킨다는 것과 채구를 넣지 못했을 경우 얼굴에 먹칠을 당하게 되는 경기 규칙을 추론할 수 있다.

6대까지의 공놀이가 끝나면 다시 무희들의 춤과 노래가 이어진다.

滿庭羅綺流粲	뜰 가득한 비단옷은 찬란한 광채 드러내고
淸朝畵樓開宴	맑은 아침 단청한 누각에 잔치 열렸네.
似初發芙蓉正爛熳	갓 피어난 연꽃같이 난만한데
金尊莫惜頻勸	금 술잔 자주 권하는 일 아끼지 마오.
近看柳腰似折	가까이 보니 버들 같은 허리 꺾어질 듯하고
更看舞回流雪	다시 보니 춤추며 도는 것이 내리는 눈발 같도다.
是懽樂宴遊時節	지금은 즐겁게 잔치하며 노는 때이니
且莫催歡歌聲闋	즐거운 노래 소래 끝내기를 재촉 마오.

'갓 피어난 연꽃 같은 미인들이 뜰에 가득하고 그들이 추는 춤이 마치 눈발이 날리듯 아름다우니 잔치를 끝내지 말고 계속 즐겁게 노시라'는 내용으로 다시 한 번 잔치의 흥을 돋운다. 노래가 끝나면 다음과 같은 내용의 죽간자 구호가 이어진다.

七般妙舞	온갖 묘한 춤은
已呈飛燕之奇	이미 비연(飛燕)의 기묘함 보였고
貴曲淸歌	몇 가락 청아한 노래는
且冀貫珠之美	또 관주의 아름다움 기대됩니다.
再拜階前	뜰 앞에서 재배하고
相將好去	서로 이끌고 물러나려 합니다.

'준비된 모든 재주를 다 보였으니 물러나고자 한다'는 구호의 내용은 이제 <포구락> 정재의 모든 절차가 끝이 났음을 알리며, 실제로 공연의 대미를 장식한다.

이상에서 살펴보았듯이 고려시대 <포구락>의 가장 큰 특징은 가(歌)·무(舞)·희(戱)가 일체를 이루는 것이라고 할 수 있다. 선녀가 가무를 바치러 왔음을 알리는 구호로 시작하여, 포구놀이를 하고 다시 돌아가는 내용을 실제 행동으로 연출함과 동시에 그 장면과 과정을 노래로 불러 공연예술과 언어예술의 조화를 보여주는 것이다.

고려시대 <포구락>의 또 하나의 특징은 화려하고, 흥청거리며, 선적(仙的)인 분위기를 풍긴다는 것이다. 화려함과 흥취는 고려 후기 궁중 연향의 화려함과 관련되는 문제일 터인데, 무대 장치 및 무기(舞妓)의 화려한 의상, 다양한 음악 등이 이러한 분위기 형성에 기여한다고 생각한다. 고려 <포구락>에는 「절화령(折花令)」, 「수룡음령(水龍吟令)」, 「소포구락령(小抛毬樂令)」, 「청평령(淸平令)」 등의 다양한 음악이 사용되었는데, 조선시대로 넘어가면 음악의 종류가 간단해짐을 볼 수 있다. 반주음악의 간소화는 조선조 <포구락>이 고려조에 비해 소박해졌음을 의미한다고 해석할 수 있을 것이다.

선적인 분위기 표출은 송나라에서 들어온 당악정재 자체가 선계 지향 의식을 바탕으로 하고 있으며, 고려시대에는 정재가 왕의 전유물이 아니었다는 것과 관련이 있을 듯하다. 정재의 기본적인 기능이 왕의 덕과 복을 송축하는 것이지만, 축수의 대상이 임금으로 제한되지 않고, 지배층 전반에게 확대되었으므로 계급을 바탕으로 한 의례적(儀禮的)인 가공이 필요하지 않았으리라 생각한다. 이는 다음 장에서 살피게 될 조선 초기 <포구락>이 의례성(儀禮性)을 띠게 되는 것과 대조를 이루는 측면이다.

Ⅲ. <포구락>의 정비 : 『악학궤범(樂學軌範)』

조선왕조가 건국되면서, 역성혁명의 주체들은 전대의 폐해를 척결하고, 치국(治國)의 명분과 이념을 제도화하는 작업을 실행한다. 이런 작업을 위해서는 무엇보다 왕실의 의례를 새롭게 정비하여 대내외적으로 전대의 폐습을 일신한 왕실의 위엄을 천명해야만 했다. 이러한 목적에서 예제(禮制)나 악제(樂制)의 정비가 이루어졌다. 악제의 정비는 윤리 도덕적 기준에 의해 음악의 선악을 구분하는 유가적 음악관을 기반으로 이루어졌다. 유가적 음악관은 '성정지정(性情之正)에 근원해야 하며, 인심을 선량하게 하고 성정을 통달하게 하며, 공덕을 찬미하는 것이어야 한다'는 것이 요체이다. 그러므로 이목(耳目)을 기쁘게 하고, 심지(心志)를 즐겁게 하는 감정적 욕구가 노출된 음악은 금해야 한다고 보았다. 유교적 악론(樂論)에 근거할 때 간성(姦聲), 정성(鄭聲)에 해당하는 여악과 고려의 음란한 노래는 마땅히 금해야 하는 것이었다.[7]

15세기에 들어와 치세적(治世的) 악론에 의거하여 예악의 정비가 이루어졌으며, 그 결과물로 『악학궤범』이 발간되었다. 따라서 여기에 수

---

7) 조선초기 예악의 정비에 대해서는 길진숙, 「15세기-유교적 악론의 정립과 제도적 적용」, 『조선전기 시가예술론의 형성과 전개』, 소명, 2002 참고.

록되어 있는 당악정재의 모습도 예악 정비의 큰 방향에서 다듬어진 것이라고 할 수 있다. 조선 왕조 초기에는 새로운 정재와 악장이 창작되기도 했지만, 궁중의 조회와 연향에 사용되는 모든 악장과 정재를 새로운 것으로 채울 수는 없었으므로, 기존에 사용하고 있던 음악과 노래를 수정·정비할 수밖에 없었다.

(가) 예조에서 의례 상정소 제조와 더불어 함께 의논하여 악조(樂調)를 올렸다. "신 등이 삼가 고전을 상고하건대, '音을 살펴서 樂을 알고, 악을 살펴서 정사를 안다'고 하고, 또 말하기를 '악을 합하여 神祇를 이르게 하며 나라를 和하게 한다'하고, 또 말하기를 '正聲은 사람을 감동시키되 기운이 응함을 순하게 하고, 姦聲은 사람을 감동시키되 기운이 응함을 거슬리게 한다'고 하였습니다. 그러므로 <u>주관 大司樂이 淫聲, 過聲, 匈聲, 曼聲을 금하였습니다</u>. 신 등이 가만히 보건대, <u>前朝</u>에서 삼국 말년의 악을 이어받아 그대로 썼고, 또 宋朝의 악을 따라 敎坊의 악을 사용토록 청하였으니 그 말년에 이르러 또한 음란한 소리(哇淫之聲)가 많았사온데 조회와 연향에 일체 그대로 썼으니 볼 만한 것이 없습니다. 지금 국초를 당하여 그대로 인습하는 것은 불가하옵니다. 신 등이 삼가 양부(兩府)의 악에서 그 聲音이 약간 바른 것을 취하고 풍아의 시를 참고로 하여 조회와 연향의 악을 정하고 신민이 통용하는 악에 이르게 하였습니다. 아래에 갖추어 열거하였사오니, 성상께서 밝히 보시고 시행하시어 聲音을 바루고 화기를 부르소서.[8]

(나) 고려 예종 9년(1114)에 송 휘종(宋 徽宗)이 신악(新樂)과 대성악(大晟樂)을 주었는데, 11년에 태묘(太廟)에 드렸다. 말하는 이는 "서자고(瑞鷓

---

[8] 禮曹與儀禮詳定提調同議 進樂調 臣等謹按古典 審音以知樂 審樂以知政 又曰 合樂以致神(祇) 以和邦國 又曰 正聲感人而順氣應 姦聲感人而逆氣應 是以 ≪周官≫ 大司樂 禁其淫聲過聲匈聲曼聲 臣等竊觀前朝承三國之季 因用其樂 又從宋朝 請用教坊之樂 及其季世 又多哇淫之聲 朝會宴享 一切用之 無足可觀 今當國初 不可因襲 臣等謹於兩部樂 取其聲音之稍正者 參以風雅之詩 定爲朝會宴享之樂 以及臣庶通行之樂 具列于左 上鑑施行 以正聲音 以召和氣(『朝鮮王朝實錄』, 太宗 2년 6월 5일).

鵠)·수룡음(水龍吟)의 유가 곧 그 사곡(詞曲)이고, 지금의 헌선도(獻仙桃)·포구락(抛毬樂) 등의 악이 모두 고려 때부터 그렇게 유전된 것이다" 한다. 고려악지(高麗樂志)에 수룡음 한 편을 실었는데, 그 사(詞)에 풍정(風情)·기라(綺羅)·홍분(紅粉)·취대(翠黛)에 대한 말을 많이 하였으니, 결코 아악(雅樂)의 뜻이 아니다 …… 생각건대 이 류는 모두 속악(俗樂)인데, 그 사곡(詞曲)은 예전의 유명한 작품을 취하여 자기 뜻을 보충한 것인 듯하다. <u>헌선도(獻仙桃)·포구락(抛毬樂)은 성기(聲妓)의 음란하고 추한 태도에 불과하니, 넓은 뜰에서 연주하여 임금의 마음을 거칠고 어지러운 것으로 고혹시켜서야 되겠는가.</u> 아조(我朝)에 이르러서도 오히려 답습하고 고치지 않았으니, 성명한 세상을 위하여 부끄럽게 여긴다. 고려시대는 혼암하였으니 말할 것이 없지만 지금 3백년 동안 잘 다스려 화평한데, 감감하게 한 사람도 여기에 대해 언급한 이가 없었으니 무슨 까닭인가?9)

(다) <u>아! 음악이란 화평하고 담박한 것을 귀하게 여기며, 음탕한 욕심으로 인도하는 것이 아니다. 그런데 나라에 경사가 있을 때마다 팔방의 기녀를 뽑아 올려 화장을 시키고 온갖 치장을 하게 하여 궁정에 모아서는 묘무비연(妙舞飛燕)이니, 석가세존(釋迦世尊)이니 하는 찬사를 지껄이니 사람이 듣기에 부끄러울 지경이다.</u>

고려의 최승로가 글을 올려서 향악을 즐기는 것으로 광종의 실덕을 삼았다. 또 의종 때에 이르러서는 채붕(綵棚)·화준(花樽)·헌선도(獻仙桃)·포구락(抛毬樂) 등의 기악(妓樂)을 베풀게 된 것은 모두 환관 백선연(白善淵) 등의 종용으로 이루어진 것이라 하여, 사신(史臣)이 그것을 기록하여 후일의 경계를 삼았던 것이다. …… 이 태조가 위화도에서 회군한 후에 조준(趙浚)이 시무소(時務疎)를 올렸는데, "<u>본조(本朝)의 악절은, 손님을 대접</u>

---

9) 高麗睿宗九年 宋徽宗賜新樂及大晟樂 十一年薦于太廟 說者謂 瑞鷓鴣水龍吟之類 卽其詞曲也 今獻仙桃抛毬樂等樂 皆自勝國流傳如此也 高麗樂志載水龍吟一篇 而其詞多說風情綺羅紅粉翠黛之語 斷非雅樂之意 ……意者 此類皆俗樂而其詞曲 則取前古名世之作以意補入也 其獻仙桃抛毬樂不過聲妓淫醜之態 豈宜奏之廣庭 以蠱君心之荒亂哉 至我朝 猶循以不改 竊爲聖明世恥之 麗代昏溺 不足說 如今三百年治平 廖廖乎 無一人言及 此何哉(李瀷,『星湖僿說』권 13, 人事門, 大晟樂.).

(饗宴)할 때 반드시 당나라 풍악(唐樂)을 먼저 아뢰고, 다음에는 향악과 광대(倡優)의 가무로 계속하는데, 이는 중정(中正)과 화평의 뜻에 어긋나 예악의 근본을 잃는 것이다. 중국의 『의례』를 상고하건대, 다만 영인(伶人)을 시켜 풍악을 아뢰게 하고 창기(倡妓)는 참여하지 않았으니, 원컨대 그 법을 실행하여 <u>궁중의 잔치에 창기(倡妓)를 가까이 하지 말아야 한다</u>" 하였다. 이 말이 지극히 정대하니 이를 시행함이 옳았을 것이다.10)

(가)는 고려왕조에서 사용했던 음란한 교방악을 조회와 연향에 그대로 사용하는 것은 불가함을 지적하고 조회와 연향에 쓸 만한 정성(正聲)을 정리하여 보고한 사실을 기록한 것이다. 아래에 「국왕연사신악(國王宴使臣樂)」을 비롯하여 「국왕연종친형제악(國王宴宗親兄弟樂)」, 「국왕연군신악(國王宴君臣樂)」 및 「서인연부모형제악(庶人宴父母兄弟樂)」에 이르기까지 연회의 등급에 따라 사용 가능한 음악과 정재의 종목을 규정해 두었는데, 1품 이하 대부의 공사연악(公私宴樂)에는 정재를 사용하지 못하도록 하였다. 이를 통해 조선조에 들어와 신분과 명분에 따라 궁정정재의 사용 범위를 제한하였음을 알 수 있다.

(나)와 (다)는 조선후기 학자 이익(李瀷:1681~1763)의 글인데, <헌선도>·<포구락> 등의 기악(妓樂)에 탐닉하여 중정(中正)과 화평(和平)의 잃은 고려 왕들의 사례를 제시하고, 그러한 기악(妓樂)이 당시까지 지속되고 있음을 비판한 내용이다. 비록 조선 후기의 자료이기는 하지만, 사대부들의 예악관(禮樂觀)과 여악(女樂)에 대한 태도, <포구락>에

---

10) 嗚呼 樂以和淡爲貴 非所以導欲也 朝家有事 選上八方妓女 傅粉施朱 百冶千媚 雜遝於廣庭 至妙舞飛燕 釋迦世尊 等語 令人代羞 高麗 崔承老 上書 以喜觀鄕樂 爲光宗之失德 又至毅宗 設彩棚 花樽 獻仙桃 抛毬樂 等 聲妓之戲 皆宦官白善淵 等 慾惠爲之 史臣書之 以爲後戒 …… 至我太祖 回軍之後 趙浚 時務疏云 本朝樂節 凡宴饗賓客 必作唐樂 繼以鄕樂倡優歌舞 不合中和 失禮樂之本矣 按中朝廷儀 只使伶人按樂 倡妓不與焉 願遵此法 宮中宴饗 無令娼妓近前 此說極正大可遵(李瀷, 『星湖僿說』15권, 人事門, 獻仙桃).

대한 부정적 태도 등을 확인할 수 있다.

 성상께서 말씀하시기를, "만약 하황은을 폐지할 수 없다면 수명명(受明命)도 마땅히 악부에 넣어야 할 것이다. 지금 악부(樂府)에 성택(聖澤)을 해서(海瑞)라고 고친 것은 근일에 얻은 청낭간(青琅玕)을 가리킨 것이니, 그런 자질구레한 일을 어찌 악부에 올릴 수 있겠느냐. 포구락은 잡기(雜技)이지만 어느 시대에서도 쓰지 않은 때가 없고, 지금 중국의 조정에서도 또한 잡기도 연주하니 폐지할 수 없다. 그러나 사연이 너무 길어서 회례(會禮)의 악으로서 적합하지 않으니 폐지하는 것이 어떻겠는가. 정척(鄭陟)으로 하여금 상정소(詳定所)에 논의하여 보고하게 하라"고 하셨다.11)

이 자료는 <포구락>에 대한 조선초 사대부들의 판단과 <포구락> 정비의 방향을 엿볼 수 있는 기록이다. <포구락>은 잡기(雜技)이므로 조정에서 쓰기에 적절하지 않다는 것과 곡절(曲折 : 사연)이 너무 길다는 것이다. 여악에 대한 비판은 선초부터 끊임없이 불거져 나온 문제였지만 여악 자체를 완전히 폐지하는 것은 현실적으로 불가능했으므로, 전조(前朝)에서 전승된 여악을 새로운 이념에 맞게 재정비하는 것이 가장 적절한 해결 방법이었다. <포구락> 역시 이러한 방향에서 정비되었다고 볼 수 있다. 하나는 '풍정(風情)'이니, '홍분(紅粉)'이니 하는 말들을 다듬어서, 왕으로 하여금 중정(中正)함과 화평(和平)함을 잃게 했다는 비난에서 벗어나는 것이고, 또 하나는 번다한 창사의 길이를 조절하는 문제였다. 조선초 <포구락>에 연극적 요소와 창사의 풍부함이 줄어든 것도 여기에서 기인하는 것 같다.

---

11) 上曰 若以荷皇恩 爲不可廢 則受明命 當序於樂府也 今樂府改聖澤爲海瑞者 蓋指近日所得青琅玕也 細碎之事 豈宜登於樂府 抛毬樂則雜技也 歷代無不用之 今中朝亦奏雜技 不可廢也 曲折甚長 不合會禮之樂 廢去何如 其令鄭陟 議諸詳定所 以聞(『朝鮮王朝實錄』, 世宗 14년 3월 16일).

조선 초 <포구락>의 진행 과정은 고려시대의 것과 크게 다르지 않다. 그러나 전반적인 분위기 및 창사의 내용에서는 차이가 발견된다. 고려시대 <포구락>은 연극적 요소가 강하며, 창사의 내용은 공연의 과정을 서사적으로 그려낸다. 전체적 분위기는 탐닉에 가까운 홍청거림을 표출한다. 반면, 조선초의 <포구락> 관련 기록들은 연회의 흥겨움보다는 경기적(競技的) 면모를 많이 보여주며(『조선왕조실록』 태종 3년, 4월 13일 / 성종 7년 2월 24일), 창사 역시 포구놀이 장면 묘사가 주를 이룬다.

『악학궤범』에서는 꽃이 만발한 선계에서 선녀와의 놀이에 빠져 있는 몽환적 분위기를 보여준 「동천경색사」와 화려한 잔치자리의 무기(舞妓)들의 아름다운 춤을 묘사한 「만정라기(滿庭羅綺)....」 창사를 삭제하였다. 이로 인해 선계에서의 신선과 선녀들의 놀이라는 기본 구도가 소멸되었으며, 기악(妓樂)의 음란성에 대한 혐의에서도 벗어나게 되었다. 또한 포구놀이의 절차와 규칙, 춤사위 등을 자세하게 기록함으로써, 앞으로 연행될 <포구락> 정재의 전범을 마련하려고 했음도 알 수 있다.

『악학궤범』에서는 무원(舞員)이 16명으로 늘어나고, 좌우 각대의 창사를 달리했기 때문에 창사의 수가 많아졌다. 16개의 각대 창사가 불리는데 그 중 4개는 새로 창작된 것이며, 2개는 고려시대에 불렸던 「양행화규사」를 둘로 나눈 것이며, 나머지는 고려시대의 것을 그대로 전승한 것이다. 새로 창작된 창사는 풍정(風情), 기라(綺羅), 홍분(紅粉), 취대(翠黛) 등 음성(淫聲)으로 지적되었던 표현들이 한결 단아한 내용으로 순화되었으며, 군왕에 대한 송축의 의도를 명확히 드러내는 방향으로 손질되었다.

輕抛正透紅門過　　가벼이 던져 바로 홍문을 뚫고 나가니
共獻君王萬壽杯　　다같이 군왕께 만년의 장수를 기원하는 술을 올리도다.

이는 우대(右隊) 두 번째 창사인데, 임금의 장수를 기원하는 뜻을 직접적으로 드러냄으로써, 송축가(頌祝歌)로서의 성격을 명확하게 하였다.

聞道抛毬喜更忙　　포구락을 한다는 소리를 듣고 기쁘고 또 황망하여
走臨鸞鑑畧勻粧　　화장대로 달려가 대충 화장을 하고

좌대(左隊) 8번째 창사인데 화자는 선계에서 내려온 선녀가 아니라 현실 세계의 미녀로 설정되어 있다.

七般妙舞已呈飛燕之奇　　온갖 묘한 춤, 이미 조비연의 기묘함 나타냈고
數曲淸歌且冀貫珠之美　　몇 가락 맑은 노래는 또 관주(貫珠)의 아름다움 기대됩니다.
五音齊送六律相催　　오음(五音)은 일제히 전송하는 듯하고, 육률(六律)을 서로 재촉하는 듯하니
再拜階前相將好去　　계전에서 재배하고 서로 이끌고 물러가려 하옵니다.

수장(收場) 구호인데 『고려사악지』에서 사용되었던 수장 구호에 '오음제송육률상최(五音齊送六律相催)'라는 구절을 덧붙임으로써, '5음 6율'이라는 조화롭고 아정한 음악을 지향하는 의도를 드러냈다.

『악학궤범』의 정재 정비 방향은 의례적인 측면을 강조하는 쪽으로 진행되었다. 정재의 절차와 내용뿐만 아니라 무구(舞具) 및 의물(儀物), 의상(衣裳) 등에 대해서도 자세히 기록해 둠으로써, 궁중연례악의 전범을 마련하고자 한 것이다.

(가) 공던지기 놀이를 하는데 공이 풍류안에 들어가면 전 대열이 절한다. 끝나면 오른편 대열의 6명이 춤추는데 한 번은 마주 보고 한 번은 등지며 춘다. 끝나면 나란히 서고 음악이 그치면 전 대열이 <소포구사>를 부른다. 끝

나면 대열의 첫 번째 사람이 구문 앞으로 나가 앞의 詞를 부르면서 공넣기 놀이를 하는데 맞히면 전 대열이 절한다. 끝난 다음에는 왼편 두 번째 사람이 위의 절차와 같이 하면서 다음과 같이 노래 부른다.12)

(나) 박을 치면 오른손으로 채구를 잡아 소매에 감추고서(채색끈은 밖으로 늘어뜨린다) 춤추며 물러났다 앞으로 나갔다 다시 물러났다 앞으로 나가서 선 다음, 오른손은 채구를 잡고, 왼손으로 머리를 들어 치어다보면서 풍류안에 던진다. 들어가면 음악이 그치고, 북쪽을 향하여 손을 여미면서 엎드리는데, 그 隊는 동시에 함께 엎드린다. 곧 앞의 음악(소포구악령)을 연주하면 그 대는 모두 일어서고 첫째 사람이 물러나 제자리에 돌아가면 서방색이 상포를 받들어 구문의 왼쪽에 놓고 나간다(중궁연에서는 나이 어린 기생이 한다). 악사가 나가 채구를 집어다가 다시 앞의 자리에 놓고서 물러나 제자리에 돌아간다(중궁연 때는 나이 어린 기생이 한다). 넣지 못하여 채구가 땅에 떨어지면 곧 손을 여미며 북쪽을 향하여 선다. 악사가 붓을 들고서 나가 오른쪽 볼에 먹을 찍고서 물러난다(오른쪽 기생은 왼쪽 볼에 먹을 찍는다. 중궁연 때는 나이 어린 기생이 먹을 찍는다). 만약 공이 땅에 떨어지기 전에 다시 잡을 때는 춤추며 물러났다 앞으로 나갔다 하기를 앞과 같이 하며 치어다보며 던진다. 또 넣지 못하고서 다시 공을 잡을 때는 춤을 추지 않고 치어다보며 공을 던진다. 넣으면 위의 의례와 같이 하고, 또 넣지 못하면 다시 공을 잡지 않고 서서 또 위의 넣지 못한 의례와 같이 한다. 만약 채구가 풍류안에 걸리면 상도 없고 벌도 없이 족도하며 물러나 제자리에 돌아간다. 악사가 물건으로 채구를 걸어 내려서 다시 앞의 자리에 놓고서 물러난다.13)

---

12) 作抛毬戱 中則全隊拜 訖 右隊六人舞 一面一背 訖 齊立 樂止 全隊唱小抛毬詞 訖 隊頭一人進毬門前 唱前詞 作抛毬戱 中則全隊拜 訖 左二人如上儀唱(『高麗史 樂志』, 唐樂, <抛毬樂>).
13) 擊拍 右手執彩毬藏袖(彩纓外垂)而舞退(弄毬舞) 舞進舞退 舞進而立 右手執彩毬 左手擡頭 仰抛風流眼 中則樂止 北向斂手而俛伏 其隊並同時俱俛伏 卽奏前樂 其隊並起立 第一人退復位 書房色 奉賞布 置於毬門之左而出(中宮宴則 年少妓爲之) 樂師進取彩毬 還置前位而退復位(中宮宴則 年少妓爲之)而彩毬墜地 則卽斂手北向而立 樂師取筆而進 點墨於右腮而退(右妓則點墨於左腮 中宮宴則年少妓點之) 若毬未及墜地而還執 則舞退舞進如前 仰抛又不中而還執 則不舞以仰抛之 中則如

(가)는 『고려사악지』의 내용이고, (나)는 『악학궤범』의 내용이다. 『고려사악지』에는 <포구락> 정재의 세부 절차와 춤사위, 무대에서의 동선 등이 자세히 설명되지 않았다. 간단한 설명과 창사를 통해 진행 과정과 규칙 등을 추정할 수 있을 뿐이다. 그러나 『악학궤범』에는 무대에서의 동선, 공던지는 자세, 득점 규칙, 춤사위, 상벌 등 정재의 세세한 부분들까지 규정하고 있다. 실제 공연이 『악학궤범』에 기록되어 있는 내용대로 이루어졌는지는 알 수 없으나, 『악학궤범』의 창사와 공연 절차는 이후 조선 말기까지 <포구락> 연행의 지침서가 되었던 듯하다.

앞서 살펴본 바와 같이 조선초의 <포구락>은, 고려시대 <포구락>의 향락적 공연물의 성격에서 벗어나 군왕에 대한 송축의 의도를 명확히 하고, 경기적 측면을 강조하는 방향으로 변개되었다고 할 수 있겠다.

Ⅳ. <포구락>의 변형 : 『정재무도홀기(呈才舞圖忽記)』

조선 초 『악학궤범』 편찬 등을 통해 궁중정재가 정착된 이후 조선 말기까지 궁중정재는 지속적인 변화를 겪게 된다. 궁중정재의 정착기라고 할 수 있는 '태조(1392)-성종조(1494)'의 궁중정재는 엄격한 형식과 인본(人本)·덕치(德治)·천인합일(天人合一) 등 유교적 예악사상과 관련된 내용을 특징으로 한다. '연산군(1495)-임진왜란(1592) 이전까지'는 연향에 탐닉한 연산군의 영향으로 여기(女妓)들의 전문화로 정재무의 기능성과 예술성이 향상되었다. '임진왜란(1592) 이후-정조(1880)까지'는 임병양란으로 악공과 기생들이 줄어들고 여기(女妓) 혁파로 궁중정재가 잠시 쇠퇴했으나, 무동정재(舞童呈才)의 출현으로 내연(內宴)에서는 여기가,

---

上儀 又不中則不復執毬而立 亦如上不中之儀 若彩毬掛於風流眼 則無賞無罰 足踏退復位 樂師以物拘而下之 還置前位而退(『樂學軌範』, 時用唐樂呈才, 抛毬樂).

외연(外宴)에서는 무동이 정재를 공연하는 제도가 확립되었다. 순조 27년(1827) 효명세자가 대리청정을 한 4년간 많은 궁중정재가 창작되어 궁중정재의 부흥기를 맞게 된다. 이 시기에 공연된 궁중정재는 형식적 측면에서 향악과 당악의 구별이 명확하지 않으며, 정형화되는 경향을 띤다.14)

고려시대부터 공연된 당악정재 <포구락>도 조선조에 들어와 정재의 일반적인 변천 과정을 밟은 것으로 보인다. 성종대에 『악학궤

그림 1. 〈雙抛毬樂〉, 『高宗 壬寅年 進宴儀軌』(1902), 卷首. 圖式.

범』이 편찬된 이후 <포구락>은 『악학궤범』의 연행 방식을 준거로 삼아 다양한 궁중 행사에 사용되었을 것이나, 19세기 『정재무도홀기』 이전에는 그림이나 단편적인 기록을 통해 <포구락> 종목이 연행되었다는 사실과 규모만 추측할 수 있을 뿐, 연행의 전과정을 파악할 수 있는 자료는 찾아볼 수 없다.

조선시대에 들어와서 <포구락>은 궁정연회와 사신연, 지방관아의 연회, 기로회 등 다양한 공간에서 연행되었는데, 쌍포구락이 공연되는 등(<그림1>) 참가 인원과 놀이방식이 다양하게 연출되었다. <이원기로회도(梨園耆老會圖)>(<그림2>), <平壤監司饗宴圖> 중 「浮碧樓宴會」(<그림3>) 등을 보면 포구문이 아무런 장식없이 간단하게 만들어져 있

---

14) 정은경, 「조선시대 궁중정재와 민간 연희의 교섭 양상」, 고려대 석사논문, 2003, 18~27쪽.

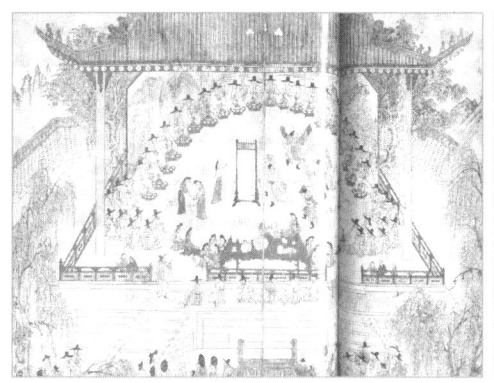 

그림 2. 〈梨園耆老會圖〉(1730), 작자 미상, 지본담채, 34.0×48.5cm, 국립중앙박물관.

그림 3. 〈平壤監司宴會圖〉, 「浮碧樓宴會」(19세기), 전 김홍도, 지본채색, 71.2×196.6cm, 국립중앙박물관.

고, 무원의 수도 적다. 이로 보아 민간이나 지방관아에서 거행된 <포구락>은 궁중정재와는 음악이나 구성, 창사 등 여러 측면에서 차이가 있었을 것으로 보이나, 이는 궁중정재와 지방정재의 연관 관계를 살피는 자리에서 다시 꼼꼼하게 논의해야 할 문제이므로 추후의 과제로 남겨두기로 한다.

   이러한 사실들은 『악학궤범』에 기록되어 있는 <포구락>의 연행 방식이 기준이 되기는 했지만, 연행 조건에 따라 그때 그때 운영의 묘를 살려 공연될 수 있었음을 말해 준다. <표1>과 <표2> 역시 조선후기에 <포구락>이 다양한 형태로 연행되었음을 증명해 준다. 이들 자료를 통해 연행 조건이나 규모에 따라 무원(舞員)이나 구성 등에 변형이 가능했음을 알 수 있다. 이는 조선후기의 <포구락>이 고려시대 <포구락>처럼 서사적 유기성에 긴박되어 있지 않았으며, 조선 초기의 <포구락>처럼 의례성을 강조할 필요가 없었기 때문이라고 생각한다.

표 1. 의궤·홀기에 나타난 <포구락> 공연

의궤·홀기	행 사	참가 인원
園幸乙卯整理儀軌 (정조 19:1795) 혜경궁 홍씨 회갑	奉壽堂進饌	雙抛毬樂. 竹竿子2, 奉硯1, 奉筆1, 女伶8
戊子 進爵儀軌 (순조 28:1828) 순원왕후 40세	演慶堂進爵	竹竿子2, 奉花1, 舞童 6 *봉필 없음.
己丑 進饌儀軌 (순조 29:1829) 순조 40세, 즉위 30년	慈慶殿內進饌	竹竿子2, 奉硯1, 奉筆1, 女伶 16(鄕妓8/京妓8)* 봉화 없음.
	明政殿進饌	竹竿子2, 奉硯1, 奉筆1, 女伶 16(鄕妓8/京妓8)* 봉화 없음.
戊申 進饌儀軌 (헌종 14:1848) 순원왕후 六旬, 왕대비 望五.	通明殿進饌	竹竿子2, 奉花1,奉筆1, 女伶6(京妓3/鄕妓3)
	通明殿夜進饌	竹竿子2, 奉花1,奉筆1, 女伶6(京妓3/鄕妓3)
	通明殿翌日會酌	竹竿子2, 奉花1,奉筆1, 女伶6(京妓3/鄕妓3)
呈才舞圖笏記 癸巳 (고종 30:1893)		竹竿子2, 奉花1, 奉筆1, 女伶12
進宴儀軌 辛丑 (광무 5:1901) 高宗 五旬	咸寧殿外進宴	竹竿子2, 奉花1, 奉筆1, 舞童 10
	咸寧殿內進宴	竹竿子2, 奉花1, 奉筆1, 女伶12
	咸寧殿翌日會酌	竹竿子2, 奉花1, 奉筆1, 女伶12
進饌儀軌 辛丑 (광무 5:1901) 명헌태후 望八	慶雲堂進饌	竹竿子2, 奉花1, 奉筆1, 女伶12
	慶雲堂再翌日會酌	竹竿子2, 奉花1, 奉筆1, 女伶12
壬寅 進宴儀軌 (광무 6:1902) 고종 51세 기로소 입사	中和殿進宴	竹竿子2, 奉花1, 奉筆1, 舞童10
	觀明殿進宴	雙抛毬樂. 竹竿子2, 奉花2, 奉筆2, 女伶24
壬寅 進宴儀軌 (광무 6:1902) 고종 51세 기로소 입사	觀明殿夜進宴	雙抛毬樂. 竹竿子2, 奉花2, 奉筆2, 女伶24
	觀明殿翌日會酌	雙抛毬樂. 竹竿子2, 奉花2, 奉筆2, 女伶24
무동각정재무도홀기 (미상)(장서각 2-2883)		奉花1, 奉筆1, 舞童10 *죽간자 없음.
여령각정재무도홀기 (미상)(장서각 2-2893)		竹竿子2, 奉花1, 奉筆1, 女伶12,

표 2. 그림에 나타난 <포구락> 공연

제 목	작가, 연대, 수장처	참가 인원
耽羅巡歷圖(1702) 중 <濟州養老>	金南吉. 지본채색. 36.4×56.8cm. 제주시청	抛毬門(높고 장식 없음)만 그려져 있음.
甲辰耆社契帖(1724)	지본채색. 23.7×45.5cm. 성균관대학교 박물관	抛毬門(높고 장식 없음)만 그려져 있음.
梨園耆老會圖(1730)	지본담채. 34.0×48.5cm. 국립중앙박물관	포구문은 높고 아무런 장식없음. 공을 던지는 기녀1, 봉필1, 봉연1.
華城陵幸圖屛(1795) 3폭 <奉壽堂進饌圖>	金得臣(1754-1822). 견본채색, 각 151.5×66.4cm. 국립중앙박물관	雙抛毬樂. 포구문만 2개 그려져 있음.
平壤監司饗宴圖(19세기) 중 <浮碧樓宴會圖>	傳 김홍도. 지본채색. 71.2×196.6cm. 국립중앙박물관	궁중과 비슷한 포구문. 舞妓 2
純祖己丑進饌圖屛(1829) 6폭	미상. 견본채색. 150.2×54.0cm. 국립중앙박물관	궁중과 비슷한 포구문. 舞妓 8. 奉筆1
戊申年進饌圖屛(1848) <通明殿進饌>	미상. 견본채색. 136.1×47.6cm. 국립중앙박물관	抛毬門, 竹竿子 2, 奉花 1, 奉筆 1, 舞妓 6
戊辰進饌圖屛(1868)		抛毬門, 竹竿子 2, 奉筆 1, 奉花 1, 舞妓 6
丁亥進饌圖屛(1887) 제3폭 <萬慶殿夜進饌圖>	미상. 견본채색. 146.7×504.2cm. 국립중앙박물관	抛毬門, 竹竿子 2, 奉花 1, 奉筆 1, 舞妓 6
辛丑進宴圖屛(1901) 제4폭	견본채색. 각 149.5×48.5cm. 연세대 박물관	抛毬門, 竹竿子 2, 奉筆 1, 奉花 1, 舞妓 14
壬寅進宴圖屛 후반 4첩 (1902)	10첩. 견본채색. 162.3×59.8cm. 국립국악원	抛毬門 2, 竹竿子 2, 奉筆 1, 奉花 1, 舞妓 24

『악학궤범』이후 우리 궁중정재의 구체적 모습을 확인할 수 있는 자료는 고종 연간에 발간된 『정재무도홀기』이다. 여러 종의 홀기가 전하고 있지만, 거의 비슷한 시기에 발간되었으며 그 내용도 대동소이(大同小異)하다. 『정재무도홀기』의 <포구락> 기록은 『악학궤범』과 비교해 볼 때 상당히 간소해진 느낌이 든다. 우선 연행 절차에 대한 상세한 설명이

없으며, 창사의 수도 줄었다. 『악학궤범』에서는 좌우대(左右隊)가 각기 다른 창사를 불러 모두 16개의 창사가 실려 있는데, 『정재무도홀기』에는 개장 구호와 수장 구호 외에 대체로 5개 내지 6개의 창사가 수록되어 있을 뿐이다. 이는 조선 말기의 <포구락>이 무동정재는 10인, 여령정재는 12인을 기본으로 하는 방식으로 보편화된 결과가 아닌가 한다.

창사는 『악학궤범』의 것을 거의 그대로 계승하였는데, 부르는 순서나 한두 글자 바뀌는 정도의 변화만 있을 뿐 내용상 유의미한 변화는 찾아볼 수 없다. 다만 숙종조 이후 무동정재가 거행되면서 무동정재와 어울리지 않는 가사가 부분적으로 수정되거나 연회의 대상에 따라 표현을 바꾸는 정도의 변화가 나타난다.

粉面(外宴時以冠玉改書進)嬌嬈列兩行
歌聲十二(外宴時以爭囀改書進)遏雲祥
笑回星眼傾簪珥
不覺花枝墜舞場
(第三隊左右竝唱)

簫鼓聲聲苦莫催
彩毬高下且徘徊
輕抛正透紅門過
共獻君王(翌日會酌時以靑宮改書進)萬壽杯
(第五隊左右竝唱)

분단장한 미녀들 두 줄로 늘어서
열두 곡조를 부르니 상서로운 구름도 멈추네.
별빛 눈동자에 웃음 띠며 머리 숙이니
춤추는 자리에 꽃가지가 떨어져도 모르는구나.

(제3대 좌우 함께 부른다.)

퉁소와 북소리 재촉하지 말아라.
채구의 높고 낮음 가늠하기 어렵다네.
가벼이 던져 바로 홍문을 뚫고 나가니
다같이 군왕께 만수를 기원하는 술을 올리네.
(제5대 좌우 함께 부른다.)

 위의 자료는 『辛丑進宴儀軌(1901)』에 실려 있는 정재창사이다. 여령 정재에서 사용되는 창사를 싣고 무동정재일 경우에는 괄호 안의 표현으로 바꾸어 쓰라고 주문하였다. 기생의 고운 얼굴을 나타내는 '분면(粉面)'이라는 단어는 무동을 지칭하는 '관옥(冠玉)'으로 대치하며, 연회의 주체가 세자(世子)인 「익일회작연(翌日會酌燕)」에서는 '군왕(君王)' 대신 세자를 가리키는 '청궁(靑宮)'이라는 표현을 사용하도록 하였다. 이처럼 창사를 규정해 놓고 취사선택하도록 한 것은, 『악학궤범』 이후 <포구락> 창사간의 서사적 긴밀성이 감소된 것과 창사가 정재 공연에서 예전처럼 중요한 의미를 갖지 못했기 때문이 아닌가 한다.

 조선조 말 <포구락>의 또 하나의 특징은 다른 당악정재들과 마찬가지로 향악화의 길을 걷는다는 점이다. 반주 음악이 거의 모두 향당교주(鄕唐交奏) 하나로 통일되는가 하면, 창사로 가곡이 불리기도 했으며,15)

---

15) 申緯의 『警修堂全藁』 제5책, 4, 「次韻問菴秘書觀梨園樂舞五首」에서 <포구락> 창사로 가곡이 불린 예를 찾을 수 있다.
 妙手商量一擲前 묘한 손 가늠하여 한 번 던져보기 전엔
 毬門容易莫爭先 포구문 쉬울 거라 앞다투지 말라.
 牧丹去後東明國 모란이 떠난 뒤 평양에는
 旌節歌聲閏集傳 정절의 노랫소리 지금까지 남아 전하네.
 * 平壤樂府牧丹妙於歌曲, 今抛毬樂旌節歌曲, 猶傳牧丹音調(평양부의 모란이가 가곡에 절묘하였다. 지금 <포구락> 정절 가곡은 모란의 음조가 전해진 것이다.)

『무동각정재홀기』(연대 미상, 장서각 2-2883)에서처럼 죽간자의 구호가 없어지기도 한다.

<포구락>에서 발견되는 또 하나의 특징적인 현상은 '정형화' 혹은 '규격화'라고 할 수 있다. 물론 현재 남아 있는 홀기들이 거의 같은 시기에 나온 것이라는 점도 하나의 원인이 될 수 있겠지만, 마치 하나의 본을 마련해 놓고 여기저기 가져다 썼다고 할 수 있을 정도로 각 홀기의 특징이 발견되지 않는 것은 그 당시 공연 종목과 공연 내용이 이미 프로그램화되어 있었기 때문이 아닌가 한다. 아울러 정재의 정형화는 조선조 말 궁중정재의 공연 방식에서도 그 이유를 찾아볼 수 있다. 진연(進宴)이나 진찬(進饌) 등 궁중연회에는 행사의 규모나 대상에 따라 적게는 4-5개의 종목부터 많게는 20여 종에 이르는 정재가 공연되는데, 이 시기 정재공연은 다양한 종류의 정재를 보여주는 데 관심이 있었던 듯하다. 효명세자와 김창하가 많은 새로운 정재를 창작해낸 것도, 다양성에 치중하였기 때문인 듯하다. 따라서 결과적으로 기존의 정재는 창조적 변개 없이 고착되거나 정형화되어 다양한 프로그램 속의 한 부분으로 기능하는 데 그치게 된 것이라고 생각한다.

<포구락> 연행에서 관심을 갖고 살펴볼 또 하나의 문제는 <포구락>은 외연에서보다 내연에서 더 많이 공연되었다는 점이다. 무동정재가 실현된 후 『무자진작의궤(戊子進爵儀軌)』(순조28 : 1848)의 「연경당진작(演慶堂進爵)」과 『신축진연의궤(辛丑進宴儀軌)』(광무6 : 1902) 「함녕전외진연(咸寧殿外進宴)」, 『임인진연의궤(壬寅進宴儀軌)』(광무6 : 1902) 「중화전진연(中和殿進宴)」 등에서 무동정재가 공연된 예가 발견되지만 대부분의 그림과 많은 홀기, 의궤 자료에서 여령정재로 나타나고 있다는

성무경, 「조선후기 정재와 가곡의 관계」, 『한국시가연구』14, 한국시가학회, 2003, 209쪽에서 재인용.

점이다. 이는 외연과 내연의 성격차, 외연과 내연의 무대 조건 등과 관련이 있으리라 생각한다. 같은 진연이라도 외연은 의례적(儀禮的)인 성격이 강하고 내연은 친교적인 성격이 강하므로 공연 종목의 성격도 달라진다. 외연은 문무대신(文武大臣) 및 시위군사(侍衛軍士) 등 많은 신하들이 참석하는 대외적인 행사이고 내연은 왕실의 소수 인사들이 참석하는 대내적인 행사라고 할 수 있다. 외연은 의식 절차가 강조되었으며, 내연은 공연 절차가 강조되었을 것이다. 따라서 외연에는 주로 공식적인 종목이 공연된 반면, 내연에서는 공연 종목의 다양한 변화가 가능해 다채롭고 화려한 공연이 이루어졌으리라 생각한다.

또한 외연의 경우, 임금과 왕실의 번성함을 드러내기 위해 공연장에 수많은 참석자와 공연자, 시위 군사와 의장 행렬을 수용해야 하기 때문에 상대적으로 무대 활용도가 떨어져 많은 인원과 커다란 공연 도구를 사용해야 하는 공연 종목은 제약이 있었을 것이다. 반면 내연의 경우는 무대와 객석의 거리가 훨씬 넓어 군무(群舞)가 많이 편성될 수 있을 뿐만 아니라, 채선(彩船)이나 포구문(抛毬門), 지당판(池塘板) 같은 커다란 공연 도구를 활용할 수 있는 종목들이 선호되었을 것이다. 또한 내연의 경우 의식의 제약이 덜한 까닭에 예술 감상의 의의가 더욱 두드러져 서정적이고 서사적인 정재 종목과 오락성이 강한 종목들이 자주 연행되었을 것이다.[16] 또한 내연에서 즐겨 연행된 <연화대>나 <포구락>의 경우 원래 선녀들이 궁정의 뜰에 내려와 군왕의 장수를 축원하는 춤과 노래를 바친다는 설정으로 짜였으므로, 무동정재보다는 여령정재로 공연하는 것이 더 적절했으리라 생각한다.

이상에서 살펴본 바와 같이 조선 말기에 공연된 <포구락>은 고려시

---

16) 사진실, 『공연문화의 전통』, 태학사, 2002, 83쪽, 93쪽, 95쪽 참조.

대나 조선초에 비해 상당히 단순화되고 규격화된 듯하다. 고려시대 <포구락>이 서사성이 뛰어난 한 편의 가무극(歌舞劇)의 성격을 지니고 있었다고 한다면, 조선 초기 『악학궤범』에 수록된 <포구락>은 극(劇)과 가(歌)의 비중이 상대적으로 약화되고 절차가 강조됨으로써 '의례성'이 강해진다. 조선 말기에 이르면 당악정재로서의 특성들은 소멸되고, 창사의 내용도 단순해지며 향악화, 규격화의 길을 걷게 되었다고 할 수 있다.

Ⅴ. <포구락>의 단절과 재현

근대기에 나온 <포구락> 관련 문헌은 찾아보기 힘들다. 따라서 근대 이후의 <포구락>의 연행 양상은 원로들의 증언이나 영상기록물 등에 의존할 수밖에 없는 상황이다.

조선 말기에 이미 변화의 조짐을 보였던 궁중정재는 1894년 갑오경장 이후 겨우 그 명맥만을 유지하다가 김창하가 효명세자와 더불어 창제하고 재현한 춤이 함재운, 김영제, 함화진, 이수경 등으로 연결되다가 한일합방 이후 단절되었다.

<포구락>은 1923년 순종황제 탄신 50돌을 기하여 창덕궁 인정전에서 처용무, 보상무, 수연장, 무고, 봉래의, 가인전목단, 춘앵전, 장생보연지무, 향령무, 연백복지무, 만수무 등과 함께 추어졌으며, 1930년 영친왕의 환국근친을 환영하기 위하여 아악부에서 두 번째 재현되고는 중단되었다.17) 1923년에 연행된 <포구락>의 공연 형태는 문헌으로 기록된 것이 없고, 김천흥 선생의 증언을 통하여 재현 상황을 알 수 있을 뿐

---

17) 김천흥, 「궁중무의 계보」, 『춤誌』5월호, 1997.

이다. 김천홍 선생이 증언한 1922년에 공연되었다는 <포구락>의 절차는 다음과 같다.

죽간자가 향당교주나 보허자 연주와 함께 등장한다. 좌우대 2인이 포구희를 하여 넣으면 삼지화를 받고 못 넣으면 먹점을 찍힌다. 뒤로 물러서면 음악이 자진도드리로 바뀐다. 3대까지 끝나면 타령으로 바뀌고 끝나면 죽간자가 들어온다. 음악이 다시 향당교주나 보허자로 바뀌고 모두 물러날 때 도드리로 끝난다.[18]

위의 기록만으로는 1923년에 연행된 <포구락>의 자세한 내용을 알 수가 없지만, 『정재무도홀기』의 모습과는 상당히 달라져 있음을 알 수 있다. 죽간자의 존재는 확인되나 구호나 창사가 불렸는지에 대한 설명은 없다. 인원은 6명으로 비교적 단촐하며, 포구놀이의 방식에 대해서도 별다른 설명이 없다. 그나마 이것도 그대로 전해지지 않고 현재는 김천홍 선생이 1955년에 <채구희>라는 제목으로 발표했다가 1966년 이후 <포구락>으로 개칭한 것이 전승되고 있다.

김천홍 선생에 의해 전승되고 있는 현행 <포구락>의 연행 방식은 다음과 같다.

- 박을 치면 도드리 음악에 죽간자 인도로 봉화·봉필이 서고 그 뒤에 무원들이 이수고저 동작으로 나와 좌우 삼각형을 만든다.
- 박을 치면 타령장단에 일렬로 서 상대(相對)한다. 상대할 때의 동작은 채구를 넣기 위한 준비 동작으로 어르는 동작, 뿌리는 동작, 제자리에서 도는 동작이 주가 된다.
- 박을 치면, 빠른 타령 장단에 좌우 1대부터 구문 앞에 나와 채구를 풍류안에 넣기 위한 예비 동작을 한 후 3대까지 모두 끝나면, 다시 좌측

---

18) 전경선, 「궁중정재 포구락의 특성 연구」, 중앙대 석사논문, 1999 참조.

무용수부터 나와 채구를 던져 풍류안을 통과하면 꽃을 받고, 통과하지 못하면 볼에 먹을 칠한다. 이와 같이 6명의 무원이 모두 끝나면 제자리로 오게 된다.
- 박을 치면, 타령장단에 북향을 향해 2박 3보로 무퇴(舞退)하고 다시 무진(舞進)하여 염수(斂手)한다. 죽간자 봉화, 봉필 모두 무퇴하여 염수하면 음악이 그치고 인사하고 퇴장한다.

현재 연행되고 있는 <포구락>은 김천흥 선생의 기억에 근거하여 재구성된 것으로, 『정재무도홀기』의 내용과는 다소 거리가 있으며, 1923년에 공연된 내용과도 차이를 보인다. 우선 반주 음악이 달라졌다. 1923년에는 '향당교주(보허자)-자진도드리-향당교주(보허자)'라는 명칭이 보이는데, 현행 <포구락>은 '도드리'와 '타령'을 반주 음악으로 쓰고 있다고 하였다. 또한 죽간자의 구호와 무원(舞員)의 창사도 완전히 사라졌다. 비록 조선 후기에 벌써 당악의 향악화가 이루어졌다고는 하지만, 이를 통해 <포구락>은 완전히 향악화 혹은 민속화되었음을 알 수 있다.

조선시대까지의 <포구락>은 춤사위보다는 공을 넣는 놀이에 더 비중을 둔 것 같다. 『악학궤범』에서는 놀이에서 이긴 쪽에게 상으로 베(布)를 주었고, 태종 때는 사신 팀과 국왕 팀으로 나누어 포구놀이를 하게 하였는데, 국왕 팀은 하나도 맞히지 못했다는 기록이 나오며,[19] 성종 때 역시 두 팀으로 나누어 경기를 하였는데 하나도 맞히지 못하여 다시 경기를 했다는 기록들이 발견된다.[20] 후기로 들어오면서 상은 베에서 꽃으로 바뀌었지만, 향기(鄕妓)팀과 경기(京妓)팀으로 팀을 나누거나, 쌍포구락을 실시하는 것 등을 통해 볼 때, <포구락>은 경기적(競技的) 속성이 강했던 것으로 생각한다. 그러나 오늘날 공연되고 있는 <포

---

[19] 『朝鮮王朝實錄』, 太宗 3년 4월 13일.
[20] 『朝鮮王朝實錄』, 成宗 7년 2월 24일.

구락>은 연행자와 관중이 호흡을 함께 하던 '공놀이'로서의 속성을 잃고, 화려한 볼거리인 '무대예술/극장예술'로 변화하였다. 이에 무대예술로서의 시각적 효과를 높일 수 있는 춤사위 및 작대(作隊)에 비중을 둔 작품이 되었다고 생각한다.

Ⅵ. 결론

지금까지 살펴본 바와 같이 고려시대, 조선시대, 근대기를 거치면서 <포구락>은 상당한 변모를 겪었다. 고려시대의 <포구락>은 가·무·희(歌·舞·戱)가 일체를 이룬 형태로 정재의 진행 과정이 창사의 내용과 긴밀하게 연결되어 있었으며, 잔치의 흥겨움을 돋우기 위한 공연물로의 성격이 강하였다. 조선 초의 <포구락>은 국가연향무로서의 의례성이 강화되는 쪽으로 변개되었으며, 공연물의 성격보다는 놀이로서의 성향이 두드러졌다. 조선 후기에 이르러서는 창조적 변모없이 향악화, 규격화의 길을 걸었던 것으로 추정된다.

이처럼 <포구락>의 역사적 전개의 큰 방향은 "가무희(歌舞戱)→가무(歌舞)→무(舞)"로 초점이 이동하는 것이라고 할 수 있다. 지금 무대예술로 공연되고 있는 <포구락>은 '가(歌)'와 '희(戱)'의 요소는 완전히 소멸되고 '무(舞)'만 남았다고 할 수 있다. 포구문은 소품으로 전락했으며, 공놀이 동작 역시 춤동작의 하나에 불과하게 되었다. 현재 공연되고 있는 <포구락>은 화려한 볼거리 위주의 전통무용으로 전락하였으며, 무대예술의 성격을 지니게 됨으로써 관중들과는 더욱 더 멀어지게 되었으며, 경기를 하는 이와 보는 이가 함께 즐기던 오락성 성격은 사라지게 되었다.

앞서 살펴본 <포구락>의 역사적 변모는 <포구락>을 비롯한 궁중정재의 복원 및 재창조의 방향 설정에 시사하는 바가 있다. 다른 정재 종목도 마찬가지이지만, <포구락>은 연회에서 여러 정재와 함께 연행될 때 그 빛을 발한다. 연회가 무르익을 때쯤, 경기 결과에 따라 환희와 긴장감이 형성되는 <포구락>이 연행됨으로써, 잔치의 분위기가 한층 고조될 수 있었을 것이다.

<포구락>을 비롯한 궁중정재의 복원은 지금까지 한 것처럼 단일 종목을 무대예술로 재현해낼 것이 아니라, 궁궐을 살아있는 문화 현장으로 되살려, 총체적인 진연(進宴) 행사 속에서 입체적으로 공연해야 할 것이다. 추상적으로 형성되어 있는 <포구락>이 아니라, '그 때, 그 곳'에서 공연된 <포구락>을 복원의 대상으로 삼아야 한다. 행사의 준비 과정부터 무대, 의상, 소품, 참가자 등 진연에 관한 모든 과정이 기록되어 있는 의궤와 춤사위가 구체적으로 서술되어 있는 『정재무도홀기』를 텍스트로 삼고, 궁궐의 전각과 뜰을 무대로 하여 풍성한 연향의 절차를 그대로 진행하면서, 그 속에서 정재 공연을 펼쳐야만 진정한 의미의 복원이 이루어질 것이다.

전통무용을 현대화하고 재창조하는 것은 그 나름의 의미를 지니지만, 복원은 그야말로 복원 대상을 설정하여 거기에로 돌아가는 작업이므로, 현대화와 복원 이 두 가지 작업은 각각 다른 차원에서 추진되어야 할 것이다.

참고문헌

경상남도, 『경상남도의 민속예술』, 1998.
고전국역실 편, 『국역 고려사』6, 신서원, 1991.
국립국악원 편, 『조선시대음악풍속도』Ⅰ, 민속원, 2002.
국립국악원 편, 『조선시대음악풍속도』Ⅱ, 민속원, 2004.
국립중앙박물관 편, 『조선시대 풍속화』, 국립중앙박물관, 2002.
길진숙, 『조선전기 시가예술론의 형성과 전개』, 소명, 2002.
김종수, 「조선조 17·18세기 여악과 남악」, 『한국음악사학보』11, 1993.
김천흥, 『심소 김천흥 무악70년』, 민속원, 1995.
박정혜, 『조선시대 궁중기록화 연구』, 일지사, 2000.
박진태, 「당악정재의 연극적·희곡적 측면: 헌선도·오양선·포구락·연화대를 중심으로」, 『고전희곡연구』6, 2003.
박현규, 「포구락의 기원과 변천」, 『한국음악연구』31, 2002.
백현순, 「당악정재 포구락에 대한 고찰」, 『한국체육학지』37, 1998.
사진실, 『공연문화의 전통: 악·희·극』, 태학사, 2002.
서인화 외 편, 『조선시대 진연 진찬 진하 병풍』, 국립국악원, 2000.
성기숙, 『한국 전통춤 연구』, 현대미학사, 1999.
성무경, 「조선후기 관변풍류 교방가요」, 『교방가요』(성무경 역), 보고사, 2002.
성무경, 「조선후기 정재와 가곡의 관계: 19세기 현상에 주목하여」, 『한국시가연구』14, 2003.
송방송, 「조선후기 공연예술에 나타난 심미적 새 양상: 음악과 궁중무용을 중심으로」, 『한국문학연구』창간호, 2000.
송방송, 「고려 당악의 음악사학적 조명」, 『한국공연예술연구논문선집』4, 2001.
이성미 외, 『장서각 소장 의궤해제』, 한국정신문화연구원, 2002.

이혜구 역주, 『신역 악학궤범』, 국립국악원, 2000.
이흥구·손경순 역, 『조선궁중무용』Ⅱ, 은하출판사, 2003.
장사훈, 『한국전통무용연구』, 일지사, 1977.
전경선, 『궁중정재 포구락의 특성 연구』, 미간행 석사학위 논문, 중앙대, 1999.
전경욱, 『한국의 전통연희』, 학고재, 2004.
정은경, 『조선시대 궁중정재와 민간 연희의 교섭 양상』, 미간행 석사학위논문, 고려대, 2003.
조규익, 「악장과 정재의 미학적 상관성」, 『민족무용』4, 2003.
한국정신문화연구원, 『정재무도홀기(呈才舞圖笏記)』, 한국정신문화연구원, 1994.

당악정재 〈연화대〉의 변천과 전승

최진형

1. 머리말

고려조 이후 조선조 말기까지 행해진 궁중정재는 그 연원과 역사가 오래인 만큼 숱한 변화를 겪어왔다. 춤사위가 변하거나 의물·구성인원이 바뀌는 등 종목 자체에 변화가 일어난 것은 물론이고, 더 이상 행해지지 않게 되거나, 새로운 종목이 다수 창작되는 등 크고 작은 변화가 끊이지 않았다. 지금까지 실현되는 정재 종목 중 특히 고려조 이후 지속된 당악정재는 〈헌선도〉, 〈수연장〉, 〈오양선〉, 〈포구락〉, 〈연화대〉 등인데, 이들 종목 역시 크고 작은 변화를 겪었을 뿐 아니라 향악정재의 형성 등에도 적지 않은 영향을 끼쳤던 것으로 보인다.

본고는 이러한 정재 종목의 역사적 변화와 전승 과정에 관심을 갖고 그 양상을 검토해 보고자 하는데, 특히 〈연화대〉에 주목하고자 한다. 대표적 당악정재인 〈연화대〉는 조선말기까지 지속적으로 실현되었는데, 정재의 내용적 측면, 구성인원 등에 변화를 주기도 하였고, 〈학무〉·〈처용무〉 등과 합설되기도 하였으며, 순조조에 처음 공연된 〈연화무〉의 형성에도 영향을 주는 등 그 역사적 변천과 전승에서 매우 다채로운 양상을 보여주기 때문이다. 본고에서는 우선 전형적 당악정재

종목인 <연화대>가 어떻게 연행되었는가를 『고려사』 「악지」를 통해 살펴보고, 『악학궤범』에는 어떻게 기록되었는가 대비해보고자 한다. 특히 <학연화대처용무합설>이라는 종합적 연행물의 일부로서 중요한 역할을 맡았던 점에 주목하여 살펴보고자 한다. 한편, 조선조 후기에 이르러서는 더 이상 '합설'의 형태로 공연되지 않고, 다시 독립 종목의 형태로 전환되었는데 현전 『홀기』에 드러난 양상을 대비하여 전승 과정에 나타난 변화상을 추적해 볼 것이다. 문헌 자료를 위주로 <연화대>를 검토하여, 그 변천과 전승 양상을 드러내는 데 주력하기로 한다.

2. <연화대>의 역사적 변천

두 동녀(童女)가 봉래(蓬萊)에서 내려와 연꽃술(연예:蓮蘂)로 생겨났다가 군왕(君王)의 덕화(德化)에 감격하여 노래와 춤으로써 그 즐거움을 바친다는 내용의 <연화대>는 <헌선도>, <수연장>, <오양선>, <포구락>과 함께 대표적인 당악정재로서 『고려사』 「악지」에서 관련 기록을 찾아볼 수 있다.

춤 대열과 악관 및 기녀들의 의관과 진행하는 절차는 전의(前儀)[포구락]와 같다. 합립(蛤笠) 두 개를 앞에 놓고 동기(童妓) 두 명이 횡렬로 나란히 선다. 악관이 "오운 개서조"를 전주하면 기녀 2명이 죽간자(竹竿子)를 받들고 좌우 편으로 갈라지며 앞으로 들어오고 동기가 앉으면 주악이 멎는다. …(중략)… 왼편에서 먼저 춤을 추고 난 다음에 오른편에서 춤을 춘다. 다음에 악관이 "반하무(班賀舞)"를 주악하면 두 어린 기녀가 마주 서거나 혹은 등지면서 세 번 나갔다 물러 났다 하며 춤추고 앞으로 나가서 꿇어앉아 갓(笠)을 집어 들고 일어나 머리에 쓴 다음에 전자와 같이 세 번 나아 갔다 물러 났다 하면서 춤춘다.

주(注) : <연화대> 춤은 본래 북위(北魏)에서 창작된 것으로서 두 처녀에게 고운 옷을 입히고 모자를 씌우는데 모자에는 금방울을 달았으므로 춤을 출 때마다 방울소리가 난다. 그리고 춤을 추는 처녀가 나올 때에는 연꽃 속에 숨어 있다가 꽃잎이 열리면서 나타나는 것인데 모든 춤 중에서도 우아하고 절묘한 춤으로서 전해 온 지 오랜 것이다.

(『고려사』 제71권 악지 제25 악2 당악 연화대)

『고려사』「악지」에 전하는 <연화대> 관련 기록에서 여러 가지 정보를 얻어낼 수 있다. 독립된 종목으로 실시되었다는 점, 동녀(童女) 2인에 의해 추어지되 다양한 음악 반주를 대동하였다는 점, 금방울 달린 합립(蛤笠)을 머리에 쓰는 동작을 통해 종목의 상징성을 드러낸다는 점 등이 그것이다. 『고려사』「악지」에 전하는 <연화대>의 창사는 구호(口號), 치어(致語)와 '미신사(微臣詞)', '일난풍화사(日暖風和詞)', '낭원인한사(閬苑人閒詞)' 등의 한시 창사(漢詩唱詞)인데, 『악학궤범』을 거쳐 조선 후기의 『각정재무도홀기』에 이르기까지 거의 변하지 않고 전승된다. 한편, 같은 항목의 주(注)에는 이 종목의 연원을 북위(北魏)의 춤으로 밝히고 있으며, 연꽃 속에서 동녀(童女)가 등장하여 우아하고 절묘한 춤사위로서 매우 환상적인 분위기를 연출한다는 점이 설명되어 있어서 이 종목이 지닌 특성을 요약적으로 보여준다.

대표적 당악정재로서 특유의 우아하고 아름다운 모습을 뽐내던 <연화대>는 성종조에 편찬된 『악학궤범』에서는 다원적 전승의 기록 양상을 보여준다. 「시용당악정재도설(時用唐樂呈才圖說)」 항목에는 <연화대>로 독립되어 기록되고, 「시용향악정재도설(時用鄕樂呈才圖說)」 항목에는 <학연화대처용무합설>로 기록되어 전하는 것이다. 「시용당악정재도설」의 기록은 『고려사』「악지」와 비교할 때, 춤의 절차에서 다소간의 차이를 보일 뿐 나머지는 대동소이하다. 그러나 「시용향악정재도설」의 기록은 <학무>·<처용무>와 합설되어 전혀 새롭게 재구성된 형태로 제시된다. 양자의 차이점으로 가장 두드러진 것은 두 동녀의 등장 부분이다. <연화대>에서는 죽간자에 의해 동녀 2인의 동선이 유도되며, 합립을 착용하는 동작으로써 연꽃술의 상징성을 보여주지만, <학연화대처용무합설>에서는 청학과 백학이 부리로 연꽃을 쪼아 터트리는 동작에 의해 연통(蓮筒) 속에 미리 들어가 있던 동녀가 등장하는 것으로 되어 있다. 이것은 "춤을 추는 처녀가 나올 때에는 연꽃 속에 숨어 있다가 꽃잎이 열리면서 나타난다"는『고려사』「악지」의 기록과도 상응하는 것이다. 그리고, 연꽃에서 등장하여 춤을 마친 동녀는 '처용가'를 부르고, 이어 오방처용이 등장하여 춤을 추는 구성을 보인다는 점 역시 커다란 차이점이다. 또한, 춤의 성격적 측면에서도 양자는 다소간의 차이점을 지닌다. <연화대>는 군주의 덕화를 송축하는 내용을 지닌 전형적 정재의 속성을 지니고 있는 데 반하여, <학연화대처용무합설>은 12월 그믐 경에 행해진 나례(儺禮) 행사 뒤에 연행되었기 때문이다.

『악학궤범』의 기록을 통해 <학연화대처용무합설>의 과정을 좀 더 구체적으로 살펴보기로 한다. <학연화대처용무합설>은 크게 4개 부분으로 구성되는데, 구체적으로는 '① 구나의식으로서의 처용가무, ② 집단가무, ③ 학연화대무와 처용무, ④ 집단가무'의 4개 부분이다.[1] 첫 번째 부분에서는 구나의식이 끝난 후, 오방 처용의 다양한 춤과 여기(女妓)들의 노래가 펼쳐진다. 두 번째 부분에서는 학 연화대 의물을 갖추어 놓고, 악사가 청학, 백학을 인도하며 여기가 영산회상을 부르며, 악공·가면무동·의물 든 사람 등이 오방처용의 춤을 따르는 '집단가무'

---

1) 이에 대해서는 한옥근,「<학연화대처용무합설>의 연극적 구성과 표현에 대한 연구」(『한국연극학』 2집, 한국연극학회, 1985) 및 김수경,『고려처용가의 미학적 전승』(보고사, 2004, 173~184쪽) 참조.

가 행해진다. 세 번째 부분에서는 청학, 백학이 학무를 추며 연꽃을 쪼면 두 동녀가 등장하여 춤춘다. 춤을 마친 동녀는 처용가를 부르고, 오방처용이 다시 등장하여 춤을 춘다. 네 번째 부분에서는 악공의 연주와 여기의 합창 속에서 모든 구성원들이 참여하여 함께 춤을 춘다.

이상의 기록을 종합해 볼 때, <학연화대처용무합설>은 구나(驅儺)의 기능을 중심으로 하여(처용무), 우아하고 화려한 춤사위를 통해 시각적 흥미를 자극하는 연희(학무와 연화대)를 연계하고, 정재의 구성인원이 모두 참여하는 집단가무를 배치함으로써 다양한 종류의 연희를 극적으로 배열하여 다원적 의미를 복합시킨 정재로서의 특성을 가진다고 하겠다. 특히, 음악적 측면에서도 구나(처용가), 군주에 대한 송도(봉황음, 정과정, 북전), 찬불(미타찬, 관음찬)의 성격을 드러내는 곡목을 절묘하게 배치하는 종합적 구성을 시도함으로써 이 정재가 지닌 복합적 성격을 효과적으로 드러내도록 하였음을 알 수 있다.

이상에서 성종조에 편찬된 『악학궤범』의 기록을 통해 <연화대>가 <학연화대처용무합설>로 연행되면서 궁중정재의 핵심적 위치를 차지하였음을 살펴볼 수 있었는데, 이러한 극적 구성의 파급효과는 궁중정재 뿐 아니라 교방 정재에도 일정하게 미쳤음이 다음 기록을 통해서 확인된다.

> 연꽃 두 송이에 각각 한 명의 동기를 숨겨둔다. 백학 한 쌍이 뜰에서 마주보고 춤추다가 부리로 꽃을 탁탁 쪼면 꽃 속의 선동(仙童)이 나와 학을 타고 춤을 춘다. 이 춤은 학무(鶴舞)에도 겸용한다.[2]
> 數朶紅蓮陸地生   홍련 몇 가지 뭍에서 탐스럽게 피어나는데
> 一雙白鶴九皐鳴   한 쌍의 백학은 으슥한 연못에서 울음 운다.

---

2) 蓮花二朶 各藏一童妓 白鶴一雙 自庭舞上 對舞以啄啄[花] 花中仙童 出騎鶴而舞 此乃兼用鶴舞也.

啄破花心仙子出　　부리로 꽃봉오리를 쪼니 선자(仙子)가 나와
霓裳跨背舞輕盈　　색동치마 입고 학 등에 올라타 추는 춤 한없이
　　　　　　　　　사뿐사뿐.　　　　　　　　(『교방가요』)

『교방가요』의 〈연화대〉 그림. 동기가 학 등에
올라타 춤을 춘다는 설정이 이채롭다.

인용한 것은 고종 9년(1872) 편찬된 정현석(鄭顯奭)의 『교방가요(敎坊歌謠)』의 〈연화대〉 항목이다. 이 자료에서 흥미를 끄는 것은 홍련에서 나온 선자(仙子)가 학 등에 올라타 춤을 춘다는 설정이다. 연꽃 두 송이에 동기를 숨겨두었다가 학이 부리로 연꽃을 쪼면 선동이 나온다는 설정은 궁중정재와 같다. 그러나 백학 한 쌍의 설정은 백학·청학(악학궤범), 황학·청학(대부분의 홀기)의 설정과는 다르며, 무엇보다도 학을 올라타고 춤을 춘다는 설정이 꽤나 이채롭다. 〈학연화대처용무합설〉의 극적 구성이 조선후기까지 폭넓게 영향을 미치고 있다는 사실과 함께, 궁중정재가 교방 정재로 전승될 때 겪게 되는 변개의 양상이 흥미롭게 드러난다는 점이 주목된다고 하겠다.

하지만, 〈학연화대처용무합설〉의 연행이 긍정적으로만 인정된 것은 아니었다. 다음은 『악학궤범』 편찬 시기 이후 〈연화대〉 또는 〈학연화대처용무합설〉에 대한 문신들의 인식을 보여주는 기록이다.

주강에 나아가 ≪소학≫을 강하였다. 시강관 조광조가 아뢰기를, "…(전략)… 세시(歲時)의 처용(處容)과 연화대(蓮花臺) 놀이는 우리나라에서 보

통 하는 일인데, 신의 생각에는 상의 마음이 태만해서 이런 놀이를 하는 것이라고 여기지는 않습니다만 한번 그 단서를 열면 끝내는 지나친 지경에 이를지 모릅니다. 전하의 학술이 확고한 경지에 도달하였다면 희완의 놀이를 우연히 한번 갖는 것도 무방하다고 봅니다. 그러나 요즘 희완하지 않던 일을 지금 행하면서 면포를 많이 궐내로 들이게 해서 하사하심이 많습니다. 옛말에 '천승(千乘)의 나라를 다스리되 경비를 절약하고 백성을 사랑한다.' 했고 '또 백성에게 거두는 데는 제도가 있다.' 했는데 나라가 부유하면 백성이 저절로 편안해질 것입니다. 이것은 또한 자전(慈殿)을 위하는 일이니 상하의 인정이 어찌 다름이 있겠습니까? 이것은 상께서 반드시 자전의 마음을 기쁘게 위로해 드리려 한 것 뿐입니다. 그러나 태평 성대를 바라는 신의 생각에는 마땅히 삼가고 조심하는 마음을 한결같이 가지시어 지치(至治)를 이루게 해야 한다고 여겨서 감히 아뢰는 것입니다. …(중략)… " 하니, 상이 이르기를, "세시의 잡희는 자전을 위해 베푸는 것이다. 그러나 매년 하지 않았던 것인데 금년에는 유사(有司)의 취품(取稟)이 있었기 때문에 우연히 실시하게 된 것이요, 어찌 다른 뜻이 그 사이에 있겠는가. 경비를 절약하고 백성을 사랑한다는 뜻은 매우 좋은 일이다. 그러나 선왕의 후궁(後宮)은 부득이 후대해야 하기 때문에 면포를 하사하게 된 것이다" 하였다.

(『중종실록』 권31 13년 1월 14일 갑진)

시강관이었던 조광조는 왕의 학술이 확고한 경지에 도달하지 않았는데 희완의 놀이를 행한다는 점, 경비의 지출이 과다하다는 점을 들어 이러한 연향(처용과 연화대 놀이)을 베푸는 것의 부당함을 아뢰고, 중종은 매년 실시하던 것도 아니고, 자전을 위해 베푸는 것이니 불가피하다고 강변한다. 중종 13년의 이 기사를 통해 이 시기에도 <학연화대처용무합설> 형태의 정재가 행해지고는 있으나, 세말 궁중나례로서 정기적으로 행해지던 이전 시기와는 달리 이제는 자전(慈殿)을 위한 행사 등에서 불규칙적으로 행해지게 되었다는 점을 알 수 있다.『악학궤범』이 편찬된 성종조와 연산조를 거치면서 가장 화려하고 아름다운 공연으로 이름을 남겼던 정재 종목인 <학연화대처용무합설>이 더 이상 그 가치를 인정받지 못하게 된 것이다.

    정원이 장악원 도제조(掌樂院都提調)[김근사(金謹思)]의 뜻으로 아뢰기를, "정대업(定大業)·연화대(蓮花臺)·몽금척(夢金尺)·헌선도(獻仙桃) 등의 주악(奏樂)은 잡희(雜戲)에 가까운 것이어서 쓸 수가 없을 듯하고, 수명명(受明命)·하황은(荷皇恩)·하성명(賀聖明) 등의 주악은 지금 바야흐로 연습하는 것이므로 사용할 수 있겠습니다. 사신이 혹시 주악 이름을 묻는다면 즉시 황황자화(皇皇者華)·녹명(鹿鳴)·천보(天保)·사모(四牡)란 가명(假名)으로 대답하는 것이 어떻겠습니까?" 하니, 아뢴 대로 하라고 전교하였다.   (『중종실록』 권84 32년 3월 11일 경인)

중종 32년의 이 기사는 <연화대>에 관한 것인데, 그 주악이 잡희에 가까워서 더 이상 쓸 수 없다는 것이다. 중종 13년의 기사가 <학연화대처용무합설>과 관련하여 연행의 문제점을 지적한 것이었다면, 중종 32년의 기사는 <연화대>의 주악과 관련하여 잡희적 성격의 문제점을 지적한 것이다. 이렇듯 <연화대> 혹은 <학연화대처용무합설>이 기피의 대상으로 전락하게 된 것은, 사실 전조(前朝)인 연산군이 저지른 광적 유연(遊宴)의 후유증이라고도 할 수 있다. 잘 알려져있듯 연산은 향락에 탐닉하면서 성균관을 없애 굿과 놀이의 장소로 삼았으며, 화려하고 호화로운 여악(女樂)을 일삼는 등 도를 넘어선 행태를 보이며 악정과 폐정을 일삼은 군주로 악명을 남긴 바 있다. 연산은 특히 처용가무를 좋아해서 세말나례 뿐 아니라 궁중의 일반 행사에서도 처용가무를 행하게 하였으며, 심지어는 스스로 처용가면을 쓰고 춤을 추기까지 했다고 한다.

    또한 왕이 직접 처용가면을 쓰고 바로 대비 앞에 가서 춤추고 뛰놀며 흥청으로 하여금 노래불러 응답하게 하였다. (『연산군일기』 권53 10년 5월 신해)

전조의 흐트러진 기강을 바로 잡아야 하는 정치적 부담을 지고 출발했던 중종은 지나치게 확대되고 방만해진 여악(女樂)에 관한 부분을 우선적으로 손질해야할 대상으로 판단했다고 생각된다. 정재에 사용된 여러 곡들이 비판받으며 정리되게 하거나, 전격적으로 여악을 폐지하게 했던 일련의 조치들은 이러한 정치적 상황과 밀접하게 연관된다. 전조의 폐정을 정리하여 사회적 기강을 바로 잡는 차원에서 행해진 음악적 정비 작업에 의해, 연산조에 전성기를 누렸던 <학연화대처용무합설>은 서서히 쇠락의 길을 걸어야 했던 것이다. 앞서 살펴본 조광조 등 문신의 건의는 이러한 맥락에서 접근할 때 구체적인 이해가 가능할 것이다.

<학연화대처용무합설>이 중종조 이래로 정재 종목에서 사라지게 되지만 <연화대>와 <처용무>의 공연은 독립된 형태로 지속되었다.

<자료 1>
庚午(1630) 인조 8년 3월 초6일. 헌선도, 수연장, 금척, 봉래의, 연화대, 포구락, 향발, 무고, 처용무 등 9개의 정재종목이 낙점되다.

(『풍정도감의궤』)

<자료 2>
甲子(1744) 영조 21년 10월 초7일.
연화대정재기생
죽간자 2명 : 상례, 두견화
동기 2명 : 태매, 인애
예비차비 : 송대운, 원애 (『진연의궤』, 권1, 26b)
동기복색
합립 2부 (매부마다 금칠한 방울 2개씩 갖춤) (『진연의궤』, 권2, 4a)

인용한 자료는 각각 인조조와 영조조의 의궤에서 가려 뽑은 것이다.

인조조의 의궤에는 9개의 정재 종목이 나타나는데, <연화대>와 <처용무>가 포함되어 있다. 영조조의 의궤에는 연화대 정재 기생의 명단과 동기복색 등의 기록을 찾을 수 있는데, 정재의 규모와 복색의 변화상을 알 수 있다.『고려사』「악지」에 나타났던 '합립'이 영조조에도 사용되고 있음을 알 수 있다.

이상에서『고려사』「악지」에 나타난 <연화대>가『악학궤범』을 거쳐 조선후기에 이르면서 어떠한 변천 과정을 보이는지 대략적으로나마 조감해 볼 수 있다. 이제 다음 장에서는 현존하는 13종의 홀기를 중심으로 주변자료를 구체적으로 살펴, <연화대>가 어떠한 방식으로 전승되었는지에 대해 고찰해 보기로 한다.

3. 〈연화대〉의 전승 양상

<연화대>가 기록된『고려사』와『악학궤범』, 그리고 각종『의궤』와『홀기』를 대비해 보면 오랜 전승기간이 지나는 동안 크고 작은 변화가 있었음을 알 수 있다. 창사는 거의 변화가 없었지만, 공연에 쓰인 의물이나 구성인원의 변화는 편폭이 컸다. 이러한 변화의 이유는 다양했겠지만 정치적 요인과 더불어 경제적 요인도 크게 작용했을 것이다.

장악 도감(掌樂都監)이 아뢰기를, "《악학의궤(樂學儀軌)》의 침향산의주(沈香山儀註)를 가져다가 살펴보니 '기생 1백 명이 좌우에 나누어 선다.'고 하였습니다. 그러나 현재 원수(元數)가 70 명뿐이고, 또 기생들이 입을 홍단의상(紅段衣裳)과 홍초대(紅綃帶) 등의 물품을 전에 진풍정(進豊呈)을 할 때 단지 50 벌만 준비하였습니다. 지금의 물력으로는 더 준비하기가 아주 어려우니 기생 50 명을 써서 예를 치르는 것이 마땅합니다. 그리고 또 '화전벽을 침향산 앞에다 깐다. 여러 기생들이 헌축(獻軸)하고 학무(鶴舞)

를 추고 연화대(蓮花臺)에서 정재(呈才)한 뒤에는 또 화전벽을 침향산 뒤에다 편 뒤에 환궁(還宮)하는 음악을 연주하고 이어 각종의 정재를 한다.'고 하였습니다. 그런데 갖출 수가 없을 것 같으니 양쪽에서 옮겨다 쓰는 것이 아마도 형편에 맞게 하는 것일 듯싶습니다. 감히 여쭙니다." 하니, 아뢴 대로 하라고 답하였다.   (『광해군일기』 권92 7년 7월 23일 무진)

위 기사는 행사를 준비하는 장악 도감에서 기생의 인원과 물품이 모자라다는 이유로 의궤대로 침향산을 설치하기 어렵다고 아뢴 기사이다. 이 기사를 통해 구성 인원의 변화가 일어나게 된 이유를 짐작해 볼 수 있다. 『악학궤범』의 <교방가요> 항목에는 초입배열도에 기생 100명이 그려져 있고, 침향산과 지당판을 어떻게 설치해야 하는지 설명되어 있다. <교방가요>는 임금의 대가(大駕)가 궁궐 밖으로 거둥할 때 올려지는 향악 정재인 만큼 최대한 화려하고 위엄있게 실시되어야 했을 것이다. <학무>나 <연화대>는 이 종목에서도 올려졌으므로, 위의 기사에 나오는 <학무>와 <연화대>는 <교방가요>의 일부로서 이해하여야 한다. 아무튼 위의 기록을 통해 여러 가지 요인에 의해 정재의 배설과 공연에 변화가 일어날 수 있음을 알 수 있다. 이제 3개 항목으로 나누어 <연화대>의 변천과 전승 양상을 구체적으로 살펴보기로 한다.

(1) 창사와 음악

<연화대>의 창사는 『고려사』의 기록과 다른 문헌의 기록이 거의 동일하다.

住在蓬萊　　　　봉래 섬에 머물러 있다가
下生蓮蘂　　　　내려와 연꽃 술에서 태어났네.
有感君王之德化　임금님의 덕화(德化)에 감동하여

君王 王大妃殿 改以至尊 世子宮 改震邸 德化 世子宮 改以仁德. '군왕(君王)'은 왕대비전에서는 '지존(至尊)'으로 고치고, 세자궁에서는 '진저(震邸)'로 고친다. 덕화(德化)는 세자궁에서는 '인덕(仁德)'으로 고친다.
來呈歌舞之懽娛   가무(歌舞)의 즐거움 드리러 왔네.
(『국연정재창사초록(國讌呈才唱詞抄錄)』)

인용한 것은 <연화대>의 창사 중 '미신사(微臣詞)'이다. 정재의 구체적 목적과 성격에 따라 '군왕(君王)'이란 표현이 왕대비전에서는 '지존(至尊)'으로, 세자궁에서는 '진저(震邸)'로 고쳐지고, 덕화(德化)는 세자궁에서는 '인덕(仁德)'으로 고쳐져 불리는 차이는 생겼지만, 원 창사는『고려사』「악지」에 전하는 기록과 완벽하게 일치한다. 다른 정재 종목의 경우 창사에 크고 작은 변화가 있었다는 점을 고려할 때, <연화대>의 창사가 보여준 전승의 고정성은 특별한 경우에 속한다고 하겠다. 이 문제는 세종 16년에 있었던 '미신사' 관련 논란과도 연관지어 볼 수 있다.

예조에서 아뢰기를, "연화대 정재(蓮花臺呈才)의 미신사(微臣詞)에, '임금의 덕화(德化)에 감격하여 노래와 춤의 즐거움을 받자옵니다.' 한 여섯 귀(句)가 있사온데, 그 말마디는 위에 붙여 말한 것이므로 사악(賜樂)에 쓰기는 진실로 적당하지 못하옵니다. 그러나, 동궁 및 종친·의정부·육조 등이 사신을 위로하는 잔치에 모두 연화대 정재를 써 왔고, 또 무애 정재는 오로지 불가(佛家)의 말을 써서 매우 허탄하고 황망하며, 더구나, 연전에 창성(昌盛)도 속였으니, 금후로는 무릇 모든 사악(賜樂)에 무애 정재를 그만두고 연화대를 쓰되, 미신사(微臣詞)만을 빼내면, 향악(鄉樂)과 당악(唐樂)이 모두 온전하고, 신하의 악(樂)을 쓰는 절차가 차서가 있게 될 것입니다." 하니, 그대로 따랐다.   (『세종실록』 권65 16년 8월 18일 임술)

'임금의 덕화'를 찬양하는 미신사의 내용이 기영회 등에 사악(賜樂)하기에는 부적절하니, 해당 창사를 빼내고 정재를 실시하도록 하자는 내용이다. 정재의 절차와 내용을 꼼꼼히 따지는 점이 주목되는 한편 해당 창사를 개작하는 대신 아예 빼내고 행하게 한다는 점도 주목된다. 이러한 태도와 조치가 <연화대>의 창사가 전승의 과정에서 고정성을 유지할 수 있었던 요인으로 작용했을 것이기 때문이다.

<연화대>의 음악은 창사에 비해서는 비교적 변화가 큰 편이다.『고려사』「악지」에는 <연화대>의 반주로 "중선회 인자(衆仙會引子) – 백학자(白鶴子) – 헌천수(獻天壽) – 최자령(嗺子令) – 삼대령(三臺令) – 반하무(班賀舞) – 오운 개시조 인자(五雲開瑞朝引子)" 등 무려 7개 곡목이 연주된다. 그러나 『악학궤범』에는 "중선회인자 – 반하무"의 2개 곡목으로 대폭 축소되어 있다. 『홀기』에는 더욱 간소화되는 경향을 보여서, 『외진연시무동각정재무도홀기』에 "봉생지곡(鳳笙之曲)"의 곡명을 보이는 것 외의 각종 『홀기』에는 대부분 "樂昇平之曲(낙승평지곡)"의 1개 곡목으로 되어있다. 화려하고 복잡하게 연주되던 악곡이 후대로 갈수록 간소하게 변화되어 전승된다는 점을 알 수 있다.

(2) 의물과 구성 인원

<연화대>에서 가장 변화의 폭이 큰 것은 의물과 구성 인원이라고 할 수 있다. 연화대에서 가장 중요한 의물 중 하나는 '합립'이다. 금방울을 단 모자라고 할 수 있는 합립은 『악학궤범』이나 영조조의 『의궤』에서도 유지되었는데, 조선말기의 『홀기』에서는 대부분 '연화관'으로 바뀐다. 『무동각정재무도홀기』에 '합립'으로 기록된 것 이외에는 모두 '연화관'으로 기록되어 있다. '합립'은 <연화대>에서 매우 중요한 의미를 띤다.

<연화대>는 『본주』에 "본래 탁발위에서 나왔다"라고 하였다. 두 명의 여동(女童)을 쓴다. 옷과 모자를 곱게 차리는데, 모자에 금방울을 달아 손뼉을

칠 때마다 소리가 난다. 그 유래는 두 개의 연꽃 속에 두 여동(女童)을 감췄다가 꽃이 갈라진 뒤에 나타나니, 이는 필시 <화신답가>의 유(類)로 인하여 그것을 만들었을 것이다.3)　　　(『성호사설』 권15, 「인사문(人事門)」)

『성호사설』의 기록에서 "손뼉을 칠 때 마다 소리가 난다"는 기록을 통해 볼 때, 합립의 금방울4)은 춤사위와 연관이 깊은 듯 하다. 그런데, <연화대>의 모든 춤이 합립을 착용한 이후에 추어지지 않는다. 합립의 착용은 마지막 단계에 이뤄지기 때문이다. 짐작컨대, 연꽃의 정화(精華)를 상징하는 것으로서 합립을 착용했을 것이라 보이며, 합립 착용 이전과 이후는 방울 소리의 유무로서 구별했을 것이라 생각된다. 따라서 합립이 연화관으로 바뀌는 것은 적지않은 의미 변화를 야기한다고 할 수 있다.

『무자진작의궤』의 합립

『무자진작의궤』의 연화합립

한편 <연화대>에 참여하는 구성 인원의 변화도 그 편폭이 매우 큰 편이다. 『고려사』 「악지」의 기록은 죽간자를 포함하며 구성 인원이 4인

---

3) 蓮花臺者 本註云 本出於拓跋魏 用二女童 鮮衣帽 帽施金鈴 抃轉有聲 其來也 於二蓮花中藏之 花坼而後見 此必因花神踏歌之類 而爲之也.
4) 『악학궤범』의 「연화대복식도설」에는 합립에 대해서 세죽(細竹)으로 망을 하여 만들어 종이를 바르고 겉은 남초를 잘라 꽃을 만들어 통에 붙인다. 네 면의 버티는 기둥과 가장자리도 또한 홍초로 바르고, 좌우에는 금방울을 달고 안에 홍초의 끈을 다는데 금빛깔의 꽃무늬를 찍는다고 설명하였다.

이었음을 보여주고, 『악학궤범』에서는 협무 2인이 추가되어 구성 인원이 6인으로 증가되었음을 보여준다. 조선후기에 기록된 『홀기』에는 <연화대>의 구성 인원이 매우 달라졌음이 드러나는데, 전대·중대·후대가 편성되어 구성 인원이 대폭적으로 늘어나 있다.

동기 4명, 전대 7명, 중대 11명, 후대 8명　　(『여령정재무도홀기』)
동기 4명, 전대 7명, 중대 8명, 후대 8명　　(『여령각정재무도홀기』)
무동 4인　　　　　　　　　　　　　　　　(『무동각정재무도홀기』)
동기 4명, 전대 7명, 중대 11명, 후대 8명　　(계사본『각정재무도홀기』)

계사본『각정재무도홀기』의 경우 무려 30명에 달하는 인원이 <연화대>의 구성 인원으로 참가하고 있음이 드러난다. 『고려사』나 『악학궤범』과 비교해 볼 때 크나큰 변화라 할 수 있다. 음악적으로는 간소함을 추구하였으나 구성 인원에 변화를 줌으로써 아름다운 복식과 춤사위를 강조하여 화려함을 더하는 효과를 달성하였다고 여겨진다.

　　연화대는 먼저 향산을 지당판에 만들고 둘레에는 채화를 지당판에 꽂았는데 높이가 어른의 키만 하다. 좌우에는 또한 그림 그려진 등롱이 있으며, 그 사이사이에 주렴으로 빛을 은은하게 가리운다. 그 이름이 <침향산>이다. 못 앞의 동·서쪽에 커다란 연꽃받침을 설치했는데 소기(小妓)가 그 속에 들어 있다. 풍악은 <보허자>를 아뢴다.5)

金鼎曉盈丹井水　　새벽녘 금솥엔 단정의 물이 가득 차고
瑤壇晴晒赤霜袍　　요대의 단 위엔 맑게 개인 햇빛 적상포를 비추이네
芙蓉環珮朝元日　　부용이 패옥을 두르고 새해 아침에 조회하니
一朶紅雲玉帝高　　한 떨기 붉은 구름 위엔 옥황상제 높이 앉았네
　　　　　　　　　　　　　　(『해동죽지』中篇 <俗樂遊戱>)

---

5) 蓮花臺 先設香山於池塘 周挿綵花於塘畔 高丈餘 左右亦有畫燈籠 而流蘇掩映於其間 名曰沉香山 池前東西 置大蓮萼 有小妓入其中 樂奏步虛子

위의 기록은 최영년의 『해동죽지』(1925)에서 인용한 것이다. 최영년이 19세기 중반에서 20세기를 걸쳐 살았던 인물임을 고려할 때 이 기록은 <연화대>에 관한 후대적 자료라고 생각된다. 이 기록에는 침향산과 지당판의 모습이 소상하게 묘사되어 있는데, 환상적인 분위기를 자아내는 기물을 배경으로 하여 30명 정도의 인원으로 구성된 동녀(또는 무동)에 의해 연출되는 춤사위를 떠올려 본다면 그 화려함과 아름다움을 가늠해 볼 수 있을 것이다.

(3) 춤사위

문헌 자료를 검토하여 정재를 연구할 때 부딪치게 되는 가장 큰 어려움 중의 하나는 춤사위를 알 수 없다는 점이다. 정교한 기록을 자랑하는 『의궤』에도 무동이나 기녀들이 추는 춤사위에 관한 기록은 존재하지 않는다. 이는 스승에 의해, 선배에 의해 구전심수(口傳心授)로 계승된다는 전승 방법의 특징일 수도 있지만, 어쩌면 그것은 기록할 수 없는 영역의 것이라 생각했기 때문일지도 모른다. 아무튼, 춤사위를 모르는 정재의 복원은 무의미할 수 있다는 한계를 인정하지만, 그래도 남아있는 기록을 최대한 활용하는 방법 외에는 특별한 방법이 있을 수 없을 것이다.

'봉황음'은 세종 조에 비로소 조정의 정악이 된 것이다. 세조 조에 이르러 그 '악'을 증보하여 더욱 크게 합악함으로써 그것을 연주하여 연향에 쓰는 음악으로 삼았다. 처음에는 승도가 불공드리는 것처럼 여러 기생들이 "영산회상불보살"을 창하며 바깥으로부터 들어온다. 악공이 악기를 잡으면 쌍학이 따라 들어오고, 다섯 처용의 가면을 쓴 10사람이 나아가며 느리게 창을 세 번 반복하고 따라 들어와 서면, 소리가 점점 빨라진다. 커다란 북을 치면 악공과 기생들이 몸을 움직이고 발을 흔들어 춤을 추다가 연화대로 바뀐다.[6]

靈山八萬五千佛	영산의 팔만 오천 부처님
大會蓮花九品臺	연화 구품대에 모두 모였네
光明遠放南瞻部	밝은 빛 저 멀리 남첨부까지 뻗치니
一片靑邱慧月來	한 조각 땅 청구에 혜월선사 온다네

(『해동죽지』中篇 <俗樂遊戲>)

다시 한 번 최영년의 『해동죽지』에서 인용해 보았다. <학연화대처용무합설>과 연관된 기록이라 여겨지는데, 춤판의 분위기와 급박하게 전개되며 변화되는 춤사위를 느낄 수 있다. 한편 『고려사』 「악지」에서 찾아낼 수 있는 춤사위는 '좌우수삼궤무(左右手三跪舞)' 정도이다. 구체적으로 어떠한 동작을 의미하는지는 알 수 없으나, 연화대에 등장하는 유일한 춤사위라는 점에 의의가 있다. '합립'을 착용하는 과정을 춤사위의 일부로 인정할 수도 있겠으나 전형적인 춤사위는 아니라는 점에서 제외할 수밖에 없다. 『악학궤범』에서 눈에 띄는 표현은 '도약이무(跳躍而舞)'이다. 도약무는 몇 차례 등장하는데, 두 동녀가 합립을 쓰기 전, 혹 마주보고 혹 등지고 추는 춤 동작에 '跳躍舞 下同'이라는 주석이 달려있다. 또한, 합립을 쓰고 두 동녀가 물러나며 추는 춤에도 같은 표현이 등장한다. 앞서 언급한 바 있듯, 합립에 달린 금방울의 소리를 두드러지게 하는 방법으로는 도약무가 가장 효율적인 것이었으리라 생각된다.

한편 각종 『홀기』에는 도약무와 함께 '엽무(葉舞)'가 새롭게 등장한다. 엽무는 두 팔을 양 옆으로 펼쳐들고 잎사귀가 흔들리듯이 추는 동작을 말하는데, 연꽃을 묘사하는 춤사위로 행해진 듯 하다. 엽무의 도입은 합립을 연화관으로 교체하는 것과도 연관된다고 생각된다. 방울 소

---

6) 鳳凰吟 世宗朝 遂爲朝廷正樂 世祖朝遂增其樂 大合樂而奏之 以爲宴樂 初倣僧徒供佛 群妓唱靈山會像佛菩薩 自外庭而入 伶人名執樂器 雙鶴隨而入 五處容假面十人 行漫唱三回入就立 而聲漸促 撞大鼓 伶妓動身搖足 變爲蓮花臺.

리를 드러내는 합립 대신 연꽃의 모양을 형상한 연화관을 착용함으로써, 좀 더 연꽃의 외형이나 움직임을 묘사할 수 있는 춤사위가 요구되었을 것이기 때문이다. 그러나 합립이 연화관으로 바뀐 것이 구체적으로 언제부터인지 또한 그것이 일반적인 현상이었는지는 지금으로서 단정할 수 없다. 앞서 살펴보았듯이 영조조 『진연의궤』(1744)에는 분명히 금칠한 방울 2개씩을 갖춘 합립에 대한 기록이 남아있고, 『홀기』 중에서도 『무동각정재무도홀기』에는 합립을 사용했다는 기록이 있기 때문이다. 한 가지 추정을 해 본다면, 순조조 효명세자 대리청정시에 창작정재가 본격적으로 등장했던 것과 연관되지 않나 생각된다.

樂奏天香鳳韶之曲 鄕唐交奏 樂師帥蓮花甁奉擧舞童六人 入置於殿內而出(음악은 <천향봉소지곡>을 연주한다. <향당교주>이다. 악사가 연화병을 받든 무동 6인을 거느리고 전 안에 들어와 놓고 나간다.)

○ 拍 舞六人 齊行舞進而立(박을 친다. 무동 6인이 나란히 줄지어 춤추면서 나아와 선다.)

○ 拍 右旋而舞(박을 친다. 오른쪽으로 돌면서 춤춘다.)

『무자진작의궤』의 〈연화무〉

○ 拍 各各取甁花而舞(박을 친다. 각각 꽃병의 꽃을 취하면서 춤춘다.)

○ 拍 散作花舞(박을 친다. 흩어져 꽃 모양을 만들며 춤춘다.)

○ 拍 相對而舞(박을 친다. 서로 마주하고 춤춘다.)

○ 拍 轉懽拂轉而舞(박을 친다. 활발하게 즐거운 마음으로 떨치고 돌면서 춤춘다.)

○ 拍 齊行舞進(박을 친다. 나란히 줄지어 춤추면서 나아간다.)

○ 拍 斂手足蹈(박을 친다. 손을 여미고 족도한다.)

○ 拍 舞退 樂止(박을 친다. 춤추면서 물러난다. 음악이 그친다.)

(『무동각정재무도홀기』)

荷葉羅裙一色裁	연잎의 비단 치마, 한 색으로 마름하고
芙蓉向臉兩邊開	연꽃이 얼굴을 향해 양쪽으로 열리네.
亂入池中看不見	연못 속에 어지러이 들어가니 보아도 보이지 않아
聞歌始覺有人來	노래 듣고서야 사람이 나왔음을 문득 깨닫는다네.
一變 唱詞	일변(一變)이 노랫말을 창(唱)한다.

翠盖紅幢耀日鮮	비취빛 덮개, 붉은 기(旗)가 햇살에 빛나는데
西湖佳麗會群仙	아름다운 서호(西湖)에는 군선(群仙)이 모였다네.
波平十里鋪雲錦	물결 잔잔한 십리(十里)에 구름 비단 펼쳤는데
風度淸香趁畫船	가벼운 바람에 맑은 향기는 그림 배를 뒤쫓네.
二變 唱詞	이변(二變)이 노랫말을 창(唱)한다.

紅白蓮花開共塘	붉은 연꽃 흰 연꽃 연못에 가득 피었는데
兩般顏色一般香	이리저리 얼굴 돌려보아도 향내는 일반이네
恰如漢殿三千女	한(漢)나라 궁전의 삼천 명 궁녀인 듯
半是濃糚半淡糚	반은 농염하게 반은 담박하게 분장했네
三變 唱詞 並唱	삼변(三變)이 노랫말을 창(唱)한다.

(무자년『진작의궤』)7)

<연화무>는 앞서 살펴 본 <연화대>와는 별개의 정재로서 순조 무자년(1828) 『진작의궤』에 처음 나온다. <연화무>의 내용은 연꽃에서 나온 6인의 군선(群仙)이 산작화무(散作花舞)의 춤사위를 통해 아름다움을 드러내는 것으로, 『연경당진작의궤』의 진찬반(進饌盤)의 절차에서 '천향(天香)'에 맞추어 추어졌다고 한다.8) <연화무>는 무동 6인이 연화

---

7) 『한국음악학자료총서』3권, 전통음악연구회, 1981, 88~89쪽.

병에서 연화를 취하여 춤을 추는 것인데, 사방으로 흩어져 꽃잎 모양을 만드는 '산작화무'가 핵심적 춤사위라고 하겠다. 연꽃의 꽃술을 상징하는 합립을 취하여 춤을 춘다거나, 연화병에서 꽃을 취하여 춤을 추는 것은 모두 연꽃의 아름다움을 상징적으로 드러내는 것으로서 <연화대>와 <연화무>가 공유하고 있는 상징성이라고 하겠다. <연화대>를 모방하거나 참조하여 <연화무>를 지었다는 직접적인 증거는 없으나, 그 개연성은 충분하다는 점에서 <연화무>와 <연화대>는 밀접한 관계에 놓인다고 생각되며, 그 복식이나 의물의 사용에도 이러한 관련성은 상존한다고 생각된다. <연화대>의 역사적 변천과 전승의 끝자락에 <연화무>가 놓여있는 것이 아닌가 추정해 본다.

4. 맺음말

이상에서 <연화대>의 역사적 변천 과정과 전승 양상에 대해 살펴보았다. 『고려사』「악지」에서 대표적 당악정재로 기록된 <연화대>는 이후 『악학궤범』에서 다원적 전승의 양상을 보여준다. <학연화대처용무합설>의 형태로 전승되면서 궁중 나례 의식과 연관되기도 하였고, <교방가요>의 하위 종목으로 연행되기도 하면서 폭넓게 활용되었다. 그러나 중종조 이후 여악의 축소와 맞물리면서 합설의 형태는 서서히 사라지게 되고 독립된 형태의 전승만 지속되었다. 창사의 경우 별다른 변화는 없었으나, 정재의 반주 음악이나 구성 인원, 춤사위 등은 크고 작은 변화를 겪으면서 전승되었던 것이다.

이 글은 <연화대>에 대한 문헌 자료를 고찰하는 데 주력하였기 때

---

8) 이효주, 「조선후기 창작정재 연구」, 영남대 대학원 석사학위논문, 1997, 16쪽 참조.

문에 현행 정재 공연이나 무형문화재 지정과 관련해서는 미처 다루지 못하였다. 한 가지 지적할 것은 무형문화재 제40호가 <학연화대합설무>로 지정되어 있다는 점이다. 문헌 자료를 토대로 할 때, <학무>와 <연화대>는 별개로 전승되었다는 점이 인정되며, <처용무>까지 포함하여 <학연화대처용무합설>로 합설하는 것이 온당하다고 생각한다. 따라서 무형문화재 제40호는 앞뒤가 맞지 않는 점이 있다고 생각된다. 이에 대해서는 좀 더 자세히 살펴보아야할 것이므로, 이 점 앞으로의 과제로 남겨두기로 한다.

참고문헌

국역『고려사』CD-ROM.
국역『국역 영조조갑자진연의궤』, 민속원, 1998.
국역『조선왕조실록』CD-ROM.
성무경 역주,『교방가요』, 보고사, 2002.
「악학궤범」,『한국음악학자료총서』26, 국립국악원, 1988.
「진작의궤」(무자년),『한국음악학자료총서』3권, 전통음악연구회, 1981.
『정재무도홀기』, 한국정신문화연구원, 1994.

김수경,「『동문선』소재 치어·구호를 통해본 고려시대 정재의 연행양상」,『한국시가연구』제7집, 한국시가학회, 2000.
김수경,『고려처용가의 미학적 전승』, 보고사, 2004.
김학주,「고려사악지 '당악정재'의 고주와 문제」,『아세아연구』제28호, 고려대아세아문제연구소, 1967.
김효주,「조선후기 창작정재 연구」, 영남대 대학원 석사학위논문, 1997.
성경린,『한국전통무용』, 일지사, 1979.
성무경,「조선후기 정재와 가곡의 관계」,『한국시가연구』제14집, 한국시가학회, 2003.
송방송,『한국음악통사』, 일조각, 1984.
이경자,「치어연구」,『한국음악사학보』제20집, 1998.
이의강,「『정재무도홀기』를 통해 본 고종 신축년 진연의 문화사적 의의」,『무용학회논문집』제40호, 대한무용학회, 2004.
이혜구 역주,『신역 악학궤범』, 국립국악원, 2000.
이흥구·손경순 역,『조선궁중무용』Ⅱ, 은하출판사, 2003.

장사훈, 『한국전통무용연구』, 일지사, 1977.
정병호, 『학연화대합설무』, 무형문화재조사보고서 제208호.
정은혜, 『정재연구Ⅰ』, 대광문화사, 1993.
조경아, 「순조대 효명세자 대리청정시 정재의 계승과 변화」, 『민족무용』 제5호, 세계민족무용연구소, 2004.
조규익, 「악장과 정재의 미학적 상관성」, 『민족무용』제4호, 세계민족무용연구소, 2003.
조규익, 「조선조 악장과 정재의 문예미적 상관성 연구」, 『한국시가연구』 제10집, 한국시가학회, 2001.
한옥근, 「<학연화대처용무합설>의 연극적 구성과 표현에 대한 연구」, 『한국연극학』 2집, 한국연극학회, 1985.

당악정재 〈헌선도〉에 담긴 사상과 미의식
―창사를 중심으로―

박은영

1. 머리말

정재(呈才)는 전통시대 궁중 및 지방 관변(官邊)에서 두루 연행된 종합적 성격의 '악·가·무·희(樂歌舞戲)'를 일컫는다.[1] 정재는 헌기(獻伎) 즉, 춤뿐 아니라 '모든 재예(才藝)를 드린다'는 용어였는데 이것이 궁중무용의 대명사처럼 사용하게 된 것이다.[2]

궁중에서 연희되는 춤을 체계적으로 수록한 최초의 문헌인 『고려사』(高麗史) 「악지」(樂志)에는 정재라는 용어를 사용하지 않고, 다만 그 춤의 연원에 따라 당악(唐樂)과 향악(鄕樂)으로 구분해 불렀다. 주지하듯 당악은 중국에서 유입된 춤으로 그 연원을 되짚어 보면, 처음에는 남북국시대 신라조정에 소개되었던 당나라의 음악문화를 뜻하는 용어로 사용되던 것이 고려에 이르러 송(宋)나라의 음악문화를 포함하는 넓은 의미로 확대되었다.[3] 본고에서 살피고자 하는 〈헌선도(獻仙桃)〉는 『고려

---

1) 성무경, 「조선후기 '정재(呈才)'의 문화지형 스케치」, 『민족무용』제3호, 세계민족무용연구소, 2003, 171~173쪽 참조.
2) 성경린, 『한국전통무용』, 일지사, 1979.
3) 송방송, 「高麗 唐樂의 音樂史學的 照明」, 『한국공연예술연구논문선집』제4권, 한국예술종합학교 전통예술원, 2001, 167~168쪽 참조.

사』「악지」에 <포구락(抛毬樂)>, <오양선(五羊仙)>, <수연장(壽延長)>, <연화대(蓮花臺)> 등과 같은 당악정재 중 첫 종목으로 소개되고 있으며, 『악학궤범』(樂學軌範) 및 조선 후기 여러 '의궤(儀軌)'와 '홀기(笏記)'에도 그 절차가 전하고 있어, 당악정재의 대표적인 종목이었음을 알 수 있다.

기존의 <헌선도>에 관한 연구는 크게 두 가지로 나누어 살펴볼 수 있는데, 첫째는 당악·향악정재를 개괄적으로 다룬 연구들4)로 각 정재들의 발생과 연원에 대해 언급하고『고려사』「악지」 및『악학궤범』, 『정재무도홀기』의 자료를 소개하는 논의 속에서 <헌선도>를 언급하고 있다. 둘째로는 <헌선도> 한 종목을 중심으로 연구한 논의들5)로 각 문헌에 기록된 <헌선도>에 대한 주석작업에서부터 <헌선도>의 시대적 변천과정과 현행 <헌선도>와의 비교, 조선후기 창작 향악정재인 <만수무

---

4) 대표적인 연구들을 제시하면 다음과 같다.
   장사훈,『한국전통무용연구』, 일지사, 1977.
   성경린, 앞의 책, 1979.
   장사훈,『한국무용개론』, 대광문화사, 1992.
   정은혜,『정재연구Ⅰ』, 대광문화사, 1993.
5) 대표적인 연구들을 제시하면 다음과 같다.
   김학주,「高麗史樂志 '唐樂呈才'의 考注와 問題」,『아세아연구』제28호, 고려대아세아문제연구소, 1967.
   김희숙,「당악정재 헌선도의 역사적 변천에 대한 고찰」, 상명여자사범대학교 석사학위논문, 1981.
   손정희,「헌선도에 대한 고찰」, 이화여자대학교 석사학위논문, 1981.
   김현주,「唐樂 呈才 獻仙桃에 관한 연구: 문헌상의 헌선도와 현행 헌선도의 비교」, 이화여대 석사학위논문, 1999.
   류언선,「獻仙桃와 萬壽舞의 關係 硏究」,『한국음악학논집』제3집, 한국음악학연구회, 1999.
   심숙경,「당악정재 '헌선도'를 통해 본 고려, 송시대 악무(樂舞) 교류」,『무용예술학연구』제10집, 한국무용예술학회, 2002.
   박진태,「당악정재의 연극적·희곡적 측면 - 헌선도·오양선·포구락·연화대를 중심으로」,『고전희곡연구』제6집, 한국고전희곡학회, 2003.

(萬壽舞)>와의 비교, 송나라 악무(樂舞)와의 비교, <헌선도>의 연극·희곡적 측면에 대한 고찰까지 다방면에서 접근이 이루어져 <헌선도>에 관한 이해에 큰 도움이 된다고 말할 수 있다. 그러나 이러한 선행 연구들의 성과에도 불구하고 <헌선도> 창사(唱詞)에 대한 깊이 있는 논의는 아직 이루어지지 않아, 창사 텍스트 자체에 대한 고찰이 부족한 실정이다. 근래에 들어 창사의 사상·미학적 연구가 몇몇 시도되고는 있지만, 작품별 특성과 의미를 충분히 드러내지는 못한 것으로 보인다.

이에 본고는 <헌선도>의 창사를 대상으로 그 속에 나타나는 사상과 미의식을 살피는 데 초점을 맞춰보고자 한다. 이를 위해 먼저 당악정재 <헌선도>에 대한 시대별 인식과 그 속에 담긴 사상 및 미의식 등 그 배경에 대해 살펴보고, 이를 바탕으로 <헌선도> 창사의 내용을 분석해 보고자 한다. 분석 대상은 『고려사』「악지」, 조선초기의 『악학궤범』, 조선후기의 『정재무도홀기』 등에 수록되어 있는 <헌선도> 창사를 그 대상으로 삼았다.

2. 당악정재 <헌선도>의 시대별 수용양상과 미의식

주지하듯 <헌선도>는 원소가회(元宵嘉會)에 임금에게 헌수(獻壽)하기 위하여 서왕모(西王母)가 선계(仙界)에서 내려와 천세영도(千歲靈桃)를 헌상(獻上)한다는 내용의 정재인데, 특히 중국의 사상 중 도교적 세계관이 잘 반영되어 있는 작품이라고 말할 수 있다. 이러한 도교적 세계관이 나타나게 된 연유는 당악정재가 우리나라에 들어오게 된 시기의 문화배경과 맞물려 있는 것으로 생각된다. 먼저, 『고려사』를 통해 <헌선도>에 대한 기록을 살펴보도록 하겠다.

무인(戊寅) 일에 왕이 하청절(河淸節)과 관련하여 만춘정(萬春亭)에 갔다. 이날 재추(宰樞) 시신들을 위하여 연흥전(延興殿)에서 연회를 배설하는데 대악서(大樂署)와 관현방(管絃坊)에서 제각기 채붕(綵棚) 준화(遵花), 헌선도(獻仙桃), 포구악(抛毬樂) 등 가무놀이를 갖추었으며 또 만춘정(萬春亭) 남녘 포구(浦口)에 배를 띄우고 물을 따라 오르내리면서 서로 시를 화답하다가 밤이 되어서야 파하였다.6)

위 기록은 고려 의종 대의 기록으로 <헌선도>가 다른 당악정재와 더불어 궁중연희에서 공연되었음을 알 수 있고, 이를 통해 볼 때 <헌선도>는 이미 이 시기 이전에 중국으로부터 들어와 연행되었음을 짐작할 수 있다.

고려에 전입된 송 교방악무는 국가제전인 팔관회와 연등회에서 공연되었는데, 매년 상원에서 행하던 연등회와 중동에 행하던 팔관회는 각각 불사에 관한 제전과 토속신에 관한 제전으로 그 대상이 다를 뿐, 모두 가무백희, 산대잡극 등으로 제불(諸佛)과 천지신명을 즐겁게 하여 국가왕실의 태평을 기원하면 군신백성이 함께 즐기던 행사였다. 고려조는 팔관회와 연등회 등 대연의 경축절차를 갖추기 위하여 전정(殿庭)의 백희로는 신라 이전의 종목을 집성하였으며, 전상(殿上)의 가무에는 대체로 송에서 수입한 교방악을 사용하여 이를 보강하였는데, 이때 <헌선도>도 다른 당악정재, 가무백희와 함께 공연되었음을 알 수 있다. 특히 토속신을 위한 팔관회는 도교적 색채를 띤 행사로서 서왕모 고사에 기원을 둔 <헌선도>가 공연되었음은 매우 적절한 것이었다고 말할 수 있을 것이다.7)

이렇듯 도교적 성격을 띤 <헌선도>가 군왕에게 바쳐졌던 것은 도가

---

6) 『고려사』 권18, (의종 丁亥 21년 : 1167)
7) 심숙경, 앞의 논문, 154~155면 참조.

사상의 전파나 그 연관 속에서 국가에서 주관하여 의도적으로 연행되었다기보다는, 군왕의 장수를 기원하고 나라의 안녕을 빌기 위한 염원에서 발원된 당대 사람들의 보편의식이라고 말할 수 있을 것이다.

등석 헌선도 교방치어(燈夕獻仙桃敎坊致語)
십오일 밤에 등불놀이를 구경하니, 신주(神州)에 붉은 연꽃 만 섬을 뿌린 것 같고, 천 년에 한번 맺는 열매는 신선 어미가 드리는 벽도(碧桃) 일곱 알이로다. 삼가 생각하옵건대, 주상 전하께옵서는 우(禹)임금의 검소함과 부지런하심을 이어받으시고, 탕(湯)임금의 성스럽고, 공경하심과 같은 지위에 올랐사옵니다. 조정이 청명하매 폐단이 없사오니 이미 평안하고 또 평안하고, 국가 한가한 때에 이르러 연회를 베풀어 즐기시옵니다. 팔음(八音)이 잘 화하여 질서를 서로 빼앗지 아니하고, 백 가지 놀이를 다 드리어도 아직 쉬지 아니합니다. 경사스러운 관등놀이가 새로움에 환성이 다투어 일어납니다. 저희들은 부끄럽게도 광대의 재주 없이 외람 되게 교방(敎坊)에 나왔습니다. 봉황새 소소(簫韶)에 느껴 창창(蹌蹌)히 순전(舜殿)에 와 춤을 추고, 학은 봉래도로부터 와 엄숙히 한지(漢池)에 와 노래하나이다. 구호에,

五色雲間燕鹿鳴	오색 구름 사이에 군신이 녹명장을 부르며 잔치하는데
蟠桃初摘露香淸	반도를 처음 따오니 이슬이 향기롭고 맑습니다.
舊經仙劫渾肌碧	옛날에 선계에서 오랜 시간이 지났으므로 온몸이 파랗고
新醉皇恩半頰赬	새로 임금의 은혜에 취하니 뺨 한 쪽이 붉었나이다.
風雨那催金結實	바람·비 어찌하여 금빛 결실을 재촉하는가.
乾坤不管玉攢英	건곤은 옥 같은 꽃이 꺾임을 관계하지 아니합니다.
偸當一顆猶千歲	한 알을 훔쳐 맛본다 해도 오히려 천세를 산다 하는데
況薦盤中箇箇盈8)	하물며 소반에 가득 채운 것을 올리는데 말할 나위가 있겠습니까.

---

8) 최자, 「致語」(『동문선』 제104권)

위 글은 고려후기 문신인 최자(崔滋 : 1188~1260)가 지은 것으로, 유가적 세계관 속에서 살아가는 사람에게도, 군왕의 축수(祝壽)를 위한 이러한 치어(致語)를 짓는 데는 별문제가 되지 않았던 것으로 보인다. 앞서 언급했듯이 이러한 도교적·선계지향적 헌신(獻身)·축수(祝壽) 의식은 이미 보편적 의식으로 자리잡고 있음을 알 수 있는 것이다. 이러한 도교적 세계관에 기반을 둔 헌신(獻壽) 의식 및 선계지향 의식은 고려시대뿐만 아니라 조선시대의 정재 및 악장에도 공통적으로 드러나는 요소라고 말할 수 있는데, 여기에는 선계에서 내려온 서왕모가 주는 선도(仙桃)를 군왕이 받음으로써 장생불로(長生不老)를 갈망하는 역대 왕들과 사람들의 희망이 내재되어 있는 것이다.

그러한 의미에서 고려조의 당악정재는 조선조 악장과 정재에 나타나는 주제의식의 단초를 열었다는 점에서 중요하다고 할 수 있다. 고려조부터 이어진 축수(祝壽)의 모티브는 조선조에서 지속된 헌신의 주제의식 가운데 핵심적인 것이다. 당악정재인 <헌선도>를 비롯한 <오양선>과 향악정재인 <만수무>, <헌천화> 등에 나타나는 이러한 도교적, 선계지향적 세계관은 이미 중국으로부터 시작되어 우리나라 역대 정재와 악장의 핵심적 내용소로 자리잡았음을 확인하게 해준다.[9]

조선조는 건국 초기 나라의 정통성을 확립하고 성리학적 이념에 기초한 사회체제를 정립하는 데 힘을 기울이게 되는데, 이때에 예악제도의 정비는 필수적인 과정이었다. 그 중 세종조의 예악 정책은 크게 아악(雅樂)의 정비와 신악(新樂)의 창제라는 측면에서 이루어진 것으로 볼 수 있다.[10] 이전부터 내려온 아악의 정비는 과거 예악사상의 정통성을 잇는다는 측면에서 보다더 중시되었을 것으로 생각한다. 즉 고려의

---

9) 조규익, 「악장과 정재의 미학적 상관성」, 『민족무용』제4호, 2003, 112~113쪽 참조.
10) 김율희, 「세종조 궁중정재에 나타나는 예악사상」, 『무용예술연구』제9집, 2002, 101쪽.

당악(唐樂), 속악(俗樂)과 송나라의 아악을 토대로 예악제도의 기반을
다져나갔을 것으로 생각되기 때문이다.

   예조에서 아뢰기를, "인수부윤(仁壽府尹) 유사눌(柳思訥)이 진작가사(嗔
雀歌辭)를 바치므로 악부(樂府)에 적어 넣었사오니, 관습도감(慣習都監)으
로 하여금 익히게 하소서"하니 그대로 따랐다.
   그 가사에 이르기를, ① "해동의 오늘은 태평한 날, 기쁘게 용문의 경회연
(慶會筵)을 바라보네. 미선(尾扇)을 처음 여니 보불의 자리가 밝았고, 화렴
(簾)을 높이 걷으니 상서로운 연기가 덮혔네. 산을 넘고 바다를 건너 금문
(金門) 밖에 서로 와서 아뢰니, 옥백이 전각 섬돌 앞에 벌려 있네. 소소(簫
韶)를 아홉 차례 이루니 봉황이 뜰에 와서 춤을 추는데, 노니는 물고기도 관
현악을 듣네. 내 봉래도(蓬萊島)로부터 와, 우리 임금께 천세수(千歲壽)를
바치옵니다. 저는 누구인고. 다시 화봉인(華封人)과 길이 길이 누리시기 축
수하나이다"하니, 위는 자고사(詞)를 증감(增減)한 것이요, ② "닭이 자맥
(紫陌)에서 우니 서광(曙光)이 서늘한데, 꾀꼬리가 지저귀니 양주(楊州)의
봄빛이 난만(爛漫)하도다. 금궐(金闕) 새벽 종소리에 장안 만호(萬戶)가 열
렸는데, 옥섬돌의 선장(仙仗)은 천관(千官)을 옹위하였네. 요(堯)임금의 이
마는 기쁘게 하늘의 북극(北極)을 바라보는데, 순(舜)임금의 옷으로 전각
가운데서 팔짱을 깊이 끼고 계시네. 환성이 호탕(浩蕩)하여 소곡(昭曲)을
이었는데, 화려한 기운에는 어향(御香)을 띠었세라. 봉래(蓬萊)에 살다가
태평성세 거룩히 보오니, 무엇으로 보답하오리까. 님 계신 곳에 내려와 반도
(盤桃) 한 송이로 천 가지 상서를 바치옵니다"하니, 위는 고시(古詩)와 악사
(樂詞)를 증감한 것이며 …(하략)…11)

   유사눌(柳思訥: 1375~1440)은 세종 대에 인수부윤(仁壽府尹)을 지낸
인물로서, 1435년에는 예문관대제학으로 구악(舊樂)을 정리하는 데 힘
썼으며, 맹사성(孟思誠)·박연(朴堧) 등과 함께 조선 초기의 악학(樂學)

---

11) 『세종실록』 권3(세종 16년: 1434, 05/25)

정비에 공로가 컸다. 위 자료는 세종에게 그가 '진작가사(嗔雀歌辭)'를 지어 올렸다는 『세종실록』의 기록으로 그 중 앞부분을 인용한 것이다. 위 가사들은 이전에 있었던 악사(樂詞)들을 증감한 것인데, 여기에서 <헌선도>의 창사가 증감되어 조선조에 수용되었음을 확인할 수 있다. ①의 '자고사를 증감한 것'은 '해동금일사(海東今日詞)'라고 불리는 <헌선도>의 '서자고만사(瑞鷓鴣慢詞)'를 증감한 것이며, ②는 왕모 치어인 '원소가회사(元宵嘉會詞)'를 증감한 것임을 알 수 있다.

이렇듯 조선 초기에는 예악 제도를 정비하면서 이전의 아악과 창사들을 대폭 수용하여 받아들였음을 알 수 있다. 이를 통해 볼 때, 성리학적 예악관을 바탕으로 사회체계를 정비함에도 궁중의 악무(樂舞)에 소용되는 정재창사(呈才唱詞)의 세계관이 도교적 성격을 띠는 데는 그리 큰 문제가 아니었던 것으로 생각된다.

그러나 <헌선도>와 같은 정재들이 당대의 시각에서 아무 문제가 없었던 것은 아니다. 조규익은 "정재를 관통하는 의식이나 미학은 仙界 지향 및 헌신과 興(혹은 興趣)을 주조로 하는 풍류"라 하고, 조선후기의 정재가 "조선전기의 정재들처럼 합리적인 근거 위에서 사실을 노래하거나 헌수하기보다는 태평성대에 대한 소망적 사고를 바탕으로 선계지향의 홍취를 추구하려 한 점에서 오히려 고려말기의 정재들의 세계와 상통한다"라고 하였는데,12) 즉 고려말기의 정재가 홍취(興趣)적 풍류에 그 미학적 바탕이 있다면, 조선전기는 이취(理趣)적 풍류에 조선후기는 다시 홍취 지향적 풍류를 지향한다는 것이다. 이러한 맥락에서 고려말의 유풍인 당악정재는 홍취 위주의 연석에서 베풀어지고 그 연행담당도 주로 기녀(妓女)들에 의해 공연되었다는 점 등에서 조선 초기에 그 수용에 있어서는 고려(考慮)의 여지가 있을 수밖에 없었을 것이다.

---

12) 조규익, 앞의 논문, 104~105쪽, 131쪽.

조선조 예악의 제도화와 사상적 인식은 『예기(禮記)』「악기(樂記)」에서 그 근간을 찾을 수 있는데, 조선전기의 정재 역시 성리학적 예악문화의 실현을 위한 조직화·체계화·제도화라는 범주 안에서 그 실천의 장으로서 유용하였다.

음악은 천지의 조화이며, 예(禮)는 천지의 질서이다. 조화로운 까닭에 온갖 사물이 다 변화하고, 질서가 있으므로 온갖 만물이 구별된다. 악(樂)은 하늘을 말미암아 만들어 졌으며, 예(禮)는 땅의 법칙을 본받아 만들어졌다. 잘못 만들게 되면 어지럽게 되고, 잘못 지으면 난폭하게 된다. 천지(天地)의 이치에 밝은 뒤에야 예악(禮樂)을 일으킬 수 있다.

위 인용한 『예기(禮記)』의 내용은 자연스러운 인간의 정을 발현해야 한다는 측면에서 악은 천지의 조화이고 예는 천지의 질서이며 악은 하늘을 본받아 만들어지고 예는 땅을 본받아 제작된 것으로써 천지의 이법에 밝은 후에야 예악으로서 가능함을 말하는 것이다. 예악은 천지의 조화와 질서를 인간 세상에 그대로 실현하려는 것인데, 천지조화로서의 악은 실제 현상계에서 여러 가지 형태로 상징되었다.

음악이 시작된 것은 사람의 마음에서 비롯된 것이다. 사람의 마음이 움직이는 것은 외물이 자극을 받았기 때문이다. 사람 마음이 외물의 자극을 받고 반응하므로 소리에 형체를 둔다. 소리가 서로 응하므로 변화가 생겨나게 되고 변화하여 격조(格調)를 이루게 되면, 이를 음(音)이라 한다. 소리의 배열에 따라 악기와 방패·도끼·깃털·얼룩소의 꼬리로 장식한 기 등을 배합한 것을 악(樂)이라 한다.

『악기(樂記)』에서는 사람의 마음은 외물의 자극에 의한 감촉에 의거하여 성(聲)으로 나타나고 성(聲)은 상호 응함에 의한 변화로 격조를 이루는데 이를 음이라 하며 이 음을 배열하여 악기로 연주하거나 음으로 표현한다는 것이다. 이처럼 악의 효용은 개인의 성정순화와 사회교화로 나아가 정치질서의 확립이라는 제가(齊家)와 치국(治國)이라는 목적에 부합되는 것이라고 말할 수 있다.

조선조의 정재 역시 이러한 예악사상의 범주 안에서 있는 것이다. 앞서 언급하였듯이 고려말의 정재가 그 미학적 바탕이 흥취적 풍류를 지향한다는 점에서 조선조에서 추구하는 미학적 지향점과는 차이를 보일 수밖에 없었을 것이다. 다음의 자료들을 그러한 상황을 잘 보여준다고 말할 수 있을 것이다.

① 정원이 장악원 도제조(掌樂院都提調)[김근사(金謹思)]의 뜻으로 아뢰기를, "정대업(定大業)・연화대(蓮花臺)・몽금척(夢金尺)・헌선도(獻仙桃) 등의 주악(奏樂)은 잡희(雜戱)에 가까운 것이어서 쓸 수가 없을 듯하고, 수명명(受明命)・하황은(荷皇恩)・하성명(賀聖明) 등의 주악은 지금 바야흐로 연습하는 것이므로 사용할 수 있겠습니다. 사신이 혹시 주악 이름을 묻는다면 즉시 황황자화(皇皇者華)・녹명(鹿鳴)・천보(天保)・사모(四牡)란 가명(假名)으로 대답하는 것이 어떻겠습니까?" 하니, 아뢴 대로 하라고 전교하였다.13)

② 헌선도는 서왕모(西王母)의 고사에서 나왔다. 여조(麗朝) 때에 최충헌(崔忠獻)이 여러 기녀(妓女)들을 시켜서 봉래 선녀(蓬萊仙女)가 임금에게 하례(賀禮)하는 형용을 지었으니, 그런 유래로 말미암아 만들어진 데 지나지 않는 것이다. …(중략)… 아! 풍악이란 화평하고 아담한 것을 귀하게 여기는 것이고 음탕한 욕심으로 인도하려는 것이 아니다. 그런데 나라에 경사가 있을 때마다 팔방의 기녀를 뽑아 얼굴에 분을 바르고 연지(臙脂)를 찍어 온갖 요염한 차림으로 궁정(宮庭)에 모아서는 묘무 비연(妙舞飛燕)이니, 석가세존(釋迦世尊)이니 하는 찬사를 지껄이니 사람이 듣기에 부끄러울 지경이다. 고려의

---

13) 『중종실록』 권18(중종 32년 : 1537, 03/11)

최승로(崔承老)가 글을 올려서 향악을 즐겨하는 것으로 광종의 실덕을 경계하였고, 또 의종 때에 이르러 채붕(綵棚)·화준(花樽)·헌선도(獻仙桃)·포구락(抛毬樂) 등의 기악(妓樂)을 베풀게 된 것은 모두 환관 백선연(白善淵) 등의 종용으로 이루어진 것이라 하여, 사신(史臣)이 사실대로 기록하여 후일의 경계를 삼았던 것이다.14)

③ 기녀(妓女)를 뽑는 일은 예전부터 이미 그러하였다 하더라도 세종(世宗)께서 배척하여 쓰지 않으시어 중고(中古)에 폐지하고 다시 하지 않았는데, 근세에 혹 자성(慈聖)을 기쁘게 하기 위하여 부득이 서울로 올려보내는 일이 있지만, 이것은 오늘날 본뜰 만한 것이 아닙니다. 제(齊)나라 사람이 계씨(季氏)에게 여악을 보내자 공자(孔子)께서 드디어 떠나셨고, 예(禮)에 '종묘(宗廟)·조정(朝廷)에서는 여색(女色)을 말하지 않는다'하였으니, 설령 진연을 할수 있어도 여악은 결코 쓸 수 없습니다. 그런데도 외연의 헌선도(獻仙桃) 등의 절목(節目)을 상전(上前)에서 진품(陳)한 자가 있습니다. 당당한 조정에서 창기(娼妓)와 뒤섞이며 그것을 즐거움을 취하는 도구로 삼으려 하니, 이것이 무슨 일입니까?15)

①은 중종 때(1537)에 사신을 접대할 연희 때에 쓸 주악을 정하는 과정에서 당시의 장악원 도제조였던 김근사(金謹思)의 말을 기록한 것인데, <헌선도>를 비롯한 <정대업>, <연화대>, <몽금척> 등은 잡희(雜戲)에 가까운 것이기 때문에 사신연에 부적합한 것이라 하고 그 명칭을 『시경(詩經)』「소아(小雅)」편에 속해 있는 '황황자화(皇皇者華)·녹명(鹿鳴)·사모(四牡)' 등의 노래제목으로 바꾸기를 청하고 있음을 알 수 있다. <헌선도> 등의 정재를 '잡희'라고 한 것이나 이를 유경 경전의 하나인『시경』에 속한 노래 제목으로 바꾸는 것은 중국 사신을 접대함에 있어 보다 예악적이고 이취적인 면을 고려한 것으로 생각된다.

14) 이익,「人事門-獻仙桃」,『성호사설』제15권.
15)『숙종실록』권40 (숙종 31년: 1705, 08/03)

②는 성호(星湖) 이익(李瀷 : 1681~1763)의 『성호사설(星湖僿說)』 중 <헌선도>에 관한 기록으로, 당대의 가악(歌樂)과 정재가 그 본연의 뜻에서 벗어나고 있음을 지적하고 있다. 풍악(風樂)이란 본래 화평하고 아담하여 이(理)를 추구해야함에도 불구하고 기녀들의 화려한 연희로 그 본의를 거스르고 있다는 것이다. 그러면서 과거 경계로 삼았던 것을 주지시키고 있음을 알 수 있다. 여기에서 고려 의종 대에 대한 언급은 앞서 인용했던『고려사』의 부분을 말하는 것으로 고려조의 정재가 흥취 위주의 연행이었음을 주지시켜 주는 것이라 하겠다. ③은 숙종조에 중부참봉(中部參奉) 조광한(趙匡漢)이 상소하여 진연을 멈추기를 청하는 기록을 옮긴 것으로, ②의 기록처럼 여악(女樂)의 병폐를 지적하는 것이다.

②와 ③은 조선중기의 상황을 단편적으로 보여준다고 말할 수 있는데, 정재가 국가의 궁중행사로 갖는 예악적 성격이 퇴색되어가고 있는 현실을 말하는 것이라고 볼 수 있으며, 조선후기에는 흥취적 풍류를 지향하며 궁중뿐만 아니라 관변에서도 연행된 조선후기 종합예술로서의 면모를 보인다고 할 수 있을 것이다.[16] 그렇다고 해서 <헌선도>를 비롯한 조선후기의 여러 정재들이 흥취 일변도로 나아간 것은 아니며,『조선왕조실록』을 비롯한『의궤』,『홀기』등의 기록을 통해 볼 때, 정조·순조·고종 등 여러 대에 걸쳐 외·내진연에서 계속 공연되며 궁중정재로서의 위상을 갖고 연희되었음을 확인할 수 있다.

---

16) 성무경, 앞의 논문, 2003, 173~179쪽 참조.

3. 당악정재 〈헌선도〉에 나타나는 사상과 미의식

1) 한국의 전통사상과 〈헌선도〉

예로부터 한국인들은 한국인의 삶과 경험에 기초한 사상을 발전시켜 왔다. 삼국시대 이전부터 구전되어 오던 단군신화는 그 내용이 비록 신비적이지만, 고대인들의 삶과 방식을 알 수 있게 하는 중요한 단서를 제공한다. 단군신화는 천계(天界)나 내세(來世)가 아닌 현세의 인간세계를 중시하며, 동물은 물론 신마저도 인간이 되기를 바라고 인간을 널리 이롭게 한다는 인간중심주의 즉 인본주의의 사상체계를 상징적으로 보여준다. 자연과 인간의 조화를 추구한 고대 사상체계는 이후 삼국시대를 거치면서 신라에 이르러 풍류도(風流徒)를 일으켰고, 이후 우리 고유의 전통사상인 신도로 계승되어 지금에 이르기도 한다.

다음은 『삼국사기』에 나와 있는 「난랑비서문(鸞郎碑序文)」의 내용이다.

> 최치원(崔致遠)의 난랑비서(鸞郎碑序)에는, "우리나라에 현묘(玄妙)한 도(道)가 있으니 이를 풍류(風流)라 이른다. 그 교(敎)의 기원은 선사(仙史)에 자세히 실려 있거니와, 실로 이는 삼교(三敎 : 佛·仙·孔)를 포함하고 중생을 교화한다. 그리하여 집에 들어오면 효도하고 나아가면 나라에 충성하는 것은 노사구(魯司寇 : 孔子)의 주지(主旨) 그대로며, 또 그 함이 없는 일에 처하고 말없는 교(敎)를 행하는 것은 주주사(周柱史 : 老子)의 종지(宗旨) 그대로이며, 모든 악한 일을 하지 않고 착한 일만을 행함은 축건태자(竺乾太子 : 釋迦)의 교화 그대로라"고 하였고… 17)

이러한 민족 고유의 사상은 유·불·도 삼교를 우리의 사상과 미의식, 그리고 세계관을 형성하는 데 있어서 근원적인 토대가 되었을 것으

---

17) 「진흥왕 조」, 『三國史記』권 제4(이병도 역), 을유문화사, 2002, 98쪽에서 인용.

로 생각한다. 주지하듯 동양의 사상은 유교, 도교, 불교의 삼교(三敎) 사상과 철학체계가 상호보완적 관계를 맺거나 또는 삼교의 혼합체로서의 복합적 동양사상 체계를 형성해 왔다. 우리나라의 전통사상 역시 중국을 중심으로 형성된 여러 사상체계와 계속적으로 영향관계에 속에서 그 기반을 형성되어 왔다고 할 수 있을 것이다. 그 중 공맹(孔孟)의 유학(儒學)과 노장(老壯)의 도학(道學)은 가장 많은 영향을 끼친 사상들로, 유학은 현실·정치적 사상체계를 가지고 있는 데 반하여, 도학은 다소 비현실적이지만 관념마저 초월하고자 하는 상상력의 풍부함 때문에 예술적 각도에 적지 않은 영향을 형성해 왔다. <헌선도>에 나타나는 도가적 세계관 역시 이러한 영향관계 속에 놓여 있다고 할 수 있으나, 그렇다고 유가적 세계관과 미의식 전연 드러나지 않는 것은 아니다. 이 모두가 국가의 예악체계 속에 고스란히 녹아들어 복합적인 기반 속에서 형성되어 전승되었다고 말할 수 있을 것이다. 또한 앞서 언급했듯이 '풍류도'와 같은 우리 민족 고유의 사상 역시 그 근간이 되었다는 것은 주지의 사실일 것이다.

 삼국시대에 들어 유·불·도 사상을 적극 수용하여, 이전의 사고방식과 삶이 점차 크게 변화하였다. 유학사상은 삼국이 고대 국가로 성장하는 과정에서 율령 제정, 국사 편찬, 교육기관 설립 등 국가 체제의 정비와 지도자 양성에 적극적으로 활용되었다. 불교의 경우 고구려에서는 삼론종이 발달하였고, 백제에서는 율종의 성장이 두드러졌으며, 신라에서는 원광의 세속오계나 화랑도와 같이 현실의 사회윤리에 적극 이용되었다. 도교는 유학사상이나 불교에 비해 눈에 띄는 큰 영향을 끼치지는 못하였지만, 무속 또는 풍수도참사상과 결합하여 신라 말엽부터 사회적으로 적지 않은 영향을 끼쳤다. 그리고 도가의 자연주의 철학은 대대로 교양인의 중요한 관심 대상이었다.

통일신라시대와 고려시대에는 유·불·도 사상이 어우러져 발전하였으며, 특히 불교사상이 눈부시게 발전하였다. 고려시대에 들어 전기의 의천은 교관겸수를 이상으로 하여 교종과 선종의 합일을 주창하였고, 후기의 지눌은 정혜쌍수를 제창함으로써 통일신라 말기 이래 지속되었던 교와 선의 양립적 관계를 지양하고 총화불교로서의 특성을 여실하게 보여주었다.

고려 말기에 이르러서는 무신정변과 몽고의 침입 등으로 인한 정치·사회적 혼란과 함께 불교의 말폐가 두드러지자, 당시의 신진 지식인들은 원나라로부터 주자학을 수용하여 국가의 면모를 일신하려 하였다.

조선시대에 들어서면서 성리학이 정교의 이념으로 인정받게 되었다. 조선 중기 이후로 서경덕·이언적·이황·이이 등, 성리학의 이념을 실천하고자 하는 걸출한 학자가 다수 출현하여 성리학이 만개하였다. 임·병 양란 이후에는 성리학의 이론적 탐구에 있어 실천적인 의리학과 예학이 발달하였고, 한편으로 인륜도덕을 중시하는 성리학의 학문경향과는 달리 경세적 측면에서의 개혁을 주장하는 실학사상이 대두·발전하였다. 경세치용(經世致用), 이용후생(利用厚生), 실사구시(實事求是)라는 실학정신은 종래의 낡은 인습을 타파하고 근대화로 나아가고자 한 것이었다.

이러한 사상체계의 변모와 흐름 속에서 국가의 예악사상은 당대의 이념과 정신세계에 맞게 변화되어 왔으며, 궁중악과 정재 역시 이러한 변모양상과 맥을 같이 한다고 할 수 있다. 이를 종합적으로 고찰해 볼 때, 우리의 전통음악에 나타나는 미학사상과 그 원류를 살펴보면 다음과 같이 나눠 생각할 수 있을 것이다.[18] 첫째, 한국사상사에서 가장 근원되는 것은 풍류사상을 들 수 있으며, 둘째, 전통음악을 논할 때 자주

---

18) 최종민, 『한국전통음악의 미학사상』, 집문당, 2003, 33쪽~44쪽 참조.

거론되는 과학체계로 음양오행사상을 들 수 있다. 셋째, 한국에 일찍이 한문과 함께 전래된 유학 가운데 예악사상이 전통음악사상에 많은 영향을 끼쳤으며, 넷째, 전통음악 전반에 걸쳐 나타나는 인본사상을 들 수 있다.

당악정재인 <헌선도>는 각 시기에 따라 그 예술적·미학적 지향점이 다르게 나타나기는 하지만 궁중에서의 제례나 연희에서 예악사상과 당대의 지배이념을 드러내는 데에 소용된 공연물이었음은 주지의 사실이다. 정재의 구성형식과 창사에 나타나고 있는 사상은 그 당시의 정재가 단순히 감상물로만 존재하는 것이 아니라 이념성과 정치성이 수반되는 시대적 산물로 존재하였다고 말할 수 있을 것이다. 따라서 예악과 민본(民本)·덕치(德治)사상, 천인합일, 사대사상이 궁중정재의 형식적인 측면에서의 구성형식과 내용적인 측면에서의 창사에 내재해 있음을 알 수 있다.[19]

당악정재 <헌선도>를 비롯한 정재의 구성형식이나 절차 즉, 형식적인 측면에 대한 논의는 본고에서 다루고자 하는 내용이 아니므로, 여기서는 대략적으로 언급하고 넘어가고자 한다. 정재 구성형식의 특성들을 살펴보면, 첫째, 춤의 진행에 있어서 무용수의 움직임이 순차적이라는 것이다. 순서대로(선모가 있는 경우 선모가 먼저 이동함) 질서정연하게 이동하는 것은 질서와 안정을 추구하고자 했던 예 개념을 내포하고 있음을 파악할 수 있다.

둘째, 각 정재의 시작과 끝의 인원이나 공간배치가 동일하다는 점이다. 이는 천지의 운행원리에 근거하고 있으며, 그 이유는 천지의 기 즉 음양의 기의 순환에 따라서 사계절이 생기고 해와 달이 생겨서 봄이 지

---

[19] 성윤선,「조선전기 궁중정재의 유교정치사상에 관한 연구」, 이화여자대학교 석사학위논문, 1995, 63쪽.

나 겨울이 오고 다시 봄이 오는 것과 해가 떠서 하루가 시작되어 밤이 되고 다시 해가 떠서 하루가 시작되는 자연의 순환원리를 반영한 것이라고 짐작할 수 있다.

셋째, 정재의 구성형식 중에서 회무를 하는데 이 회무의 과정에 일정한 규칙성이 작용하고 있다는 점이다. 이는 정재의 구성형식 중 대부분을 이루는 대형이 종대, 횡대, 원형이다. 여기서 말하는 원형은 회무를 의미하는데, 이 회무는 음양의 기가 서로 교차하고 순환하여 천지의 조화가 이루어지는 것이며, 이는 곧 하늘의 법칙을 따르는 악과 땅의 법칙을 따르는 예도 이와 같이 서로 교류하여 조화를 이루고자 했던 것으로 보인다 하겠다.

넷째, 각 정재의 공간구성이 항상 좌우대칭이라는 점으로 각 정재를 연희하는 무원들 중에서 족자나 선모, 금척인, 보록인은 중앙에 위치하고 이들을 중심으로 죽간자, 인인장, 정절, 봉선, 용선, 작선, 미선은 같은 인원수를 대칭으로 배치하여 동서로 나뉘어 서 있게 된다. 질서와 안정을 유지하고자 하여 균형을 이루고자 했던 그 당시의 생각은 예와 악의 원리가 자연의 원리를 근거로 하고 있음을 나타내고 있다.

이렇듯 정재는 춤의 형성과정 속에는 신비적 추상과 신비성에 따른 질서의 조화와 숭고미와 우아미를 갖추고 있으며 그 안에 주제의식이 내포되어 있다고 말할 수 있다.

2) 〈헌선도〉 창사의 사상과 미의식

앞서 언급했듯이, 〈헌선도〉는 정월 15일날 밤 가회(嘉會)에 군왕을 송축하기 위하여 왕모(王母)가 선계(仙界)에 내려와 천세영도(千歲靈挑)를 헌상(獻上)한다는 내용의 춤으로, 중국의 교방에서 행하던 것을 고려 문종 초기(1072~1076)에 모방하여 추어진 것으로 추정된다. 조선조에도 건국 초기부터 말기까지 궁중의 진찬, 진연 등 여러 연회 때 <헌선도>가 연행되었으나, 조선말기 이후 <헌선도>의 전통은 제대로 전승되지 못한 채 내려오다가 근래에 이르러 문헌을 바탕으로 재현된 바 있지만, 오늘날 재현된 <헌선도>는 조선말기의 문헌을 바탕으로 하고 있다.

춤의 구성인원은 반주악사를 제외하고 실제의 무작과정에서 춤을 추는 무원, 춤을 인도하는 죽간자, 춤 좌우에 도열하는 인인장, 용선, 봉선, 작선, 미선 등을 든 사람들과 무구를 드는 사람까지 포함한다. <헌선도>의 인원수는 『고려사』 「악지」의 경우, 춤을 인도하는 죽간자2, 왕모1, 협무2, 봉반1인, 봉탁2인, 작선2인, 미선2인, 정절8인, 개3인 등 총 29명으로 구성되었다. 이러한 구성인원은 『악학궤범』과 『정재무도홀기』에 그대로 전승되었다. 즉, 헌선도의 구성인원은 고려시대부터 조선초기와 조선말기에 이르기까지 대체로 큰 변화를 겪지 않고 전승되었음을 알 수 있다.

본고에서 주목하는 <헌선도> 창사의 경우 역시 대체로 큰 변화를 보이지 않고 전승되었다고 할 수 있다. 『고려사』 「악지」 이후 『악학궤범』에는 『고려사』 「악지」의 창사를 그대로 수용한 것으로 판단된다. 그렇지만 『정재무도홀기』 창사의 경우는 조금 사정이 달라져서, 약간의 어휘가 달라진 것을 확인할 수 있고, 몇 부분은 삭제된 경우도 확인할 수 있다. <헌선도> 창사를 수록하고 있는 『고려사』 「악지」, 『악학궤범』, 『정재무도홀기』 등 세 문헌을 중심으로 창사를 비교하여 제시해 보면 다음과 같다.

① 죽간자 구호[進口號]

고려사 악지	악학궤범	정재무도홀기
邈在龜臺	邈在龜臺	邈在鰲臺
來朝鳳闕	來朝鳳闕	來朝鳳闕
奉千年之美實	奉千年之美實	奉千年之美實
呈萬福之休祥	呈萬福之休祥	呈萬福之休祥
敢冒宸顔	敢冒宸顔	敢冒宸顔
謹進口號	謹進口號	謹進口號

아득히 먼 오대에 있다가 / 봉궐에 찾아 온 것은 / 천년만에 여는 아름다운 열매를 받들고 / 만복의 좋은 상서를 바치고자 함이오니 / 임금님 얼굴 뵙고 / 삼가 구호를 올리옵니다.

② 왕모 치어 - 원소가회사(元宵嘉會詞)

고려사 악지	악학궤범	정재무도홀기
元宵嘉會賞春光	元宵嘉會賞春光	昌辰嘉會賞春光
盛事當年憶上陽	盛事當年憶上陽	盛事當年憶上陽
堯顙喜瞻天北極	堯顙喜瞻天北極	堯顙嘉瞻天北極
舜衣深拱殿中央	舜衣深拱殿中央	舜衣深拱殿中央
懽聲浩蕩連韶曲	懽聲浩蕩連韶曲	懽聲浩蕩連韶曲
和氣氤氳帶御香	和氣氤氳帶御香	和氣氤氳帶御香
壯觀太平何以報	壯觀太平何以報	壯觀太平何以報
蟠桃一朶獻千祥	蟠桃一朶獻千祥	蟠桃一朶獻千祥

원소(上元)의 밤 아름다운 연회에 봄 풍광을 즐기니 / 성대한 행사 있던 그 해 상양궁(上陽宮)이 생각나네 / 요(堯)임금님 이마에 기쁨 띠우고 북극을 바라보시고 / 순(舜)임금님 옷 드리우고 깊은 궁전에 팔짱끼고 계신다네 / 기쁜 소리 호탕하게 소곡(韶曲)을 잇고 / 조화로운 기운 어리어 어향(御香)을 띠었네 / 태평스런 장관 어떻게 하면 보답할까 / 반도(蟠桃) 한 가지로 천 가지 상서를 바치네.

[정재무도홀기] 좋은 날 즐거운 연회에 봄 경치 즐기니 / 성대한 행사베푼 상양궁이 생각납니다. / 요임금 이마에 기쁨 띠고 하늘의 북극성을 바라보고 / 순임금 옷 드리우고 팔짱끼고 궁전 가운데 계시네 / 환성이 호탕하게

소곡에 뒤따르고 / 온화한 기운이 어린 가운데 향내 풍기니 / 장관이룬 태평을 무엇으로 보답하리오 / 반도한 떨기로 천 가지 상서 바치나이다.

③ 왕모, 좌우협무 창사 - 일난풍화사(日暖風和詞)

고려사 악지	악학궤범	정재무도홀기
日暖風和春更遲 是太平時 我從蓬島整容姿 來降賀丹墀 幸逢燈夕眞佳會 喜近天威 神仙壽筭遠無期 獻君壽萬千斯	日暖風和春更遲 是太平時 我從蓬島整容姿 來降賀丹墀 (미전사) 幸逢燈夕眞佳會 喜近天威 神仙壽筭遠無期 獻君壽萬千斯 (미후사)	日暖風和春更遲 是太平時 我從蓬島整容姿 來降賀丹墀 (미전사)

날은 따뜻하고 바람 부드러워 봄이 또 늦어가니 / 이는 곧 태평시절 / 우리들 봉래(蓬萊)섬에서 용모를 가다듬고 / 궁전의 섬돌에 내려와 하례 드립니다 (미전사) / 다행히 등불 밝힌 밤, 참으로 아름다운 연회 / 임금님 존위 가까이 모시니 기뻐합니다 / 신선의 수명은 헤아릴 수 없으니 / 임금님께 천 만년의 장수를 바치나이다. (미후사)

④ 좌우협무 창사 - 낭원사(閬苑詞) 또는 헌천수최자사(獻天壽嗺子詞)

고려사 악지	악학궤범	정재무도홀기
閬苑人間雖隔 遙聞聖德彌 西離仙境下雲霄 來獻千歲靈桃 上祝皇齡薺天久 猶舞蹈賀賀聖朝 梯航交湊四方來 端控永保宗祧	閬苑人間雖隔 遙聞聖德彌 西離仙境下雲霄 來獻千歲靈桃 上祝皇齡薺天久 猶舞蹈賀賀聖朝 梯航交湊四方來 端控永保宗祧	

낭원(閬苑)은 인간 세상과 비록 멀리 떨어져있지만 / 멀리서 들자오니 임금님의 성덕 더욱 높아 / 서쪽 선경을 떠나 구름이 이는 하늘을 내려와 / 천년의 신령스런 복숭아를 드립니다 / 임금님 연수(皇齡) 하늘처럼 장구하기를 축원하고 / 무도(舞蹈)로 경축하며 성조(聖朝)에 하례 드립니다 / 먼 나

라 사신들 번갈아 사방에서 내조하니 / 단정히 팔짱끼고서 영원히 종사를 보전하실 것입니다.

⑤ 왕모 창사- 여일서장사(麗日舒長詞)

고려사 악지	악학궤범	정재무도홀기
麗日舒長正葱葱 瑞氣遍滿神京 九重天上五雲開處 丹樓碧閣崢嶸 盛宴初開 錦帳繡幕交橫 應上元佳節 君臣際會共樂昇平 廣庭羅綺紛盈動 一部笙歌盡新聲 蓬萊宮殿神仙景 浩蕩春光邐迤王城 烟收雨歇 天色夜更澄淸 又千尋火樹燈山 參馳帶月鮮明	麗日舒長正葱葱 瑞氣遍滿神京 九重天上五雲開處 丹樓碧閣崢嶸 盛宴初開 錦帳繡幕交橫 應上元佳節 君臣際會共樂昇平(미전사) 廣庭羅綺紛盈動 一部笙歌盡新聲 蓬萊宮殿神仙景 浩蕩春光邐迤王城 烟收雨歇 天色夜更澄淸 又千尋火樹燈山 參馳帶月鮮明(미후사)	

화려한 날 참으로 화창하고도 길어 / 서기(瑞氣)는 두루 신경에 가득 찼습니다 / 구중궁궐 천상에 오색구름 피어나는 곳 / 붉고 푸른 누각 우뚝우뚝 솟았는데 / 성대한 잔치, 이제 곧 시작됩니다 / 비단 장막과 수놓은 장막 서로 엇갈려 드리워 있고 / 응당 상원의 가절에 / 임금과 신하들 함께 모여 태평을 즐깁니다 (미전사) / 넓은 뜰엔 비단 옷들이 분분히 그득히 춤추고 / 일부 생가(笙歌)는 신성(新聲)을 뽑냅니다 / 봉래의 궁전은 선계(仙界)의 경치 / 호탕한 봄빛이 왕성(王城)을 감돕니다 / 연무(烟霧) 걷고 비 그치니 / 오늘 밤 하늘빛이 더욱 맑고 깨끗합니다. / 또 천 길 화수(火樹)와 등산(燈山)이 / 뒤섞여 내달리니 달빛을 띠어 선명도 합니다. (미후사)

⑥ 좌우협무 창사- 동풍보난사(東風報暖詞) 또는 금잔자최자사(金盞子嗺子詞)

고려사 악지	악학궤범	정재무도홀기
東風報暖 到頭嘉氣漸融怡 巍峩鳳闕起鼇山 萬仞爭聳雲涯 梨園弟子齊奏新曲 半是塤箎 見滿筵簪紳 醉飽頌鹿鳴詩	東風報暖到頭 嘉氣漸融怡 巍峩鳳闕起鼇山 萬仞爭聳雲涯 梨園弟子齊奏新曲 半是塤箎 見滿筵簪紳 醉飽頌鹿鳴詩	東風報暖 到頭嘉氣漸融怡 巍峩鳳闕起鼇山 萬仞爭聳雲涯 梨園弟子齊奏新曲 半是塤箎 見滿筵簪紳 醉飽頌鹿鳴詩

동풍이 따뜻함을 알려오니 / 여기저기 아름다운 기운이 점차 무르녹습니다 / 높고 높은 궁궐, 오산(鰲山)에 우뚝 서니 / 만 길이나 드높아 구름 가에 치솟았네 / 이원(梨園)의 제자들 일제히 신곡을 아뢰니 / 반은 훈(塤)이고 반은 지(篪)입니다 / 보건대, 잔치에 가득한 군신들 / 취하고 배부르니 <녹명시>를 송(頌)합니다

⑦ 왕모 창사 – 해동금일사(海東今日詞) 또는 서자고만사(瑞鷓鴣慢詞)

고려사 악지	악학궤범	정재무도홀기
海東今日太平天 喜望龍雲慶會筵 尾扇初開明黼座 畫簾高捲罩祥烟 梯航交湊端門外 玉帛森羅殿陛前 妾獻皇齡千萬歲 封人何更祝遐年	海東今日太平天 喜望龍雲慶會筵 尾扇初開明黼座 畫簾高捲罩祥烟 梯航交湊端門外 玉帛森羅殿陛前 妾獻皇齡千萬歲 封人何更祝遐年	海東今日太平天 喜望龍雲慶會筵 尾扇初開明黼座 畫簾高捲罩祥烟 梯航交湊端門外 玉帛森羅殿陛前 妾獻皇齡千萬歲 封人何更祝遐年

해동의 오늘 태평한 날에 / 용운의 경회연을 기쁘게 바라보니 / 미선을 처음 열자 임금님 자리 빛나고 / 그림 발 높이 말아 올리니 상서로운 기운 가득하네 / 먼 곳의 사신들 산 넘고 바다 건너 단문밖에 서로 모여들고 / 궁전 뜰엔 옥백이 가득 쌓여 있네 / 첩이 임금님의 천만년 장수를 바치오니 / 봉인이 어찌 다시 장수를 비오리.

⑧ 좌우협무 창사 – 북포동완사(北暴東頑詞)

고려사 악지	악학궤범	정재무도홀기
北暴東頑納 慕義爭來 日新君德更明哉 歌詠載衢街 淸寧海宇無餘事 樂與民同燕春臺 一年一度上元回 願醉萬年杯	北暴東頑納 慕義爭來 日新君德更明哉 歌詠載衢街 淸寧海宇無餘事 樂與民同燕春臺 一年一度上元回 願醉萬年杯	

북쪽의 포악한 종족과 동쪽의 완악한 종족들 성심으로 복종하여 / 의를 사모

하여 다투어 내부(來附)합니다. / 날로 새로이 임금의 덕 더욱 밝아지니 / 거리거리 노랫소리 가득 합니다 / 맑고 안녕한 나라 안, 남은 일이 없으니 / 백성과 함께 즐겁게 춘대(春臺)에서 잔치합니다 / 한 해에 한 번 상원(上元)이 돌아오니 / 만년 배에 취하시기를 원하옵니다.

⑨ 죽간자 구호[退口號]

고려사 악지	악학궤범	정재무도홀기
歛霞裾而少退 指雲路以言旋 再拜階前 相將好去	歛霞裾而少退 指雲路以言旋 再拜階前 相將好去	瀲霞裾而少退 指雲路以言旋 再拜階前 相將好去

노을빛 옷자락 여미고 조금 물러나 / 구름길 가리키며 돌아간다고 하직 말씀드리고 / 섬돌 위에서 두 번 절하고 / 서로 이끌고 떠나가렵니다.

다소 장황하지만 창사의 비교를 위해 각 문헌별 전문을 제시해 보았다. 세 문헌을 중심으로 살펴본 <헌선도> 창사의 세부적인 특징을 살펴보면 다음과 같다.

먼저, 창사의 표면적 내용은 임금에게 선도를 바치는 것으로 임금의 무병장수를 기원하는 축수(祝壽)와 헌신(獻身) 의식이 주를 이루고 있음을 알 수 있다. 이는 창사 곳곳에서 찾아볼 수 있는데, 그러한 부분들을 인용해 보면 다음과 같다.

· 奉千年之美實 / 呈萬福之休祥 / 敢冒宸顔
  천년만에 여는 아름다운 열매를 받들고 / 만복의 좋은 상서를 바치고자 함이오니 / 임금님 얼굴 뵙고   (「죽간자 구호」[進口號])

· 壯觀太平何以報 / 蟠桃一朶獻千祥
  태평스런 장관 어떻게 하면 보답할까 / 반도(蟠桃) 한 가지로 천 가지 상서를 바치네.   (「원소가회사」)

· 喜近天威 / 神仙壽筭遠無期 / 獻君壽萬千斯
임금님 존위 가까이 모시니 기뻐합니다 / 신선의 수명은 헤아릴 수 없으니 / 임금님께 천 만년의 장수를 바치나이다.   (일난풍화사)

· 西離仙境下雲霄 / 來獻千歲靈桃 / 上祝皇齡薺天久
서쪽 선경을 떠나 구름이 이는 하늘을 내려와 / 천년의 신령스런 복숭아를 드립니다 / 임금님 연수(皇齡) 하늘처럼 장구하기를 축원하고 (낭원사)

· 淸寧海宇無餘事 / 樂與民同燕春臺 / 一年一度上元回 / 願醉萬年杯
맑고 안녕한 나라 안, 남은 일이 없으니 / 백성과 함께 즐겁게 춘대(春臺)에서 잔치합니다 / 한 해에 한 번 상원(上元)이 돌아오니 / 만년 배에 취하시기를 원하옵니다.   (북포동완사)

당악정재로서의 <헌선도>는 중국고대의 예와 악에 대한 기본구조를 갖추면서, 그 창사에는 대체적으로 도교적 사상이 반영되어 나타나는데, 선인이 사는 바다 속의 궁궐인 오대(鰲臺)나 귀대(龜臺), 천년된 복숭아를 상징하는 반도(蟠桃), 신선이 산다고 하는 상상의 섬인 봉래도(蓬萊島)와 오산(鰲山) 등이 창사에 나타나 있음을 확인할 수 있다. 이들은 선계를 나타내고 있어, 신성성과 신비성을 더욱 강조하는 매개물들이고, 선모가 진행하는 정재 절차는 다른 궁중정재와 비교해 볼 때 우아미과 숭고미를 드러내는 데 소용되고 있음을 알 수 있다.

둘째, 창사의 제목을 통해 <헌선도>의 주제 의식과 지향점을 엿볼 수 있을 것이다. 이러한 점은 대체로 창사 첫 구절의 제목에서 찾아볼 수 있는데, "원소의 밤 아름다운 연회에 봄 풍광을 즐기니(元宵嘉會賞春光)"(「원소가회사」), "날은 따뜻하고 바람 부드러워 봄이 또 늦어가니(日暖風和春更遲)"(「일난풍화사」), "낭원은 인간 세상과 비록 멀리 떨어져있지만(閬苑人間雖隔)"(「낭원사」), "화려한 날 참으로 화창하고도 길어(麗

日舒長正葱葱)"(「여일서장사」), "동풍이 따뜻함을 알려오니(東風報暖到頭)"(「동풍보난사」) 등의 창사에서 알 수 있듯이, 주로태평성대인 당대 왕조임을 먼저 전제로 깔고 있다. 이는 <헌선도>가 여러 시기에 걸쳐 계속 연행되고 궁중악으로 존속하게 된 이유이기도 한데 각 창사별로 그 주제를 살펴보면, 「원소가회사」에서는 태평성대와 헌선(獻仙), 「일난풍화사」에서는 축수(祝壽), 「낭원사」에서는 축수와 정재('재예를 바친다'는 의미에서), 성조(聖朝)에 대한 축원, 「여일서장사」에서는 태평성대의 신성함, 「동풍보난사」에서는 성조의 신성함, 「해동금일사」에서는 성조의 신성함과 축수, 「북포동완사」에서는 성조의 신성함과 태평성대의 구가 등으로 이해할 수 있다. 즉 <헌선도>는 표면적으로는 선계지향 의식을 바탕으로 헌선 의식을 담고 있으나, 그 이면에는 성리학적 예악사상을 중심으로 당대 왕조에 대한 찬양과 임금에 대한 축수와 헌신을 기원하는 것으로 숭고미가 발현되고 있다고 말할 수 있을 것이다. 이러한 연유에서 <헌선도>는 강한 선계지향 의식에도 불구하고, 유학적 세계관에 기반한 조선조에 들어서도 계속적으로 향유되고 전승되었던 것으로 생각된다. 이는 시기를 초월하는, 왕과 그 왕조에 대한 숭고의식의 보편적 발현이라고 생각된다.

4. 맺음말

지금까지 살펴본 <헌선도> 창사에 수용된 사상과 미의식은 그 내면에 전통적 우리의 사상과 밀접한 연관성을 맺고 있을 것으로 생각된다. 즉 <헌선도>에 담긴 여러 가지 미의식에 대한 향유는 체질적으로 그리고 정신적으로 형성되고 전승된 우리의 사상체계와의 상호 영향관계를 고려해 보아야 할 것이다. 그러나 본고에서는 이러한 측면에까지 깊이 있는 고찰은 아직 수행하지 못했다. 앞으로 통시적 시각에서 정재 연행과 관련하여 창사의 변모양상에 대해서도 면밀한 검토가 필요할 것으로 생각한다.

참고문헌

김율희, 「세종조 궁중정재에 나타나는 예악사상」, 『무용예술연구』제9집, 2002.
김학주, 「고려사 악지 '당악정재'의 고주와 문제」, 『아세아연구』제28호, 고려대아세아문제연구소, 1967.
김현주, 「당악정재 헌선도에 관한 연구 : 문헌상의 헌선도와 현행 헌선도의 비교」, 이화여대 석사학위논문, 1999.
김희숙, 「당악정재 헌선도의 역사적 변천에 대한 고찰」, 상명여자사범대학교 석사학위논문, 1981.
류언선, 「헌선도와 만수무의 관계 연구」, 『한국음악학논집』제3집, 한국음악학연구회, 1999.
박진태, 「당악정재의 연극적·희곡적 측면-헌선도·오양선·포구락·연화대를 중심으로」, 『고전희곡연구』제6집, 한국고전희곡학회, 2003.
성경린, 『한국전통무용』, 일지사, 1979.
성무경, 「조선후기 '정재(呈才)'의 문화지형 스케치」, 『민족무용』제3호, 세계민족무용연구소, 2003.
성윤선, 「조선전기 궁중정재의 유교정치사상에 관한 연구」, 이화여자대학교 석사학위논문, 1995.
손정희, 「헌선도에 대한 고찰」, 이화여자대학교 석사학위논문, 1981.
송방송, 「고려 당악의 음악사학적 조명」, 『한국공연예술연구논문선집』제4권, 한국예술종합학교 전통예술원, 2001.
심숙경, 「당악정재 '헌선도'를 통해 본 고려·송시대 악무(樂舞) 교류」, 『무용예술학연구』제10집, 한국무용예술학회, 2002.
이병도 역주, 『삼국사기』上, 을유문화사, 2002.
이 익, 「人事門-獻仙桃」, 『성호사설』제15권.
장사훈, 『한국전통무용연구』, 일지사, 1977.

장사훈, 『한국무용개론』, 대광문화사, 1992.
정은혜, 『정재연구Ⅰ』, 대광문화사, 1993.
조규익, 「악장과 정재의 미학적 상관성」, 『민족무용』제4호, 2003.
최 자, 「치어(致語)」, 『동문선』 제104권.
최종민, 『한국전통음악의 미학사상』, 집문당, 2003.

당악정재 〈헌선도〉의 실현 양상과 창사 변화

강경호

1. 머리말

〈헌선도(獻仙桃)〉는 정월 보름날 밤 가회(嘉會)에 군왕을 송수(頌壽)하기 위하여 서왕모(西王母)가 선계(仙界)에서 내려와 선도(仙桃)를 바친다는 내용의 당악정재(唐樂呈才)이다. 고려 문종 대(1046~1082)에 중국으로부터 유입된 이후 조선 후기까지 전승되어 여러 연향(宴饗)과 행사에서 대표적인 궁중정재(宮中呈才)로 공연되었다. 『고려사(高麗史)』「악지(樂志)」와 『악학궤범(樂學軌範)』에 그 절차와 창사(唱詞)가 수록되어 전하고 있고, 조선후기 여러 『의궤(儀軌)』와 『정재무도홀기(呈才舞蹈笏記)』에도 수록되어 있어 그 면모를 확인할 수 있다.

이렇듯 〈헌선도〉가 여러 시기를 걸쳐 끊임없이 연행되며 전해진 것은 아마도 이 정재가 갖는 '왕의 축수(祝壽)'라는 주제의식이 여러 연향의 시행 목적과 여실히 부합되는 것이었기 때문일 것이다. 그렇기에 여러 진연(進宴)·진찬(進饌)에서 '제일작(第一爵)'의 정재 종목으로 주로 이 〈헌선도〉를 공연했던 것으로 보인다.

여타의 정재가 그렇듯이 〈헌선도〉 역시 음악에 맞춰 춤과 노래가 함께 연행되는 것으로 그 절차가 구성되며, 이를 통하여 왕의 축수(祝

壽)라는 주제의식을 형상화한다. 정재는 춤을 중심으로 공연되지만 그 외연(外延)을 좀 더 넓혀보면, 정재는 '악·가·무·희(樂歌舞戲)'가 어우러져 이루어지는 종합예술체이며, 이러한 세부적인 예술 요소들이 유기적으로 구성될 때 정재는 궁중 공연예술로서의 진정한 의미를 갖는다.[1] 그러나 정재의 구성 요소 중 주제의식을 가장 뚜렷하게 담아내는 부분은 '악장(樂章)'이라 할 수 있다. 물론 정재의 본질이 '춤'에 있기는 하지만 춤동작이나 음악 또한 악장의 내용이나 주제에 부합하는 방향으로 기획된 것들이기 때문에, 악장은 상대적으로 중요한 가치와 존재 의의를 지니는 분야이다.[2]

현재에 <헌선도> 정재를 복원함에 있어 많은 어려움이 따르는 것은 과거 실제로 공연되었던 <헌선도>의 춤사위와 음악에 대한 정보가 여러모로 부족하기 때문이며, 이러한 상황에서 이를 원형에 가깝게 재현하기란 여간 어려운 일이 아니다. 하지만 상대적으로 악장은 창사(唱詞)가 여러 문헌에 기록되어 전하고 있어, 오랜 시간이 지난 오늘날에도 <헌선도>뿐 아니라 여러 정재들의 주제의식과 그 지향점을 파악하는 데 중요한 정보를 제공하고 있다. <헌선도>에서 '만세(萬歲)의 헌정(獻呈)'이라는 주제의식을 가장 잘 드러내는 부분은 바로 이 창사 부분이다. 그러므로 춤, 음악 등 정재의 여러 예술요소들과 창사의 유기적 관

---

[1] 성무경은 「조선후기 정재와 가곡의 관계」(『한국시가연구』제14집, 한국시가학회, 2003)에서 정재의 의미를 "전통시대 제도적 문화권에서 주로 궁중에서의 무동이나 여령(기녀), 지방 교방에서의 기녀들에 의해 공연되었던 종합예술로서의 '악·가·무·희' 종목을 가리키는 용어"(199쪽)로 재지정한 바 있다. 본고는 이러한 정재의 개념을 따른다.
[2] 정재 창사의 의미에 대한 논의로는 조규익의 「조선조 악장과 정재의 문예미적 상관성 연구」(『한국시가연구』제10집, 한국시가학회, 2001)와 조경아의 「순조대 효명세자 대리청정시 정재의 계승과 변화」(『민족무용』 제5호, 세계민족무용연구소, 2004)를 참조할 수 있다.

계를 이해하는 것은 그 정재의 본질에 접근하는 데 반드시 필요한 과정이다.

<헌선도>에 대해서는 이미 많은 연구 결과들이 제출되어 있는데, 당악·향악정재를 개괄하며 <헌선도>를 살핀 연구[3])에서부터 <헌선도> 단일 종목에 대한 연구[4])까지 다양한 시각의 연구 성과들이 보고되어 있다. 하지만 <헌선도> 창사에 대한 본격적인 연구는 아직 이루어지지 않은 실정이다. 기존 논의들에서 창사의 해석과 주석은 어느 정도 이루어졌지만 <헌선도> 정재 내의 개별 창사들이 갖고 있는 의미나 연행의 과정 속에서 불려진 창사의 내적 의미에 대해서는 좀더 세밀한 논의가 필요하다 하겠다.[5])

---

3) 대표적인 연구로는 다음의 논저들을 들 수 있다.
　김학주,「고려사악지 '당악정재'의 고주와 문제」,『아세아연구』제28호, 고려대아세아문제연구소, 1967.
　장사훈,『한국전통무용연구』, 일지사, 1977.
　성경린,『한국전통무용』, 일지사, 1979.
　정은혜,『정재연구Ⅰ』, 대광문화사, 1993.
4) 대표적인 연구들을 제시하면 다음과 같다.
　김희숙,「당악정재 헌선도의 역사적 변천에 대한 고찰」, 상명여자사범대학교 석사학위논문, 1981.
　손정희,「헌선도에 대한 고찰」, 이화여자대학교 석사학위논문, 1981.
　김현주,「당악정재 헌선도에 관한 연구」, 이화여대 석사학위논문, 1999.
　류언선,「헌선도와 만수무의 관계 연구」,『한국음악학논집』제3집, 한국음악학연구회, 1999.
　심숙경,「당악정재 '헌선도'를 통해 본 고려, 송시대 악무 교류」,『무용예술학연구』제10집, 한국무용예술학회, 2002.
　박진태,「당악정재의 연극적·희곡적 측면」,『고전희곡연구』제6집, 한국고전희곡학회, 2003.
5) 창사(넓은 의미로 구호(口號)·치어(致語)를 포함한)에 대해서는 이미 김학주, 장사훈, 정은혜 등에 의해 논의된 바 있으며, 이후 중국문학과의 관련 속에서 구호·치어의 개념과 기원에 대한 연구로는 이경자의「중국문헌의 치어명칭론」(『한국문학사학보』제15집, 한국음악사학회, 1995)과「치어연구」(『한국음악사학보』제20집,

따라서, 본고에서는 <헌선도> 창사의 분석을 통해 종합예술형태로서의 <헌선도> 정재를 이해하는 데 좀더 접근해 보고자 한다. 이를 위해서는 역사적 공간에서 공연된 <헌선도>의 실현양상과 정재의 구성 절차와의 관계 등의 검토가 먼저 선행되어야 할 것으로 생각하며 이를 토대로 <헌선도> 창사의 분석을 시도해 보고자 한다. 이를 통해, <헌선도> 창사가 갖고 있는 일차적인 의미를 넘어, 정재 전체의 의미 속에서 창사가 갖고 있는 본질적 의미에 대해 살펴보고자 한다.

2. <헌선도>의 실현 공간과 역사적 의미

<헌선도>의 창사를 살펴보기에 앞서, 이 장에서는 <헌선도>가 연행된 역사적 공간과 그 의미에 대해 살펴보고자 한다. 조선시대의 <헌선도>가 궁중에서 연행된 대표적인 당악정재라는 것은 주지의 사실임으로 이에 대해서는 간략히 다루고, 여기서는 고려시대에 향유된 <헌선도>의 실현 양상을 중심으로 다루고자 한다. 이는 조선시대의 <헌선도>가 여러 연향의 절차 속에서 연행된 궁중 공연물로서의 성격이 강하게 나타나는 반면, 고려시대의 <헌선도>는 이와는 다른 면모를 보이는 것으로 생각되기 때문이다. 조선시대에 연행된 <헌선도>의 역사적 공간과 그 실현 양상에 대해서는, 다음 장에서 다시 언급하도록 하겠다.

<헌선도>가 연행되었던 고려시대의 역사적 공간에 대해 살펴보면, '헌선도'라는 용어가 나오는 가장 이른 시기의 기록인 『고려사』를 통해 확인할 수 있다. 그 내용을 보면 다음과 같다.

1998)가 있다. 최근의 논의로는 김수경의 「『동문선』 소재 치어·구호를 통해 본 고려시대 정재의 연행양상」(『한국시가연구』 제7집, 한국시가학회, 2000)이 있다.

무인일에 왕이 하청절(河淸節)과 관련하여 만춘정(萬春亭)에 갔다. 이날 재추(宰樞) 시신들을 위하여 연흥전(延興殿)에서 연회를 배설하는데 대악서(大樂署)와 관현방(管絃坊)에서 제각기 채붕(綵棚), 준화(遵花), 헌선도(獻仙桃), 포구락(抛毬樂) 등 가무(歌舞) 놀이를 갖추었으며, 또 만춘정(萬春亭) 남녘 포구(浦口)에 배를 띄우고 물을 따라 오르내리면서 서로 시를 화답하다가 밤이 되어서야 파하였다.6)

위 자료는 의종 21년(1167)의 기록으로, 4월 하청절(河淸節)에 대악서(大樂署)와 관현방(管絃坊)에서 <헌선도> <포구락> 등의 가무(歌舞) 놀이를 준비하여 공연했다는 기록이다. '하청절'은 의종의 생일을 기념하여 만든 날7)로, 왕의 생일을 축하하기 위해 여러 신하들이 연회를 준비한 것으로 보인다. 이 자료를 통해 알 수 있는 점은 송(宋)의 교방악무가 전해진 시기는 이보다 이전 시기라는 것이며, 또한 이 시기에는 <헌선도> <포구락> 등의 정재들이 '가무놀이'로 지칭되었다는 점을 확인할 수 있다.

한편, 고려에 전해진 송의 교방악무는 고려시대의 국가제전인 연등회(燃燈會)와 팔관회(八關會)에서 주로 공연되었는데, <헌선도>는 특히 상원절(上元節)에 행해지던 연등회에서 주로 연행되었던 것으로 보인다.8) 연등회, 팔관회 등에서 연행된 '산대잡극(山臺雜劇)'의 놀이내용에

---

6) 『고려사』「세가(世家)」권18, 의종 정해 21년(1167).
7) 『고려사』「세가」권17, 의종 1년(1147).
"의종(毅宗) 장효(莊孝) 대왕의 이름은 왕현(王晛)이요, … 인종 5년 정미 4월 경오일에 났다. … 3월 갑신일에 인종을 장릉(長陵)에 장사하였다. … 여름 4월 경술일에 우박이 크게 내렸다. 이날 왕의 생일을 하청절(河淸節)로 정하고 여러 신하들의 축하를 받았다."
8) 이는 최자(崔滋, 1188~1260)의 "등석 헌선도 교방치어(燈夕獻仙桃敎坊致語)"(『동문선』, 치어, 제104권)를 통해서도 알 수 있다. '등석'은 음력 정월 보름밤에 행해진 '연등회'를 지칭한다. 또한 <헌선도>의 왕모창사인 '원소가회사(元宵嘉會詞)'에서, 원소(元宵)는 음력 정월 보름밤을 말하여 이를 상원(上元)이라고도 한다. 이는 <헌선

대해서는 고려후기(14세기 후반)에 쓰여진 이색(李穡, 1328~1396)의 시 <산대잡극>에 집약적으로 묘사되어 있는데, 여기에 <헌선도>로 보이는 공연이 등장한다.

山臺結綴似蓬萊 산대(山臺) 맺은 모양 봉래산(蓬萊山) 같고
獻果仙人海上來 바다에서 온 선인(仙人)은 과일을 바치네.
雜客鼓鉦轟地動 북과 징소리 천지를 울리고
處容衫袖逐風廻 처용(處容)의 소맷자락 바람에 휘날리네.
長竿倚漢如平地 긴 장대 위 사람 평지처럼 놀고
瀑火衝天似疾雷 폭발하는 불꽃은 번개처럼 보이네.
欲寫太平眞氣像 태평스런 이 기상 그려내고자 하나
老臣簪筆愧非才[9] 늙은 신하 붓이 재주없음을 부끄러워하네.

이 시에 나오는 '선인이 과일을 바치는[獻果仙人]' 공연은 바로 <헌선도>일 것이라 생각한다. 고려시대에 기악(伎樂)과 잡기(雜伎)는 궁중의 연회에서뿐만 아니라 가례(嘉禮)와 나례(儺禮)에서도 공연되었는데, 여기에서 <헌선도>는 나례의식에서 주로 공연된 <처용무>와 '줄타기' 같은 곡예놀이와 함께 '산대잡극'으로 인식되고 있음을 알 수 있다.

이상의 자료들을 통해 볼 때 주목할 점은, 이 시기의 당악정재들이 궁정정재로서의 성격보다는 가무백희(歌舞百戲)의 일환으로 인식되어 연행되었다는 점을 들 수 있으며, 또한 '가무백희'라는 명칭이 시사하듯 모두 '노래·춤·음악·재주' 등의 종합적인 놀이로 이루어진 종합공연예술의 한 형태라는 점에서[10] 이후 궁중정재의 예술적 성격의 단초를

도>가 고려시대에 연등회와 같은 국가제전에서 주로 연행되었음을 말해준다 하겠다.
9) 이색, 『목은시고(牧隱詩稿)』 권33.
10) '고려의 기악과 잡기'에 대해서는 송방송의 『한국음악통사』, 일조각, 1984, 215~221쪽 참조.

찾아볼 수 있다. 다시 말해, <헌선도>는 흥취(興趣) 지향적인 놀이 공연물적 성격에서 점차 이취(理趣) 지향적인 궁중 공연물적 성격으로 변해간 것이라 생각할 수 있다.11)

조선시대에 들어서 <헌선도>는 대표적인 당악정재로 거듭나게 되는데, 건국초기 여러 제도의 정비와 함께 악무(樂舞) 정책 또한 성리학적 유교이념에 맞게 재정비되면서 <헌선도>는 여러 회례연(會禮宴) 및 궁중행사에서 연행되는 아정(雅正)한 궁중정재의 주요 레퍼토리로 자리잡게 된다. 이러한 과정 중에 <헌선도>와 같은 당악정재에 대한 비판이 없었던 것은 아니지만,12) '군왕의 축수'라는 <헌선도>의 주제지향이 당대인들의 보편의식과 맞물리면서 조선 후기까지 전승된 것으로 보인다.

한편, <헌선도>를 비롯한 정재들이 궁중의 향유물로서만 전승된 것은 아니다. 그 대표적인 기록으로 정현석(鄭顯奭, 1817~1899)의『교방가요(敎坊歌謠)』(1872)를 들 수 있다. 여기에는 지방 교방, 특히 진주 교방에서 공연되었던 정재들을 수록하고 있는데, <헌선도>를 비롯한 당악정재와 향악정재 종목들에 대한 절차와 창사가 기록되어 있으며, 이를 통해 조선 후기 지방 교방에서 공연되었던 <헌선도> 정재의 또다른 문화적 의미를 확인할 수 있다.13)

---

11) '흥취·이취 지향적'이라는 용어는 조규익의 논의(앞의 논문, 2001)에서 참고하였다.
12)『중종실록』(중종 32년 : 1537, 03/11)
"정원이 장악원 도제조(掌樂院都提調)[김근사(金謹思)]의 뜻으로 아뢰기를, "정대업(定大業)·연화대(蓮花臺)·몽금척(夢金尺)·헌선도(獻仙桃) 등의 주악(奏樂)은 잡희(雜戲)에 가까운 것이어서 쓸 수가 없을 듯하고, 수명명(受明命)·하황은(荷皇恩)·하성명(賀聖明) 등의 주악은 지금 바야흐로 연습하는 것이므로 사용할 수 있겠습니다. 사신이 혹시 주악 이름을 묻는다면 즉시 황황자화(皇皇者華)·녹명(鹿鳴)·천보(天保)·사모(四牡)란 가명(假名)으로 대답하는 것이 어떻겠습니까?" 하니, 아뢴 대로 하라고 전교하였다."
13) 정현석의『교방가요』에 대해서는 성무경 역주(譯註),『교방가요』, 보고사, 2002 참조.

3. 〈헌선도〉의 실현 과정과 창사와의 관련 양상

 당악정재 <헌선도>는 단순히 공연적 성격만을 갖는 것이 아니라 연향의 목적과 그 절차에 따라 연행되는 의례적 성격을 가지며, 또한 앞 장에서 살폈듯이 <헌선도>가 연행된 시기별 실현 양상에 따라 그 역사적·문화적 의미는 조금씩 다르게 나타난다. 이렇듯 조선시대에 궁중 공연물로서 주도적으로 향유된 <헌선도>를 온전히 파악하기 위해서는 다양한 관점과 맥락이 고려되어야 함을 알 수 있다.
 이 장에서는 조선시대 궁정정재로서의 <헌선도>가 향유된 공간과 연향의 의례절차와 어떠한 관계를 맺으며 실현되었는지에 대해 알아보고, <헌선도> 정재의 진행과 창사와의 관련 양상을 토대로 창사 분석을 시도해 보고자 한다.

1) 〈헌선도〉의 실현 과정

 여기에서는 먼저, 조선후기에 <헌선도>가 공연된 연향의 공간과 그 절차 속에서 어떠한 의미를 갖는지에 대해 살펴보도록 하겠다. 다음의 『조선왕조실록』의 기록은 이러한 관련양상을 살피는 데 적합한 자료로 생각된다.

> 봉수당(奉壽堂)에 나아가 혜경궁을 위해 연회를 베풀었다. …(중략)… 자궁저하(慈宮邸下)께 탕(湯)을 올렸는데, 전해 받아 올리는 절차는 음식상을 올릴 때의 의례와 동일하였다. 악대가 여민락 만(與民樂慢)을 연주하다가 탕을 다 올리자 연주를 그쳤다. <u>첫 번째 잔을 올릴 때 <헌선도> 정재를 연희(演戲)하고 악대가 여민락(與民樂)의 환환곡(桓桓曲)을 연주하였다.</u> 여관(女官)이 전하(殿下)를 인도하여 자궁저하의 술 탁자 앞으로 나아갔다. 여관이 장수를 축원하는 술을 따른 뒤 무릎을 꿇고 전하께 올리니 전하께서

술잔을 받아 자궁저하의 자리 앞으로 나아갔다. 여관이 외치기를 '무릎을 꿇으십시오' 하였다. 전하께서 무릎을 꿇고 술잔을 여관에게 주니 여관이 건네받아 자궁저하의 자리 앞에 올렸다. 자궁저하께서 술잔을 들어 다 마신 다음에 술잔을 여관에게 주었다. …(중략)… 전하께서 자리로 돌아가 술잔을 돌리게 하였다. 여관이 내외명부(內外命婦)에게 술잔을 돌리고 여집사가 의빈(儀賓)과 척신(戚臣)에게 술잔을 돌렸다. 상에게 탕을 올렸는데 건네받은 절차는 위에서의 의례와 같았다. 여관과 여집사가 분담하여 내명부·외명부 및 의빈·척신에게 탕을 공급했다. 정재의 연희가 끝나면서 연주가 멎었다. 두 번째 잔을 올릴 때 <금척(金尺)> 정재와 <수명명(受明命)> <하황은(荷皇恩)> 정재를 연희하고 악대가 여민락의 청평악(淸平樂)을 연주하였다. …(하략)…14)

위 자료는 『정조실록』에 기록된 것으로, 혜경궁 홍씨(惠慶宮 洪氏)의 회갑연을 기록한 부분이다. 이 연향은 1795년(정조 19년) 윤2월 9일부터 16일까지 화성(華城)에서 펼쳐졌으며, 이 연향을 기록한 『원행을묘정리의궤(園幸乙卯整理儀軌)』의 '의주(儀註)' 항목에도 이와 동일한 내용의 기록이 보인다.

내용을 살펴보면, '첫 번째 잔[제일작(第一爵)]'을 올릴 때 연행된 정재가 바로 <헌선도>임을 알 수 있다. 여기서 주목할 점은 <헌선도>가 공연되는 과정 중에 이루어지는 연향의 진행이다. '첫 번째 잔'을 올리고 '두 번째 잔'이 올려지기 전까지 연향의 진행상황이 자세하게 묘사되어 있는데, 왕이 자궁(慈宮)에게 술잔을 올리고 다시 자궁이 왕에게 술잔을 되돌리고, 여러 의빈·척신들이 술잔을 받는 등 연향의 의례가 진행된 과정을 세밀히 보여주고 있다. 이러한 절차가 행해지는 동안 봉수당(奉壽堂) 앞뜰에서는 <헌선도>가 공연되고 있었는데[다음 그림 참조],

---

14) 『정조실록』(정조 19년, 을묘년 : 1795, 02/13)

『원행을묘정리의궤(園幸乙卯整理儀軌)』의 〈봉수당진찬도(奉壽堂進饌圖)〉
: 뜰 중앙에 〈헌선도〉를 추는 모습이 그려져 있는데, 왕모, 좌우협무, 그 옆에 죽간자 2인, 의장(儀仗)들을 들고 선 여령(女伶)들이 보인다.

'만세(萬歲)를 헌정한다'는 〈헌선도〉는 이러한 연향의 절차와 잘 부합되는 정재 종목임을 알 수 있다. 〈헌선도〉 정재의 춤사위와 반주음악은 회갑연의 축제적 분위기를 끌어올리는 요소로 작용했다면, 〈헌선도〉 공연 사이마다 불려진 여러 창사들은 연향의 절차마다 그 주제적 의미인 송수(頌壽)의 성격을 더해 주는 '축가(祝歌)'의 역할을 담당했을 것으로 생각된다.

다음으로 『악학궤범』에 기록되어 있는 〈헌선도〉의 연행 절차를 통해, 정재의 진행과정과 창사와의 관련양상에 대해 살펴보도록 하겠다.

1) 악사가 두 악공을 거느리고 들어와서 선도반탁(仙桃盤卓)을 놓고 나온다. 악관이 '회팔선(會八仙) 인자(引子)'를 연주하고, 박을 치면 죽간자가 족도하며 들어와 좌우로 갈라서고 음악이 그치면 진구호(進口號)한다.
2) [죽간자 구호]
3) 끝나고 박을 치면, '회팔선 미(尾)'를 연주하고 죽간자가 족도하다가 박

을 치면 좌우로 갈라선다. 박을 치면 왕모(王母)와 협무(挾舞)들이 '절화무(折花舞)'를 춘다. 박을 치면 염수(斂手) 족도(足蹈)하고, 박을 치면 '사수무(四手舞)'를 추고 서면 음악이 그친다. '회팔선'을 연주하고, 박을 치면 왕모가 조금 나와 선다. 여기(女妓)가 선도반을 받들고 왕모에게 드린다. 왕모가 선도반을 받아들면 음악이 그치고, 치사(致詞)한다.

4) [왕모 치사 <원소가회사>]
5) 끝나고 박을 치면, '회팔선'을 연주한다. 왕모가 선도반을 탁상에 놓고, 박을 치면 '사수무'를 추며 물러난 자리로 돌아오고 음악이 그친다. '헌천수(獻天壽) 만(慢)'을 연주하면, 왕모와 협무가 소매를 들고 음악 반주에 따라 '헌천수 만'의 미전사(尾前詞)를 창한다.
6) [왕모·협무 창사 <일난풍화사> 미전사]
7) 끝나고 박을 치면, 옷소매를 바꾸어 미후사(尾後詞)를 창한다.
8) [왕모·협무 창사 <일난풍화사> 미후사]
9) 끝나고 음악이 그치면 염수하고 선다. '헌천수 최자(嗺子)'를 한 번 연주하고 그치면 좌우협은 외수(外袖)를 들고 '헌천수 최자'의 사(詞)를 창한다.
10) [협무 창사 <헌천수 최자사>]
11) 끝나고 박을 치면, '금잔자(金盞子) 만'을 연주하고, 박을 치면 왕모는 '광수환장무(廣袖懽場舞)'를 추고 음악이 그친다. '금잔자 최자'를 연주하고, 박을 치면 왕모는 염수 족도하여 조금 나와 선다. 음악이 그치면 소매를 들고 '금잔자 만'의 미전사를 창한다.
12) [왕모 창사 <여일서장사> 미전사]
13) 끝나고 박을 치면, 옷소매를 바꾸어 미후사를 창한다.
14) [왕모 창사 <여일서장사> 미후사]
15) 끝나고 박을 치면 '금잔자 최자'를 연주하고, 박을 치면 왕모는 제자리로 돌아오고 음악이 그친다. '금잔자 최자'를 연주하고 박을 치면, 협무들은 '수보록무(受寶籙舞)'를 추며 앞으로 나아가고 '협수무(挾手舞)'를 추며 뒤로 물러나 '수양수무(垂揚手舞)'를 추며 다시 제자리로 돌아오면 음악이 그친다. 좌우협이 외수를 들고 '금잔자 최자'의 사를 창한다.
16) [협무 창사 <동풍보난사>]

17) 끝나고 박을 치면, '서자고(瑞鷓鴣) 만'을 세 차례 연주하고 그친다. '서자고 최자'를 연주하고 박을 치면 왕모가 조금 나가 선다. 음악이 그치면 소매를 들고 '서자고 만'의 사를 창한다.
18) [왕모 창사 <해동금일사>]
19) 끝나고 박을 치면, '서자고 만'을 연주하고 왕모는 족도하고, 박을 치면 제자리로 돌아오고 음악이 그친다. 좌우협이 외수를 들고 '서자고 최자'의 사를 창한다.
20) [협무 창사 <북포동완사>]
21) 끝나고 박을 치면, 죽간자는 나와서 협무 앞에 선다. '천년만세(千年萬歲) 인자'를 연주하고, 박을 치면 죽간자는 족도하며 조금 나와 서고, 음악이 그치면 퇴구호(退口號)를 한다.
22) [죽간자 구호]
23) 끝나고 박을 치면, '천년만세 인자'를 연주하고 죽간자 족도하다고 박을 치면 물러간다. 박을 치면 왕모·협무 '협수무'를 추며 앞으로 나가 서고, 박을 치면 염수 족도한다. 박을 치면 퇴수무(退手舞)를 추며 물러나고 음악이 그친다.15)

『악학궤범』에 기록되어 있는 <헌선도>의 절차를 정리해 보았다. 악곡명(樂曲名)으로는 '회팔선 인자·미', '헌천수 만·최자', '금잔자 만·최자', '서자고 만·최자', '천년만세 인자' 등이 보이며, 춤사위로는 '절화무, 사수무, 광수환장무, 수보록무, 협수무, 수양수무, 퇴수무' 등의 용어가 보인다. 이러한 반주음악과 춤의 연행 사이에 '죽간자 진구호·퇴구호'와 '원소가회사' 외 6개의 창사가 유기적으로 관계하며 불려진 것을 알 수 있다.

그러나 이는 『악학궤범』(1493)이 편찬된 조선전기의 절차이고, 조선 후기에 들어서면 이와는 다른 양상을 보인다. 여러 『정재무도홀기』16)

---
15) 이혜구 역주, 『신역 악학궤범』, 국립국악원, 2000 참조.
16) 한국정신문화연구원 편, 『정재무도홀기』, 1994 참조.

에서는 거의 대부분 1)~6), 15)~18), 21)~23) 정도의 절차만으로 <헌선도>를 연행하며, 『무동각정재무도홀기(舞童各呈才舞蹈笏記)』의 경우는 '죽간자 구호'도 없이 1), 4), 23)부분만을 연행하고 끝내는 극도로 축약된 형태를 보여주기도 한다. 반주음악도 '보허자령(步虛子令), 여민락령(與民樂 令), 향당교주(鄕唐交奏)'로 바뀌며, 춤사위의 경우는 『악학궤범』의 경우처럼 춤사위의 용어는 보이지 않으나 대체적으로 비슷한 형태를 보이며, 정재 절차의 축소에 따라 같이 변화하는 것으로 보인다.

<헌선도>가 연행되며 창사가 불려지는 상황에서 눈에 띄는 점은 <일난풍화사>를 제외하고는 모두 음악이 멈추고 난 후 반주없이 불려지며, 창(唱)이 되는 동안 춤 역시 추지 않는 상황을 보여준다. 이는 <헌선도>뿐만 아닌 다른 정재의 절차에서도 나타나는 점으로, 정재를 연행함에 있어 그만큼 창사의 내용을 중시했다는 것을 알 수 있으며, 송수(頌壽)의 내용을 정확히 전달하기 위해 정재의 다른 요소들을 멈춘 채 창사를 연행했던 것으로 생각된다.

2) 창사의 내용과 변화 양상

<헌선도>의 창사는 『고려사』「악지」를 비롯하여 『악학궤범』, 『증보문헌비고(增補文獻備考)』, 여러 『의궤』 및 『정재무도홀기』 등 여러 문헌에 수록되어 정재의 절차와 함께 전하고 있다. 최초의 기록인 『고려사』「악지」의 창사와 그 이후 시기의 창사는 거의 일치된 내용을 보여주며, 조선후기 『정재무도홀기』에는 몇 개의 창사만을 연행하는 등 양적으로 줄어든 형태를 보인다.

여기에서는 앞서의 논의들을 토대로 <헌선도>의 창사를 분석해 보고자 한다. 분석의 대상은 『악학궤범』에 수록된 <헌선도> 창사를 대상

으로 하였고, 19세기 후반 창사의 변화를 보이는 『정재무도홀기』 창사와의 비교를 통해 그 변화상을 확인해 보도록 하겠다.17)

① 죽간자 구호[進口號]

邈在鰲臺	아득히 먼 오대[仙界]18)에 있다가
來朝鳳闕	봉궐[궁궐]에 찾아온 것은
奉千年之美實	천년의 아름다운 열매를 받들고
呈萬福之休祥	만복의 좋은 상서19)를 바치고자 함이오니
敢冒宸顔	임금님 얼굴 뵙고
謹進口號	삼가 구호를 올리옵니다.

'죽간자(竹竿子) 구호'는 정재의 시작과 끝을 알리는 역할의 창사로, '진구호'는 서왕모가 선계에서 내려와 선도를 바치는 <헌선도> 정재를 시작하겠다는 의미를 담고 있으며, 실제 내용도 그러한 주제의식을 형상화하고 있다. 4행의 '휴상(休祥)'은 '아름다운 상서(祥瑞)'란 뜻으로 3행의 '미실(美實)'과 함께 선도(仙桃)를 가리키며, 이는 왕의 만수무강(萬壽無疆)을 상징하는 것이다.

5행의 "감모신안(敢冒宸顔)"의 경우, 『여령각정재무도홀기(女伶各呈才舞圖笏記)』(1901)에는 "敢冒彤闈"로 『회작시여령각정재무도홀기 신축(會酌時女伶各呈才舞圖笏記 辛丑)』(1901)에는 "敢冒銅闈"로 표기되어 있다. '동위(彤闈)'는 붉게 칠한 궁문을 이르는 것으로 궁중(宮中)을 뜻

---

17) <헌선도> 창사에 대한 해석은 다음의 연구성과들을 참고하였다(김학주, 앞의 논문. / 장사훈, 앞의 책 / 이혜구 역주, 앞의 책 / 이흥구·손경순 역, 『조선궁중무용』Ⅱ, 은하출판사, 2003).
18) 오산(鰲山)으로 큰 자라의 등에 얹혀 있다고 하는 바닷속의 산이다. 신선이 사는 곳을 말한다. 『고려사』 「악지」에는 귀대(龜臺)라고 되어 있다.
19) 『정재무도홀기』에는 "만복(萬福)"이 "만록(萬綠)"으로 표기되어 있다.

하며, '동위(銅闈)'는 황태자를 가리키는 것으로 보인다.[20] 이는 그 대상이 왕이 아닌 다른 대상일 경우 그에 맞춰 창사도 변화된 것으로 보인다. 이를 통해 볼 때, 연향의 대상에 따라 그때그때마다 창사의 변화를 보이는 것을 알 수 있다.

② 왕모 치사 - 원소가회사(元宵嘉會詞)

元宵嘉會賞春光	정월 보름날 밤 아름다운 연회에 봄 경치 즐기니
盛事當年憶上陽	성대한 행사 베푼 상양궁(上陽宮)[21]이 생각납니다.
堯顙喜瞻天北極	요(堯) 임금 이마에 기쁨 띠고 하늘의 북극성을 바라보고[22]
舜衣深拱殿中央	순(舜) 임금 옷 드리워 팔짱끼고[23] 궁전 가운데 계시네.
懽聲浩蕩連韶曲	환성은 호탕하게 소곡(韶曲)[24]에 뒤따르고
和氣氤氳帶御香	온화한 기운이 어리어서 어향(御香)을 띠었네.
壯觀太平何以報	장관이룬 태평을 무엇으로 보답하리오.
蟠桃一朵獻千祥	반도[25] 한 떨기로 천 가지 상서를 바칩니다.

---

[20] 『여령각정재무도홀기』는 명헌태후(明憲太后)의 망팔(望八)을 경축하기 위해 행해진 진찬(進饌)을 위해 소용된 홀기이며, 『회작시여령각정재무도홀기 신축』은 고종황제 탄생 50주년을 축하하기 위해 함녕전(咸寧殿)에서 거행된 진연(進宴)을 위해 소용된 홀기이다. 후자의 경우, 회작(會酌)에서는 황태자가 연향의 주인공이므로 '축수'의 대상은 황태자가 된다.

[21] 상양궁(上陽宮)은 당(唐) 고종(高宗) 때 건립한 궁궐로, 고종은 상양궁에 상거(常居)하면서 청정(聽政)하였다. 무후(武后)는 1백 40인이 동원되는 성수악(聖壽樂)이라는 가무희(歌舞戱)를 지어 상연시키는 등 성대한 행사를 많이 가졌다. 후대에는 궁전을 가리키는 말로 쓰였다.

[22] 성군(聖君)의 성세(聖世)를 비유한 것이다.

[23] 성군(聖君)이 수의공수(垂衣拱手)하고 천하를 태평하게 다스리고 있음을 뜻한다.

[24] 순 임금의 음악을 말한다.

[25] 3천년 만에 한 번씩 연다는 선계(仙界)의 복숭아를 말한다.

'원소가회사'는 죽간자 구호 후 왕모와 협무의 춤 이후 선도를 바치는 행위를 형상화한 후에 불리는데, <헌선도> 창사 중에서 가장 핵심이 되는 부분이라 할 수 있다.26) '진구호'가 <헌선도>의 목적을 노래했다면 '원소가회사'는 선도를 바치는 연희(演戲)를 한 것에 맞춰 이를 노래화하여 축수의 과정을 자세히 묘사하고 있다.

여기서도 창사의 변화가 보이는데, 『정재무도홀기』에서는 모두 "원소(元宵)"를 모두 "창신(昌辰)"으로 표기하고 있으며, 이는 '아름다운 날, 좋은 날'을 뜻한다. 이렇게 창사가 바뀐 것은 <헌선도>가 과거 중국에서는 상원절(上元節)에 군왕을 송수(頌壽)하는 뜻에서 이 정재가 상연되었고 이것이 전해져 고려시대에도 연등회에서 주로 연행되었는데, 조선시대에 이르러서는 더 이상 상원절에 행해지지 않고 궁중 연향에서 사용되면서 그 표기가 바뀐 것이라 할 수 있다. 또한 앞서 언급한 『여령각정재무도홀기』와 『회작시여령각정재무도홀기』에서는 3·4행(堯顙喜瞻天北極 舜衣深拱殿中央)이 "壽曜煌煌天北極 華樽灔灔殿中央(수성이 하늘 북극에서 찬란히 빛나고, 아름다운 술 단지 궁전 가운데서 넘실대네)"로 창사가 바뀌어 연행되었음을 확인할 수 있다.27)

---

26) 앞서 언급했듯이 『무동각정재무도홀기』의 경우는 '죽간자 구호[진구호]' 없이 시작되는데, 해당 『의궤』가 전하지 않아 정확히 어디에서 소용된 홀기인지는 알 수 없으나, 『정재무도홀기』 중 가장 많은 39종의 정재 종목을 수록하고 있는 것으로 볼 때 연향의 규모가 작아서 축약한 것 같지는 않고, 제한된 시간 내에 많은 정재를 연행하기 위해 가장 중요한 창사부분인 '원소가회사'만을 부른 것으로 생각된다.

27) 창사가 이렇게 많이 변화한 이유에 대해서는 정확히 알 수 없으나, 1901년이 대한제국(大韓帝國) 출범한 해라는 데에서 그 의미를 어느 정도 짐작할 수 있을 것 같다. 고종의 나이가 만 오십에 이른 것을 축하한 신축년(광무5년)에 거행된 '진연'은 대한제국이 출범한 특정한 시기에 거행됨으로써 일정한 문화사적 가치를 지니고 있다. 곧 이 진연은 황제의 나라인 중국에 대하여 제후국으로 자처하던 '조선'이 아닌, 동등한 지위의 당당한 '대한제국'으로서 거행하는 국가적 경축 의식이라는 의의가 있다고 할 때(이에 대해서는 이의강, 「『정재무도홀기』를 통해 본 고종 신축년 진연의 문화사적 의의」, 『무용학회논문집』제40호, 대한무용학회, 2004, 91쪽 참조), 이에 걸맞게

③ 왕모 협무 창사 - 일난풍화사(日暖風和詞)

日暖風和春更遲	날은 따스하고 바람 부드러워 봄날이 길어집니다.
是太平時	이는 태평시절
我從蓬島整容姿	우리는 봉래도(蓬萊島)28)에서 용모를 가다듬고
來降賀丹墀	궁전의 뜰29)에서 하례드리러 내려왔습니다.
	(미전사)
幸逢燈夕眞佳會	다행히 정월 대보름 밤 아름다운 연회 만서서
喜近天威	임금님 존위 가까이 모심을 기뻐하며
神仙壽筭遠無期	신선의 수명은 길어 헤아릴 수 없으니
獻君壽萬千斯	임금님께 천만년의 수(壽)를 바치나이다.
	(미후사)

'일난풍화사'는 왕모 창사에 이어 왕모와 두 협무가 같이 노래하는 부분으로, 태평성세에 선계에서 내려와 왕에게 신선의 수명을 바친다는 앞의 '원소가회사'의 내용을 부연하여 형상화한 창사이다.

『정재무도홀기』에서는 이 창사의 '미전사'까지만 기록되어 있는데, 이는 '미후사' 1행의 "등석(燈夕)"이 있는 것으로 볼 때, 앞서 설명한 것처럼 연등회와 관련된 표기가 있는 부분을 탈락시킨 것이며, 이는 또한 조선후기에 들어 연행되는 정재의 종목이 다양해지고 연향의 규모나 시간제약에 따라 그 연향의 절차가 간소화되는 것과도 연관되는 것으로 생각된다.

중국의 '요순 임금'의 성덕을 칭송하는 가사를 삭제하고 다른 내용으로 바꾼 것이 아닌가 하는 추측을 하게 한다. 이 두 홀기의 경우는 5행의 '순 임금의 음악'을 뜻하는 '소곡(韶曲)'도 다른 내용으로 바뀐 것을 볼 때 이러한 추측을 뒷받침해 준다.

28) 신선이 사는 섬을 말한다. 앞의 오대(鰲臺).
29) 붉은 칠을 한 궁전의 터를 이르는 것으로, 궁전·대궐을 뜻한다.

④ 좌우협 창사 - 헌천수최자사(獻天壽嗺子詞)

閬苑人間雖隔	낭원(閬苑)30)은 인간 세상에서 멀리 떨어졌으나
遙聞聖德彌	멀리서 성덕(聖德)의 높으심을 들었네.
西離仙境下雲霄	서쪽에서 선경 떠나 하늘에서 내려와
來獻千歲靈桃	천년의 신령스런 복숭아를 드립니다.
上祝皇齡薺天久	임금님 보령(寶齡) 하늘같이 오래되기를 빌고
猶舞蹈賀賀聖朝	무도(舞蹈)로 경축하며 성조(聖朝)에 하례 드립니다.
梯航交湊四方來	먼 곳의 사신들 번갈아 사방에서 내조하니31)
端控永保宗祧	단정히 팔짱끼고서32) 영원히 종사를 보전하실 것입니다.

'헌천수최자사'는 선도를 헌정하는 장면을 다시 한 번 형상화하는 창사로, 성군(聖君)이 다스리는 평화로운 시대에 그 종묘사직이 영원할 것임을 말하고 있는데, 다시 말해 이는 왕의 만수무강(萬壽無疆)을 의미하는 것이라 할 수 있다.

이 창사는 앞의 창사처럼 '원소가회사' 이후 비슷한 내용을 계속해서 표현하고 있는데, 이는 <헌선도>의 창사가 부연·반복적 진술을 통해 그 주제의식을 구체화하고 있음을 알 수 있다. 창사뿐만 아니라 정재의 춤사위나 절차에 있어서도 '회전·반복·순환'적 진행은 정재가 지향하는 이미지를 강화하는 가장 핵심적 요인인데,33) 창사 역시 이러한 성격을 띠는 것은 정재의 창사가 독립적인 의미를 지니면서도 정재의 다른 예술 요소와도 유기적으로 관계된다는 것을 말해준다 하겠다.

---

30) 역시 신선들이 사는 곳을 말한다.
31) 제항(梯航)은 '제산항해(梯山航海)'로 어려운 먼 길을 거쳐 온다는 뜻이다.
32) 군왕이 평화롭게 나라를 다스리는 평화의 시대를 말한다.
33) 조규익, 앞의 논문, 99~100쪽 참조.

⑤ 왕모 창사 - 여일서장사(麗日舒長詞)

麗日舒長正葱葱	화창한 날 참으로 기나긴데
瑞氣遍滿神京	서기(瑞氣)는 두루 신경(神京)에 가득 찼습니다.
九重天上五雲開處	구중천상에 오색구름 피어나는 곳.
丹樓碧閣崢嶸	단청한 누각 우뚝우뚝 솟았는데
盛宴初張	성대한 잔치 갓 시작되고
錦帳繡幕交橫	비단 휘장 수놓은 장막이 서로 엇갈려 드리워 있네.
應上元佳節	정월 대보름 아름다운 시절에
君臣際會共樂昇平	임금 신하 함께 모여 태평을 즐깁니다. (미전사)
廣庭羅綺紛盈動	넓은 뜰에는 비단옷 분분히 가득 움직이고
一部笙歌盡新聲	일부 생가(笙歌)는 모두 새로운 가락이네.
蓬萊宮殿神仙景	봉래의 궁전은 선계(仙界)의 경치인데
浩蕩春光邐迤王城	호탕한 봄빛이 왕성(王城)을 감돕니다.
烟收雨歇	연무(烟霧) 걷히고 비 그치니
天色夜更澄淸	하늘빛 밤에 더욱 맑고 깨끗합니다.
又千尋火樹燈山	또 천 길 화수(火樹)와 등산(燈山)34)이
參馳帶月鮮明	들쑥날쑥 달빛 띠어 선명합니다. (미후사)

'여일서장사'는 <헌선도> 창사의 흐름이 전환되는 부분으로, 성대한 연향이 펼쳐지고 있는 연회장을 선계에 빗대어 묘사하고 있는 부분이다. "상원가절(上元佳節)", "화수등석(火樹燈山)"이라는 표기를 볼 때, 이 창사는 연등회와의 관련성 속에서 이해할 수 있다. 이러한 큰 연향을 시행할 수 있는 태평성세를 송축하고 선계의 기운이 왕성(王城)에 서려 있다고 하여 연향을 펼치는 이 곳, 즉 <헌선도> 정재가 공연되는 이 궁궐이 선계와 같이 신성한 곳임을 말하고 있다.

---

34) 나무에도 등(燈)을 매달아 밤에 보면 화수(火樹)처럼 보이는 것이다. 등산(燈山)은 각종 채색등을 포개서 산의 형태를 만든 것이다.

대부분의 『정재무도홀기』에서는 '일난풍화사'의 '미전사'에서부터 이 창사까지 생략되어 연행되지 않는다.

⑥ 좌우협 창사 - 동풍보난사(東風報暖詞)

東風報暖到頭	동풍이 따뜻함을 도처에서 알려오니
嘉氣漸融怡	아름다운 기운이 점점 무르녹습니다
巍峩鳳闕起鰲山	높고 높은 궁궐 오산(鰲山)에 우뚝 섰으니
萬仞爭聳雲涯	만 길이나 드높아 구름 가에 치솟았네. (미전사)
梨園弟子齊奏新曲	이원(梨園)의 제자들35) 일제히 새 곡을 연주하니
半是塤箎	반은 훈(塤)이고 반은 지(箎)입니다.36)
見滿筵簪紳	잔치에 가득한 군신(群臣)들을 보니
醉飽頌鹿鳴詩	취하고 배불러 녹명시(鹿鳴詩)37)로 송축합니다. (미후사)

'동풍보난사'는 앞의 '여일서장사'와 그 의미지향이 유사한 창사이다. 궁궐을 선계에 있는 곳으로 여기고, 군신(君臣)이 함께 어울리는 화목한 연향의 분위기를 경축하고 있는 내용이다. 『정재무도홀기』에서는 이 창사에서부터 다시 연행된다.

⑦ 왕모 창사 - 해동금일사(海東今日詞)

海東今日太平天	해동의 오늘 태평한 날에
喜望龍雲慶會筵	임금과 신하38)의 경회연을 기쁘게 바라보네.

---

35) 당나라 현종(玄宗) 때 음악을 익히게 했던 많은 사람들을 이르는데, 여기서는 악공(樂工)을 지칭한다.
36) 훈지(塤箎)는 질나팔과 저(笛)를 말하는 것으로, 형제의 사이를 뜻하기도 한다. 훈지상화(塤箎相和)는 형은 질나팔을 불고 아우는 이에 화답하여 저를 불어 형제가 서로 화목함을 뜻하는 데, 여기서는 화목한 잔치 분위기를 말하는 것이다.
37) 『시경(詩經)』 소아(小雅)에 나오는 시로서, 후덕한 군자를 연향에 초빙하여 즐겁게 노는 모습을 노래하였다.

尾扇初開明黼座   미선(尾扇)을 처음 열자 임금님 자리[39] 빛나고
畵簾高捲罩祥烟   그림 발 높이 걷으니 상서로운 기운 가득하네.
                 (미전사)
梯航交湊端門外   먼 곳의 사신들 단문[40] 밖에 서로 모여들고
玉帛森羅殿陛前   궁전 뜰엔 옥백(玉帛)이 가득 쌓여 있네
妾獻皇齡千萬歲   첩이 임금님의 천만년 수(壽)를 바치오니
封人何更祝遐年   봉인[41]이 어찌 다시 장수를 비오리까. (미후사)

⑧ 협무 창사 ― 북포동완사(北暴東頑詞)
北暴東頑納款   북쪽의 포악한 종족과 동쪽의 완악한 종족들 성
               심으로 복종하여
慕義爭來   의를 사모하여 다투어 옵니다.
日新君德更明哉 날마다 새로이 임금의 덕 더욱 밝아지니
歌詠載衢街   노래하며 읊는 소리 거리마다 가득하네.(미전사)
淸寧海宇無餘事 맑고 태평한 나라 안에 일이 없으니
樂與民同燕春臺 즐거움을 백성과 함께하여 춘대(春臺)에서 잔치
               하시네.
一年一度上元回 한 해에 한 번씩 정월 보름 돌아오니
願醉萬年杯   만년배(萬年杯)에 취하시기를 원하옵니다.
              (미후사)

'해동금일사' 역시 앞의 '동풍보난사'와 '헌천수최자사'의 7·8행 부분과 의미지향이 유사하다. '북포동완사'는 '죽간자 구호[퇴구호]' 이전의

---

38) 용운(龍雲)은 임금과 신하를 가리킨다.
39) 『정재무도홀기』 중에는 "보좌(黼座)"를 "숙경(淑景)"으로 표기한 것도 있다.
40) 단문(端門)은 대궐의 정문(正門)을 말한다.
41) 요 임금 때 화(華) 땅의 봉인(封人 : 국경을 지키는 사람)이 요 임금을 위해 수(壽)·부(富)·다남자(多男子)를 빌었다고 한다.

마지막 창사로, 왕의 성덕(聖德)으로 인해 찾아온 나라의 평온을 경축하는 내용이다. 이 두 창사는 결국 이러한 연향을 가능하게 태평성세를 가져온 군왕의 업적과 성덕을 칭송하고 축수하는 것으로 볼 수 있을 것이다. 이 창사들은 '여일서장사' 이후 <헌선도> 창사가 지향했던 성대한 연향에 대한 경축이라는 부연·반복적 진술을 통해 <헌선도> 정재의 주제의식을 강화하는 역할을 하고 있다고 할 수 있다.

'북포동완사'의 경우에도 '상원(上元)'이라는 표기가 보이는데, 역시 『정재무도홀기』에는 전하지 않는다.

⑨ 죽간자 구호[退口號]
歛霞裾而少退　　노을빛 옷자락 여미고 잠시 물러나
指雲路以言旋　　구름길 가리키며 돌아간다고 하직 말씀드리고
再拜階前　　　　섬돌 위에서 두 번 절하고
相將好去　　　　서로 이끌고 떠나가렵니다.

'진구호'가 정재의 시작을 알리는 것처럼 '퇴구호'는 정재의 마침을 알리는 창사이다. 여기에는 선계에서 내려온 왕모가 왕에게 선도를 바치고 다시 선계로 되돌아간다는 내용을 담고 있다.

지금까지 『악학궤범』에 수록된 <헌선도>의 창사와 『정재무도홀기』에 수록된 창사들의 비교를 통해, <헌선도> 창사의 분석과 변화, 그리고 그 의미에 대해 살펴보았다. 이를 정리해 보면 다음과 같다.

<헌선도>의 정재 창사는 고려시대 이후 별다른 변화없이 조선시대까지 전승되어 공연되어 왔는데, 조선후기에 들어서는 창사의 분량이 축소되는 등의 변화가 나타났다. 이는 아마도 연향의 규모 내지는 양적으로 많아진 다양한 정재의 공연으로 인한 시간의 제약 때문인 것으로 보이는데, 창사 중 핵심적인 부분만('원소가회사')을 부르는 정재 운용의

한 측면을 살펴볼 수 있었다. 또한 창사 내의 몇몇 표기도 변화한 것을 알 수 있었는데, 이는 정재의 대상이 왕이 아닌 다른 대상으로 바뀌거나 또는 당대의 시기적 상황에 맞게 탄력적으로 창사를 변화시킨 것이라 할 수 있다. 마지막으로 <헌선도>의 창사 진행에 있어 중요한 점은 다양한 내용의 창사를 부르는 것이 아니라, '군왕의 축수'와 '만세의 헌정'이라는 주제의 내용을 부연·반복적 진술을 통해 강화·구체화시킴으로써 그 주제를 구현해 나간다는 것을 확인할 수 있었다.

4. 맺음말

지금까지 <헌선도>의 창사를 중심으로, <헌선도> 정재의 실현 양상과 그 변화상에 대해 살펴보았다. 본고의 주 목적이 창사의 분석을 통한 <헌선도>의 이해이기는 하지만, 종합예술적 공연물이라는 정재로서의 <헌선도>를 온전히 파악하기 위해 먼저, <헌선도>가 향유되었던 역사적 공간에 대한 고찰과 그에 따른 의미에 대해 살펴보았다. 또한 연향의 의례절차 속에서 실현된 <헌선도>와 정재 진행의 과정상에서 창사와 다른 예술적 요소와의 관련양상을 파악하려 하였다.

그러나 정재의 연행적인 측면에서는 창사와 반주음악·춤사위와의 유기적인 관계양상에 대한 면밀한 고찰이 수반되지 못하였고, 창사 변화에 대해서는 조선후기에 궁중정재로 연행된 <헌선도> 창사만을 대상으로 하였을 뿐 지방 교방에서 연행되었던 <헌선도>의 정재 창사에 대해서는 그 변화를 검토하지 못했다. 예를 들어, 『교방가요』에는 19세기 후반 진주 교방에서 공연되었던 정재들의 절차와 창사들을 수록하고 있는데, 여기에 수록된 <헌선도> 창사는 궁중정재에서처럼 한시창화 된 것이 아니라, 가곡의 형식적 미감을 온전히 갖춘 우리말 노래로 불려졌다는 특징을 보여준다.42) 이러한 조선후기 <헌선도> 창사의 다양한 변화상에 대해서도 면밀한 검토가 수행되어야 할 것으로 생각한다.

앞에서 언급했듯이 '악·가·무·희'의 종합예술적 공연물의 성격을 갖고 있는 정재를 이해하기 위해서는 다양한 관점에 의한 접근과 분석이 필요하다. 본고는 단지 <헌선도>의 창사를 분석하기 위해 몇 가지의 맥락을 고려한 것에 불과하다. 이러한 한계에 대해서는 앞으로 점차 수정하고 보완해 나가도록 하겠다.

---

42) 성무경 역주, 『교방가요』, 보고사, 2002, 139쪽, 182~183쪽 및 성무경, 앞의 논문, 2003, 215쪽 참조.
 "瑤池에 봄이드니 碧桃花 픠단말가 / 三千年 믿친열매 玉盤에 다마시니 / 眞實노 이반곳 바드시면 萬壽無疆 ᄒ오리라."(『교방가요』 85번, 여창 弄가, 瑤池春入碧桃花 三過千年結實嘉 玉盤滿盛雙擎獻 聖壽無疆萬歲遐)

참고문헌

국역 『조선왕조실록』 CD-ROM.
국역 『고려사』 CD-ROM.
김수경, 「『동문선』 소재 치어·구호를 통해본 고려시대 정재의 연행양상」, 『한국시가연구』제7집, 한국시가학회, 2000.
김학주, 「고려사악지 '당악정재'의 고주와 문제」, 『아세아연구』제28호, 고려대아세아문제연구소, 1967.
김현주, 「당악정재 헌선도에 관한 연구」, 이화여대 석사학위논문, 1999.
류언선, 「헌선도와 만수무의 관계 연구」, 『한국음악학논집』제3집, 한국음악학연구회, 1999.
성경린, 『한국전통무용』, 일지사, 1979.
성무경 역주, 『교방가요』, 보고사, 2002.
성무경, 「조선후기 정재와 가곡의 관계」, 『한국시가연구』제14집, 한국시가학회, 2003.
송방송, 『한국음악통사』, 일조각, 1984.
심숙경, 「당악정재 '헌선도'를 통해 본 고려, 송시대 악무 교류」, 『무용예술학연구』제10집, 한국무용예술학회, 2002.
이의강, 「『정재무도홀기』를 통해 본 고종 신축년 진연의 문화사적 의의」, 『무용학회논문집』제40호, 대한무용학회, 2004.
이경자, 「치어연구」, 『한국음악사학보』제20집, 1998.
이혜구 역주, 『신역 악학궤범』, 국립국악원, 2000.
이흥구·손경순 역, 『조선궁중무용』Ⅱ, 은하출판사, 2003.
장사훈, 『한국전통무용연구』, 일지사, 1977.
정은혜, 『정재연구Ⅰ』, 대광문화사, 1993.
조경아, 「순조대 효명세자 대리청정시 정재의 계승과 변화」, 『민족무용』제5호, 세계민족무용연구소, 2004.
조규익, 「조선조 악장과 정재의 문예미적 상관성 연구」, 『한국시가연구』제10집, 한국시가학회, 2001.
한국정신문화연구원 편, 『정재무도홀기』, 1994.

순조 무자년(1828) '연경당진작'의 성격과 연출 정재들 간의 내적 흐름

이의강

1. 머리말

효명세자(孝明世子 ; 1809~1830)는 부왕 순조(純祖)를 대신한 대리청정 기간(1827~1830)에 20여 종에 이르는 다량의 정재(呈才)를 창작함으로써 정재의 황금시대를 이룩하였다. 한국의 예술사에서 선명한 족적을 남긴 것이다. 때문에 효명세자는 조선 정재의 역사적 전개에 있어 가장 핵심적인 인물로 주목받았고, 그의 정재 창제를 놓고 다양한 연구가 진행되었다.

정재는 '음악-춤-노래'가 어우러져 공연되는 종합예술로서의 성격을 지닌다. 때문에 정재에 대한 연구도 자연히 음악, 무용, 국문학의 세 분야에 걸쳐 각각의 연구자들이 나름의 학문적 이론과 연구방법을 사용해 연구를 진행해왔다. 최근에 이르러서는 분과적 학문 연구의 한계를 인식하고 새로운 종합적 연구 방법을 사용한 연구 업적이 속속 출현하고 있다. 효명세자의 정재 창작을 실학의 영향과 주체적 성과라 규정한 연구에 대해 구체적 논증이 결여되었음을 지적하면서 문헌을 세심하게 고증함으로써, 효명세자의 정재 창작은 중국 문헌을 창작 모티프로 수용하였고 이는 동아시아적 보편성의 측면에서 이해하는 것이 바람직하다는 연구 성과가 있었다.[1] 또한 국문학계에서 있어서도, 악장(樂章)을 정재로부터 분리시켜 문학적으로만 재단하던 그 동안의 연구는 악장의 본질을 왜곡시켰을 가능성이 있다는 인식 하에, 악장을 정재라는 틀 안에 놓고 음악과 춤과 결부시켜 연구를 진행함으로써 악장의 미학적 바탕과 통시적 전개 양상을 새로운 관점에서 살핀 성과가 있기도 하였다.[2]

본고는 효명세자의 정재 창제에 있어 가장 중요한 의의를 지니는 순조 무자년(1828)에 거행되었던 '연경당진작'에 대하여 그 성격과 연출된 정재 사이의 내용적 맥락을 규명해보고자 한다. 선행 연구의 업적을 수용하는 바탕 위에서 아직까지 언급되지 아니한, 그렇지만 반드시 규명되어야 하는 새로운 내용을 밝혀내 선행 연구의 미비점을 보완하고자 한다. 학문 연구란 한 사람의 일회적 연구에 의해서 완성되기보다는 끊임없는 개선과 축적의 과정이라는 인식에서 진행하는 연구이다.

2. 연경당진작(演慶堂進爵)의 정재(呈才) 공연면모

효명세자(孝明世子 ; 1809~1830)는 대리청정을 시작한 다음해인 1828년 2월 순원왕후(純元王后)의 40세를 기념하는 진작례(進爵禮)를 자경전(慈慶殿)에서 거행하였으며, 1829년 2월에는 부왕 순조(純祖)가 40세가 됨과 동시에 재위 30주년이 되는 것을 기념하는 진찬례(進饌禮)를 명정전(明政殿)에서 거행하였다. 그리고 1828년 6월 1일에는 한국 공연예술사에서 가장 주목받고 있는 순조와 순원왕후 두 분의 탄신을 기념하는 진작례를 연경당(演慶堂)에서 거행하였다.

---

1) 조경아, 「純祖代 呈才 創作樣相」, 『韓國音樂史學報』, 제31집, 2003.
2) 조규익, 「조선조 악장과 呈才의 문예미적 상관성 연구」, 『韓國詩歌硏究』, 제10집, 2001.

진작례가 거행된 장소는 창덕궁 후원 깊숙하게 자리잡은 사대부가 (士大夫家)형식의 단촐한 건물 연경당이었다. "魚水堂 北쪽에 있는데, 곧 珍藏閣의 옛터이다. 純祖 28년 翼宗이 潛邸時에 지었다. 民家를 依倣하여 세웠는데, 丹靑을 칠하지 않았다"3)라고 하였으니, 이 건물은 아들 효명세자에게 국정을 물려주고 쉬고 싶어하던 순조를 위해 효명세자가 이듬해에 지어드린 건축물이라고 할 수 있다.

순조의 탄신일은 이 해 6월 18일이었고, 김조순(金祖淳)의 딸인 순원왕후의 탄신일은 5월 15일이었음이 『조선왕조실록』의 기사를 통해 확인할 수 있는데, 이날 거행되었던 진작례의 면모는 『조선왕조실록』, 『승정원일기』 등의 사료에는 보이지 않는다. 순조 무자년의 『진작의궤부편 (進爵儀軌附編)』의 「의주(儀註)」 기록을 통해서 진작례 거행의 면모를 살펴볼 수 있으니, 『의궤』의 기록에 근거하여 공연된 17종 정재를 예시하면 다음과 같다.

정재종목	의식절차
1.「망선문(望仙門)」	휘건(揮巾)을 올림
2.「경풍도(慶豐圖)」	어찬(御饌)을 올림
3.「만수무(萬壽舞)」	꽃을 올림
4.「헌천화(獻天花)」	왕이 술잔을 듬
5.「춘대옥촉(春臺玉燭)」	왕비에게 술잔을 올림
6.「보상무(寶相舞)」	왕비가 술잔을 듬
7.「향령무(響鈴舞)」	별미(別味)를 올림
8.「영지무(影池舞)」	탕(湯)을 올림
9.「박접무(撲蝶舞)」	차(茶)를 올림
10.「침향춘(沉香春)」	휘건(揮巾)을 올림
11.「연화무(蓮花舞)」	찬반(饌盤)을 올림

---

3) 李哲源, 『王宮史』, 54쪽.

12. 「춘앵전(春鶯囀)」　　　술을 올림
13. 「춘광호(春光好)」　　　탕(湯)을 올림
14. 「첩승(疊勝)」　　　　　차(茶)를 올림
15. 「최화무(催花舞)」　　　어찬(御饌)을 올림
16. 「가인전목단(佳人剪牧丹)」　찬반(饌盤)을 올림
17. 「무산향무(舞山香舞)」　왕세자의 마무리 인사[4]

위의 간단한 정리를 놓고 효명세자의 정재 연출의식을 규명하고자 할 때 우선적으로 살펴볼 수 있는 것은 의식절차와 공연 정재 간의 내용적 연관성이다. 즉 의식절차와 공연 정재의 주제가 상호간에 어떠한 내용적 연결이 가능하도록 안배되었다면, 이는 연출의식이 발휘된 것이라 할 수 있다. 그러나 이러한 횡적 연계는 발견되지 않는다. 정재 명칭의 자의(字義)만 가지고 살펴보더라도, '신선의 출현을 기다린다'는 「망선문(望仙門)」과 '침향정(沈香亭)의 봄'이라는 「침향춘(沈香春)」 두 정재는 '휘건(揮巾)을 올린다'는 의식절차와 어떠한 주제적 연관성을 발견할 수 없다. '그림자 비치는 연못에서 춤춘다'는 「영지무(影池舞)」와 '봄빛이 좋다'는 「춘광호(春光好)」 두 정재 역시 '탕(湯)을 올린다'는 의식절차와 내용적 연계를 전연 발견할 수 없다. 이렇듯이 각 정재 종목과 의식절차와의 내용적 관련은 규명이 불가능하다고 할 수 있다.

그렇다면 효명세자는 과연 어떠한 의식을 가지고 이상과 같이 정재를 안배했단 말인가? 부왕과 모후의 탄신을 기념하기 위해 20여 종에 가까운 정재를 창작함과 동시에 그 악장(樂章)을 새로이 창작할 만큼 정성을 보였던 그가 어떠한 의식도 없이 되는 대로 정재를 안배했다고는 생각할 수 없다. 그의 연출의식은 어떻게 찾아야 하는가?

원래 정재 종목의 안배는 국연(國讌)에 있어서 가장 신경을 썼던 중

---

[4] 『進爵儀軌』(戊子), 90쪽 참고.

요한 문제의 하나라고 할 수 있다. 진연(進宴)이나 진찬(進饌)에 관한 전반적 업무를 관장하던 도감(都監)에서 각종 정재를 나열해 적어 올리면 왕이나 왕비가 공연해야 할 정재에 권점(圈點)을 찍어 결정하는 것이 관례였다. 이날 거행되었던 연경당진작(演慶堂進爵)도 예외가 아니어서 효명세자는 자신이 직접 이 모든 절차를 마련해서 거행하였던 것이다.5)

3. 공연 정재(呈才)들 간의 내적 연계성

효명세자의 정재 연출의식을 규명하기 위해서는 각 정재가 표현하고 있는 주제를 살필 수 있는 악장(樂章)의 내용을 집중적으로 분석하는 것이 가장 유효한 방법이라고 생각한다. 공연된 정재 종목들 사이에 존재하는 문맥적(文脈的) 내러티브(Narrative)를 악장의 내용 해석을 통해 살펴본다면 효명세자의 연출의식을 규명할 수 있을 것이다. 무용이 몸동작만으로 표현하고자 하는 의미를 전달해야 한다는 점에서 매우 한계를 지니는데 비하여, '악장'은 이 한계를 극복해내는 매우 효과적 서술장치이기 때문이다.

다행히도 이날 불러지던 각 정재의 악장은 현전하는 무자년 『진작의궤』를 통해서 모두 읽어낼 수 있다. 『진작의궤』에 수록되어 있는 악장의 순서는 실제 연향에서 공연되었던 정재의 순서와 일치하고 있다. 일곱 번째 「옥련환(玉聯環)」의 반주로 추어졌던 「향령무(響鈴舞)」는 당시에 창사(唱詞)를 올리지 않고 춤만 올렸기 때문에 수록 순서를 뒤로 돌렸고,6) 나머지는 완전히 일치하고 있다.

이제 악장의 해석을 통해 각 정재가 표현하고자 하는 주제를 살펴보

---

5) "呈才, 因下令磨鍊擧行."(『進爵儀軌』(戊子), 88쪽).
6) "響鈴. 此以下, 只呈才而不呈唱詞, 故不載."(『進爵儀軌』(戊子), 89쪽).

고, 그 주제 간의 문맥적 연결을 밝혀보도록 한다. 제일 먼저 공연된 정재 「망선문(望仙門)」7)의 예제악장(睿製樂章)은 다음과 같다.

丹霄九重閶闔通　　단소는 구중인데 창합(閶闔)으로 통해 있고
寶殿雲端天香近　　전각은 구름 끝에 솟아 천향(天香)과 가까우니
這乘鶴仙子來　　　학을 탄 신선이 내려올 것입니다

　제1구는 상제(上帝)가 사는 선계(仙界)를 표현하고 있다. 그런데 선계는 인간 세계와 단절되어 있는 것이 아니라 활짝 열려진 창합문(閶闔門)으로 서로 내왕할 수 있다. 이어 제2구에서는 국왕이 거처하는 인간 세계의 대궐이 선계와는 향기를 맡을 수 있을 정도로 가까이 있음을 말하고 있다. 이리하여 자연스럽게 제3구에서 선계의 선인이 이곳에 출현하기를 기다리는 것으로 마무리지었다.
　원래 망선문(望仙門)은 당(唐)나라 대명궁(大明宮)의 정문이었던 단봉문(丹鳳門)의 서쪽에 있던 문의 이름이었는데, 송(宋)의 안수(晏殊)는 이 문을 소재로 「망선문」이라는 사(詞)작품을 지은 적이 있다. 안수의 노래는 태평성대를 이룩한 황제의 은덕을 칭송하고 만수를 기원하는 내용이었다.8) 효명세자는 안수(晏殊)의 「망선문」이라는 사작품에서 정재 창작의 모티프를 취하여 새로운 정재 「망선문」을 창작한 것으로 볼 수 있는데, 연향을 시작하는 맨 처음에 이를 안배함으로써 부왕 순조의 공

---

7) 『進爵儀軌』(戊子), 88쪽.
8) "玉池波浪碧如鱗. 露蓮新. 清歌一曲翠眉顰. 舞華茵. // 滿酌蘭英酒, 須知獻壽千春. 太平無事荷君恩. 荷君恩.. 齊唱望仙門."[맑은 연못에 살랑살랑 물결 일고, 이슬 맞은 연꽃 싱그럽구나. 맑은 노래 한 곡조 수심겨워 부르며, 아름다운 자리에서 춤을 추는구나// 목련 꽃 술 가득 따라, 천년으로 헌수할 줄 알아야 하나니, 태평무사 이룩한 군왕의 은덕을 입었기 때문. 군왕의 은덕을 입었나니, 일제히 「망선문」곡을 노래하세나.](『全宋詞』 제1책, 中華書局, 北京, 1999, 131쪽)

덕을 칭송하며 만수를 기원할 선인의 출현을 기다리고 있는 것이다.
두 번째 정재에서 불렀던 예제악장 「경풍도(慶豊圖)」를 살펴본다.

於皇聖辟	아, 성스러우신 임금님
丕彰鴻名	위대한 이름 크게 떨치셨습니다
普隆一德	한결같은 덕을 넓고 성대하게 베푸셨으니
克享高名	높은 이름 능히 누릴 만하옵니다
皇矣上帝	거룩하신 상제께서
肇錫休禎	아름다운 상서를 내려주셨나이다
厥禎維何	그 상서 무엇이겠습니까
嘉禾九莖	아홉 줄기 이삭 달린 가화(嘉禾)이옵니다
綏萬屢豊	만년토록 끊임없이 풍년이 들어
慶本滋長	경사의 근본 뻗어나갈 것이옵니다
景雲乘彩	상서로운 구름이 빛을 띠고
瑞日曜光	상서로운 해도 빛나고 있나이다
赤圖玄符	적도(赤圖)9)와 현부(玄符)10)가 모두
天福永昌	길이 창성할 천복을 예언하고 있나이다
鳳闕開朝	이에 궁궐에 찾아와 조회하고
以獻于王	이것을 대왕께 바치옵니다

'천하지대본(天下之大本)'인 농사가 만년토록 풍년이 들 상서로운 징조를 나타내는 '가화(嘉禾)'를 바치고, 국운도 이에 따라 영원히 번창하리라 예언하고 있으며, 구름과 해도 이를 함께 축하하면서 빛나고 있다는 악장 내용이다.

그런데 가화(嘉禾)를 바치며 노래를 부르는 주체는 누구인가? 바로

---

9) '赤符'의 뜻으로, 天命을 받을 것이라는 符瑞를 가리킴.
10) '天符'의 뜻으로, 하늘이 나타내는 상서로운 징조를 말함.

앞에서 출현을 기다렸던 그 천상계의 선인이 하강해서 무원(舞員)으로 등장하여 '경풍도(慶豊圖)'를 바치며 노래부르는 것이다. 무보(舞譜)의 일종인 『정재무도홀기(呈才舞圖笏記)』의 「경풍도」를 읽어보면 이를 알 수 있다.

　　음악은 「경풍년지곡(慶豊年之曲)」을 연주한다. 「보허자령(步虛子令)」이다. 악사(樂師)가 탁자를 받든 무동(舞童)2인을 거느리고 들어와 전(殿) 안에 놓고 나간다. ○ 박을 친다. 중무(中舞)가 경풍도를 받들고 나와 선다. 음악이 그치면 노랫말을 창한다.[11]

　악장 「경풍도」는, 음악이 연주되는 가운데 중무(中舞)가 등장하고, 제1박에 음악이 멈춘 상태에서 중무가 부르는 노래였던 것이다. 그렇다면 앞에서 신자(臣子)들이 「망선문」을 노래하면서 출현을 기다렸던 선인이 드디어 하강하여 풍년을 기원하는 「경풍도」를 바치며 노래를 부르는 것이니, 첫 번째 정재와 두 번째 정재는 내용 전개에 있어서 긴밀한 내적 관계를 맺고 있다.

　세 번째 정재에서 불렀던 예제악장 「만수무(萬壽舞)」는 두 편의 작품으로 되어 있는데, 첫 번째 작품의 내용은 다음과 같다.

禁苑和風拂翠箔　　궁궐 정원 온화한 바람 비췻빛 발을 스치는데
袞衣深拱繡龍文　　용무늬 곤룡포 입으신 임금님 조용히 팔짱끼고 계시네
天門彩仗暎祥旭　　대궐문의 화려한 의장에는 상서로운 아침 햇살 비추이고
萊闕仙朝開霱雲　　궁궐에서 선인들 조회하는데 상서로운 구름이 떠있네
金殿堯樽傾北斗　　금빛 궁전에선 요임금의 술 단지 북두 자루로 따르고

---

11) "樂奏慶豊年之曲 步虛子令 樂師帥卓子奉擧舞童二人 入置於殿內而出 ○ 拍 中舞奉慶豊圖而進立 樂止 唱詞……"(『呈才舞圖笏記』,「外進宴時舞童各呈才舞圖笏記」(辛丑), 194쪽)

玉樓舜樂動南薰　옥루에선 순임금의 음악인 남훈가(南薰歌)가 울려 퍼지네
海東今日昇平世　해동의 오늘날은 태평한 세상이니
萬歲千秋奉聖君　천년 만년토록 성군을 받들겠나이다

　노래의 내용을 분석하면, 제1, 2구는 왕의 뛰어난 인재 등용을 칭송하는 말이다. 시구의 '심공(深拱)'이란 『서경(書經)·무성(武成)』편의 "垂拱而天下治"에서 유래한 말로, 무왕(武王)이 인재를 등용해 적재적소에 배치하여 국정을 맡김으로써 정작 무왕 자신은 할 일이 없어 팔짱만 끼고 있지만 천하가 다스려졌음을 찬미하는 말이었다.12) 제3, 4구는 그 결과 태평성대가 이룩되어 선인들이 출현해 화려한 의장과 구름에 둘러싸인 채 조회를 한다는 것이고, 제5, 6구는 먼 곳에서 이곳으로 조회하러 온 선인들을 위로하기 위해 잔치가 벌어진다는 것이고, 제7, 8구는 오늘날의 태평성대를 이룩한 현재 임금을 영원히 받들겠다는 다짐이다.
　그렇다면 이 노래를 부르는 주체는 누구인가? 춤이 시작되기에 앞서 족자를 받든 사람이 이 노래를 부르는 것으로13) 볼 때, 이 노래는 선인들이 부르는 노래가 아니라 현재 임금의 은덕을 입고 있는 효명세자 본인을 포함한 신자(臣子)들이 노래하는 주체이다. 곧 선인의 출현을 기다리며 「망선문」을 노래하던 주체로 다시 돌아갔다고 하겠다.
　두 번째 악장의 내용을 살펴본다.

瑤階蟠桃結　　　요지의 섬돌 가에 서린 복숭아나무가 열매를 맺었기에

---

12) "垂拱而天下治", 謂所任得人, 人皆稱職, 手無所營, 下垂其拱, 故美其 "垂拱而天下治"也.(『十三經注疏·尙書·武成』편의 해당 주석)
13) 무자년『진작의궤』에 "奉籤子唱詞"라는 小字兩行의 원주가 있고, 『呈才舞圖笏記』에서도 "樂奏萬年長懽之曲 步虛子令 樂師帥卓子奉擧舞童二人 入置於殿內而出 ○ 拍 籤子一人 足蹈而進立 樂止 唱詞 ……"로 되어 있어, 족자인이 부르는 노래임을 밝혀주고 있다.

三千春色滿玉盤中　　삼천 년의 봄빛을 옥 쟁반에 가득 담아 왔나이다
三千春爲君王壽　　　삼천 년이 일 년의 봄이길 군왕께 축수하오니
瑞日紅　　　　　　　붉게 떠오르는 상서로운 태양이옵니다

이 악장은 일찍이 요지(瑤池)에 살던 서왕모(西王母)가 옥반(玉盤)에 선도(仙桃)를 담아 한무제(漢武帝)에게 줄 때 "이 복숭아는 삼천 년에 한 번 열리는 것입니다"라고 했다는 『한무제내전(漢武帝內傳)』에 보이는 고사14)를 빌어 왕의 장수를 축원하는 노래이다. 3천 년에 한 번 열리는 이 선도를 먹으면 일 년의 봄이 3천 년으로 연장될 것이고, 그럴 경우 마흔이 된 왕의 현재 나이는 이제 막 붉게 떠오르는 태양과 같다는 내용이다.

이 노래는 선도반(仙桃盤)을 받든 중무(中舞)가 부르는 것으로 되어 있어,15) 노래하는 주체가 다시 선인으로 바뀌고 있다. 앞에서 불렀던 악장과 연관시켜 이해한다면, (1) 선인의 출현을 기다리고, (2) 출현한 선인이 풍년을 기원하고, (3) 그런 뒤 신자들은 국왕께 충성을 다짐하고 선인은 국왕의 장수를 축원하는 내적 맥락인 것이다.

네 번째 정재에서 불렀던 예제악장 「헌천화(獻天花)」의 내용은 다음과 같다.

---

14) "命侍女更索桃果, 須臾以玉盤盛僊桃七顆, 大如鴨卵, 形圓靑色, 以呈王母, 母以四顆與帝, 三顆自食, 桃味甘美, 口有盈味, 帝食輒收其核, 王母問帝, 帝曰欲種之, 母曰此桃三千年一生實, 中夏地薄, 種之不生, 帝乃止."(『四庫全書, 子部, 小說家類, 異聞之屬, 漢武帝內傳』)

15) 『의궤』에 "奉仙桃盤唱詞"라는 小字兩行의 원주가 있으며, 『정재무도홀기』에는 제5박에 "中舞足蹈小進而立. 舞童一人奉仙桃盤, 進中舞之右西向跪, 呈中舞奉盤. 樂止, 唱詞……"(중무가 족도하여 조금 앞으로 나와 서고, 무동 1인이 仙桃盤을 받들고 중무의 오른쪽으로 나와 서쪽으로 향해 꿇어앉아 중무에게 드리면 중무가 선도반을 받들고, 음악이 그치면 노랫말을 창한다)로 되어 있다(『呈才舞圖笏記』, 「外進宴時舞童各呈才舞圖笏記」, 199쪽).

祥雲繞金殿　　상서로운 구름은 금빛 궁궐을 감싸고
天花奉玉甁　　천화는 옥병에 꽂혀 있네
翠華聞仙樂　　임금께서 선악을 들으시는데
冠珮會如星　　백관들은 별처럼 빽빽이 모여 있네

　이 악장의 내용은 연향이 벌어지고 있는 장소에 대한 묘사로 일관하고 있다. 상서로운 구름이 감싸고 있는 궁궐 안, 꽃병에는 천화가 꽂혀 있고, 백관들이 빽빽이 모인 가운데 임금께서는 아름다운 음악을 듣고 계시다는 것이다.

　겉으로는 어떠한 축원의 의미도 담고 있지 않은 것처럼 보인다. 그러나 『의궤』에서 「헌천화」가 불교에 연원을 두고 창제된 것임을 밝히면서 "維摩詰室, 一天女以天花散"[유마힐의 방에서 한 천녀가 천화를 뿌렸다]라는 『패문운부(佩文韻府)』의 내용을 수록하고 있다.16) 그렇다면 천녀는 과연 무슨 뜻으로 天花를 뿌린 것일까? 원래 『유마힐경(維摩詰經)』의 내용은 꽃이 몸에 달라붙는지의 여부를 가지고 보살들의 '분별상(分別想)'이 완전히 사라졌는가를 시험하는 것이었다.17) 그러나 이것을 가지고 천화를 뿌린 뜻을 이해한다면 呈才의 본 뜻과는 전연 어울리지 않는다.

　「헌천화」무가 표현하고 있는 주제를 규명하기 위해 다각도로 조사해 본 결과, 『유마힐경』의 내용과는 별도로 유마힐이 병에 걸렸을 때 석가모니가 문수보살을 보내 문병하고 그 때 천녀가 천화를 뿌린다는 내용의 경극(京劇)「천녀산화(天女散花)」를 발견할 수 있었다.18) 그리고 송 나라

---

16)『進爵儀軌』(戊子),「呈才樂章」, 88쪽.
17)『維摩詰經・觀衆生品』: "時維摩詰室有一天女, 見諸大人聞所說法, 便現其身, 卽以天華散諸菩薩大弟子上, 華至諸菩薩, 卽皆墮落; 至大弟子, 便着不墮. 一切弟子神力去華, 不能令去……觀諸菩薩華不着者, 已斷一切分別想故."

리강(李綱)이 지은 「망강남(望江南)」이라는 사(詞)작품에 "老病維摩誰問疾, 散花天女爲焚香"[늙고 병든 유마힐을 누가 문병하는가, 꽃을 뿌리는 천녀가 그를 위해 분향했다네]이라는 구절이 보인다. 그렇다면 '천화'가 상징하는 진정한 뜻은 바로 '무병(無病)의 기원'이라 할 수 있다.

결론적으로 말해서 네 번째 공연된 정재의 내용은, 빽빽이 모여 있는 문무백관들이 왕과 왕비의 무병(無病)을 기원하고 있음을 꽃병에 꽂혀 있는 '천화'를 통해 상징적으로 나타낸 것이라 하겠다. 앞 정재에서 장수를 기원한 내용 뒤에 자연스럽게 따라나오는 무병의 기원이다. 아무리 장수를 한다 하더라도 병든 채 괴롭게 고생한다면 차라리 빨리 죽는 게 낫지 않겠는가? 정재의 주제가 풍년과 장수의 축원을 거쳐 무병의 기원으로 발전된 것이라 하겠다.

다섯 번째 정재에서 불렀던 예제악장 「춘대옥촉(春臺玉燭)」은 세 편으로 구성되어 있는데, 이를 제시하면 다음과 같다.

綺席光華	아름답게 빛나는 비단 자리에
盛宴初張	성대한 연회 처음 펼쳤는데
麗日舒長	고운 해 따스하고 길어
羣仙來朝	여러 신선들 조회하러 왔답니다
寶臺高星彩燈光	보대의 높은 별은 채색 등이 빛나는 것이고
點點紅賀聖壽	점찍은 듯한 빨간 등불은 성수(聖壽)를 축하하는 것이니
雲韶天樂聲聲慢	운소(雲韶)[19]의 균천악(鈞天樂)이 한 곡 한 곡 천

---

18) 『京劇文化詞典』, 428쪽, 「天女散花」조 해설 참고(漢語大詞典出版社, 上海, 2001).
19) 黃帝의 음악인 ≪雲門≫과 舜의 음악인 ≪大韶≫를 합하여 이르는 말. 뒤에는 궁정 음악 또는 아름다운 악곡을 가리키는 말로 쓰임. 또한 教坊을 雲韶府라 부르기도 하였음.

천히 울려 퍼지옵니다

法樂將終	법악이 끝나려 함에
拜辭華筵	화연을 하직하겠다고 합니다
仙鶴欲返	학을 탄 선인들 돌아가려고
遙指雲程	멀리 구름 길을 가리켰습니다

악장 제목의 뜻을 살펴보면, '춘대(春臺)'란 봄날 올라가서 경치를 즐기는 대(臺)이고, '옥촉(玉燭)'은 해와 달이 촛불처럼 환히 비치는 것으로 사시의 기후가 고르고 날씨가 화창한 태평성세(太平盛世)를 뜻함과 동시에 이를 형용하는 악률(樂律)의 이름이기도 하다. 그렇다면 '춘대옥촉'이란 '춘대에서 태평성세를 축하하는 음악회' 정도의 뜻이 될 것이다.

제1수는 깃발을 든 집당(執幢)이 부르는 구호(口號)인데, '옥촉(玉燭)'의 구체적 표현인 '麗日舒長'[고운 해 따스하고 길어] 속에서 태평성세를 축하하는 연회를 열었는데, 잔치를 시작하려 할 때 선인들도 축하하기 위해 참석했음을 보고하는 내용이다. 제2수는 등불을 들고 춤을 추는 집등(執燈) 곧 선인이 부르는 노래로, 연회를 장식하기 위해 대(臺)의 높은 곳에 매달린 채 빛나는 등불이 꼭 왕의 장수를 기원하는 듯하다는, 완곡한 방식의 축수라고 하겠다. 제3수는 다시 깃발을 든 집당(執幢)이 부르는 구호(口號)로, 잔치가 끝나갈 즈음에 선인들이 하직을 고하고 떠나갈 것을 청한다는 내용이다.

악장의 전체적인 내용 전개로 볼 때, 제1수와 제3수는 선인의 출현과 하직을 왕에게 알리는 역할을 담당한 집사의 입으로 부르는 노래이고, 제2수는 연회에 참석하여 왕에게 축수하는 선인의 입으로 부르는 노래라고 하겠다. 춘대에서 태평성세를 즐기기 위해 베푼 잔치에 신선들까지 출현하여 함께 즐기며 축수한다는 내용이다.

여섯 번째 정재에서 불렀던 예제악장 「보상무(寶相舞)」는 모두 네 편으로 구성되어 있다.

翠幕華筵耀瑞日　　비취빛 장막 화사한 자리에 상서로운 해가 비치는데
綺羅千隊好新粧　　비단옷을 입은 일 천 대오 곱게 새 단장을 하였구나

五雲樓閣聞仙樂　　오색 구름 속 누각에선 아름다운 음악 들려오고
百寶闌干拂霓裳　　온갖 보화 장식한 난간에 구름 같은 춤옷이 나부끼네

錦帳初開彩袖色　　비단 장막 처음 열리자 채색 옷소매 눈에 띠고
玉簾且捲繡毬香　　옥 주렴 걷으려는데 벌써 수구(繡毬) 향기 풍겨오네

花間簫鼓莫催曲　　퉁소와 북이여, 「화간곡(花間曲)」을 재촉하지 말아다오
只恐花身落舞場　　꽃잎이 무대 위에 떨어질까 두렵단다

이 악장은 보상반(寶相盤) 중앙에 연꽃 항아리를 놓고 무원(舞員) 여섯 사람이 두 사람씩 셋으로 편을 나누어 항아리에 채구(彩毬)를 던져 넣으면 상으로 꽃을 주고, 넣지 못하면 벌로 뺨에 먹을 칠하는 유희적 성격이 강한 춤을 추면서 부르는 것이다. 『의궤』에 의하면, 위의 악장 제1수는 모든 대원이 함께 부르는 노래이고, 제2수는 좌·우대(左右隊)의 제일인(第一人)이 부르는 노래이고, 제3수는 좌·우대의 제이인(第二人)이 부르는 노래이며, 제4수는 좌·우대의 제삼인(第三人)이 부르는 노래이다.

악장의 내용은, 곱게 단장한 미녀들이 연회에 참가해 음악에 맞추어 춤추고 보상놀이 하는 광경을 관람자의 시각으로 묘사한 것이다. 제4수의 「화간곡(花間曲)」이란 남녀의 애정을 주로 표현한 곡조를 말하는 것으로, 마지막 구절은 끝없는 향락에 빠지지 말라는 절제를 당부하고 있

는 내용이다. 태평성대를 즐기되 향락이 지나치면 슬픈 일이 생긴다는 곧 '낙극즉애(樂極則哀)'라는 유가적(儒家的) 심미관(審美觀)의 발로이다.

여섯 번째 판에서 벌어진 정재의 성격은, 군신들과 잔치를 열어 즐길 때의 구체적 놀이의 하나로 '단체 놀이'를 안배한 것이라 이해할 수 있다.

일곱 번째 공연된 정재는「향령무(響鈴舞)」로 악장 없이 춤만 추었음을 이미 언급한 바가 있는데,[20]『정재무도홀기』에 의하면「향령무」는 무원 6인이 춤추며 노래하는 '단체 놀이'임을 알 수 있다.

여덟 번째 정재와 아홉 번째 정재에서 불렀던 악장「영지(影池)」와「박접(撲蝶)」은 함께 살펴보도록 한다.

影娥池水涵涵碧　　찰랑대는 맑은 연못에 달 그림자 비추는데
仙人弄波　　　　　선인께서 물결을 완상하시누나
笙笛雲韶　　　　　생황과 피리로 연주하는 아름다운 음악에
樂舞婆娑　　　　　빙글빙글 돌아가며 춤을 추시누나
　　　　　　　　　　　　　　　　－ 영지(影池) －

彩蝶雙雙探春光　　색동 나비는 쌍쌍이 봄빛을 찾아
花拂金翅撲　　　　꽃을 스치며 금빛 날개를 너울너울
隔珠簾美人　　　　주렴 안쪽 춤추는 미인은
一般花灼爍　　　　활짝 핀 꽃과 한가지라네
　　　　　　　　　　　　　　　　－ 박접(撲蝶) －

이 악장들은,「영지」의 경우 무동 6인이 연못을 나타내는 네모난 영지(影池)의 전후에 각각 3명씩 나열해 춤추면서 다함께 부르는 노래이고,[21]「박접」역시 무동 6인이 2명씩 전·중·후의 세 대오를 만들어

---

20) "響鈴. 此以下, 只呈才而不呈唱詞, 故不載."(『進爵儀軌』(戊子), 89쪽)
21) "設影池, 形如方塘, 舞童三人在影池之前, 三人在影池之後, 並相對而舞."(『進爵

춤추면서 다함께 부르는 노래이다.[22]

위 노래 내용의 분석을 통해, 「영지」는 물에 비친 달 그림자를 감상하는 정취를 춤으로 표현한 것임을 알 수 있고, 「박접」은 2월 15일인 '화조일(花朝日)'을 맞이하여 나비를 잡는 여인을 표현한 춤으로 파악할 수 있다. 그렇다면 이곳의 정재는 비록 집단무의 형태를 띠고 있지만, 표현하고 있는 정서는 개인적인 것이라 하겠다.

정재의 성격은 이제 군신들과 함께 잔치를 열어 즐기는 '단체 놀이'가 아닌 '개인의 놀이'를 제시하고 있는 변화를 보이고 있다. 사람이 꼭 집단을 이루어야만 놀 수 있는 것은 아니며, 정말 풍류가 있는 사람은 혼자서도 능히 즐길 줄 아는 사람이라 할 수 있지 않은가.

열 번째 정재와 열한 번째 정재에서 불렀던 악장 「침향춘(沈香春)」과 「연화무(蓮花舞)」도 함께 제시한다.

絳色羅裳綠色襦	진홍색 치마 녹색 저고리
沉香亭北理腰肢	침향정 북쪽에서 몸단장을 하였구나
含風笑日嬌無力	바람을 머금은 듯 해가 웃는 듯 나긋나긋하니
恰似楊妃睡起時	막 잠에서 깨어난 양귀비와 흡사하구나

ㅡ 침향춘(沈香春) ㅡ

紅白蓮花開共塘	붉은 연꽃 흰 연꽃 연못에 가득 피었는데
兩般顏色一般香	이리저리 얼굴을 돌려보아도 향내는 일반이네
恰如漢殿三千女	마치 한나라 전각 삼천 명의 궁녀들
半是濃粧半澹粧	반은 농염하게 반은 담박하게 단장한 듯하네

ㅡ 연화무(蓮花舞) ㅡ

儀軌』(戊子), 88쪽).
22) "舞童一人在前, 一人在後, 作前隊;一人在左, 一人在右, 作中隊;一人在前, 一人在後, 作後隊, 並相背而舞."(『進爵儀軌』(戊子), 88쪽).

위의 두 악장은 '예제(睿製)'라는 수식어가 없는 것으로 보아 효명세자의 작품이 아닌 듯한데, 언제 누구에 의해서 지어진 것인지는 아직 확인할 수 없다.

「침향춘」 악장의 내용은 봄을 맞아 침향정(香亭)에 피어있는 모란의 아름다움을 묘사한 것이다. 원래 이백(李白)은 「청평사(清平詞)」에서 모란을 한 성제(漢成帝)의 궁녀 조비연(趙飛燕)에 비유했는데,23) 이 작품은 당 현종(唐玄宗)의 비(妃)인 양귀비(楊貴妃)에 비유하고 있다. 「연화무」 악장의 내용은 서호(西湖)에 피어있는 연꽃을 표현하고 있는데, 「침향춘」이 홀로 피어 있는 꽃을 표현했음에 반하여, 이 춤은 드넓은 호수에 무리지어 피어 있는 꽃을 묘사하는 변화를 보이고 있다.

이제 정재는 인간의 놀이를 표현하는 것이 아니라 인간의 영원한 심미적 대상인 자연물 꽃을 표현하는 내용으로 변화하고 있다.

열두 번째 정재인 「춘앵전(春鶯囀)」의 예제악장은 다음과 같다.

娉婷月下步	고울사! 달빛 아래 거닒이여
羅袖舞風輕	비단 옷소매 춤추며 바람을 일으키네
最愛花前態	꽃 앞의 자태 참으로 사랑스러우니
君王任多情	군왕께서 다정을 맡기고 계시네

이 악장의 내용은 봄을 맞아 지저귀는 꾀꼬리를 형상화한 것이다. 꽃을 앞에 놓고 교태를 짓는 꾀꼬리의 모습이 너무나도 아름다워 임금께서도 넋을 놓고 바라볼 정도라는 것이다.

앞에서 공연한 두 정재는 인간의 심미적 대상인 '꽃'을 표현했다면, 이번의 공연은 '새'를 표현하고 있다. '화조(花鳥)'가 하나의 단어를 형성

---

23) "一枝穠豔露凝香, 雲雨巫山枉斷腸. 借問漢宮誰得似, 可憐飛燕倚新妝."(李白, 「清平調詞」, 제2수).

하듯이 꽃과 새는 떨어지려야 떨어질 수 없는 긴밀한 관계이므로 꽃을 뒤이어 새인 꾀꼬리를 형상화한 정재를 안배한 것으로 이해할 수 있다.
열세 번째 공연된 정재「춘광호(春光好)」의 악장은 다음과 같다.

瞳瞳日出大明宮	환하게 해가 대명궁으로 떠오르는데
天樂遙聞在碧空	천악이 멀리 푸른 하늘에서 들려오누나
禁樹無風正和暖	나무엔 바람 한 점 없이 매우 따스하니
玉樓金殿曉光中	옥루와 금전은 새벽빛 속이라네

이 악장은, 며칠 동안 연이어 내리던 비가 멈추어 활짝 개인 어느 봄 날 풍경을 대했을 때의 흥취를 갈고(羯鼓)로 연주하여 표현했던 당 현종(唐玄宗)의 고사를 원용하여 노래한 것이다.[24] 이 악장의 내용은, 비 바람 몰아치며 변덕을 부리던 봄 날씨가 화창하게 개였을 때의 환희를 표현하고 있다.

이제 정재는 비록 꽃과 새와 같은 생물은 아니지만 이들 못지 않게 인간의 기분에 영향을 주는 '화창하게 갠 봄 날씨'를 마주했을 때의 정취를 춤으로 형상화하여 표현하는 단계로 변하고 있는 것이다.

열네 번째 공연된 정재「첩승(疊勝)」의 예제악장을 살펴본다.

翠樓春日捲珠簾	비취빛 누각에서 봄날 주렴을 걷으니
紫鷰雙飛近畫簷	어린 제비가 단청 처마 가까이 짝지어 나네(一疊)
雕欄灼爍百花光	아로새긴 난간은 온갖 꽃 빛으로 찬란한데
畫院春深十二香	화원엔 봄이 깊어 각종 향기 풍기누나(二疊)
春近昭陽殿裡人	봄이 가까운 소양전 안의 미인

---

24)『太平御覽』, 卷583,「樂部」21의 '羯鼓' 조 참고.

仙裙風動好輕身　　치마를 나부끼며 사뿐사뿐 걷는 모습(三疊)

玉樓春月正遲遲　　옥루에 둥근 달 뉘엿뉘엿 떠오르니
碧繡簷前花影移　　처마 앞으로 꽃 그림자 옮겨오누나(四疊)

玉礎花甎築歌臺　　옥 주춧돌 꽃무늬 벽돌로 무대를 쌓고
玳瑁盤中軟舞來　　대모반 안으로 나붓이 춤추며 나아오네(五疊)

春光先到百花樓　　봄빛이 먼저 찾아와 온갖 꽃 핀 누각에서
宮女雙雙弄彩毬　　궁녀들 쌍쌍이 춤추며 채색 공놀이 한창이라네(六疊)

朝日曈曈興慶池　　아침 해가 환하게 흥경지에 떠오르니
梨園弟子奏新詞　　이원의 제자들 임금님의 신곡을 연주하네(七疊)

弟子部中奏新樂　　이원의 제자들 신악을 연주하는데
沉香亭上半捲箔　　침향정 위에는 반쯤 걷혀 있는 주렴(八疊)

妃子春遊臨玉塘　　왕비께서 봄 놀이 나와 연못에 임하시니
梨園新奏荔芰香　　이원이 다시금 「여기향」을 연주하네(九疊)

羯鼓聲催御苑花　　갈고 소리 둥둥 어원의 꽃들을 재촉해 피우고
紫衣宮女按琵琶　　자의의 궁녀들 비파를 연주하네(十疊)

무원 6인이 함께 불렀던 '첩첩이 쌓여있는 아름다운 경치'라는 제목의 10곡으로 이루어진 합창곡이라고 할 수 있다. 그 내용은 세상의 모든 아름다움을 모아놓은 궁궐 후원에서 봄을 즐기는 행복을 표현하고 있다. 화창하게 갠 날씨, 아름다운 누각, 백화가 만발한 봄, 천상의 음악에 맞추어 춤을 추기도 하고 놀이를 즐기기도 하고, 때로는 연못에 임

하여 달빛을 감상하기도 하는 꿈결같은 생활이다.

 이 정재는 중국 문헌에 근거를 두지 않고 효명세자가 독자적으로 노랫말을 창제하고 정재화한 것인데, 첩첩이 쌓여있는 아름다운 자연 속에서 최상의 예술을 향유하며 더없이 행복한 임금과 왕비와 궁녀들의 생활을 합창하며 춤춤으로써 연향의 분위기를 한껏 최고조로 끌어올리고 있는 것이다.

 열다섯 번째 공연된 정재「최화무(催花舞)」의 악장은 다음과 같다.

梨園弟子簇池頭	이원의 제자들 연못가에 빽빽이 모여
小樂携來候鶯遊(一疊)	악기를 들고 제비 나타나길 기다리네
試挾銀箏先按拍	은쟁을 시험삼아 끼고 몇 곡조 타보는데
海棠花下合梁州(二疊)	해당화 아래에서 타던「양주(梁州)」곡이구나
興慶池南柳未開	흥경지의 남쪽 버들가지 싹트지 않았는데
太眞先把一枝梅(三疊)	양귀비는 벌써 매화꽃 한 가지를 꺾어들었네
內人已唱春鶯囀	궁녀들은 이미「춘앵전」을 노래하고
花下傞傞軟舞來(四疊)	꽃 아래 사뿐사뿐 춤추러 나오누나

 이 노래도 무원 6인이 함께 부르는 4곡의 합창곡이다. 열네 번째 정재의 마지막 노랫말 내용이었던 "갈고 소리 둥둥 어원의 꽃들을 재촉하니"[羯鼓聲催御苑花]라는 구절에서 제목을 따와 지은 노래이다. 공기를 타고 전해지는 음악을 가지고 봄바람을 재촉하여 꽃을 피우게 할 수 있다는 뜻의 제목인데, 음악의 효능은 인간의 감정뿐만 아니라 초목까지 감동시킬 수 있다고 보는 것이다.

 이번 정재는 너무도 아름다운 궁궐 후원의 승경이기에 지금까지의 춤과 놀이만으로는 만족할 수 없어 다시 한 번 춤과 노래를 되풀이한 것으로 이해되며, 이제 잔치의 분위기는 최고조를 넘어 마무리 단계를 향해 달려가고 있다.

열여섯 번째 공연된 「가인전목단(佳人剪牧丹)」의 악장은 이러하다.

停杯醉折	술잔 멈추고 취하여 꺾어드니
多情多恨	다정스럽고 안타깝지만
絶艶眞香	너무도 어여쁘고 향기롭기 때문
只恐去爲	두려운 건 꺾어 가면
雲雨夢魂	운우를 꿈꾸었던 양왕의
時惱襄王	넋을 때때로 괴롭힐까 하노라

이 악장의 내용은, 피어난 꽃이 너무도 아름답고 향기로워 저도 몰래 꺾어버렸다는, 그렇지만 이를 꺾어 가지고 돌아가 소유하려 한다면 마음을 미혹시킬까 염려된다는 내용의 노래이다. 그런데 이곳의 '꽃'은 '운우몽(雲雨夢)'과 그 주인공 '양왕(襄王)' 등의 어휘로 인하여 자연스럽게 '미녀'와 연관이 되고, 이에 꽃을 꺾어 가져갈까 저어하는 주인공은 정재를 감상하던 '임금' 또는 '관람객'으로 바뀔 수 있다. 춤추는 미녀들의 모습이 너무도 아름다워 관람하던 임금 이하 신하들의 정이 동하여 운우지락을 꿈꾸게 된다는 내용으로 해석할 수 있는 것이다.

이제 정재의 표현 대상은 춤추고 노래하던 무원과 그들의 생활이 아니라, 잔치가 끝나갈 무렵 이들을 감상하는 관객의 정서를 묘사하는 것으로 변화하고 있다.

마지막인 열일곱 번째 공연된 「무산향(舞山香)」의 악장은 다음과 같다.

衆中偏得君王笑	여러 사람 가운데 홀로 군왕의 총애를 받아

催換香羅窄袖衣 　　비단치마와 좁은 소매 저고리로 갈아입네
遊響[25]新歌鶯囀樹 　아름다운 신곡은 꾀꼬리가 나무에서 지저귀는 듯
倚風輕舞拂雲飛 　　사뿐사뿐 춤추는 모습은 구름을 스치며 나는 듯

　이 악장은 제1구와 제2구의 내용에 근거할 때 동료 무원들과 함께 춤추던 어떤 궁녀가 잔치가 끝난 뒤 임금과 단 둘이 가지는 조용한 자리를 묘사한 것으로 이해할 수 있다. 꾀꼬리 같은 노래와 나는 듯한 춤 솜씨를 지닌 출중한 어떤 궁녀에 반하여 임금은 그를 지목하고, 그녀는 옷을 갈아입고 임금과 자리를 함께 한다는 내용이다.
　이제 공연은 완전히 끝나 다른 동료 무원들은 모두 돌아가고 최후로 남은 궁녀와 임금 단둘이만 갖는 자리인 것이다. 이렇게 정재는 모두 끝났다.
　지금까지 공연된 정재의 문맥적 내러티브를 정리하면, 태평성세를 이룩하여 선인의 출현을 기다리고[(1)望仙門], 출현한 선인은 나라의 풍년과[(2)慶豐圖] 국왕의 장수와[(3)萬壽舞] 무병을 기원하고[(4)獻天花], 이어 군신들의 잔치에 참여하여 즐기게 된다[(5)春臺玉燭]. 구체적 잔치의 모습으로 집단 놀이와[(6)寶相舞, (7)響鈴舞] 개인 놀이가[(8)影池, (9)撲蝶] 제시되며, 심미 대상인 홀로 피어 있는 꽃과[(10)沈香春] 무리 지어 피어 있는 꽃을[(11)蓮花舞] 표현하고, 꽃과 긴밀한 관계에 있는 새를[(12)春鶯囀] 표현하며, 이어 사람의 마음을 산뜻하게 해주는 화창한 날씨를[(13)春光好] 표현한다. 그런 뒤 분위기는 절정에 이르러 궁궐 후원에서 봄놀이하는 궁녀들의 꿈결같은 생활이[(14)疊勝, (15)催花舞] 표현되고, 최후로 이를 관람한 군왕에게 일어나는 성적 충동이

---

25) 아름다운 노랫소리를 말함. '유향정운(遊響停雲)'의 준말로 아름다운 노랫소리에 높이 지나가던 구름도 멈추고 듣는다는 말.

[(16)佳人剪牧丹] 표현되고, 이어 가장 아름다운 미인과 군왕 단둘이 갖는 자리가 [(17)舞山香] 묘사되는 순서로 전개되고 있는 것이다.

4. 맺음말

효명세자(孝明世子)는 한국 공연예술사에서 한 획을 그은 중요한 인물이다. 음악[樂]-노래[歌]-춤[舞]이 어우러진 종합예술 呈才의 창작에 있어서 17종목이나 되는 다량의 악장(樂章)을 직접 지음으로써 정재의 재정비를 주도하였고, 동시에 이를 직접 공연케 함으로써 공연예술의 발전을 촉진시켰다.

본고는 지금까지 순조조(純祖朝) 무자년의 연경당진작(演慶堂進爵)을 놓고, 악장(樂章)을 읽어 분석하여 개별 정재들이 표현하고 있는 내용을 살펴봄과 동시에 공연된 정재들 간의 문맥적(文脈的) 내러티브를 살핌으로써 효명세자의 연출의식을 규명해보았다. 기왕의 연구가 정재의 내용이나 창작 배경 등등 개별 정재 종목을 놓고 연구를 진행한 것이었음에 비하여, 본고는 정재가 공연된 전체 잔치판의 줄거리를 읽으려 시도하였다. 이에 의식 절차와 정재 내용 간의 연계성이 규명되지 않아 외견상 무원칙하게 보였던 정재 안배가, 실은 효명세자가 치밀한 연출 의식을 가지고 정재 내용 간의 연계성을 가지도록 안배한 것이었음을 밝힐 수 있었다.

효명세자의 연출의식에 대한 이 연구는 아직 충분하지는 못하다. 다른 해에 거행된 여타 궁중연향들과의 충분한 비교 검토를 통해 효명세자의 일관성 있는 연출 의식을 도출해낸 것이 아니기 때문이다. 그러나 설사 다른 국연(國讌)에서 효명세자의 연출 의식이 발견되지 않는다 하더라도, 본 연구의 결론이 완전히 부정되는 것은 아니다. 효명세자에게 있어 이 연경당 진작은 세심한 정성과 관심을 가지고 직접 주도하여 연출함으로써 다른 연향과는 구별되는 특별한 의미를 가진 것이었기 때문이다.

참고문헌

국사편찬위원회, 『조선왕조종실록』, 국사편찬위원회, 1970.
국사편찬위원회, 『승정원일기(순조)』, 국사편찬위원회, 1970.
국립국악원, 『한국음악학자료총서3』, 『진작의궤』(무자), 1981.
『전송사』 제1책, 중화서국, 1999.
『경극문화사전』, 한어대사전출판사, 상해, 2001.
이철원, 『왕궁사』, 동국문화사, 1954.
한국정신문화연구원, 『정재무도홀기』, 한국정신문화연구원, 1994.
장사훈, 『한국전통무용연구』, 일지사, 1977.
이흥구·손경순 역, 『조선궁중무용』, 열화당, 2000.
김천홍, 『정재무도홀기 창사보Ⅱ』, 민속원, 2003.
송방송, 『한국음악통사』, 일조각, 1984.
이혜구 역주, 『신역 악학궤범』, 국립국악원, 2000.
성무경 역주, 『교방가요』, 보고사, 2002.
_____, 「조선후기 정재와 가곡의 관계」, 『한국시가연구』 제14집, 2003.
_____, 「'국연정재창사초록'을 통해 본 고종조 연향악장 정비」, 『대동문화연구』 제49집, 2005.
정은혜, 『정재연구Ⅰ』, 대광문화사, 1993.
조규익, 「조선조 악장과 정재의 문예미적 상관성 연구」, 『한국시가연구』 제10집, 2001.
조경아, 「순조대 정재 창작양상」, 『한국음악사학보』 제31집, 2003.
한국예술종합학교 전통예술원, 『국역헌종무신진찬의궤』, 한국예술종합학교, 2004.

『정재무도홀기』를 통해 본 고종 신축년 진연의 문화사적 의의

이의강

Ⅰ. 머리말

본 세계민족무용연구소에서는 한국학술진흥재단의 지원을 받아 "한국 근·현대사의 전통무용의 굴절과 계승 방향"을 연구하고 있다. 19세기 이후 한국 전통무용의 변천과 전개 과정을 추적함으로써 전통무용이 일제 강점기를 거쳐 오늘날에 이르기까지 단절되거나 굴절된 모습의 실상을 드러내고, 이에 대한 올바른 계승 방향을 정립하기 위한 연구이다.

위의 과제를 완수하기 위한 연구 작업의 일환으로, 본 발표는 대한제국(大韓帝國) 광무(光武) 5년(1901)에 고종 황제의 50세를 경축하기 위해 거행된 진연(進宴)을 특히 주목한다. 시기적으로 비교적 가까울 뿐만 아니라, 『고종순종실록(高宗純宗實錄)』, 『승정원일기(承政院日記)』, 『정재무도홀기(呈才舞圖笏記)』, 『고종신축진연의궤(高宗辛丑進宴儀軌)』 등 행사와 관련한 자료가 가장 전면적이며, 이들 자료를 꼼꼼히 정리한 기왕의 연구 성과도 풍부하기 때문이다.[1]

---

[1] 인남순·김종수 공저의 『女伶呈才笏記』(2001), 한국예술종합학교 전통예술원의 한국예술학과 음악사료강독회에서 역주한 『高宗辛丑進宴儀軌』 3책(2001~2002)이

흔히 어떤 현상의 전체 모습은 부분 현상의 단순한 합이 아닌 것과 마찬가지로, 특정 문화 현상의 참된 의의는 그 문화 현상이 벌어졌던 시대적 상황과 분리시켜 그 자체를 분석하는 것만으로는 진정한 이해에 도달할 수 없다. 근래 학계에서 학제간 연구의 필요성이 강조되고 있는 것도 이런 이해의 일반화와 심화에 따른 연구자에 대한 새로운 연구 방법론의 요구라 할 수 있다.

진연을 준비하는 과정에서 사용되었던 『정재무도홀기』, 진연이 완료된 뒤 그 경과를 종합 정리한 『의궤』, 국왕을 중심으로 벌어졌던 여러 정치 행위를 일기 형식으로 기록하고 있는 『승정원일기』를 주된 자료로 활용하여 비교 분석을 시도하고자 한다. 그리하여 궁중에서 공연되었던 전통무용의 전개 양상을 살펴보고, 아울러 광무 5년이라는 특정 시기에 거행됨으로써 그 행사가 지니는 문화사적 의의를 규명해 보고자 한다.

Ⅱ. 고종 신축년 진연의 발의와 거행 면모

조선 왕조 말기는 서구와 일본의 세력 확장으로 인해 맞이하게 되는 외부적 위기 못지않은 중대한 내부적 위기가 있었으니, 국왕들의 계속된 이른 승하(昇遐)로 초래된 왕실 존립의 문제이었다. 순조(純祖 ; 1790-1834)의 세자(世子)로서 대리청정(代理聽政)하여 인재를 등용하고 민정(民政)에 힘썼던 효명세자(孝明世子 ; 1809-1830)가 22세로 일찍 세상을 뜨게 되어, 헌종(憲宗 ; 1827-1849)이 8세라는 어린 나이에 왕위를 계승하게 되었고, 헌종이 후사를 두지 못한 채 23세로 일찍 승하하여 철종

간행되어 있다.

(哲宗; 1831-1863)이 그 뒤를 잇는다. 그러나 철종 역시 후사가 없이 33세로 일찍 승하하여, 흥선대원군(興宣大院君)의 둘째 아들이었던 고종(高宗; 1852-1919)이 12세의 어린 나이로 왕위를 이어 받음으로써 왕실은 왕위 계승과 관련한 위기감이 상존하였던 것이다.

본고에서 고찰하고자 하는 진연(進宴)이 거행된 광무 5년(1901)은 고종이 왕위에 즉위한 지 이미 38년째인 해로써 당시 고종은 보령(寶齡)이 50세가 되었다. 고종의 나이가 50세가 된 것을 별다른 경사가 아니라고 생각할 수도 있으나, 계속된 국왕들의 이른 승하로 인해 그 동안 왕실이 겪었던 갈등과 위협이라는 측면에서 본다면 대단한 경사가 아닐 수 없었다. 이에 당시의 황태자였던 이척(李拓)은 이를 축하하는 진연 의식의 거행을 청한다.

> … 올해는 우리 부황 폐하께서 성수가 온전히 50이 되는 경사스러운 해입니다. … 우리 부황 폐하께서는 중흥할 운수를 타고나시어 大業을 처음으로 이루셨으니 높고 성대한 공렬이 선조를 빛내시고 후손을 넉넉하게 하셨으므로, 실로 創業하여 統緖를 전한 임금보다 훌륭하고 三代 이후를 거슬러 올라가 상고해 보아도 융성함이 비할 데 없습니다. 이러니 하늘이 이와 같이 보답하는 것이 마땅합니다. 떠오르는 해와 같고 새로 돋는 달과 같으며 냇물이 끊임없이 이르는 것과 같아, 기이한 상서와 여러 복이 한데 모이고 많이 이르니, 무릇 신하된 자가 기뻐하며 축원하는 정성이 어찌 끝이 있겠습니까. … 삼가 바라건대, 부황 폐하께서는 깊이 숙고하시어 겸양의 마음을 돌리시어 聖節이 든 달에 內・外進宴을 차리도록 속히 명을 내리옵소서. 그리하여 옛 제도에 흠이 없도록 하고 여러 사람의 소원을 풀어주시옵소서.…2)

---

2) …今年, 惟我父皇陛下聖壽, 洽滿五旬之慶年也… 惟我父皇陛下, 運撫中恢, 肇建大業, 巍蕩盛烈, 光前裕後, 實有邁於創垂, 遡考三代以降, 未或有媲隆焉. 天之所報者, 宜其如此, 而如日之升月之恒, 如川之方至, 奇祥異瑞諸福之應湊集而駢臻, 凡爲臣子, 歡祝之忱, 夫豈有其極? … 伏願父皇陛下, 淵然三思, 勉回謙衷, 流虹之月,

신축년 5월 1일에 올려진 황태자 상소 내용의 일부이다. 고종이 50세가 된 것을 고종의 성대한 공렬(功烈)에 대한 하늘의 보답으로 간주하며 모든 신하들이 경축하고 있으니, 생일이 찾아오는 달에 진연을 거행하자는 것이다.

경제적으로 많은 재정이 들어가는 경축 행사를 되도록 피하려 노력하였던 고종은, 위의 황태자의 청에 대하여 "경사를 차리는 행사는 다스려져 태평하고 한가한 때에도 또한 지나친 일인데, 하물며 지금과 같은 시국에 무슨 경황으로 논의하겠느냐"면서 당시 28세였던 황태자에게 질타에 가까운 불윤(不允)의 비답을 내린다.3) 일본을 비롯한 열강의 침략 앞에서 국가적 위기에 처해있던 시국, 즉 외부적 모순을 우선시하는 고종의 태도라고 할 수 있다.

전대 왕들의 계속되던 이른 승하에 비하여 하늘의 보답으로 50대에 진입한 고종의 장수를 축하함으로써 자식된 도리를 다하고자 했던 황태자는 같은 날 다시 상소를 올리고, 윤허 받지 못하자 백관들을 거느리고 바로 그날 정청(庭請)을 하였다. 이에 고종은 "경사란 축하하지 않더라도 그대로 있는 법이다. 지금은 거행할 수 없다지만 어찌 다시 때가 없겠느냐. 내가 이 때문에 너의 청을 여러 번 들어주지 않는 것이다"4)면서 조금 양보하여 후일을 기약하자고 달랜다. 그러나 황태자 이하 백관들의 태도는 완강하여 다음날인 5월 2일에 재차, 삼차 정청을 단행하여 마침내 고종으로부터 윤허를 얻어내고 만다.

內外進宴之儀, 亟下成命, 俾典憲罔缺, 輿情獲伸焉…(『承政院日記』, 고종 38년 5월 1일 조 기사)

3) …飾慶之擧, 其在乂安閑暇之日, 亦爲張大, 矧於此時, 而遽可擬議乎. 無待多誥, 其庶諒會, 勿復以是爲煩(『承政院日記』,고종 38년 5월 1일 조 기사)

4) 知道. 有慶而無稱焉, 慶固自如, 今時則不可焉, 亦豈無時? 朕所以屢靳爾請者也…(『承政院日記』, 고종 38년 5월 1일 조 기사)

이틀에 걸쳐 완강한 태도로 일관한 황태자의 행동은 사전에 백관들과 협의가 있었기 때문에 가능한 것이었다고 보인다.

 戌時. 상이 咸寧殿에 나아갔다. 의정이 예조 당상을 거느리고 請對하는 데에 입시하였다. … 대신에게 앞으로 나오라고 명하니, 尹容善이 앞으로 나왔다. 상이 말하였다: "경들이 무슨 일로 청대하였는가?" 윤용선이 아뢰었다: "동궁 전하께서 황상 폐하의 聖壽가 五旬에 차시어 聖節이 한두 달 남았으므로 進宴을 우러러 청하여 상소로 호소드렸습니다. 이것은 진실로 우리 왕조에 드물게 있는 경사로서 우리나라 억만 백성들이 仁壽의 경역에서 기뻐하며 고무되지 않는 사람이 없습니다. 더구나 우리 동궁 전하는 타고난 효성과 부모를 오래 모시고자 하는 정성이 성하고 넉넉하므로 자연 그만둘 수 없는 점이 있으니, 성상을 감동시키기에 충분합니다. … 삼가 바라건대 속히 진심을 돌리시어 시원스레 兪音을 내려주심으로써 동궁의 효성이 빛나도록 해 주소서. 매우 간절히 축원합니다."[5]

의정(議政) 윤용선(尹容善)이 백관들을 거느리고 청대하여 이루어진 고종과의 대화내용이다. 『승정원일기』에 의하면 황태자의 첫 번째 상소는 신시(申時;오후3-5시)에 올려졌고, 두 번째 상소는 유시(酉時)에 올려졌으며, 위의 정청은 술시(戌時)에 이루어졌음을 확인할 수 있다. 이와 같은 일련의 신속한 거행 상황으로 보아, 고종의 50세를 경축하는 진연을 거행하자는 생각은 황태자를 위시한 백관들의 일치된 견해였던 것이 분명하다.

---

5) 辛丑五月初一日戌時: 上御咸寧殿, 議政率禮堂請對. … 命大臣進前, 容善進前, 上曰:"卿等因何事請對乎?" 容善曰:"東宮殿下, 以皇上陛下聖壽洽滿五旬, 流虹之節, 隔在數朔, 仰請進宴, 至於疏籲, 此誠我朝稀有之慶, 環東土億萬生靈, 無不欣欣鼓舞於仁壽之域. 況我東宮殿下, 出天之孝, 愛日之誠, 藹然油然, 自有不能已者, 有足以感動辰聽…. 伏願亟回淵衷, 快賜兪音, 俾光睿孝, 千萬顒祝." (『承政院日記』, 고종 38년 5월 1일 조 기사)

진연의 거행이 일단 결정되자 그 준비는 즉시 시작된다. 거행 날짜는 외진연(外進宴)은 7월 26일, 내진연(內進宴)은 27일에 거행하기로 결정되었으며, 의식 거행 준비를 책임지는 진연청(進宴廳) 당상(堂上)에는 궁내부 특진관인 민영휘(閔泳徽) 등 3인이 임명되고, 제반 실무를 담당하는 진연청 낭청(郎廳)에는 탁지부 주사 이규백(李圭白) 등 8인이 임명되었으며, 사무실은 장례원(掌禮院)에 마련되었다.

진연청 총 책임자 격인 민영휘는 전선사(典膳司) 제조였던 윤정구(尹定求)와 더불어 황태자의 지휘하에 모든 준비를 일사천리로 진행한다. 훈령을 내려 평안도로 하여금 16인의 기녀(妓女)를 올려보내도록 하고, 선천군수에게는 <항장무(項莊舞)>를 출 기녀 9명을 올려보내도록 하여, 5월 22일부터 장례원에서 정재(呈才) 연습에 들어가게 하는 등등 모든 준비를 완료한 뒤, 몇 번의 총체적인 예행연습까지 거쳐 드디어 총 다섯 차례의 경축 의식을 거행한다.

7월 26일 덕수궁(德壽宮)의 정전(正殿)이었던 중화전(中和殿)에서 치러진 외진연, 27일 침전(寢殿)이었던 함녕전(咸寧殿)에서 치러진 내진연(內進宴)과 야진연(夜進宴)은 고종 황제를 주인공으로 모셔 경축 의식을 거행한 것이었고, 29일 함녕전에서 치러진 황태자 회작(會酌)과 야연(夜讌)은 황태자가 주인이 되어 진연청 관원들의 그 동안의 노고를 위로하는 성격의 연회였다.

그러면 중화전에서 거행되었던6) 외진연의 면모를 간략히 살펴본다.

    상이 中和殿에 나아가 外進宴을 행하였다. … 때가 되자, 장례가 外辦을

---

6) 『고종신축진연의궤』에서는 咸寧殿에서 거행한 것으로 되어 있으나, 『승정원일기』와 『고·순종실록』에는 中和殿에서 거행했다고 기록하고 있다. 외진연은 正殿에서 거행하는 것이 관례인데, 중화전이 정전이고 함녕전은 寢殿이므로 후자의 기사가 옳다고 본다.

무릎 꿇고 주청하니, 상이 翼善冠에 黃龍袍를 입고 輿를 타고 致中門으로 나갔다. … 降輿所에 이르러 장례가 여에서 내리기를 무릎 꿇고 주청하니, 상이 여에서 내려 어좌에 올랐다. … 장례원 주사가 나누어 인도하는 대로 종친과 문무 칙임관 이상이 들어와 拜位에 나아갔다. 軒架가 <步虛子令>을 연주하였다. 찬의가 鞠躬, 四拜, 興, 平身을 창하니, 황태자가 몸을 굽혀 사배하고 일어나 몸을 펴고, 배위에 있는 사람들이 모두 몸을 굽혀 사배하고 일어나 몸을 폈다. 음악이 그쳤다. 헌가가 <與民樂慢>을 연주하고, 전선사 제조 尹定求가 酒器를 올렸다. 음악이 그쳤다. 찬의가 跪를 창하니, 황태자가 무릎을 꿇고 배위에 있는 사람들이 무릎을 꿇었다. 헌가가 <與民樂令>을 연주하고, 윤정구가 揮巾函을 받들고 어좌 앞에 나아가 무릎을 꿇고, 奉侍가 무릎 꿇고 匙楪을 올렸다. 음악이 그쳤다. 典樂이 工人과 舞童을 인솔하여 올라가 자리에 나아갔다. 登歌가 <順天開運之曲>을 연주하고, 무동이 들어와 <帝壽昌>을 추었다. 윤정구가 大卓을 올리고 饌案을 올리고 別行果를 올렸다. 음악이 그쳤다. 등가가 <長春不老之曲>을 연주하고, 무동이 들어와 <佳人剪牧丹>을 추었다. … 좌장례가 예가 끝났음을 무릎 꿇고 아뢰고, 시종원 경 조병필이 儀仗을 푸는 일을 무릎 꿇고 여쭈었다. … 협률랑이 무릎 꿇고 엎드렸다가 麾를 들고 일어났다. 악공이 祝을 두드리고, 헌가가 <與民樂令>을 연주하였다. 장례가 어좌에서 내려와 여에 타기를 무릎 꿇고 아뢰니, 상이 어좌에서 내려와 여를 탔다. 황태자가 여를 탔다. 장례원 주사가 나누어 인도하는 대로 종친과 문무 응참관 및 백관이 나갔다. 상이 여를 타고 致中門에 이르자, 조동희가 표신을 내어 戒嚴을 풀기를 청하였다. 상이 도로 대내로 돌아갔다. 신하들이 차례로 물러나왔다.[7]

---

7) 上御中和殿, 外進宴入侍時 … 時至, 掌禮跪奏請外辦, 上具翼善冠黃龍袍, 乘輿出致中門 … 至降輿所, 掌禮跪奏請降輿, 上降輿陞座. … 掌禮主事, 分引宗親文武勅任官以上, 入就拜位, 軒架作保虛子令, 贊儀唱鞠躬四拜興平身, 皇太子鞠躬四拜興平身, 在位者皆鞠躬四拜興平身, 樂止. 軒架作與民樂慢, 典繕司提調尹定求進酒器, 樂止. 贊儀唱跪, 皇太子跪, 在位者跪, 軒架作與民樂令. 定求捧揮巾函, 詣座前跪, 奉侍跪進匙楪, 樂止. 典樂師, 工人, 舞童, 陞就位, 登歌作順天開運之曲, 舞童入作帝壽昌, 定求進大卓, 進饌案, 進別行果, 樂止. 登歌作長春不老之曲 舞童入作佳人剪牧丹, … 左掌禮跪奏禮畢, 侍從院卿趙秉弼跪禀放仗. … 協律郎跪俯伏, 擧麾興, 工鼓祝, 軒架作與民樂令, 掌禮跪奏請降座乘輿, 上降座乘輿, 皇太子乘輿, 禮主

당시 거행된 경축 의식을 한 눈에 파악할 수 있는 세밀한 기술이다. 고종의 50세를 축하하는 의장의 호위 속에 문무백관이 참가하고 있는 음악과 춤이 어우러진 성대한 경축 의식이다. 황태자가 만수무강을 기원하는 첫 번째 잔을 올렸고, 의정 심순택(沈舜澤)이 두 번째 잔을 올려 만수무강을 빌었고 이때 문무백관 이하 전체 참석자들의 "만세" 삼창이 있었고, 진작 재신 조병세(趙秉世)가 세 번째 잔을 올리는 등 모두 만수무강을 기원하는 아홉 잔의 술잔을 올린 뒤 의식이 마무리된다.

Ⅲ. 진연에 공연된 정재와 그 역할

위에서 인용한『승정원일기』의 기사에 보이는 정재(呈才)는『고종신축진연의궤』의 외진연의 「의주(儀註)」와 서로 일치하고 있는데, 이를 적시하면 다음과 같다. 의식이 시작되어 고종이 입장하고 찬안(饌案)을 올리고 하는 초기 단계에서 <제수창(帝壽昌)>, <가인전목단(佳人剪牧丹)>, <봉래의(鳳來儀)>가, 제1작을 올릴 때 <헌선도(獻仙桃)>가, 제2작을 올릴 때 <초무(初舞)>, <육화대(六花隊)>, <연백복지무(演百福之舞)>, <만수무(萬壽舞)>가, 제3작 때 <아박무(牙拍舞)>가, 제4작 때 <몽금척(夢金尺)>이, 제5작 때 <경풍도(慶豊圖)>가, 제6작 때 <포구락(抛毬樂)>이, 제7작 때 <장생보연지무(長生寶宴之舞)>가, 제8작 때 <향령무(響鈴舞)>가, 제9작 때 <무고(舞鼓)>가 추어지고, 의식의 마무리 단계에서 <사선무(四仙舞)>, <수연장(壽延長)>이 공연되었다.

외진연에서는 이상 17종의 정재가 무동(舞童)에 의해서 공연되었음이 확인되는데,『의궤』의 「의주」에 의거하면 내진연 등 그 밖의 연회에

事分引宗親文武應參官及百官出, 上乘輿至致中門, 同熙請出標信解嚴, 上還內, 諸臣以次退出. (『承政院日記』, 고종 38년 7월 26일 조 기사)

서 공연된 정재의 종류를 확인할 수 있다. 다음 도표는 고종이 주인이 되어 베풀었던 외진연, 내진연, 야진연의 세 연회, 그리고 황태자가 주인이 되어 경축 행사를 치르느라 수고한 진연청 관원들을 위로하기 위하여 베푼 회작연과 회작야연 등 다섯 연회에서 공연되었던 정재를 순서대로 나타낸 것이다. 외진연은 무동(舞童)에 의해서, 나머지 네 연회는 여기에 의해서 공연되었다.

표 1.

	外進宴	內進宴	夜進宴	皇太子會酌宴	皇太子會酌夜讌
1	帝壽昌	봉래의	몽금척	봉래의	연백복지무
2	佳人剪牧丹	헌선도	헌천화	수연장	향령무
3	鳳來儀	제수창	장생보연지무	무고	만수무
4	獻仙桃	몽금척	無㝵舞	헌선도	선유락
5	初舞	수연장	鶴舞·蓮花臺舞	춘앵전	수연장
6	六花隊	響鈴舞	寶相舞	포구락	경풍도
7	演百福之舞	寶相舞	무고	검기무	※ 이상 6종의 정재
8	萬壽舞	가인전목단	헌선도	※ 이상 7종의 정재	
9	牙拍舞	육화대	첩승무		
10	夢金尺	萬壽舞	春鶯囀		
11	慶豊圖	獻天花	선유락		
12	抛毬樂	연백복지무	검기무		
13	長生寶宴之舞	사선무	※ 이상 13종의 정재		
14	響鈴舞	무고			
15	舞鼓	疊勝舞			
16	四仙舞	장생보연지무			
17	壽延長	포구락			
18	※ 이상 17종의 정재	船遊樂			
19		劍器舞			
20		※ 이상 19종 정재			

위의 표를 통해서 다섯 연회에서 펼쳐졌던 정재는 총 26종임을 알 수

있다. 고려조부터 전승된 오랜 역사를 가진 정재로 <헌선도>, <포구락>, <수연장>, <연화대무>, <무고>, <아박>, <무애> 등 7종이 펼쳐졌고, 조선 초기부터 전승되었던 정재로는 <봉래의>, <몽금척>, <육화대>, <학무> 등 4종이 베풀어졌고, 19세기 초에 효명세자(孝明世子)와 김창하(金昌河)에 의해서 창제되었던 정재인 <경풍도>, <헌천화>, <만수무>, <제수창>, <보상무>, <가인전목단>, <연백복지무>, <사선무>, <장생보연지무>, <첩승무>, <초무>, <향령무>, <춘앵전> 등 13종이 공연되었으며, 조선 후기 민간에서 궁중으로 유입되었던 정재인 <검기무>와 <선유락> 등 2종이 공연되었다.

이번에는 각각의 정재가 어떤 음악의 반주 하에, 그리고 어떤 의식이 진행될 때 공연되었는가를 파악해보기 위해 이를 도표로 정리해 보았다.

표 2. "/"표시 앞은 반주악명("*"는 『홀기』에 표시된 곡조명), 뒤는 진행 의식, 숫자는 정재가 펼쳐진 순서임

연회명 정재명	외진연	내진연	야진연	황태자회작연	황태자회작야연
帝壽昌	順天開運之曲(步虛子令*)/大卓, 饌案, 別行果를 황제께 올림①	瑞雲曜日之曲(步虛子令*)/제2작을 듦③	×	×	×
佳人剪牧丹	長春不老之曲(鄕唐交奏*)/花盤을 올림②	五雲開瑞朝(鄕唐交奏*)/제6작을 듦⑧	×	×	×
鳳來儀	千年萬歲之曲(與民樂令*)/少饌을 올림③	膺天開運之曲(與民樂令*)/황제를 인도, 어좌에 오름①	×	九五康寧之曲(與民樂令*)/황태자를 인도, 자리에 오름①	×
獻仙桃	壽曜南極之曲(步虛子令*)/제1작을 듦④	壽曜南極之曲(步虛子令*)/제1작을 듦②	山河玉曆長之曲/황태자께 술을 바침⑧	海屋添籌之曲(步虛子令*)/황태자가 작을 듦④	×

정재명	외진연	내진연	야진연	황태자회작연	황태자회작야연
初舞	風雲慶會之樂(步虛子令*)/제2작을 듬⑤	×	×	×	×
六花隊	萬年長春之曲(步虛子令*)/화반을 황태자에게 올림⑥	祝有餘之曲(步虛子令*)/제7작을 듬⑨	×	×	×

정재명 \ 연회명	외진연	내진연	야진연	황태자회작연	황태자회작야연
演百福之舞	萬壽長樂之曲(步虛子令*)/황태자가 작을 듬⑦	樂萬年之曲(步虛子令*)/황태자가 여집사가 올리는 술을 마심⑫	×	×	箕疇五福之曲/황태자를 인도, 자리에 오름①
萬壽舞	堯天舜日之曲(步虛子令*)/황태자가 작을 듬⑧	海屋添籌之曲(步虛子令*)/황태자가 황제로부터 술을 받아 마심⑩	×	×	壽曜南極之曲/황태자가 작을 듬③
牙拍舞	致和平之曲(井邑慢機*)/황제가 제3작을 듬⑨	×	×	×	×
夢金尺	海屋添籌之曲(步虛子令*)/제4작을 듬⑩	萬壽長樂之曲(步虛子令*)/찬과지안을 황태자에게 올림④	南極壽曜之曲/황제를 蕁位로 인도하여 북향함①	×	×
慶豊圖	慶豊年之曲(步虛子令*)/제5작을 듬⑪	×	×	×	金殿萬年歡之曲/황태자가 퇴장⑥
抛毬樂	天下太平之曲(鄕唐交奏*)/제6작을 듬⑫	九五康寧之曲(鄕唐交奏*)/황태자의 찬과안, 시첩, 휘건을 거둠⑰	×	八千秋之曲(鄕唐交奏*)/황태자에게 茶를 올림⑥	×
長生寶宴之舞	聖人無憂之曲(步虛子令*)/제7작을 듬⑬	金殿萬年歡之曲(步虛子令*)/황제의 찬과안, 시첩, 휘건을 거둠⑯	堯天舜日之曲/황제를 인도, 어좌에 오름③	×	×

정재명	외진연	내진연	야진연	황태자회작연	황태자회작야연
響鈴舞	祝聖人之曲(界樂*)/제8작을 듬⑭	樂千秋之曲(界樂*)/제4작을 듬⑥	×	×	萬歲長樂之曲/찬반을 올림②
舞鼓	五雲開瑞朝(鄕唐交奏*)/제9작을 듬⑮	壽星輝之曲(鄕唐交奏*)/황태자가 여집사가 올리는 술을 마심⑭	萬年長春之曲/황태자에게 匙楪, 饍盤을 바침⑦	祥雲曜日之曲(鄕唐交奏*)/시접, 찬안을 올림③	×
四仙舞	天保九如之曲(鄕唐交奏*)/대선을 올림⑯	凝天香之曲(鄕唐交奏*)/황태자비가 여관이 올리는 술을 마심⑬	×	×	×
壽延長	天香鳳韶之曲(步虛子令*)/휘건 시접 찬안을 거둠⑰	麟趾毓慶之曲(步虛子令*)/제3작을 듬⑤	×	於萬斯年之曲(步虛子令*)/휘건을 올림②	海重潤之曲/찬반, 시접, 휘건을 거둠⑤

정재명	외진연	내진연	야진연	황태자회작연	황태자회작야연
寶相舞	×	永南山之曲(鄕唐交奏*)/제5작을 듬⑦	昌運頌之曲/湯을 어좌에 올림⑥	×	×
獻天花	×	慶萬年之曲(步虛子令*)/황태자비가 황제로부터 술을 받아 마심⑪	金仙獻桃之曲/황제를 인도하여 나옴②	×	×
疊勝舞	×	凝祥之曲(鄕唐交奏*)/황태자비가 연관이 올리는 술을 받아 마심⑮	日升月恒之曲/찬안, 시접, 휘건을 거둠⑨	×	×
船遊樂	×	萬波停息之曲(?*)/황태자 이하가 황제에게 사배례를 행함⑱	萬波停息之曲(?*)/황태자가 사배례를 행함⑪	×	萬波停息之曲/진연청의 당상과 낭청에게 술을 내림④
劍器舞	×	武寧之曲(鄕唐交奏*)/황제가 퇴장하여 대차로 들어감⑲	武寧之曲/황제를 인도, 퇴장함⑫	武寧之曲鄕唐交奏*)/찬안, 시접, 휘건을 거둠⑦	×

無旱舞	×	×	太平萬歲之曲/御饌을 어좌에 올림④	×	×
鶴舞·蓮花臺舞	×	×	海屋添籌之曲/황제가 작을 듬⑤	×	×
春鶯囀	×	×	瑤池蟠桃之曲/황태자의 찬반, 시접, 휘건을 거둠⑩	慶辰嘉會之曲(鄕唐交奏*)/진연청의 당상, 낭청에게 술을 내림⑤	×

　이상의 도표에서 기본적으로 파악할 수 있는 것은, 정재는 술을 마시거나 음식을 먹을 때, 음식을 차리거나 상을 거둘 때, 그리고 입장하고 퇴장할 때 베풀어지고 있다는 것이다. 곧 궁중 연향에 있어서 정재는 하나의 예술로써 독자적으로 공연되고 감상되었던 것은 아니었다.
　그렇다고 하여 궁중연향에서 정재가 차지하는 역할이 중요치 않다는 말은 아니다. 이는 위의 의식에서 정재무용이 베풀어지지 않는다고 상상해보면 쉽게 이해가 된다. 황제가 입장하여 자리에 앉고, 황태자가 만수를 기원하는 술을 올리고, 대치사관(代致詞官)은 치사를 읽고, 황제는 답하고, 이하 조정의 고관들이 한 사람씩 돌아가며 역시 술을 올리고 치사를 읽고 하는 딱딱한 의식만 남게 된다. 비록 아악이 배경으로 연주되고 있다 하지만, 그 의식의 진행은 지극히 엄숙한 의례만이 남게 되어 전연 경축의 분위기라고 할 수 없다. 이에 의식 중간 중간에 다채로운 의상을 입은 무동 또는 여기들이 나와 정재를 공연함으로써 경사스런 분위기를 한껏 띄워주고 있는 것이다.
　진연에 쓰이는 정재는 "무릇 진연은 도감에서 각종 정재를 나열해 써 들여서 권점을 받아 결정하는데, 이번에는 내려진 명령으로 인해 도감에서 마련해 거행하였다"[8)]고 한 것으로 볼 때, 원래 임금의 기호에 따라 연출 순서가 변동할 소지가 있다. 그러나 이 해에 베풀어진 연회는 도감에서 결정한 것이었으므로, 도감은 일반화되었던 당시의 관례에 의거하여 가장 무난하게 배열하고자 노력하였을 것이다. 이에 각각의 정재와 의식 진행 순서와는 어떠한 상호 관련성이 있지 않을까 생각해 볼 수 있는데, 위의 도표로는 이를 분석해내기가 쉽지 않다.

<제수창>의 경우, 정재의 명칭이 가진 "임금님의 수명이 창성하시다"라는 뜻을 돌이켜 생각해볼 때 아직 수명이 창성하지 아니한 황태자가 사용하는 것은 혐의가 있으므로 황태자의 회작연에는 사용되지 않았다고 짐작할 수 있다. <봉래의>에 대해서는, "봉황이 나타나다"라는 뜻 그대로 외진연, 내진연, 회작연에서 모두 주인이 등장하여 자리에 앉을 때 베풀어진 것은 이해할 수 있다. 그러나 <장생보연지무>의 경우 외진연 때는 고종이 제 일곱 번째 잔을 마실 때 사용되었는데, 내진연에서는 시접(匙楪)과 휘건(揮巾)을 거둘 때 사용되었고, 야진연에서는 어좌에 처음 오를 때 사용되고 있어 정재와 의식과의 관련성이 일관되지 않다. 그렇다면 <장생보연지무> 정재가 지니고 있는 내용성에 근거하여 의식과의 관련을 추리해보아야 할 것이다. 각 정재의 구체적 내용과 면모를 파악하는 데 있어서는 『정재무도홀기』가 중요한 자료로 부각된다.

Ⅳ. 신축년 『정재무도홀기』의 내용적 가치

"홀기(笏記)"란 각종 의식에서 그 진행 순서를 적어서 낭독하기 위한 기록으로, 절차를 미리 의정해 놓고 그대로 시행함으로써 절차의 오류를 막기 위해 사용하는 것이다. 조선시대에 있어 홀기는 조정의 조참(朝

---

8) 凡進宴, 自都監列書各樣呈才, 入奏受點, 而今番進宴, 則因下令磨鍊擧行…(「樂章」, 『高宗辛丑進宴儀軌』卷一)

參)·상참(常參) 의식에서부터 민간의 혼례·관례·제례 등 의식에까지 광범위하게 사용되었는데, 무동과 기녀들이 진연에 공연될 정재를 연습할 때에도 역시 홀기를 사용하였다. 정재를 익히기 위해 사용되는 홀기에는, 춤사위의 순서, 반주되는 악과 노랫말, 그리고 그림으로 춤의 대오를 제시하고 있어 "정재무도홀기"라 칭하였다.

고종 신축년 다섯 차례에 걸쳐서 차려진 경축연을 준비하기 위하여 사용되었던『정재무도홀기』는 지금까지 다섯 종류가 전해진다. 외진연 준비를 위해 사용되었던『外進宴時舞童各呈才舞圖笏記』한문본과 한글본 각 1종, 내진연 준비를 위해 사용되었던『女伶各呈才舞圖笏記』한문본 1종, 황태자의 회작연 준비를 위해 사용되었던『會酌時女伶各呈才舞圖笏記』한문본과 한글본 각 1종 등인데, 한국정신문화연구원에서 영인본으로 발행하여 연구자들에게 편의를 제공하고 있다.9)

우선 외진연, 내진연, 회작연에 공통으로 공연되었던 <봉래의>에 대한『정재무도홀기』의 내용 일부를 제시해 본다.

<鳳來儀>

竹竿子 辛孝吉	舞 李壽山	舞 李用振	
		舞 李壽命	舞 金壽業
		舞 李鳳鶴	舞 李龜龍
竹竿子 金巖回	舞 李學丟	舞 權興成	

致和平舞回舞圖
　　(舞圖)
醉豊亨舞作隊圖
　　(舞圖)

---

9) 자세한 서지적 사항은 金英云의「藏書閣所藏 呈才舞圖笏記 解題」,『呈才舞圖笏記』, 한국정신문화연구원 발행, 1994 참조.

樂奏千年萬歲之曲 與民樂令(음악은 <천년만세지곡>을 연주한다. <여민락령>이다.)
○ 拍 竹竿子二人足蹈而進立 樂止 口號(박을 친다. 죽간자 두 사람이 족도하면서 앞으로 나와 선다. 음악이 그친다. 구호를 한다.)
    念我祖宗 德盛功隆   생각건대 우리 조종 공덕이 융성하매
    載篤其慶 誕膺成命   도타온 경사로 하늘의 명령을 받았습니다
    於萬斯年 赫赫昭宣   아, 만년토록 혁혁히 밝게 펴실 것이매
    永言歎嗟 惟以逐歌   길이 말하고 찬탄하는 것으론 부족하여 노래를 만들었습니다
訖(마친다)
○ 拍 奏五雲開瑞朝 步虛子令(박을 친다. <오운개서조>를 연주한다. <보허자령>이다.)
○ 拍 舞八人舞進而立 樂止 唱海東章(박을 친다. 무동 여덟 사람이 춤추며 앞으로 나아와 선다. 음악이 그친다. <해동장>을 창한다.)
海東六龍飛 莫非天所扶 古聖同符(海東 六龍이 ᄂᆞᄅᆞ샤 일마다 天福이시니 古聖이 同符ᄒᆞ시니)
連奏根深章(연이어 <근심장>을 연주한다.)
根深之木 風亦不扤 有灼其華 有蕡其實
…… (이하 <昔周>, <今我> 등의 악장과 춤사위 중략) ……
○ 拍 舞進而立 樂止 竹竿子二人口號(박을 친다. 춤추며 앞으로 나아와 선다. 음악이 그친다. 죽간자 두 사람이 구호를 한다.)
    天高地厚 盛德難名   하늘처럼 높고 땅처럼 두터운 성덕 일컫기 어려우매
    形諸歌頌 庶幾象成   가송에 나타내어 공덕을 표현하려 하였나이다
    簫管旣奏 肅雍厥聲   악기를 연주하니 소리가 엄숙하고 부드러우매
    萬姓歡心 永賀昇平   만백성이 기뻐서 길이 태평을 축하하나이다
訖(마친다)
○ 拍 奏賀昇平之曲 鄕唐交奏(박을 친다. <하승평지곡>을 연주한다. <향당교주>이다.)

○ 拍 竹竿子二人足蹈而退 舞八人舞退 樂止(박을 친다. 죽간자 두 사람이 족도하면서 물러난다. 무동 여덟 사람이 춤추면서 물러난다. 음악이 그친다.)

세종 때에 창제된 향악정재 <봉래의>에 관한 외진연『홀기』의 기록이다. 내진연과 회작연의『홀기』에서는 무동이 아닌 무기들이 정재를 담당하여, 의녀였던 비연(飛鷰)과 비취(翡翠)가 죽간자를, 의녀였던 금낭(錦娘), 옥엽(玉葉), 영월(暎月), 산월(山月), 채희(彩喜), 화향(花香), 도홍(桃紅), 월희(月喜)가 무기로 등장하였다. 그리고 정재가 시작될 때 연주되던 <여민락령>의 아명(雅名)을 외진연은 <천년만세지곡(千年萬歲之曲)>이라고 하였음에 비하여, 내진연에서는 <응천개운지곡(應天開運之曲)>으로, 회작연에서는 <구오강령지곡(九五康寧之曲)>으로 변화시키고 있다. 그 외에는 세『홀기』의 내용이 완전히 일치하고 있다.

이『정재무도홀기』의 내용적 가치는『의궤』와 비교해볼 때, 춤사위의 순서와 창사(唱詞)의 변화를 파악할 수 있는 등 여러 가지를 발견할 수 있다. <봉래의>에서 불렀던 악장을 놓고 본다면,『의궤』에서는 「정재악장」조에서 창사를 기록하고 있으나,『의궤』는 순전히 한문으로만 기록해야 한다는 "사리불재(詞俚不載)"의 인식 때문에 실제 정재에서는 가곡농락(歌曲弄樂)에 맞추어 국한문 혼용으로 불렀던 <해동장>, <근심장>, <원원장> 10)이하 여러 악장들을 기록하고 있지 않다.

<선유락>에 있어서도『의궤』는 마찬가지이다.

---

10) ○ 拍 奏醉豐亨之樂 歌曲弄樂 舞八人並唱弄歌海東章 海東에 六龍이 ᄂᆞ라시니 일마다 天福이시니 古聖이 同符ᄉᆞ다 連奏根深章至源遠章 쑤리 깁흔 남근 ᄇᆞ람의 아니 휘고 곳됴코 여름이 만흐며 심이 깁흔 믈은 ᄀᆞ므러도 아니 긋치고 흘너 내히 니르고 ᄇᆞ다히 되ᄂᆞ다 訖 樂止(『呈才舞圖笏記』, 186쪽)

雪鬢漁翁이 住浦間ᄒ야 自言居水勝居山을
빗쯰여라 빗쯰여라 早潮纔落晩潮來라
至匊悤至匊悤於思臥ᄒ니 倚船漁父一肩高라
靑菰葉上凉風起ᄒ고 紅蓼花邊白鷺閑을
돗다러라 돗다러라 洞庭湖裏駕歸風을
至匊悤至匊悤於思臥ᄒ니 帆急前山忽後山을

정재를 공연할 때 34인의 무기가 합창함으로써 연회장 관객을 완전히 사로잡았을 위의「어부사(漁父詞)」의 가사를『의궤』에서는 "노랫말이 한문과 한글이 섞여 있기 때문에 수록하지 않았다"[11]고 하여 수록하고 있지 않았음에 비하여,『홀기』는 이를 수록하고 있는 것이다.

그리고『홀기』는 정재를 연습하는데 사용하던 것이었기 때문에 실제 진연에서 공연된 정재보다 더 많은 종목의 정재를 수록하고 있다.

외진연『홀기』에는 (1)<초무>, (2)<봉래의>, (3)<몽금척>, (4)<아박무>, (5)<경풍도>, (6)<헌선도>, (7)<만수무>, (8)<제수창>, (9)<수연장>, (10)<무고>, (11)<가인전목단>, (12)<포구락>, (13)<연백복지무>, (14)<사선무>, (15)<장생보연지무>, (16)<향령무>, (17)<춘앵전>, (18)<무애무>, (19)<육화대>의 열아홉 종이 수록되어 있는데, 이 가운데 <춘앵전>과 <무애무>는 실제 외진연에서 거행되지 않은 정재이다.

내진연『홀기』에는 (1)<봉래의>, (2)<몽금척>, (3)<경풍도>, (4)<헌선도>, (5)<헌천화>, (6)<만수무>, (7)<무산향>, (8)<제수창>, (9)<수연장>, (10)<무고>, (11)<보상무>, (12)<가인전목단>, (13)<포구락>, (14)<연백복지무>, (15)<사선무>, (16)<장생보연지무>, (17)

---

11) 歌詞眞諺相雜, 故不載.(『高宗辛丑進宴儀軌』卷一,「樂章」의 <船遊樂> 조의 내용)

<첩승무>, (18)<향령무>, (19)<춘앵전>, (20)<무애무>, (21)<육화대>, (22)<검기무>, (23)<선유락>, (24)<학무>, (25)<연화대무>, (26)<사자무>, (27)<항장무> 등 스물일곱 종이 수록되어 있다. 이 가운데 (7)<무산향>, (26)<사자무>, (27)<항장무>의 세 정재는 내진연과 야진연에서 모두 거행되지 않아 『의궤』에서는 그 면모를 확인할 수 없다.

V. 신축 진연의 문화사적 의의

고종의 나이가 만 오십에 이른 것을 축하한 신축년에 거행된 진연은 대한제국(大韓帝國)이 출범한 특정한 시기에 거행됨으로써 일정한 문화사적 가치를 가지고 있다. 곧 이 진연은 황제의 나라인 중국에 대하여 제후국으로 자처하던 "조선"이 아닌, 동등한 지위의 당당한 "대한제국"으로서 거행하는 국가적 경축 의식이었으므로 진연 의식의 규모와 면모가 이전에 거행하였던 경축 의식과는 구별되고 있다.

외진연이 거행될 때 앞장에서 인용하였던 진연 면모에 보이는 것처럼, 고종은 익선관(翼善冠)에 황룡포(黃龍袍)를 입고 어좌에 올랐는데, 이 "황룡포(黃龍袍)"는 심상한 복장이 아니다. 전통적으로 조선의 국왕은 겉이 대홍색(大紅色)에 남색(藍色) 안을 넣은 홍룡포를 입었고 감히 황룡포를 입지 못하였다. 고종이 임진년(1892)에 즉위 30주년과 보령 41세를 경축하는 진찬에는 "전하가 익선관과 곤룡포를 갖추어 입고"[12] 등장하였으나, 그때 역시 홍룡포를 입고 어좌에 올랐던 것이다. 『여씨춘추·신세(呂氏春秋·愼勢)』에서 "옛날 왕은 천하의 가운데를 택하여

---

12) …殿下具翼善冠衮龍袍 …(『壬辰進饌儀軌』卷一, 「儀註」의 내용)

나라를 세우고, 나라의 가운데를 택하여 궁궐을 만들고, 궁궐의 가운데를 택하여 묘당을 세웠다"13)라고 한 데서 파악할 수 있듯이, 고대에 있어서 '중(中)'이라는 개념은 정치적 지리적 심리적 통일을 상징하는 것이었다. 그러므로 중앙을 상징하는 황색 옷은 천하의 중앙에 위치하여 천하를 다스리는 중국의 황제만이 가능하였고, "동방(東方), 청구(靑邱), 대동(大東)"의 조선 국왕은 곤룡포를 입어도 홍색을 입어야 했던 것이다. 그러나 이 해에 거행된 경축 의식에서는 고종이 황룡포를 입고 어좌에 오름으로써 그 역시 천하의 중앙에 위치하여 천하를 다스리는 제왕임을 선포하고 있다.

황제로서의 위상은 복장에서뿐만 아니라 진연 절차에서도 나타난다. 가장 대표적인 것으로 들 수 있는 것은 의정(議政) 심순택(沈舜澤)이 만수를 기원하는 두 번째 잔을 올렸을 때 거행된 '산호(山呼)' 의식이다.

··· 찬의가 '山呼'를 唱하니, 황태자가 두 손을 마주 잡아 이마에 대고서 '만세'라고 하고, 배위에 있는 사람들이 두 손을 마주 잡아 이마에 대고서 '만세'라고 하였다. '산호'를 창하니, '만세'라고 하고, '재산호'를 창하니, '만만세'라고 하였다. 헌가가 <步虛子令>을 연주하였다. 찬의가 '부복, 흥, 사배, 흥, 평신'을 창하니, 황태자가 엎드렸다가 일어나 사배하고 일어나 몸을 펴고, 배위에 있는 사람들이 모두 엎드렸다가 일어나 사배하고 일어나 몸을 폈다.···14)

'산호(山呼)'란 제왕을 송축하는 뜻에서 만세를 삼창하는 것으로 한무

---

13) 古之王者, 擇天下之中而立國, 擇國之中而立宮, 擇宮之中而立廟.(『呂氏春秋·愼勢』)
14) ···贊儀唱山呼, 皇太子拱手加額曰萬歲, 在位者拱手加額曰萬歲. 唱山呼曰萬歲, 唱再山呼曰萬萬歲. 軒架作步虛子令. 贊儀唱俯伏興四拜興平身, 皇太子俯伏興四拜興平身, 在位者皆俯伏興四拜興平身···(『承政院日記』, 고종 38년 7월 26일 조 기사)

제(漢武帝)가 숭산(嵩山)에 올라 봉선(封禪)할 때 만세 소리가 사방에서 울렸다는 기록에 기원한다. 조선조는 중국 황제의 생일을 만수절(萬壽節)이라 하는 것에 대하여 국왕의 생신을 천수절(千壽節)이라 칭하였던 것과 마찬가지로, 국왕의 송축을 기원하는 이 산호 의식에서도 "만세"를 외치지 못하고 "천세"라고 외쳤다. 1829년 순조(純祖)가 재위 30년이 되는 해를 기념하기 위하여 경축연을 거행할 때에 부른 산호 의식에서도 "천세"를 외쳤던 것이다.15) 산호를 거행할 때에는 왕세자 이하 그 자리에 참석한 악공(樂工)과 군교(軍校)들까지 일제히 외쳐 호응한다는 점을 상기한다면, 신축년 이 해에는 장안에 "만세" 소리가 진동함으로써 고종의 위상이 만천하에 표명되었을 것이다.

황제로서의 고종의 새로운 위상은 경축 의식 때 불렀던 정재의 창사(唱詞)에도 반영되어 있다.

> (A) … 至千世章 千世 우희 미리 定ᄒᆞ샨 漢水北에 累仁開國ᄒᆞ샤 卜年이 ᄀᆞ업스시니 聖神이 니ᅀᆞ샤도 敬天勸民ᄒᆞ샤ᅀᅡ 더욱 구두시리이다 님금하 아ᄅᆞ쇼셔 洛水예 山行 가이셔 하나빌 미드니잇가 舞妓八人並回舞…

> (B) … ○ 拍 歌曲編調 舞八人 並唱編歌商德章…千世章 千世 우희 미리 定ᄒᆞ시니 漢水北녁희 累仁開國ᄒᆞ샤 卜年이 無疆이시니 聖神이 이으샤도 敬天勤民ᄒᆞ시니 天命이 尤固ᄒᆞ샤 聖子神孫이 繼繼繩繩ᄒᆞ샤 邦籙이 無疆億萬年이쇼셔 訖 樂止…

(A)는 『악학궤범』 <봉래의>에 보이는 천세장이고, (B)는 신축년 외진연 『홀기』 <봉래의>에 보이는 천세장이다.16) (A)는 <치화평삼기(致和平三機)>에 맞추어 노래부르고 있으며, (B)는 <가곡편조(歌曲編調)>

---

15) …贊儀唱山呼, 王世子以下皆拱手加額曰千歲, 唱山呼, 曰千歲, 唱再山呼, 曰千千歲…(『純祖己丑進饌儀軌』卷一, 「儀註」의 내용)
16) (B)의 내용은 국한문 혼용이기 때문에 『高宗辛丑進宴儀軌』에는 수록되어 있지 않다.

에 맞추어 노래부름으로써 반주 음악이 변하였다. 그런데 여기서 더욱 관심을 끄는 것은 노래말에 나타난 가송(歌頌) 대상의 변화된 위상이니, (A)의 "敬天勸民하샤ᅀᅡ 더욱 구두시리이다"의 '~하샤ᅀᅡ ~리이다'라는 어미가 (B)의 "敬天勤民ᄒᆞ시니 天命이 尤固ᄒᆞ샤"의 '~ᄒᆞ시니 ~ᄒᆞ샤'라는 어미로 바뀌었다. 이에 "敬天勤民해야만 더욱 나라가 굳건해질 것"라 하여 경천근민을 권계(勸戒)하던 내용이었던 것17)이 "敬天勤民하고 계시니 天命이 尤固하여"라는 가공송덕(歌功頌德)의 내용으로 변하고 있다. 곧 당시의 고종은 권계의 대상이 아니라 가송의 대상이었던 것이다.

본래의 악장을 의도적으로 고쳐 고종의 위상을 극대화한 당시인의 태도를 어떻게 이해할 것인가? 이는 외세의 침탈과 가뭄으로 민심이 어수선한 시국을 당해서도 굳이 진연을 강행한 그들의 문화심리와 결부시켜 이해해야 할 것이다.

　… 대소 신하들이 성대하게 차린 음식을 배불리 먹고 많은 술을 마시고 취한 다음 鍾鼓가 울리고 管絃이 연주되는 가운데 희희낙락하게 기뻐하며 춤추게 하고 화기와 환호성이 온 나라 전체에 넘치고 천지에까지 이르게 함으로써, 위로는 하늘에 계신 祖宗의 神靈을 기쁘게 해 드리고 아래로는 온 나라 백성들을 모두 화락하게 하며 또 상서를 인도하여 불러들이는 것입니다. 이러한 이유로 讌饗의 예가 처음으로 생겨났으며 나라의 중요한 일로 여겨지게 된 것입니다. 예로부터 큰 경사를 만났을 경우 이 예를 폐한 적이 없었으니, 가까이 우리 왕가의 예에서 또한 분명히 상고할 수 있습니다.…18)

---

17) 이 부분을 漢譯한 "敬天勸民, 洒益永世"를 보아도, 조건을 나타내는 접속사 '洒'자를 사용하고 있어 勸戒의 내용으로 이해했음이 분명하다.

18) …小大臣隣, 飽之以大饌, 醉之以大酒, 使之欣欣忭蹈於鍾鼓管絃之音, 協氣歡聲, 洋溢區宇, 達于上下. 仰以悅豫祖宗在天之靈, 俯以和樂黎庶環海之濱, 又有以導迎而招致之, 此讌饗之禮所由始而有國之所重也. 自古在昔, 未嘗有遇有慶而廢其禮, 近而我家禮, 又班班可攷矣.…(『承政院日記』, 고종 38년 5월 1일 조 기사)

황태자가 진연을 거행하자고 청했던 상소문의 내용이다. 경축 의식은 화기가 천지에 넘치게 함으로써 백성을 통합하고 상서를 인도해 국가를 더욱 굳건하게 만드는 효과를 가진다고 믿는 심리이다. 당시 그들의 심리에 있어서 경축 의식은 단순히 기쁨을 함께 하는 축하 의식 이상의 의미를 가지고 있었던 것이다. 그렇다면 경축 의식에서 고종을 권계하기보다는 가공송덕함으로써 대한제국의 위상을 드날리는 것이 더욱 효과적이라 생각하지 않았을까.

고종이 시국을 생각하여 제반 의물(儀物)을 되도록 생략하여 검소하게 행사를 치르도록 주문하였으나, 행사 준비자들은 당시 세입 예산의 약 10분의 1에 해당하는 전(錢) 81만여 냥이라는 막대한 비용을 써가며 지나칠 정도로 성대하게 행사를 치른 것도 이러한 문화심리가 기저에서 작용하고 있었을 것이다.

Ⅵ. 마무리

광무 5년에 거행된 진연은 고종 황제의 위상을 대내외적으로 선포함으로써 대한제국의 앞날을 기원하는 강렬한 주관적 염원으로 치른 성대한 경축 행사였다. 전례 없던 성대한 행사는 외세의 침탈로 인해 그 동안 위축되었던 분위기를 일신하여 자신감을 회복하는데 일정한 효과가 있었을 것이다. 진연에 참석하였던 이건하(李乾夏)가 "보령 오십을 축하하는 오늘, 사해가 함께 만년의 봄 노래하네. 하늘같은 대덕으로 복을 받으셨으니, 거룩한 大韓의 日月 교화 속에 새로우리"(瑤花籌五慶今辰, 四海同歌萬歲春. 大德如天綏福履, 皇韓日月化中新. 『高宗辛丑進宴儀軌』, 卷一, 「睿製詩附賡進」)라고 예기하였던 것처럼 다른 참석자들도 이와 비슷한 기대를 하였을 것이다.

주관적 염원이나 자신감은 이에 수반되는 현실적 노력이 결여될 때는 한갓 환상에 지나지 않게 된다. 경축 행사에 참석하였던 그들이 지금까지 누려왔던 정치적 이권을 포기하고 전체 사회 세력을 통합하여 국가 역량을 극대화할 때 대한제국의 앞날은 그들의 기대처럼 담보될 수 있는 것이었다. 그러나 이후 전개되었던 대한제국의 역사는 그들에게서 이러한 실천이 뒤따르지 못했음을 보여주고 있다.

진정한 예술과 올바른 문화행사는 이를 감상한 사람들로 하여금 감상 후 더욱 삶에 충실하도록 만들어야 한다. 예술인의 과제는 진정 훌륭한 예술을 창조하여 모든 관객들로 하여금 현실의 타개에 성실히 임할 수 있는 고결한 품성을 갖도록 해야 한다. 고종 신축년의 진연에서 공연된 정재(呈才)를 감상하였던 당시의 위정자들이 이후 역사에 올바로 대처하지 못한 데 대하여 아쉬움을 가진다면, 이런 역사가 되풀이되지 않도록 노력하는 것은 오늘날 우리의 책무라 하겠다.

참고문헌

국사편찬위원회, 『고종순종실록』, 국사편찬위원회, 1970.
국사편찬위원회, 『승정원일기』, 고종14, 국사편찬위원회, 1970.
서울대학교 규장각, 『순조기축진찬의궤』, 서울대학교 규장각, 1996.
『고종임진진찬의궤』, 서울대학교 규장각, 고서 도서번호 14428.
인남순·김종수 공저, 『여령정재홀기』, 민속원, 2001.
한국예술학과 음악사료강독회 역주, 『고종신축진연의궤』, 민속원, 2001~2002.
한국정신문화연구원, 『정재무도홀기』, 1994.

『국연정재창사초록』을 통해 본 고종조 연향악장 정비

성무경

Ⅰ. 머리말

우리의 고전시가(古典詩歌) 가운데는 텍스트 자체만으로는 별다른 주목을 받지 못하고, 간혹 알게 모르게 문학의 주변(周邊)쯤으로 치부되는 대상들이 있는 것으로 보인다. 작품의 강한 제도적(制度的) 목적성(目的性) 때문에 문학성(文學性)이나 예술성(藝術性)의 성취라는 측면에서 그 방향이 얼마만큼 빗겨나 있다고 평가되는 악장문학(樂章文學)이 그러한 대표적 사례에 해당되지 않은가 생각된다. 그런데 이와 같은 작품들은 그 시각을 언어텍스트를 넘어 문화텍스트로 확장시켜보면, 그것이 '문학의 주변'이 아닌 '문화의 중심'에 놓이게 되는 사례가 적지 않다는 점을 발견하게 된다. 이 글이 다루고자 하는『국연정재창사초록』역시 그러한 성격의 자료가 아닐까 한다. 문화나 예술이 문학의 상위 범주가 분명하다면, '악(樂)·가(歌)·무(舞)'가 결합된 '정재(呈才)'는 문학이 음악·무용과 함께 제시되었다는 점에서, 소극적 문학 범주를 넘어서 적극적인 문화텍스트로 바라볼 필요가 있다고 생각한다.

『국연정재창사초록』은 조선왕조 말기에 진연(進宴)이나 진찬(進饌) 등, 나라의 큰 잔치, 즉 국연(國讌)에 사용되는 정재의 창사(唱詞)를 석촌(石邨) 윤용구(尹用求)(1853~1939)가 정리(整理)·초록(抄錄)한 책이다. 장사훈의 『국악대사전』에 이 책은 다음과 같이 소개되어 있다.

> 『국연정재창사초록(國讌呈才唱詞抄錄)』: [資料] : 정재(呈才) 때의 창사(唱詞)를 초록한 책. 1901년 윤용구(尹用求) 지음. 중요한 악장(樂章)을 역시(譯詩)하여 수록함으로써 조선 말기에 창작한 정재연구에 참고가 되는 좋은 자료임. 사본 1책.[1]

그런데, 이 책은 장사훈의 『한국전통무용연구』(1977)나 『한국무용개론』(1984)에 '조선 후기의 정재'를 논하는 몇몇 부분에 간략히 인용되었을 뿐, 이후 이 자료를 직접 참고하여 기술한 글은 나타나지 않았다. 필자는 이 자료와 관련이 있는 몇몇 논문을 작성하면서 이 책이 악장 창사를 기록한 중요한 자료일 것으로 보고, 혹 그것이 국립국악원 자료실에 보관되어 있지 않을까 하여, 몇 차례 조사를 해보았지만 발견할 수 없었다. 조규익 역시 조선후기, 즉 순조조(純祖朝)에 다수의 정재 창작을 주도하면서 그에 따른 수많은 악장을 창작했던 '익종(翼宗)의 악장'에 관한 최근 연구에서 이 자료에 대한 접근이 불가능했음을 기술한 바 있다.[2] 서지(書誌) 사항이 '사본(寫本) 1책(冊)'이라는 사실밖에 알려지지 않았기 때문에, 이 책에 관한 접근은 매우 제한적이었던 셈이다.

다행스럽게도 필자는 얼마 전 한국무용을 전공한 박은영 선생으로부터 이 자료를 제공받아 열람할 수 있는 기회를 얻게 되었다. 그것은 악보

---

1) 장사훈, 『국악대사전』(세광음악출판사, 1984), 152면.
2) 조규익, 「翼宗 樂章 硏究」(『고전문학연구』24집, 한국고전문학회, 2003. 12.), 69~70면, "예제사선무와 예제무애의 창사는 한자와 국문을 섞어 지었기 때문에 싣지 않는다고 했다. 그 창사들 세 편이 『정재무도홀기』에 실려 있는데, 가곡창사의 형태로 되어 있다. 장사훈에 의하면 이들 가사는 『국연정재창사초록』이라는 문헌에도 실려 있다고 하는데, 현재 그 문헌을 찾을 수 없다."

(樂譜) 등, 여러 종류의 국악 관련 자료를 합철(合綴)하여 『이왕직 Note』라 이름 붙인 복사본(複寫本) 자료 속에 들어 있었으며, 자료의 복사상태는 좋지 않지만, 판독에 별다른 어려움은 없었다.3) 이 자료는 정재창사의 교정(校正)을 겸한 자료이기 때문에 조선 말기 정재창사의 정확성을 높여주며, 고종조 연향악장 정비에 관한 몇몇 중요한 정보를 아울

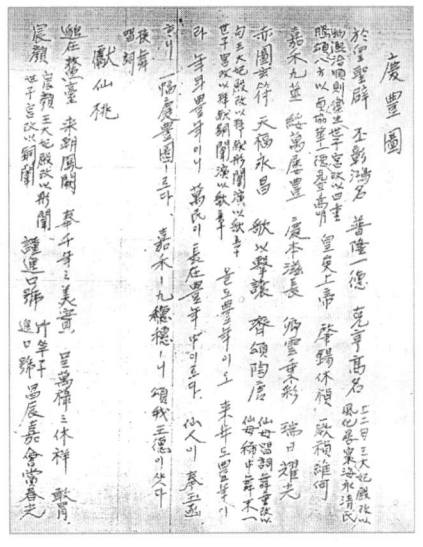

『국연정재창사초록』 사본(寫本) 「경풍도」와 「헌선도」 창사 부분

러 담고 있다. 이에 필자는 이 글에서 『국연정재창사록』을 검토하면서 파악된 자료적 성격을 개관해보고, 새롭게 드러난 몇몇 정재관련 사실들을 통해 고종조 연향악장 정비에 관한 문화사적 의미를 짚어보고자 한다.

Ⅱ. 편자(編者) 윤용구와 『국연정재창사초록』의 자료적 성격

『국연』4)에는 책이 지어진 연대와 전사(轉寫) 과정을 알려주는 네 개의 기록이 있다. 우선, 책의 표지에 제목과 함께 "광무오년(光武五年) 신축(辛丑) 칠월(七月) 일(日)"이라는 연기(年紀)가 있고, 표지 이면에 "이

---

3) 이 노트는 김천흥 선생과 성경린 선생이 보관해오던 자료라 하는데, 자료 제공자인 박은영 선생은 중요무형문화재 제1호[佾舞]인 김천흥 선생의 제자이다.
4) 이하, 『국연정재창사초록』을 『국연』으로 약칭한다.

주환(李珠煥) 근정(謹呈)"이라는 기록이 있으며, 끝 부분에 '신제(新製)'라 하여「수연장(壽延長) 창사(唱詞)」와「제수창(帝壽昌)」의 창사가 추록(追錄)된 곳이 있는데 바로 그 앞에 "상지삼십일년(上之三十一年) 갑오(甲午) 삼월(三月) 하한(下澣)"에 '이원제거(梨園提擧)' 윤용구가 쓴 발문(跋文)이 있으며, 뒤 표지에는 "소화(昭和) 신사세(辛巳歲) 유월십칠일(六月十七日) 사지(寫之)"라는 기록이 있다.

이들 기록을 통해보면,『국연』은 곧, 고종 31년(갑오(甲午) : 1894.3)에 당시 장악원(掌樂院) 제거(提擧)였던 윤용구가 편찬, 발문을 써서 1차 완성하였고, 이후「수연장」과「제수창」의 신제창사(新製唱詞)를 추록하여 광무 5년(신축(辛丑) : 1901. 7)에 제책(製冊)하였으며, 이것이 이왕직 아악부(李王職雅樂部)에 전해지다가 1941년 당시 아악부 아악사(雅樂師)였던 이주환 선생(1909~1972)이 그 해 6월에 베껴, 성경린 선생에게 증정함으로써, 수사본(手寫本)으로 남은 자료라는 사실을 알 수 있다.5)

『국연』의 편자 윤용구는 국문학계나 무용계에서는 더러 생소할 수 있지만, 국악계나 서예 및 미술계에서 보다 널리 알려진 인물인 듯 싶다. 윤용구는 철종 4년(계축(癸丑) : 1853)에 생부(生父) 윤회선(尹會善)의 아들로 출생하여, 순조(純祖)의 셋째 부마인 남영위(南寧尉) 윤의선(尹宜善)6)의 계자(系子)로 입적(入籍)됨으로써, 왕실과 밀접한 관련을 맺게 된 인물이다. 자는 주빈(周賓), 호는 석촌(石邨)·해관(海觀)·수간(睡幹)·장위산인(獐位山人)이다. 그는 15세에 돈령부 직장을 지내고, 19세

---

5) 이주환 선생(1909~1972)은 1931년 李王職 雅樂生 養成所 제3기생으로 졸업하고, 아악수·아악수장·아악사를 거쳐, 초대 국립국악원장을 지낸, 歌曲과 歌詞의 名人(중요무형문화재 제30호[가곡] 및 제41호[가사])이었다. 이주환 선생이『국연』의 전사자였으므로, 혹시 원본을 소장하지 않았을까 하여, 따님인 이재경 선생에게 문의하였으나, 현재 댁에는『국연』이 傳藏되지 않는다고 한다.
6)『璿源系譜紀略系』,「純祖大王」條, "三女 德溫公主 適 南寧尉 尹宜善."

인 고종 8년(신미(辛未): 1871), 별시(別試) 병과(丙科)에 급제하였으며, 벼슬은 한림으로 시작하여, 대사성, 예조·이조판서에 이르렀다. 『승정원일기(承政院日記)』(고종조)를 통해보면, 석촌은 왕실 측근의 한사람으로 국연이나 능묘 등, 왕실 관련 일에 자주 등장한다. 1895년 을미사변 이후 법부·탁지부·내무부 등, 대신(大臣)에 십수회 배명(拜命)받았지만 모두 사절하고, 서울 근교 장위산 남영위의 집에 은거하여 장위산인(獐位山人)이라 자호(自號)하였다. 국권이 피탈된 후에는 일본 정부로부터 남작(男爵)이 수여됐으나 거절하였고, 서화와 거문고로 자오(自娛)하며 두문불출하고 세사를 멀리하였다. 석촌은 글씨와 그림에 두루 능했는데, 그 중에서도 특히 난죽(蘭竹)과 구양순(歐陽詢) 풍(風)의 해서(楷書), 가늘면서 힘찬 행서(行書), 그리고 금석문(金石文)을 즐겨 썼다고 하며, 전라남도 선암사 입구의 강선루(降仙樓)

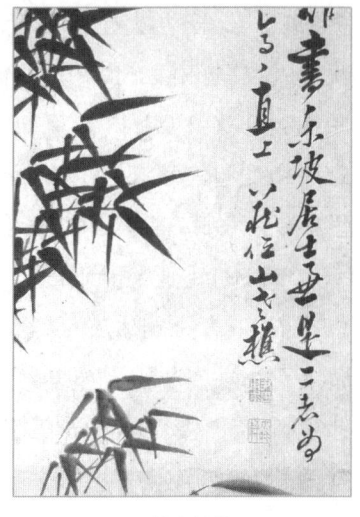

石邨의 墨竹

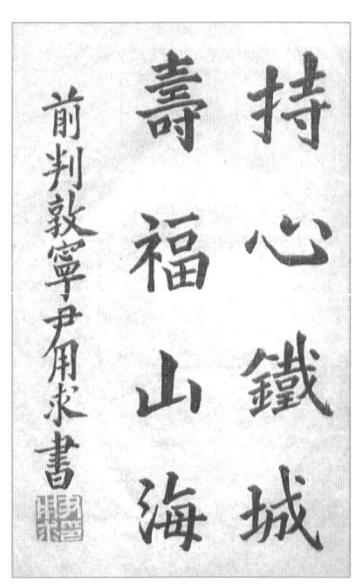

石邨의 글씨

현판도 그가 쓴 것이라 한다. 대원군 이하응(李昰應)이나 민영익(閔泳翊)·정학교(丁學敎) 등과 서화를 통해 교유하였고, 일제강점기 한시단(漢詩壇)을 이끌었던 신해음사(辛亥唫社)에 관여하기도 했다.7)

국악계에서 석촌을 주목하는 것은 주로 그가 『현금오음통론(玄琴五音統論)』(1885)의 편자(編者)로 악률에 정통한 음률가(音律家)라는 데 놓여 있다. 이 석촌의 『현금오음통론』은 현행 거문고 가락이 거의 완비되어 있어, 추하(秋河) 윤현구(尹顯求)의 『휘금가곡보(徽琴歌曲譜)』와 함께 조선 말기의 음악 정보를 알려주는 중요 악보의 하나로 평가된다.8) 『현금오음통론』의 「휘금학입문지(徽琴學入門識)」9)에 따르면, 윤용구는 족형 추하

---

7) 石邨 尹用求에 관한 정보는 장사훈, 『국악대사전』(세광음악출판사, 1984), 578면과 한국정신문화연구원 편, 『한국인물대사전』(중앙M&B, 1999), 1414~1415면을 참고하고, 『承政院日記』, 『司馬榜目』, 『月塘壽集』, 『辛亥唫社』誌, 「帝國新聞」 등의 자료조사를 통해 드러난 내용을 추가해본 것이다.

8) 장사훈, 「현금오음통론」, 한국음악학자료총서 14. 『協律大成 外』(國立國樂院 傳統藝術振興會, 은하출판사, 1989), 15~16면 ; 송방송, 「조선후기 악보와 기보법」, (『한국음악통사』, 일조각, 1984), 505면 참조.

9) 윤용구, 「휘금학입문지」, 『현금오음통론』, "吾族兄 秋河先生 顯求氏, 攻經術而兼通六藝間. 嘗注意律呂, 每以東琴之不合古式爲惑, 與余質論者屢矣. 迨在庚辰冬從節使, 購古琴於燕京, 兼得嚮逗齋譜. 與秋河參校樂部諸書, 其制作規則, 果無差爽. 遂因嚮齋譜, 先得調絃之法, 次以我國調令解之. 十數朔工夫, 僅領旨趣, 其音韻之雄暢艷雅, 比東琴毫無異焉. 噫, 聲律之沈泯久矣. 古調雖未可究得, 觀其器而察其音, 安知無存羊之一助也與. 乙酉冬, 與秋河講劘數月, 爰成一譜. 開錄如左, 以俟之學者(나의 族兄 秋河선생 顯求씨는 經術을 닦고, 겸하여 六藝에 두루 통하였다. 일찍이 律呂에 마음을 두어, 매양 우리 나라 琴이 古式에 맞지 않는 것에 의혹을 품고, 나와 더불어 누차 質論하였다. 庚辰年(고종17년, 1880) 겨울, 使節을 좇아 燕京에 가서 古琴을 사고, 겸하여 『향정재보』를 얻었다. 秋河와 더불어 樂部의 여러 책과 대조하여 잘잘못을 살펴보았는데, 그 제작과 규칙이 과연 차이가 없이 명백하였다. 드디어 『향재보』로 인하여 먼저 '調絃之法'을 터득하고, 다음에는 그것을 우리나라 調令으로 풀어보았다. 여러 달 공부하여서야 가까스로 요지를 깨달았는데, 그 音韻의 雄暢하고 艷雅함이 우리나라 琴과 비교해 조금도 차이가 없었다. 아! 聲律이 泯滅됨이 오래되었다. 古調는 비록 窮究해서 얻을 수 있는 것이 아니지만, 그 樂器와 그 音을 관찰하는 것이, 어찌 옛것을 보존하는 데 일조가 되지 않겠는가. 乙酉年(고

윤현구10)와 함께 금(琴)에 관한 질론(質論)을 벌였으며, 고종 17년(경진 (庚辰): 1880)에는 사신을 따라 연경(燕京)에 가서 금(琴)과 『향령재보(響呤齋譜)』를 구하여 추하와 함께 연구하였고, 그것을 우리나라 조령(調令) 으로 옮기는 데 십 수개월 걸려 고종 22년(을유(乙酉): 1885) 겨울, 악보를 만들어 세상에 내놓았다고 한다.

「휘금학입문지」의 내용을 고려해보면, 석촌은 20세 후반에 족형 윤현구와 악보를 탐구하고, 30세 초반에는 이미 악률에 정통하였던 것으로 보인다. 그가 15세에 왕실 사무를 담당하는 돈녕부(敦寧府) 직장으로 있었고, 19세에 별시(別試)에 급제한 것을 보면, 남영위의 계자로서 후광(後光)을 입은 것은 사실이겠으나, 1885년의 『현금오음통론』의 편찬과, 1894년에 장악원 제거(提擧)로서 1차 편집하고, 1901년 완성한 『국연』의 편찬은 그가 악률 궁구에 그만큼 힘을 기울였던 결과라 여겨진다. 석촌은 족형 추하 윤현구를 일컬어, "경술(經術)을 닦고, 육예(六藝)에 두루 통했다"고 했는데, 이는 석촌에게도 그대로 적용되는 표현이라 보아도 무방하다.

이러한 석촌이 장악원 제거(提擧)로서 고종조 연향악장 정비를 주도 했다는 사실은 『국연』의 발견으로 말미암아 비로소 밝혀지는 문화사적 새 국면이 아닌가 생각된다. 석촌은 『국연』을 편찬하게 된 이유를 그 발문(跋文)에 다음과 같이 기록했다.

    國讌呈才詞章, 見於樂學軌範及謄錄者, 多有誤書, 與文理不屬處. 且各

    종22년, 1885) 겨울, 秋河와 더불어 풀이하고 닦은 지 수개월에 드디어 한 권 樂譜를 완성하였다. 아래와 같이 기록하여, 배우는 자를 기다린다)."

10) 尹顯求(생몰 연대 미상)는 고종조의 학자로 號가 亦睡軒 또는 秋河이며, 고종22년 (1885)에 族弟 윤용구와 함께 『현금오음통론』을 편찬하였고, 고종 30년(1893)에는 『徽琴歌曲譜』를 校輯한 인물이다.

殿宮一辭混用, 殊涉未安.
至於舞童女伶, 亦無分別.
癸巳養老宴進宴, 甲午會
宴, 以堂上承命, 略有較
正. 然其俚陋當刪者, 亦
不敢惟意盡改, 良用慚歎
之也. 上之三十一年 甲
午, 三月, 下澣. 梨園提擧
尹用求 識. (나라 잔치에
쓰이는 정재의 사장(詞章)
은 『악학궤범』 및 『등록』
등에서 볼 수 있으나, 잘

石邨이 말년에 寓居했던 장위동 南寧尉의 집(현재 '김진흥가'로 서울특별시 민속자료 제25호로 지정되어 있다).

못 기록되거나 문리(文理)가 이어지지 않는 곳이 많다. 또한 각 전궁(殿宮)에서 사용되는 것이 하나의 노랫말을 그대로 섞어 쓰니, 참으로 미안한 노릇이다. 심지어는 무동(舞童)과 여령(女伶)조차 분별이 없다. 계사년(1893)의 양로연(養老宴)과 진연(進宴), 그리고 갑오년(1894)의 회연(會宴) 때에 당상(堂上)으로 명을 받들어, 간략히 교정(較正)하였다. 그러나 속(俗)되고 비루(鄙陋)한 것은 응당 깎아버려야겠으나, 또한 감히 모두 고칠 수는 없었으니, 진실로 이 때문에 부끄럽다. 주상(主上) 보위(寶位) 31년 갑오년(1894), 3월 하한(下澣)에 이원제거(梨園提擧) 윤용구 씀.)

이 발문을 통해보면, 『국연』은 석촌이 장악원 제거(提擧)로서 왕명을 받들어 계사년(1893)의 양로연(養老宴)과 진연(進宴)때에 이미 교정한 바 있었으며, 갑오년(1894) 회연(會宴)때도 교정을 재차 수행하여, 그 결과를 회연(會宴) 직후인 3월말쯤에 1차 편집된 것임을 알 수 있다.

먼저, 『국연』에 창사가 수록된 정재의 목록을 표로 보이면, 다음과 같다.

『국연정재창사초록』 정재(呈才) 수록표

번호	정재 명	번호	정재 명	번호	정재 명
1	「봉래의(鳳來儀)」	17	「첩승무(疊勝舞)」	33	「춘대옥촉(春臺玉燭)」
2	「몽금척(夢金尺)」	18	「향령무(響鈴舞)」	34	「영지무(影池舞)」
3	「경풍도(慶豊圖)」	19	「최화무(催花舞)」 (죽간자(竹竿子) 有)	35	「춘광호(春光好)」
4	「헌선도(獻仙桃)」	20	「최화무(催花舞)」(죽간자 無)	36	「고구려무(高句麗舞)」
5	「헌천화(獻天花)」	21	「연화대무(蓮花臺舞)」	37	「검기무(劍器舞)」
6	「만수무(萬壽舞)」	22	「연화무(蓮花舞)」	38	「항장무(項莊舞)」
7	「침향춘(沈香春)」	23	「오양선(五羊仙)」	39	「학무(鶴舞)」
8	「제수창(帝壽昌)」	24	「육화대(六花隊)」	40	「광수무(廣袖舞)」
9	「수연장(壽延長)」	25	「무애무(無㝵舞)」	41	「초무(初舞)」
10	「무고(舞鼓)」	26	「선유락(船遊樂)」	42	「첨수무(尖袖舞)」
11	「보상무(寶相舞)」	27	「춘앵전(春鶯囀)」	43	「공막무(公莫舞)」
12	「가인전목단(佳人剪牧丹)」	28	「무산향(舞山香)」	44	「사자무(獅子舞)」
13	「포구락(抛毬樂)」	29	「박접무(撲蝶舞)」		<발문(跋文)>
14	「연백복지무(演百福之舞)」	30	「아박무(牙拍舞)」	45	신제(新製)「수연장(壽延長)」
15	「장생보연지무(長生寶宴之舞)」	31	「향발(響鈸)」	46	신제(新製)「제수창(帝壽昌)」
16	「사선무(四仙舞)」	32	「망선문(望仙門)」		

『국연』에는 「봉래의」 창사를 필두로, 44종 정재의 창사가 초록(抄錄) 되고, 윤용구의 발문(跋文)이 기록된 뒤, 신제(新製) 「수연장」과 「제수창」 창사가 추록(追錄)되어 있다. 신제창사(新製唱詞) 2종을 포함해 총 46종 의 정재창사가 수록되었는데, 정재종목만 계산하자면 46종 가운데 신제 창사를 갖는 2종 정재가 있고, 「최화무」의 경우는 죽간자가 있는 경우 와 없는 경우 두 가지가 기록된 관계로, 총 43종이 된다. 그러나 실제공 연에서는 같은 정재종목이라고 하더라도 창사의 버전이 다르면 다른 춤판이 성립되므로, '46종 정재창사'가 모두 주목되어야 한다. 이에서 좀더 나아가 즉, 연행 공간(대전(大殿), 대비전(大妃殿), 세자궁(世子宮))과 연행자 구분(무동(舞童), 여령(女伶)) 등을 고려하게 되면,『국연』이 알려 주는 실제적 춤판의 수는 이보다 약 2.5배가량 많아지게 된다. 정재와

창사의 관계에서는 하나의 정재 내에 창사가 여러 개인 종목도 있고, 창사가 하나인 종목도 있으며, 창사가 없는 종목도 있다. 창사 없이 정재 명칭만 기록(「검기무」, 「학무」, 「광수무」, 「초무」)된 경우나, 명칭아래 간략한 관련기사만 기록(「항장무」, 「첨수무」, 「공막무」, 「사자무」)된 경우가 있는데, 이들은 원래 창사가 없는 정재들이다.

이밖에도 이 발문은 조선 말기까지도 조선왕조의 악학(樂學)에 관한 전범(典範)은 『악학궤범』이었다는 점, 정재가 진연(進宴)이나 진찬(進饌) 등에서만 사용된 것이 아니라 양로연(養老宴)이나 회연(會宴) 등에서도 흔히 사용되었다는 점 등을 재차 확인해주며,[11] 또한 정재창사는 오랜 전통성을 갖기에 그 개산(改刪)을 함부로 할 수 없었다는 교정자(較正者)의 고민을 읽도록 해준다.

석촌은 『국연』의 발문에서 정재창사 교정의 필요성에 대하여 다음과 같은 세 가지 이유를 들고 있다.

> 첫째, 『악학궤범』이나 『등록』 등에 오서(誤書)나 문리(文理)가 이어지지 않는 창사가 있다.
> 둘째, 대전(大殿)이나 대비전(大妃殿), 세자궁(世子宮) 등, 그 쓰이는(올리는) 장소가(대상이) 다른데도 동일한 창사를 사용하는 것은 잘못이다.
> 셋째, 무동(舞童)이 추는 정재와 여령(女伶)이 추는 정재의 창사는 엄연히 달라야하는데도 그 분별이 없다.

『국연』에 수록된 창사는 위에 든 세 가지 경우에 해당되는 부분이 교정되거나 분별되어 수록되었을 것인 바, 실제로 『국연』에 수록된 정재창사를 의궤나 홀기 등, 관련자료의 창사와 비교 검토해 보면 그 교정

---

11) 성무경, 「조선후기 지방 敎坊의 官邊風流와 樂·歌·舞」(역주 『교방가요』, 보고사, 2002), 39면; 51면 참조.

의 내용이 무엇인지 분명하게 알 수 있다. 『국연』에는 창사만 기록된 것이 아니라, 교정에 관한 여러 정보가 해당부분에 소주(小註)형식으로 기입되어 있기 때문에, 이를 토대로 관련자료를 찬찬히 검토하면, 고종조 연향악장 정비의 실질이 무엇인지 알아낼 수 있을 것이다. 그러나 이러한 교정사례 확인에는 적지 않은 어려움이 따른다. 『국연』의 발문 (跋文)에서 밝히고 있듯이, 석촌은 계사년(1893) 양로연(養老宴)과 진연 (進宴)에서부터 이미 창사교정을 수행했고, 갑오년(1894) 회연(會宴)때도 재차 창사교정을 수행하여 1차 편집본을 작성했다. 따라서 이 시기 이후의 자료들은 이 교정결과가 반영되었을 것이므로, 직접적 비교·검토의 대상이 되기는 어렵다. 그런데 현존하는 대부분의 조선후기『정재무도홀기』들은 갑오년(1894) 이후의 것들이 대부분이다. 그럼에도 불구하고 다행히 석촌의 연향악장 정비가 수행되기 시작한 계사년(1893)의 『정재무도홀기』가 남아 있으니, 이를 기준 삼고 이 시기 전후의 여러 의궤(儀軌)[12]들과 고종조 홀기(笏記)들을 엇걸어 검토하면, 그 교정의 실상과 의미를 파악해낼 수 있을 것이다. 이에 석촌이 정재창사에 교정을 수행한 세 가지 경우에 해당하는 사례를 분별해 지적해보고자 하는 것이다.[13]

① 『악학궤범』이나『등록』등의 창사에 오서(誤書)나 문리(文理)가 이어지지 않는 곳이 있어 이를 교정한다. 이 문제는 『국연』의 정재창사가 『악학궤범』 등의 그것과 대교(對較)한 결과이기는 하지만, 그렇다고 해서 그 결과가 『악학궤범』 등에 수록된 창사로 복구된 것이 아님은 물

---

12) 『의궤』의 정재악장은 그것이 국문창사일 경우 '眞諺相雜, 故不載'라 하고, 노랫말을 기록하지 않아 자료활용에 제한점이 있다.
13) 미리 지적해두지만,『국연』에 수록된 정재창사는『국악대사전』이 설명한 바, '譯詩 형태로 기록'되지 않았으며, 정재 公演時에 부르는 그대로 漢詩唱詞는 한시창사대로, 우리말 노래는 國漢文唱詞대로 온전히 기록되어 있다.

론이다. 애초에 『악학궤범』 등에 잘못된 곳이 있어, 그것을 교정했다는 뜻이니, 『국연』은 당대 연행된 정재창사를 대상으로 삼아 그 잘못된 부분만 교정한 결과물이란 사실을 알 수 있다.14) 이 경우에 해당하는 구체적 교정 사례는 「육화대」와 「포구락」 등에서 찾아볼 수 있다.

석촌은 『국연』의 발문에서뿐만 아니라, 「육화대」에서도 "『악학궤범』에 수록된 바, 오자(誤字)가 많은 까닭에 갑오년(甲午年)에 내각(內閣)에서 바로잡았다"15)는 소주(小註)를 달아놓았다. 발문을 통해 알 수 있는 갑오년 회연(會宴)에서의 석촌의 정재창사 교정사실에 비추어보면, 「육화대」는 곧 갑오년(1894) 회연시(會宴時)에 그 창사가 정비된 내력을 가지고 있다고 볼 수 있다. 따라서 갑오년 이후의 의궤나 홀기에 기록된 창사는 이미 교정된 창사의 모습을 지니고 있을 것이므로, 갑오년 이전 자료와 비교·검토해야 하는데, 홀기로는 (계사년) 『정재무도홀기』가 있지만, 여기에 수록된 여타 정재들과 달리, 「육화대」는 순 국문창사로 되어 있고 필체도 판이하게 달라 추록된 것이 여실하므로, 비교대상이 되기 어렵다. 의궤의 경우는 더욱 특이해서, 『악학궤범』 이후, 지금까지 전하는 갑오년 이전의 14종 의궤들에는 「육화대」가 전혀 보이지 않는다. 「육화대」는 갑오년(1894) 홀기(『외진연시무동각정재무도홀기(外進宴時舞童各呈才舞圖笏記)』)에 비로소 나타나고, 이후 여러 신축년(1901) 홀기들에 나타나는 것으로 보아, 이 종목은 궁중정재로서는 오랫동안 공연되지 않다가, 갑오년 외회연(外會宴) 때 정재악장과 절차가 재정비되어, 이후의 진연 등에서 공연된 것이라 생각된다.16) 그런데 현전하는 갑오

---

14) 차츰 밝혀지겠지만, 『국연』 수록 정재창사는 '조선말기의 실상을 토대로 가장 정확하게 정비된 정재창사'로서의 성격을 지닌다.
15) 『국연』, 「六花隊」條, "樂學軌範 所載 多誤字. 故甲午自內釐正."
16) 이 말은 「육화대」가 궁중에서 연행된 기록이 보이지 않는다는 뜻이지, 정재 자체가 전승이 단절되었다가 이 때에 와서 재정비되었다는 말은 아니다. 왜냐하면 이보

년 홀기마저 갑오년 의궤가 없어, 그것이 외진연(外進宴)에 쓰인 것인지 외회연(外會宴)에 쓰인 것인지 불명하여 년대 추정이 정확하게 판명된 것은 아니다.17) 따라서 텍스트 간 차이는 『악학궤범』의 창사와 비교할 방법밖에 없는 실정이다.

석촌은 『악학궤범』 소재(所載) 창사에 오자(誤字)가 많다고 했으나, 심각하게 많은 것은 아닌 듯하고, 여섯 자(字) 정도 차이가 난다. 분명하게 오자(誤字)인 것을 교정한 예를 들면 <화심답사(花心答詞)>의 '상행운이가주(想行雲而可駐)'의 '상(想)' 자를 '응(凝)' 자로 고친 것 정도이다. 『악학궤범』의 창사와 『국연』의 창사 사이에 나타나는 차이점 중의 하나는 사륙병려체(四六騈儷體)로 이루어진 <화심답사>의 전단(前段)을 대거 삭제해버린 것이다. 그 이유는 남겨진 후단(後段)도 문제는 마찬가지이지만, 『악학궤범』의 <화심답사>가 최소한의 압운(押韻)도 없다는 점에 있었던 듯하다. <화심답사> 앞의 <문화심사(問花心詞)>에도 화심(花心)에게 물어보는 어구가 전혀 없다는 점18)도 당대 최고의 지식인이라 할 수 있는 석촌에게는 이해되지 않았을 것이다. 그럼에도 불구하고 <문화심사>를 어찌지 못하고, 『국연』에 그대로 수용한 것은 석촌이 <발문>에서 "감히 모두 고칠 수는 없었으니, 진실로 이 때문에

다 앞서 성호 이익의 『성호사설』에 「육화대」 관련기록이 있고, 또 진주 교방의 정재를 대상으로 하여 기록한 정현석의 『교방가요』(1872)에도 「육화대」가 기록되었기 때문이다. 『교방가요』의 육화대가 '禮失求野'의 사례에 해당할 전승형태였는지는 알 수 없으나, 중심 무원인 '화심(花心)'을 진짜 '채화일가(綵花一架)'로 대체하는 등, 궁중의 그것에 비해 상당 수준의 변모가 진행된 것만큼은 분명하다.

17) 현전 『홀기』(장서각 소장 2-2892번 『홀기』)를 잠정적으로 갑오년 '외진연'을 위한 홀기로 추정하고 있으나, 갑오년 『홀기』의 앞부분에 落張이 있어, 『홀기』에 수록된 정재 종목과 갑오년 외진연에서 무동이 공연한 종목 사이에 일치하는 종목이 「長生寶宴之舞」 하나뿐이라는 점에서 신빙성에 의문이 잠재되어 있는 형편이다.

18) 이러한 문제점 지적은 차주환, 「六花隊考」(『唐樂硏究』, 범학도서, 1976), 216~223면을 참조.

갑오년(1893) 石邨에 의해 재정비되어, 신축년(1901) 경운궁 함녕전에서 공연된 「육화대」

부끄럽다"고 한 언급에서 감지되듯, '정재 창사의 관습성'과 연관하여 이해해 봄직하다. 이러한 현상보다 더 큰 차이점을 나타내는 것은 육화(六花)가 각각 한 장씩 부르는 <염가(念歌)>이다. 『악학궤범』에는 육화가 부르는 6개의 <염시(念詩)>가 있었을 뿐인데, 조선 말기에 정비된 「육화대」에는 이 6개의 <염시> 외에 또 한 번 작대(作隊)를 이루어 춤을 추면서 <염시>를 우리말로 바꿔 가곡 '농(弄)·낙(樂)·편(編)'으로 부르는 6개의 <염가>가 추가된 것이다. 창사의 변화는 정재절차에 큰 변화를 수반하게 마련이다. 이는 <육화대> 후기적 변모의 가장 큰 특징으로 지적된 바이지만, 이러한 창사의 정비에 따른 절차의 변화가 조선왕조 최말(最末)이라 할 수 있는 고종조 갑오년(1894)에 장악원 제거(提擧) 석촌 윤용구에 의해 주도되었다는 사실은 『국연』으로 말미암아 밝혀지는 새로운 국면인 것이다.[19]

한편, '문리(文理)가 이어지지 않는 곳'에 대한 교정이 이루어진 것은 「포구락」 창사에서 찾아볼 수 있다. 석촌은 『국연』 「포구락」에 "제1대

---

[19] 참고로, 갑오년 『홀기』 이후의 「육화대」 창사는 『국연』의 「육화대」 창사와 동일하여, 『악학궤범』의 그것과는 확연히 다르다. 그런데 笏記들의 「육화대」 창사는 '六宮'을 그대로 씀으로써 石邨이 『국연』에서 교정한 <문화심사>의 '學六宮之粧束(六宮 舞童則 改以瑤宮)'을 따르지 않은 경우(『무동정재홀기』)도 있다. '學' 자로 인해 굳이 바꾸지 않아도 된다고 판단한 듯하다.

창사는 예전에는 「무고」의 창사를 빌려다 썼는데, 계사년(1893)에 명을 받들어 오자(誤字)와 창사의 순차를 바로 잡았다. 제2대 창사는 새로 만들어 사용한다"20)라는 소주(小註)를 달아놓았다. 이 소주(小註)를 통해, 조선 말기 여러 홀기 및 의궤에 기록된 「포구락」의 절차와 창사가 대동소이한 것은 곧 고종조 계사년(1893)에 「포구락」이 정비되었던 내력 때문이었음을 알게 된다.

주지하듯 「포구락」은 고려 문종(文宗) 27년(1027) 송나라로부터 유입된 당악정재로, 이후 조선시대에 들어 '여악폐지론'이 일 때마다 거론되던 '유희성'이 매우 강한 정재였음에도 불구하고, 그 강한 '유희성'으로 말미암아 궁중연(宮中宴)뿐만 아니라 전국의 지방 교방과 관변(官邊)의 각종 연향에서 두루 공연되었으며, 현재까지 전승되는 오랜 전승력을 지닌 정재종목의 하나이다. 그 오랜 전승에는 시대와 장소마다 탄력적으로 운용되는 공연절차의 융통성이 작동하고 있었는데,21) 『국연』을 통해 고종조 계사년(1893)을 기점으로 또 한번의 정비가 이루어졌음을 알 수 있다. 『고려사』, 「악지」로부터 『악학궤범』, 그리고 (계사년) 『정재무도홀기』, 「포구락」의 비교검토를 통한 역사적 변천양상은 선행논고에 미루어 두거니와,22) 여기서는 고종조 계사년(癸巳年)을 기점으로

---

20) 『국연』「포구락」, 小註, "第一隊唱詞, 舊以舞鼓唱詞借用. 癸巳承命, 較正誤字及唱詞第次, 第二隊唱詞, 新製以用."
21) 이러한 측면은 태종 때 중국 사신을 맞이하는 '使臣宴'에서 국왕 팀 舞員들이 풍류 안에 포구를 하나도 넣지 못해서 무안해했다거나, 19세기 초반, 「포구락」 연행에서 儀仗인 '旌節'이 '가곡'을 불렀다거나, 공연장소와 잔치의 성격에 따라 舞員의 수가 증감하는 등의 사례들에서 충분히 찾아볼 수 있다.
22) 장사훈, 『한국무용개론』(대광문화사, 1976), 160~161면; 성무경, 「조선후기 정재와 가곡의 관계」(『조선후기 시가문학의 문화담론 탐색』, 보고사, 2004), 354~356면; 장정수, 「당악정재 <포구락>의 역사적 전개」(『한·중·일 궁중무용의 변천과 전승』, 2004 국제학술회의, 한국예술종합학교 세계민족무용연구소, 2004.05.24), 41~62면 등을 참조.

「포구락」창사에 교정이 이루어진 실상만 간략히 지적해보겠다.

石邨은『국연』「발문」에서 '계사년 양로연(養老宴)과 진연(進宴)'에서 부터 정재창사를 교정하기 시작했다고 하였는데,「포구락」의 소주(小註)에서는 창사의 교정과 정비를 '계사년'이라고만 했지 무슨 연회에서 교정하였는지 밝혀놓지 않았다. 그런데 (계사년)『정재무도홀기』에는 교정된『국연』의「포구락」창사가 반영되지 않았다. 이런 점에서 현재 가장 온전한 무보(舞譜)로 인정되어 널리 알려진 (계사년)『정재무도홀기』(국립국악원 소장)는 계사년 양로연 때 마련된 홀기일 가능성이 매우 높아 보인다. 계사년 자료보다 앞선 자료로 바로 1년 전인 임진년(고종29년 : 1892)『진찬의궤』에 수록된「포구락」창사를 들 수 있는데, 계사년 홀기의「포구락」창사는 교정이 가해지지 않은 임진년 의궤의 그것과 동일한 까닭이다.

석촌이 계사년(1893) 이전의「포구락」제1대 창사는 "「무고」의 창사를 빌려다 썼다"고 했는데, 계사년(1893)『정재무도홀기』와 임진년(1892)『진찬의궤』에 수록된「포구락」의 제1대 창사는 실제로「무고」의 두 번째 창사인 '협무(挾舞) 창사(보쟁경경곡(寶箏瓊瓊曲))'[23]를 빌려 썼다는 사실이 확인된다. 그런데 석촌은「무고」창사를 빌려다 쓴 제1대 창사 대신 창사를 새로 지었다고 하지 않고, "제2대 창사를 새로 지어 사용한다"고 했다. 공교롭게도 석촌은 기존「포구락」창사의 제2대 창사를 제1대 창사로 끌어올리고, 제2대 창사를 새로 지어 넣은 것이다. 그 이유는 기존 제2대 창사의 결구(結句), "영취연전제일주(嬴取筵前第一籌)(연석

---

23)「포구락」의 제1대 창사로 빌려다 쓴 이「무고」의 挾舞 唱詞는 기축년(1829) 효명세자의 睿製 唱詞이다. 장사훈,『한국전통무용연구』(일지사, 1977), 220면, 주20에서 '보쟁경경곡' 창사를 두고 "『고려사』와『악학궤범』에는 없다. 조선 말기에 새로 지어 부른 시이다."라고 한 것은 오류이다.

고종조 진찬, 진연에서 진하(進賀)가 자주 베풀어진 경운궁 중화전과, 그 앞에서 관리들과 외국인, 그리고 여령이 함께 포즈를 취했다.

앞에서 첫 번째로 던져 넣는 기쁨을 취하려네)"의 '제일주(第一籌)'를 의식했기 때문임을 간취(看取)할 수 있다. 곧, 순차를 바로잡아 '문리(文理)'가 이어지도록 안배한 것'이다. 새로 지은 제2대 창사는 다음과 같다.

翠幕華筵拂霓裳	푸른 장막 화려한 잔치에 무지개 옷 나부끼며
綺羅六隊簇宮商	비단 옷차림의 아리따운 여섯 舞員들 음악의 절주(節奏)에 맞추네.
驀然高柳鶯梭擲	꾀꼬리 뽀르르 높은 버드나무 사이로 날고
髻上新花惹御香	트레머리에 꽂은 싱그러운 꽃, 고운 향기 흩날리네.

앞의 기구(起句)와 승구(承句)는『고려사』「악지」의「포구락」창사였던 <절화령(折花令) 삼대사(三臺詞)>의 표현을 따서 시상(詩想)을 변용한 것이고, 뒤의 두 句는「포구락」공연 장소의 아름다운 경치를 묘사하고, 풍류안(風流眼)에 용알을 넣어 상을 받은 모습을 머리에 꽂은 꽃의 향기로 표현한 것이다. 이외에도 기존 (임진년)「포구락」창사의 제5

대 창사와 제4대 창사의 순서를 바꾸어 놓았는데, 이는 기존의 제4대 창사의 결구(結句)에 나오는 '공헌군왕만수배(共獻君王萬壽杯)'가 정재 절차상 너무 빠르다고 판단하여 마지막 제6대 창사의 앞에 위치시킴으로써 시상과 문맥의 흐름을 자연스럽게 하려는 의도가 개입된 것이라 생각된다. 계사년에 석촌에 의해 교정되어 정비된「포구락」창사는 기존 창사를 그대로 수록하고 있는 계사년 홀기를 제외한 이후의 모든 홀기와 의궤에 전면적으로 수용되었음은 물론이다.24)

② 대전(大殿)이나 대비전(大妃殿), 세자궁(世子宮) 등, 그 쓰이는(올리는) 장소가(대상이) 다른데도 동일한 창사를 사용하는 것은 잘못이니, 이를 바로 잡는다. 진연이나 진찬 등의 국연에서 정전이나 침전, 대비전 등, 여러 궁전의 뜰은 연향의식을 치르는 장소가 된다. 국연일에 전각에 차일(遮日)을 치면, 박석이 깔린 정전의 뜰은 곧바로 정재의 공연무대가 되는 것이다. 특히 외연과 내연의 분별은 무동정재와 여령정재의 존재방식이기도 해서, 그 두 가지 정재형식은 여러 면에서 엄격하게 구분되었다. 사정이 이러하니, 공연장소에 따라 정재창사의 표현이 다르다는 점을 기록해놓은 것은『국연』만의 독자적 방식은 아니다. 이는 대부분의 고종조 의궤들이 정재악장을 수록하면서 주의해온 기록방식이기도 하다. 가령, 의궤의 특정 정재창사에 '성수(聖壽)'라는 표현이 나오게 되면, 거기에는 반드시 "익일 야연(夜讌) 때는 '예수(睿壽)'라고 고쳐 써서 올린다(翌日夜讌時 以睿壽改書進)"25) 등의 소주(小註)를 달아서, 장소나 칭송대상을 분별하여 기록하는 방식이 그것이다. 다만, 『국연』은 이 점

---

24) 조선 말기「포구락」은 그 隊員이 '여령'은 2인 6대(12명)이고, 무동은 2인 5대(10명)로 고정되는데, 무동의 경우는 제5대 창사까지 부르고, 제6대 창사를 생략한다. 아무튼 현재 널리 알려진 계사년『홀기』의「포구락」창사를 조선후기의 대표적 창사로 인식하고 있는 것은 자료 고증의 불철저성에 따른 것이다.
25) 進宴 등에서 '翌日夜然'은 대개 그 주체가 '世子(東宮)'가 되는 까닭이다.

에 있어서도 특정 '용어'에서부터 '표현구절'에 이르기까지 매우 자세하고도 엄격하게 창사표현의 분별을 지시해놓았다는 점에 주목하게 되는 것이다.

특정 용어에 해당하는 사례를 하나 들어보면, 「헌선도」에서 좌우의 협무가 부르는 <최자사(嘬子詞)>에 "자리를 가득 메운 잠신[大官]들 바라다보니(見滿筵簪紳)"라는 구절 아래에다 "'잠신(簪紳)'은 내연에서는 '잠화(簪花)'로 고친다(簪紳, 內宴改以簪花)"라는 소주(小註)를 달아놓고 있는 것이다. 주지하듯 내연은 주로 왕대비전(王大妃殿)에서 이루어지며, 잔치의 내빈들이 왕실이나 고관의 부인들, 그리고 내명부 사람들이기 때문에 창사의 '잠신'은 '잠화'로 고쳐 불러야 마땅한 것이다. 송축의 대상에 관련된 용어로는 앞에 든 '성수(聖壽)'가 해당하는데, 글자 수를 맞추려면 '君王壽(外宴:大殿)/至尊壽(內宴:王大妃殿)/殿下壽(會酌宴 또는 翌日夜宴:世子殿)'가 되어야 하고, 지시 대상도 '宸顔(外宴:大殿)/彤闈(內宴:王大妃殿)/銅闈(會酌宴 또는 翌日夜宴:世子殿)'로 달리 불러야 하는 것이다. 이러한 특정 용어들은 어떤 원칙아래 굳어진 선택적 표현이 있었던 것은 아닌 듯하니, 문맥에 따라 '君王(大殿)'을 '無量(大妃殿)'으로, '靑宮(世子殿)'으로 용어변화를 주기도 하고, 「무산향」의 경우처럼 '君王笑(大殿)'대신 '稱才藝(大妃殿/世子殿)'로 의미변화를 가져가기도 한다.

이러한 장소와 송축대상에 관계된 표현은 특정 용어뿐만 아니라, 창사의 구절을 문리(文理)에 맞도록 조절해 표현한 경우도 적지 않다. 가령, 「헌선도」의 선모치어(仙母致語) 가운데 "歡聲浩蕩連昭曲 和氣氤氳帶御香(환호의 소리 호탕하니 소곡이 잇따르고, 온화한 기운 가득하니 어향을 띠었네)"이라는 구절에는 "世子宮 改以歡聲浩蕩歌騰祝 和氣氤氳袖拖香(세자궁에서는 '환호의 소리 호탕하니 축하의 노래 울려 퍼지고, 온화한 기운 넘쳐나니 소매에선 향기가 흐르네'라고 고친다)"이라는 소주(小註)가 달려 있다. 이 구절은 대전과 대비전에서의 창사는 동일하지만, 세자궁에서는 다른 표현을 써야 함을 지시한 것이다. 그 이유가 '소곡(昭曲)'과 '어향(御香)'때문임은 금방 눈치챌 수 있을 것이다. 「만수무」의 경우에도 "袞衣深供繡龍紋(곤의를 깊숙이 걸치시니 용

진연 때, 차일을 쇠고리에 묶어놓은 모습
[「진연도」의 부분]

문이 수놓아져 있네)"이라는 구절은 대비전이나 세자궁에서는 "法筵淑氣更氤氳(법연의 맑은 기운 다시금 융성해지네)"이라는 표현으로 고쳐 부르게 하였고, 또 "萬世千秋奉聖君(만세 천추토록 성군을 받들고자)"이라는 구절은 대비전과 세자궁에서는 쓸 수 없으므로 "歌頌群情胥告欣(가송하는 뭇 사람들 서로 기쁨을 아뢰네)"로 고쳐 부르도록 했다. 「제수창」의 경우에도 "統萬物以象天(만물을 거느리시고 하늘을 본뜨셨네)"이라는 구절은 대비전에서는 "樂萬物而享天(만물이 즐거워하니 천수를 누리시네)"으로, 세자궁에서는 "樂萬物而承天(만물이 즐거워하니 하늘을 이으시네)"으로 고쳐 불러야 한다고 했다. 이 항목, 즉 '대전이나 대비전, 세자궁 등, 그 쓰이는 장소가 다른데도 동일한 창사를 사용하는 것은 잘못이니 이를 바로 잡는다'는 점에 있어,『국연』은 이후 의궤나 홀기의 그것과 비교해볼 때, 훨씬 더 세심한 주의를 기울였다는 점을 발견할 수 있다.

③ 무동의 창사와 여령의 창사는 엄연히 달라야하는데도 그 분별이 없어, 이를 바로잡는다. 이 항목은 공연자, 즉 무동과 여령에 경우에 따

경복궁 근정전 품계석 뒤쪽 박석에 박힌 차일 고정 쇠고리

라 창사의 표현이 달라져야 한다는 점을 지적한 것이다. 석촌이 이 부분에까지 신경을 써야 했던 점을 보면, 당대 정재가 상당 부분 관습적이고 형식화된 창사로 공연·전승되었던 정황을 엿볼 수 있다. 이 항목에 있어서도『국연』은 특정용어에서 표현구절에 이르기까지 주의사항을 자세하게 지적해놓고 있다.

먼저, 배역의 명칭에 대한 차이를 지적한 것으로는「경풍도」의 경우를 예로 들 수 있다.「경풍도」의 창사에는 선모창사(仙母唱詞)와 협무창사(挾舞唱詞)가 있는데, '선모창사'에 "舞童 改以仙母稱中舞(무동의 경우는 선모를 중무라고 칭한다)"라는 기록이 있다.『국연』에 이 기록은 이곳에만 한번 기록되었지만, 이는 선모가 등장하는「헌선도」,「장생보연지무」,「연백복지무」,「헌천화」,「만수무」,「제수창」등의 모든 정재에 해당하는 것이다. 홀기는 '무동정재무도홀기'와 '여령정재무도홀기'가 따로 작성되는데, 조선 후기의 모든 홀기들에는 여령의 경우는 '仙母'로, 무동의 경우는 '中舞'로 정확히 분별 기록된다. 이 항목은 석촌의 교정사항이라기보다는 관례를 지적해놓은 것이라 하겠다.

정재창사의 특정표현에 관한 교정의 사례는 용어나 표현 구절에서 주로 찾아지는데 주목할만한 것은 무동과 여령의 창사구분 의식이 작용하여 새로운 창사를 창작하기에 이르렀다는 점이다. 우선 용어나 표현단위의 차별성 지적이나 교정의 사례는「포구락」의 경우에서 잘 드러난다. 곧, '기동(妓童)[여령]'은 '군선(群仙)[무동]'으로(죽간자 구호), '기라육대(綺羅六隊)[여령]'는 '선연군대(嬋娟群隊)[무동]'로(제2대 창사), '분면(粉面)[여령]'은 '관옥(冠玉)[무동]'으로(제3대 창사) 각각 고쳐 부르도록 하나하나 주를 달아놓았다. 제4대 창사의 "香腮紅嫩(고운 뺨은 붉고 어여쁜데)"이 무동에는 어울리지 않는다고 보아 "和風宮苑(온화한 바람이 부는 궁궐 뜰에는)"으로 고쳐 표현의 적절성을 고려하기도 했다. 이러한 원칙은 여타 정재창사에도 두루 적용되어 그 차별성이 지적되거나 교정되었다.

무동과 여령의 창사구분 의식이 작용하여 새롭게 창사가 지어진 사례로는「침향춘」을 들 수 있다.『국연』에「침향춘」창사는 여령과 무동의 것이 따로 마련되어 있다. 그 무동의 창사에 "癸巳進宴 承命新製(계사년(1893) 진연 때에 명을 받들어 새로 지었다)"라는 소주(小註)가 달려있다.「침향춘」은 순조조『(무자)진작의궤』(1828)에 처음 나타나는데, 순조조에 효명세자에 의해 대거 창작되는 정재창사들[睿製唱詞]과 그 발생의 궤적은 같지만, '예제(睿製)'라는 언급이 없는 정재이다. 장사훈은 이「침향춘」에 대해,『국연』의 기록을 근거로 들면서, "철종 계축(1853) 진연 때, 왕명에 의해 지었다고 하였으나, 순조 무자년(1828)『진작의궤』에 동일한 정재악장이 이미 소개되어 있다"고 의문을 표하였는데,26) 이는『국연』의 소주(小註)에 대한 해석이 잘못된 것이며, '계사(癸巳)'를 '계축(癸丑)'으로 잘못 읽은 데서 오해가 빚어진 것이다.『국연』에「침향춘」은 다음과 같이 기록되어 있다.

「沈香春」
絳色羅裙綠色襦   진홍색 비단치마 녹색 저고리로

---

26) 장사훈,『한국전통무용연구』(일지사, 1977), 331면 ;『한국무용개론』(대광문화사, 1984), 214면.

沈香亭北理腰肢　　침향정 북쪽에서 몸단장을 하였네.
含風笑日嬌無力　　환한 웃음 머금은 아리따움, 흐늘거리니
恰似楊妃睡起時　　양귀비가 막 잠에서 깨어난 듯하네.
* 女伶二人 舞進 唱詞 (女伶 2인이 춤추며 나아가 노랫말을 唱한다).
兩行羅袖舞輕盈　　나란히 줄지은 소맷자락, 춤은 나풀나풀
錦繡瓶花分外明　　화병의 수놓은 꽃은 참으로 화사하네.
彩拍一聲齊折取　　고운 拍 한 소리에 동시에 꺾어들고
沈香亭北弄新晴　　침향정 북쪽, 맑게 갠 하늘을 희롱하네.
* 舞童二人 舞進 唱詞 (舞童 2인이 춤추며 나아가 노랫말을 唱한다).
* 癸巳進宴 承命新製　계사년 進宴 때, 명을 받들어 새로 지었다.

「침향춘」은 무원 2인이 두 개의 모란화병(牧丹花瓶)을 앞에 두고, 나란히 나아가 서서 창사를 병창하고(1박), 꽃을 희롱하면서 춤을 추다가(9박), 그 다음 꽃을 한 가지 꺾어 들고 상대하여 춤추며(10박), 13박에 춤을 그치고 물러나는 절차를 갖고 있다. 「침향춘」이 처음 보이는 순조조 『(무자)진작의궤』(1828)를 보면, 인용된 첫 번째 창사와 동일한 창사가 기록되어 있으며, 그 두주(頭註)에 "設牧丹花瓶二坐於前, 舞童二人 各取瓶花一枝, 相對而舞(모란화병 2개를 앞에 놓아두고, 무동 2인이 각기 병의 꽃 한 가지씩을 취하여 상대하여 춤을 춘다)"라고 기록되어 있다. 곧 무동이 추는 「침향춘」인데도, 첫 번째 창사를 불렀다는 사실을 발견할 수 있다. 이는 다시 말해 「침향춘」의 원래 창사는 하나였고, 여령이나 무동의 정재에서 동일한 창사가 불렸음을 의미하는 것이다. 그런데 여령과 무동의 분별을 염두에 둘 경우, 「침향춘」의 원래 창사는 특정 용어나 한 두 곳 표현구절을 수정하여 사용할 수 없을 정도로—"絳色羅裙", "理腰肢", "嬌無力", "恰似楊妃睡起時" 등—창사 전편이 여성형상 언어로 짜여져 있다. 이는 여령의 격에 어울리는 것이지, 무동의 격에 어울리지는

않는 표현들이다. 따라서 무동정재의 격에 맞는 새로운 창사가 요구되었던 바, 새로 지은 무동창사는 여성 형상의 특정 언어를 배제하고, 정재 절차와 춤의 묘사만으로 표현을 달리 가져간 것이라 하겠다. 결국『국연』의「침향춘」에 "고종조 계사년(1893) 진연 때에 명을 받들어 새로 지었다"라고 달린 소주(小註)는 무동창사를 가리켰던 것이다.27)「봉래의」의 경우는 "계사년 양로연 때

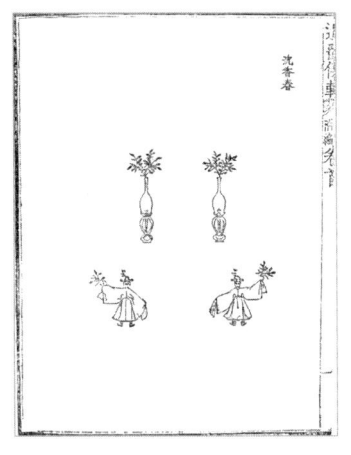

『(戊子)진연의궤』(1828)에 처음 보이는「침향춘」舞圖

에 내각에서 제작하여 내린 것이다"라고 했는데, 「침향춘」은 '계사진연(癸巳進宴) 승명신제(承命新製)'라고만 하였으니 당시 장악원 제거(提擧)였던 석촌 자신이 지었다는 의미일 것이다. 이와 같은「침향춘」무동정재를 위한 창사의 신제(新製) 사례는 고종조 연향악장 정비가 조선 전기 여악폐지론이나 악장의 비리지사(鄙俚之詞) 개산(改刪) 등의 예악이념 실천과는 또 다른 차원, 즉 격식적 엄밀성이 작동하여 수행되었다는 점을 간취할 수 있게 해준다.

Ⅲ. 계사·갑오년 연향악장 정비 및 신축년 창사 신제(新製)

『국연』발문을 통해 알 수 있듯이 석촌은 "계사년(1893)의 양로연과 진연, 그리고 갑오년(1894)의 회연 때에 당상(堂上)으로 명을 받들어, 간

---

27)「침향춘」이 2人舞라는 점만 인지했더라도, 小註의 내용이 두 작품 모두에 해당한다고 해석하는 오류는 발생하지 않았을 듯하다.

략히 교정하였다"라고 하였고, 또 『국연』의 1차 편집완료 시점은 갑오년 회연(1894. 2. 8) 직후인 고종31년(갑오:1894), 3월 하한(下澣)이다. 또한 『국연』에는 지금까지 의궤나 홀기가 남아 있지 않아 실상이 파악되지 못했던 계사년의 양로연과 진연, 그리고 갑오년의 회연, 그리고 신축년(1901) 진연 등에 관한 정보, 즉 이들 국연을 계기로 이루어진 연향악장 정비에 관련된 다음과 같은 기록들이 있다.

「봉래의」 : 계사년 양로연 때에 내각에서 지어 내린 것이다.
「무애무」 : 계사년 양로연 때에 내각에서 지어 내린 것이다.
「침향춘」 : 계사년 진연 때에 명을 받들어 새로 지었다.(무동정재창사)
「포구락」 : 계사년에 명을 받들어 오자와 순차를 바로잡았다. 제2대 창사는 새로 지어 사용한다.
「육화대」 : 誤字가 많아, 갑오년에 내각에서 고쳐 바로잡았다.
「수연장」 新製 : 신축년(1901) * 『국연』의 최종 편찬시점인 '光武5年 辛丑 7月 日'에 근거함.
「제수창」 新製 : 신축년(1901) * 『국연』의 최종 편찬시점인 '光武5年 辛丑 7月 日'에 근거함.

이들 국연에 관계된 기록은 실록을 참고할 수 있지만, 매우 소략하여 몇 종 정재의 명칭만 발견될 뿐이다. 이에 반해 『승정원일기』는 '외연만 기록'되는 자료적 한계가 작용하기는 하지만, 비교적 상세한 정보를 얻을 수 있다.

계사년(1893) 양로연은 3월 20일(외연)과 22일(내연)에 경복궁의 근정전과 흥복전에서 각각 베풀어졌다. 『국연』에서 같은 해 올려졌다고 한 진연(「침향춘」 註)은 실상 진연은 아니고 진찬이었다. 양로연은 왕의 덕화(德化)를 펴 보이는 연례행사이지만, 계사년 진찬은 조금 특별한 데가 있다. 계사년 진찬은 10월 5일(외연)과 6일(왕대비전:내연), 8일(중궁전:

『국연정재창사초록』을 통해 본 고종조 연향악장 정비 247

癸巳年(1893)의 養老宴과 宣祖 還御 5周甲 進饌이 베풀어진 勤政殿

내연), 10일(세자궁 : 회작연)에 치렀는데, 이 가운데 외진찬은 근정전에서 베풀어졌다. 이 진찬은 임란 때 선조가 용만(龍灣)으로 피난하였다가 서울로 환어(還御)(선조26년 : 1593)한지 5주갑(周甲)이 된 것을 기념하기 위한 것이었다. 선조의 환도를 기념하는 계사년 진찬은 영조 9년(1773)에도 있었지만, 고종의 계사년 5주갑 기념 진찬(1893)은 그 의미가 사뭇 달랐을 것이다. 계사년 진찬은 고종이 "선조(宣祖)께서 계사년(1593 : 선조26) 10월 4일 경운궁(慶運宮)에 돌아와서 위태한 나라 형편을 수습하여 반석에 올려놓으셨으니, 아득히 당시의 나라 형편을 상상해 보면 항상 비통함과 다행스러움이 교차되는 마음 간절하다(8월 2일 전교(傳敎))"라고 하면서, 선조의 능인 목릉(穆陵)에 친히 참배한 뒤, 임란공신과 병란공신의 후손들을 불러 치하하며 '宣祖大王回鑾五回甲' 진찬을 성대하게 베풀고는 문무과(文武科)를 보이는 순차로 진행되었다. 일본의 조선침략이 점차 노골화되던 시점에서 계사년 진찬을 베푼 고종의 의중은 대내적으로 국운 홍성의 의지를 다지는 동시에, 대외적으로 조선왕실의 존엄성을 선양하는 데 놓여있었을 것이다. 고종조에 국연이 빈번

하여 국고를 낭비했다는 지적이 있는데, 그것은 군주의 유흥에의 탐닉이 아니라, 외세 침탈 위기에서 왕실이 추구하였던 일련의 정신문화적 대응방식이었던 것이다.

대개의 진연·진찬 등에서 정재가 공연되는 시점은 왕이 국연이 행해지는 전각에 나아가고, 백관이 배위(拜位)에 선 후, 예의를 차리고 왕세자의 사배(四拜)가 올려진 다음, 찬안(饌案)이 올려진 직후부터이다.『승정원일기』에 기록된 절차 전부를 인용할 수는 없으므로, 연회의 절차와 반주, 그리고 정재가 올려진 사항만 간단히 정리해보면 다음과 같다.

○ 癸巳年 양로(외)연(1893.03.20) : 勤政殿
提調 進饌案 이후 : <천추만세지곡> : 「봉래의」 // 제3작 : <치화평지곡> : 「헌선도」 // 제4작 : <산하옥력지곡> : 「만수무」 // 제5작 : <수광지곡> : 「수연장」 // 제6작 : <천하태평지곡> : 「장생보연지무」 // 제7작 : <하성지곡> : 「무고」 / <월항지곡> : 「가인전목단」 // 7작 이후 : <천향봉소장> : 「포구락」 (이상, 8종)

○ 癸巳年 (외)진찬(1893.10.05) : 勤政殿
閔泳達 進大卓 이후 : <천년만세지곡> : 「제수창」 / <경춘화지곡> : 「헌천화」 / <요천순일지곡> : 「향령무」 // 제1작 : <수요남극지곡> : 「헌선도」 // 제2작 : <풍운경회지곡> : 「초무」 / <천보구여지곡> : 「침향춘」 / <만수장락지곡> : 「연백복지무」 / <수연장지곡> : 「만수무」 // 제3작 : <치화평지곡> : 「아박무」 // 제4작 : <해옥첨주지곡> : 「몽금척」 // 제5작 : <경풍년지곡> : 「경풍도」 // 제6작 : <천하태평지곡> : 「포구락」 // 제7작 : <길상지곡> : 「보상무」 // 제8작 : <송창운지곡> : 「가인전목단」 // 제9작 : <오운개서조지곡> : 「무고」 / <일승월항지곡> : 「장생보연지무」 // 9작 이후 : <천향봉소지곡> : 「수연장」 (이상, 17종)

『국연』의 기록과 이들 계사년 국연에서 공연된 정재종목들을 비교해

보면,「무애무」가 나타나지 않지만, 이는 계사년 양로(외)연 이틀 뒤에 열렸던 양로(내)연에서 공연되었을 것이다. 『국연』의 기록을 바탕으로 『국연』의 해당 정재 노랫말과 (계사년)『정재무도홀기』의 정재창사를 비교해보면,「봉래의(鳳來儀)」경우, 『국연』의「봉래의」창사인 <용비어천가>와 (계사년)『정재무도홀기』의「봉래의」창사인 <용비어천가>가 동일한 형태임이 드러나는데, <용비어천가>를 가곡 농·락·편으로 부르는 조선후기「봉래의」창사는 계사년 양로연을 기점으로 새로 정비된 것임을 알 수 있다. 계사년 양로연을 기점으로 지어진「무애무」창사 역시 가곡 '편'으로 부르게 되어 있는데, 가곡이 궁중정재 악장의 자격을 얻는 것은 대개 정조(正朝)·순조대(純祖代)이지만, 고종대에 수행된 악장정비에서도 또 한 차례 시도된다는 사실이 드러난다. 그런데, 앞서 지적되었듯이 조선 후기 홀기를 대표하는 (계사년)『정재무도홀기』가 계사년 양로연을 기점으로 작성된 무보일 것이란 추정은 이런 사실과 함께, 『국연』의「포구락」창사의 교정 사실로부터 뒷받침되는 것이다. 제2대 창사를 제1대 창사로 삼고, 제2대 창사를 새로 지어 정비한 「포구락」이 (계사년)『정재무도홀기』에는 반영되지 않은 것이다. 따라서 '계사년에 정비했다'고만 밝힌「포구락」창사는 양로연(3월)이 아닌 외진찬(10월)에서 처음 사용되었을 것이다.

「침향춘」의 경우는 그 신제창사가 무동정재에 쓰는 창사인데, (계사년)『정재무도홀기』의 그것은 여령정재의 무보를 기록한 것이므로 비교검토의 대상이 되지 못하지만, 그 신제 무동창사가 계사년 외진연의 제2작에 처음 불려졌을 것이란 점은 분명해 보인다. 다른 한편, (계사년)『정재무도홀기』에 수록되었지만 여타 정재와 달리 필체가 전혀 다르며, 또 순국문으로 기록된「육화대」는 『국연』의 기록으로 말미암아, 계사년이 아닌 그 다음 해인 갑오년 진연을 계기로 정비된 내력이 분명하므로,

잘못 합철된 것임이 분명해진다.28)

(계사년)『정재무도홀기』의 일반 필체 (계사년)『정재무도홀기』「육화대」
의 필체

「육화대」가 <염시> 뒤에 다시 가곡으로 부르는 <염가>를 갖게 된 것은 가곡의 정재창사화가 고종조에는 어렵지 않게 시도된다는 사실을 다시 한 번 확인시켜 준다. <육화대>는 가곡창사의 개입으로 정재 절차상의 변모마저 겪게 되는 종목이 된다.

『국연』이 언급한 갑오년 회연은 세자궁[東宮]의 '망삼순(望三旬)', 즉 순종(純宗)이 21세가 되는 해를 기념하는 외진연(1894.2.7) 다음날의 외회연(1894.2.8)을 말하는 것이다. 이들 갑오년의 외진연·내진연, 그리고 외회연과 내회연은 모두 경복궁의 강녕전(康寧殿)에서 베풀어졌다. 이

---

28) (계사년)『정재무도홀기』의「육화대」이외에「처용무」도 필체가 다르다. 필자는 현재 (계사년)『정재무도홀기』가 조선후기 대표적 笏記로 인식된 것이 순전히 이 책의 전승내력과 이 방면의 학습관습 때문이라고 보고 있다. 근자에 번역된 (계사년)『정재무도홀기』의 책명을『조선궁중무보』로 삼은 것도 이러한 인식의 한 사례가 될 것이다(이흥구·손경순 공역,『조선궁중무보』, 열화당, 2000). 이 책에도 이듬해인 갑오년에 정비되는「육화대」가 그대로 포함되어 있다.

는 내·외연과 장소가 필연성을 갖는 것은 아니라는 점을 알려주는 사례가 되기도 한다. 『승정원일기』의 갑오년 진연은 모두 왕세자 망삼순 기념 외진연과 외회연에 관련된 것이다. 참고로 이

甲午年(1894) 進宴이 베풀어졌던 景福宮의 康寧殿. 1917년 경운궁 화재 이후 경복궁에서 경운궁으로 옮겨져 희정당 건물이 되었다.

틀에 걸쳐 치러진 외진연과 외회연의 연회절차에 따른 반주음악과 정재종목을 간략히 정리해 제시한다.

○ 갑오년 외진연(1894.02.07) : 康寧殿
사옹원제조 閔泳韶 進饌案 이후 : <만유천세지곡> :「헌선도」/ <만화신지곡> :「침향춘」/ <수천명명지곡> :「무고」// 제1작 : <해옥첨주지곡> :「제수창」// 제2작 : <풍운경회지악> :「초무」/ <집희순하지곡> :「헌천화」/ <천보구여지곡> :「연백복지무」/ <산하옥력지곡> :「수연장」// 제3작 : <치화평지곡> :「아박무」// 제4작 : <서일상운지곡> :「몽금척」// 제5작 : <헌천수지곡> :「경풍도」// 제6작 : <풍강지곡> :「포구락」// 제7작 : <정상지곡> :「보상무」// 제8작 : <창운송지곡> :「가인전목단」// 제9작 : <오운개서조지곡> :「만수무」/ <여강여릉지곡> :「장생보연지무」// 9작 이후 : <천향봉소지곡> :「봉래의」(이상 17종)

○ 갑오년 외회연(1894.02.08) : 康寧殿
사옹원제조 閔泳韶 進饌案 이후 : <영석난로지곡> :「봉래의」/ <경춘화지곡> :「침향춘」/ <천추세지곡> :「헌선도」// 제1작 : <산하옥력지곡>

:「제수창」// 제2작 : <풍운경회지악> :「초무」/ <집희순하지곡> :「헌천화」/ <해옥첨주지곡> :「연백복지무」/ <천보구여지곡> :「만수무」// 제3작 : <치화평지곡> :「아박무」// 제4작 : <수천명명지곡> :「몽금척」// 제5작 : <경만년지곡> :「경풍도」// 제6작 : <헌천수지곡> :「포구락」// 제7작 : <봉명지곡> :「향령무」// 제8작 : <창운송지곡> :「육화대」// 제9작 : <오운개서지곡> :「무고」/ <여강여릉지곡> :「장생보연지무」// 제9작 이후 : <천향봉소지곡> :「수연장」(이상 17종)

이들 국연을 계기로 정비된 고종조 연향악장들은 결국 조선 최말(最末)에 실제로 공연된 정재에 사용되었으며, 이는 고종조 여러 무보들에 대부분 수용되어 있다. 이들 무도홀기를 꼼꼼히 살펴보면 홀기마다 반주음악이 다르다든가 악장창사가 생략된다거나 하는 등의 미세한 차이가 있음을 발견하게 되는데, 이는 곧 정재가 고정된 대본에 따라 불변의 형식을 지켜야 하는 것이 아니라, '판'에 따라 다소간 탄력적 융통성이 허용되었던 것임을 고려해 이해할 필요가 있다. 이런 사실들과 함께,『승정원일기』를 통해 보면 계사년·갑오년 등의 국연에 입시(入侍)한 관원들 가운데 '검교직제학(檢校直提學) 윤용구(尹用求)'가 항상 참석하고 있었다는 점도 기억해둘 필요가 있을 것이다.

한편,『국연』의 최종 편찬시점이 '광무(光武) 5年 辛丑 7月 日'이란 점은, 석촌의 발문 뒤에 별다른 기록이 없이 수록된「수연장」과「제수창」의 신제창사가 신축년 진연(1901.07.26~29)을 위해 새로 지어진 것임을 알려주는 근거가 된다. 이 두 편의 신제창사는 고종이 계사·갑오 등의 국연 이후, 칭제건원(稱帝建元)을 단행한 상태에서 치러진 진연을 위해 마련되었다는 점에서 그 의미가 결코 적지 않아 보인다. 신축년 진연은 광무 5년(1901)에 고종 황제의 50세를 경축하고, 대한제국의 위상을 대내외적으로 선포함으로써 대한제국의 무궁함을 기원하는 강렬한 염원에서 치른 성대한 경축행사였다. 이 진연의 문화사적 의미는 선행논고29)에 미뤄두거니와, 여기서는 두 편 신제창사의 특징적 면모에 대해서만 지적해보고자 한다.

「수연장」과 「제수창」 모두 군왕의 수(壽)를 축원하는 내용의 연향 정재이다. 「수연장」은 고려 때 들어온 당악정재의 하나로 오랜 전승내력을 갖고 있으며, 「제수창」은 순조조 (기축)『진찬의궤』(1829)에 처음 나타나는데, 그 창사는 예제(睿製), 즉 효명세자가 지은 것으로, 송나라 황제의 성절(聖節)에 쓰였던 악곡명, <제수창(帝壽昌) 만(慢)>에서 의미를 취하여 창작한 정재이다.30) 그런데 석촌은 『국연』에서 「제수창」과 「수연장」의 (舊)창사31)에 각각 소주(小註)를 달아놓았다.

○「帝壽昌」: 帝壽昌, 未知創自何時. 而唱詞中, 有帝德・帝膺・天子 云云, 莫領指意.. 或自謙以歸頌上國歟. 未敢臆揣也.('제수창'은 어느 때부터 지어졌는지 알지 못하겠다. 창사 가운데 '帝德', '帝膺', '天子' 등을 말한 것은 그 稱頌이 지시하는 의미가 무엇인지 알 수 없다. 혹 스스로 上國을 칭송하려는 것인가. 함부로 臆揣할 수 없다.)
○「壽延長」: 此呈才, 自麗祖有之. 唱中萬方歸順云云, 或者統一三韓云歟.(이 정재는 高麗 때부터 있었다. 창사 가운데 '萬方歸順' 云云한 것을 두고, 或者는 三韓을 통일한 것을 말한 것이라고 한다.)

석촌이 「제수창」이 언제 지어졌는지 모른다고 한 것이 사실인지는

---

29) 인남순・김종수 공역, 『여령정재홀기』(민속원, 2001.), 17~59면; 이의강, 「『정재무도홀기』를 통해본 고종 신축년 진연의 문화사적 의미」(『대한무용학회 논문집』40호, 대한무용학회, 2004.), 79~96면을 참조.
30) 순조조 정재 창작의 제 양상에 대해서는 조경아, 「순조대 정재 창작양상」(『한국음악사학보』31, 한국음악사학회, 2003, 273~302면)을 참고하기 바란다.
31) 신축년(1901) 新製唱詞에 대비하기 위한 편의적 용어로 '(舊)唱詞'를 사용한다. 이들 창사는 신축년 이전 정재의 唱詞를 가리키는 것이다.

의문이 들지만, 기록을 신빙하여 이해하자면, 석촌이 『악학궤범』이나 『등록』을 보았다고 했고, 『의궤』의 「정재악장」부분에는 이에 대한 기록이 있으므로, 『의궤』는 참고하지 못했던 것이 아닌가 생각된다. 다른 한편으로 이 언급 다음에 나오는 창사에 대한 석촌의 인식을 고려하면, 일부러 모른 체 했을 수도 있다는 생각마저 든다. 정재명(呈才名)이 당돌하게 「제수창」이니, 이 정재가 송축하는 대상은 황제여야 하는데, 그렇지 못하니 이해되지 않는다는 것이다. 중국 황제의 생일이 '만수절(萬壽節)'이면 우리 국왕의 생신은 '천수절(千壽節)'이어야 하고, '만세'가 아닌 '천세'를 외쳐야 했던 중세 동아시아의 이념적 국제질서에서 보면, 모른 체 하는 것이 나았을지도 모른다. 그래서 피해 가는 방법이 '혹 상국(上國)을 칭송하려는 것인가'라고 하면서 생각을 회피한 것은 아닐까. 「수연장」에서는 '만방귀순(萬方歸順)'이 문제가 되었던 모양이다. 천하가 천자의 덕화(德化)에 감화(感化)되어 귀순(歸順)한다는 뜻이니, 매끄럽지는 못했을 터이다. 『국연』이 편집되던 갑오년은 동학군 봉기를 계기로 청·일 양국이 조선에 대한 종주권과 영향력을 장악하기 위해, 양측 모두 군대를 파견하여 일촉즉발의 전운이 감돌던 때였으니, 이런 해석도 무리는 아닐 듯하다. 아무튼 이 문제에 관한 한 석촌의 해석 방향이 다소 경직되어 있는 점만큼은 사실이다.

「제수창」의 경우, 그것이 기축년 효명세자의 예제(睿製)라는 사실을 알았다고 할지라도 이 문제에 대한 해석은 결코 쉽지 않을 듯하다. 더욱이 「제수창」이 의궤에 등장하는 기축년(1829)은 순조의 40세 생신과 보위에 오른 지 30년이 된 것을 기념하는 성격의 진찬이었기 때문에, 아무리 중국 문헌에 근거를 두고 창작한 것이라지만, 그것이 진연에서 공연되는 한 그 칭송의 대상은 군주가 될 수밖에 없는 까닭에, 중국을 종주국으로 하는 중세 동아시아의 이념적 질서에 위배되는 것을 피할 수는 없는 것이다. 이런 점에서 이 문제에 대해 이중적 해석의 여지를 남겨두고 정재악장을 통해 조선중화주의를 실천한 것이 효명세자의 기지가 아닐까 생각되기도 하는 것이다.

그런데 석촌의 이러한 의문과 우려는 대한제국의 출범과 고종의 '칭제건원'으로 말끔히 해소되었던 것으로 보인다. 신축년 진연을 위한 신제창사와 (舊)창사를 비교해보면, 기대와는 달리 완전히 일신된 창사를 새로 마련한 것이 아님을 발견하게 된다. 「수연장」이 「제수창」보다 훨씬 더 원-작품으로부터 많은 표현적 변개(變改)를 보여주지만, 그것은 문예적 차원에 그치는 듯하고, '만방귀순'이란 표현도 삭제되어 있다. 다만 죽간자 구호의 첫 구절의 경우에 "壽星耀殿布禎祥(수성이 전각을 비춰 상서를 펴고)[舊]"에서 "壽星耀彩暎八牕(수성의 빛나는 광채, 팔창(八牕)을 두루 비추니)[新]"로 바꿈으로써 제왕이 듣는 창사로서의 품격을 유지한 정도가 감지된다. 그러나 직접적으로 '제(帝)'字가 많이 사용되는 「제수창」에서는 여타 표현구절은 많이 바꾸지는 않았지만, "洪惟我殿下(크시도다. 우리 전하여!)[舊]"를 "洪惟我陛下(크시도다. 우리 폐하여!)"로, "吾君萬年(우리 임금님, 만년을 누리소서!)[舊]"을 "天子萬年(천자시여! 만년을 누리소서!)"로 "祝千歲而有永(천세를 송축드리니, 영원할 것입니다.)[舊]"을 "祈萬齡而有永(만세를 기원드리니, 영원할 것입니다.)"으로 정비하여 분명하게 황제로서의 격에 걸맞는 창사로 정비해놓았다.

청일전쟁(1894·95)과 을미사변(1895), 그리고 아관파천(1896)을 거쳐, 경운궁으로 환궁한 고종이 대한제국을 선포(1897.02.20)한 뒤, 외세의 침탈로 위축되었던 분위기를 일신하고 대한제국의 위상을 대내외적으로 선양하는 조선조 최초의 '만수성절(萬壽聖節)'에서 '천세(千歲)'대신 '만세(萬歲)'를 축원했던 대표적 악장은 다른 무엇이 아니라, 「제수창」이었을 것으로 생각된다. 이들 『국연』의 「수연장」과 「제수창」 창사는 고종조 신축년『홀기』들에는 부분적으로, 그러나『진연의궤』의 해당 정재악장에는 동일한 창사가 정확하게 기록되어 있다.

아울러『국연』으로 말미암아 밝혀진 지금까지의 여러 국면들을 고려하면, 조선왕조 최말(最末)에 해당하는 고종조 연향악장 정비에 장악원 제거(提擧) 윤용구가 주도적으로 개입하고 있었다는 사실은 문화사적 각도에서 주목되는 바 크다고 생각되는 것이다.

신축년(1901) 진연이 베풀어진 경운궁 함녕전

Ⅳ. 맺음말

'정재'는 현재 국악학계나 무용학계에서 '궁중연회'에서 사용되었던 '궁중무'를 가리키는 다소 제한적 용어로 사용되지만, 좀 더 근원적으로는 동아시아문화권의 뿌리 깊은 예악사상에 기저(基底)하여 국가문화정책상 제도화된 궁정악무(宮庭樂舞)에 소용된 종합예술이며, 나아가 궁정은 물론 전국의 모든 관변·교방에서 무동이나 기녀들에 의해 공연된 '악(樂)·가(歌)·무(舞)·희(戱)' 종목들을 가리킨다.

그런데 이들 정재는 제도적으로 규범화된 형식을 갖기 때문에 능동적 변화나 역사적 변모와는 별로 상관이 없을 것으로 생각하기 쉽다. 그러나 정재는 '춤판'별로 '시기'별로 능동적 탄력성을 가지고 변화를 꾀해왔고, 어느 시점에서는 특정 기준에 의해 재정비되기도 하는 등, 크고 작은 변모와 굴절을 수반해왔다. 이런 점을 고려하면 조선후기 정재의 변모는 여러 방면에서 탐색될 수 있을 것이다.

이 글이 주목해본 고종조 연향악장 정비나 창사의 변모는 그 한 부분일 것인 바, 그 온전한 실상 파악은 반주음악의 변화나 춤사위, 그리고 절차의 변모 등이 함께 궁구(窮究)되어야 이루어질 수 있을 것이다. 정재는 비록 악·가·무가 결합되어 전승되었다고 하더라도 공연의 실상에서 바라보면 엄연히 무용이 우세한 상태에서 이습(肄習)되기 때문이다. 그러나 온전한 실상 파악에 이르려면 공연의 예비계획서라 할 수 있는 '홀기', 그리고 연향의 모든 절차와 실제로 공연된 정재의 악장이나 기물(器物) 등을 상세하게 기록해놓은 '의궤', 나아가 실록이나 승정원일기 등의 '사료(史料)' 등이 입체적으로 검토될 필요가 있는 것이다. 이런 연구의 특성상, 정재에 대한 연구는 문학의 주변이 아닌 문화의 중심에서 문학이 그 역할을 수행해야 할 몫이 있으며, 또 유관 학제간 공동연구가 절실하게 요청되는 특수한 과제라고 생각되는 것이다.

이 글은 필자의 관심 범위에 놓인 몇 가지 새로운 사실 지적에서 그치고 말았고, 또 46종이나 되는 정재창사의 특징을 좀 더 정확하게 드러내는 방법도 적절하게 확보하지는 못한 듯하다. 부족한 점들은 앞으로 『국연』의 주석본을 마련해볼 요량이 있으므로, 그 때까지 지속적으로 보완해나가기로 하겠다. 이 지점에서 희망을 가져보는 것은 이 작업이 충실히 수행된다면, 조선 후기 각종 홀기들의 정확한 성격 파악이 가능해질 것이고, 보다 완벽한 창사의 교정과 무보의 작성이 가능해질 것이란 점이다. 여기에 현재 전승되고 있는 몇몇 정재들의 실연까지 참조한다면, 특정 '판'이 지정된 정재의 복원을 위한 정밀한 무보(복원기획서)의 마련도 기대해볼 수 있지 않을까 생각한다.

참고문헌

· 자료

『선원계보기략(璿源系譜紀略)』, 『승정원일기(承政院日記)』(高宗, 계사 및 갑오), 윤용구, 『국연정재창사초록(國讌呈才唱詞抄錄)』 사본(寫本) 및 『현금오음통론(玄琴五音統論)』, 『월당수집(月塘壽集)』, 『정재무도홀기(呈才舞圖笏記)』(한국정신문화연구원 편, 1994), (무자)『진작의궤(進爵儀軌)』, (기축)『진찬의궤(進饌儀軌)』[이상, 純祖], (무신)『진찬의궤(進饌儀軌)』[憲宗], (무진)『진찬의궤(進饌儀軌)』, (계유)『진작의궤(進爵儀軌)』, (정축)『진찬의궤(進饌儀軌)』, (정해)『진찬의궤(進饌儀軌)』, (임진)『진찬의궤(進饌儀軌)』[이상, 高宗], (신축)『진연의궤(進宴儀軌)』, (임인)『진연의궤(進宴儀軌)』[이상, 光武].

· 논저

성무경, 「조선후기 지방 교방의 관변풍류와 악·가·무」, 역주『교방가요』, 보고사, 2002.

_____, 「조선후기 정재와 가곡의 관계」, 『조선후기 시가문학의 문화담론 탐색』, 보고사, 2004.

송방송, 「조선후기 악보와 기보법」, 『한국음악통사』, 일조각, 1984.

이의강, 「『정재무도홀기』를 통해본 고종 신축년 진연의 문화사적 의미」, 『대한무용학회논문집』40, 대한무용학회, 2004.

이홍구·손경순 공역, 『조선궁중무보』, 열화당, 2000.

인남순·김종수 공역, 『여령정재홀기』, 민속원, 2001.

장사훈, 『한국무용개론』, 대광문화사, 1976.

_____, 『한국전통무용연구』, 일지사, 1977.

_____, 『국악대사전』, 세광출판사, 1984.

_____, 「현금오음통론」, 한국음악학자료총서14, 『협률대성 외』, 국립국악원 전통

예술진흥회, 은하출판사, 1989.
장정수, 「당악정재 <포구락>의 역사적 전개」, 『대한무용학회논문집』40, 2004.
조경아, 「순조대 정재 창작양상」, 『한국음악사학보』31, 한국음악사학회, 2003.
조규익, 「익종악장연구」, 『고전문학연구』24, 한국고전문학회, 2003.
차주환, 「육화대고」, 『당악연구』, 범학도서, 1976.

제3부
문헌 자료를 통해 본 지방 정재 공연의 문화사적 의미

정재, 「항장무」의 연희전승과 극 연출 방식

성무경

1. 머리말

「항장무(項莊舞)」는 19세기 중·후반 궁중에 유입되어 기녀들에 의해 공연된 궁중정재의 하나이다. 이 「항장무」는 초패왕 항우와 한패공 유방이 벌인 초한(楚漢) 승부에서 그 갈등과 긴장이 최고조에 달했던 '홍문연(鴻門宴)의 고사(故事)'를 극화해 연출한 것이다. 정재 「항장무」는 원래 평안도 선천 지방의 특색 있는 교방 정재였던 것이 당대 인기를 끌어 각 지방 교방에 전파되고 급기야는 궁중에까지 진출한 공연물이며 당대 식자층에게는 '잡극(雜劇)'으로 인식되었던 여령(女伶) 정재이다. 조선시대 궁중에서 공연된 대부분의 정재가 악(樂)·가(歌)·무(舞)가 혼합된 종합 공연물이기는 해도 춤이 압도적으로 우세한 데 반해, 「항장무」는 '악·무'가 수반되지만 여타 정재와 달리 '등장인물의 배역과 행동 및 대사에 입각한 극양식의 성격을 온전히 갖춘 연극'이란 점이 각별히 주목된다.

극 양식에 관련된 논의에서 희곡과 연극은 서로 교차되는 범주를 지니면서 흔히 개념 혼란을 일으키기도 한다. 대개 문학적 관점에서는 희곡이라 하고 공연예술의 관점에서는 연극이라 하여 이 둘을 개념적으로 구분해 사용하지만 이 둘은 각각 '대본'과 '연출'을 매개항으로 삼아 하나의 예술양식에 수렴된다는 특성을 지니고 있다. 그런데 마침 「항장무」는 연출을 전제로 작성한 대본, 즉 『정재무도홀기』를 가지고 있어 극의 구성을 비교적 상세히 알 수 있을 뿐만 아니라, 또한 『교방가요』에는 홀기에 가까운 공연의 절차 및 무대 도판이 있고, 나아가 몇몇 자료들에는 이 공연을 실제로 관람한 좌상(座上)의 기록도 더러 남아 있어 희곡 및 연극사적 관심대상이 되기에 충분하다. 더욱이 왕패륜(王沛綸)이 정리한 바에 따라 희곡을 "凡以歌舞表演故事者 謂之戲曲(대저 가무로써 고사를 표현하는 것을 희곡이라 한다)"[1])의 의미로 사용한다면 「항장무」는 이러한 동아시아 희곡의 개념에 적확(的確)하게 맞아떨어지기도 한다.

주지하듯 우리의 희곡 및 연극사는 시가와 소설 등 여타 문학예술 분야에 비해 상대적으로 빈약하고, 특히 신극사의 경우 전통 극양식에 의한 장르 관습화 문제는 판소리의 창극화나 민속극으로부터 유추해 내는 정도에 그치고 있는 형편이다. 정재 「항장무」는 신극 유입 이전에 이미 온전한 연극 연출과 극양식의 관습화가 내재적으로 수행되고 있었음을 입증해 줄 매우 적합한 사례라고 생각된다. 이에 이 글은 정재 「항장무」를 극양식의 관점에서 바라보고자 하며 이를 위해 그것의 연희 전승과 극 연출 방식에 대해 논의해 보고자 한다.

「항장무」는 장사훈이 『정재무도홀기』에 기록된 자료를 들고 조선후기 지방(宣川)에서 궁중으로 유입된 무극(舞劇)으로 소개한 것[2]) 이외에는 이렇다 할 논의가 없는 형편이다.[3]) 장사훈이 사용한 무극이란 용어

---

1) 王沛綸 編著, 『戲曲事典』, 臺灣 中華書局 印行, 1964.
2) 장사훈, 『한국전통무용연구』, 일지사, 1977 및 『한국무용개론』, 대광문화사, 1984, 『국악대사전』, 세광음악출판사, 1984 등을 참조.
3) 정재 「항장무」에 대한 단일 논고는 장사훈의 소개 외에는 없는 것으로 보인다. 다만 양재연이 「검무희」(『일석 이희승 선생 송수기념논총』, 1957, 『국문학산고』, 전예원,

는 '춤으로 이루어진 극'이란 의미를 주지만, 「항장무」의 경우 실제로는 '춤이 연극의 중요 부분을 담당하는 극'이란 뜻으로 이해될 필요가 있다.

2. 「항장무」의 연희 전승 양상

장사훈은 「항장무」를 궁중정재의 하나라고 소개하고, 그것이 고종 10년(1873)에 평안도 선천 지방의 무극을 처음으로 궁중에 들여온 것이라고 설명했다. 이와 같은 논의는 『각정재무도홀기(各呈才舞圖笏記)』(계사년, 1893년, 고종 30년)[4])에 근거를 둔 것이라고 생각된다. 즉 「항장무」가 궁중정재로 연행된 사실을 『각정재무도홀기』, 「항장무」조의 제목 아래 기재된 "(평안도 선천(宣川)무극) 고종 계유 시용(始用)"이라는 기록에 근거하여 설명한 것이라 여겨진다. 이 기록의 필체는 홀기의 필체와 현격하게 달라 다소간 의구심을 자아내지만 그것이 이 자료를 소장했던 이주환의 필적임은 어렵지 않게 알 수 있다.

1976에 재수록)에서 검무를 가면동자무, 여기검무, 항장무로 분류하여 그 연원과 변천상을 고찰하는 가운데 언급한 바 있어 도움이 된다. 이외에 呈才를 연극적 관점에서 고찰한 논고가 몇몇 있어 이 방면 연구에 참고할 수 있다. 이와 관련된 논의로는 한옥근, 「<학 연화대 처용무 합설>의 연극적 구성과 표현에 대한 연구」(『한국연극학』, 한국연극학회 편, 1985)와 사진실, 「고려시대 정재의 공연방식과 연출원리」(『정신문화연구』73, 1998) 및 「<선유락>의 공연 양상과 형성원리」(『국문학연구』, 태학사, 1999) 등을 참고할 수 있다. 그러나 연극적 관점에서 접근한 기존 논고의 대상이 된 이들 정재는 춤이 우세한 樂·歌·舞의 종합 연희라는 점에서 엄밀한 의미의 연극적 구성을 지녔다고 보기는 어렵다. 기타 呈才와 관련된 회화·음악·무용학 방면의 논의도 이 방면의 연구에 참가가 된다.

4) 이 계사년(1893) 『각정재무도홀기』는 원래 이주환 선생이 소장했던 것인데, 현재 국립국악원에 소장되어 있다. 이 자료는 장사훈, 『한국전통무용연구』(주 2와 같은 책)에 부록으로 영인 수록된 바 있고, 한국음악학자료총서 4 『시용무보·정재무도홀기』(은하출판사, 1989)로 영인 출판되었으며, 최근에 이흥구·손경순 역, 『조선궁중무용』(열화당, 2000)으로 국역 및 영인 자료로 다시 출판되어 자료 이용에 많은 도움이 된다.

한편 정재「항장무」에 관련된 무도홀기는 이외에도 근자에 장서각 소장『정재무도홀기』가 소개됨에 따라 보다 풍부한 자료를 갖게 되었다.5) 이 자료집은 주로 신축년(1901) 진연·진찬 때 작성된 홀기와 그 이본들이 대부분이지만, 정해년(1886) 진찬 때 작성된『사자무항장무무도홀기(獅子舞項莊舞舞圖笏記)』가 수록되어 계사년(1893)『각정재무도홀기』보다 앞선 자료로 삼을 수 있다. 이 홀기는 장사훈이「사자무」와「항장무」둘 다 지방에서 궁중으로 들여온 잡극이라 하고,「항장무」는 『각정재무도홀기』의 기록에 의거해 계유년(1873, 고종 10년)에,「사자무」는 윤용구 편『국연정재창사초록』(갑오년, 1894)의 기록에 의거해 정해년(1887, 고종24년)에 궁중정재로 처음 사용하였다고 한 것과 부합되는 자료가 된다.

그런데 장서각 소장『정재무도홀기』자료집의 해제에서 김영운은 정해년『사자무항장무무도홀기』의 여령(女伶)의 기명(妓名)과 같은 해 자료인 정해년『진찬의궤』의「공령(工伶)」조에 나오는 여령의 기명(妓名)이 일치하지만, 정해년『진찬의궤』에「사자무」나「항장무」춤이 보이지 않는 것은 "실제 진찬에서 이들 춤이 추어지지 않았기 때문일지도 모른다"는 의견을 제시하고 있다. 즉 홀기는 정재의 연출을 위해 작성되는 것이고, 의궤는 연회가 끝난 다음 제반 절차에 참석했던 서기들에 의해 의궤청에서 총괄하여 작성되는 것이기 때문에『진찬의궤』의「공령」조에 이들 정재가 보이지 않는다는 것은 실제의 궁중 연회에서 추어지지 않았을 것이라는 추정을 가능하게 한다. 그렇다면 이들 정재가 실제로 궁중에서 연행되었는가의 여부는 다소 문제가 될 수 있는 것이다.

그러나 이들 정재는 장사훈의 견해대로「항장무」는 계유년(1873, 고

---

5) 한국학자료총서 1.『정재무도홀기』, 한국정신문화연구원, 1994.

종10년)에, 「사자무」는 정해년(1887, 고종24년)에 궁중에서 실제로 공연되었던 것으로 판단된다. 우선 「항장무」가 계유년에 처음 궁중에서 사용되었음은 『각정재무도홀기』(1893)에 기재된 이주환의 기록으로부터 추정된 것이었지만, 그것은 곧 사실로 드러난다. 즉 계유년『진찬의궤』(1873, 고종 10년, 규장각본)를 찾아보면 <공령>조에는 「항장무」에 관련된 기록이 없지만, <악기풍물>조에 "項莊舞 所用 玉斗一箇 價錢二錢 玉玦一箇 價錢三錢"이라고 하여 항장무에 소용되는 기물인 옥두와 옥결을 마련한 비용이 기록되어 있고, 또한 <상전>조에는 "項莊舞 荊山玉 等 九名 從自願免賤"이라고 하여 「항장무」를 공연한 형산옥 등, 기녀 9명을 포상차원에서 면천해주었음이 기록되어 있다.6) 「사자무」 역시 정해년『진찬의궤』(1887)의 <상전>조에 "獅子舞 才人 李良錫 等 四名 預差 金濟得 並帖加"라고 하여 재인들에 대한 포상 기록이 남아 있다.7) 다만 이들 정재가 홀기로는 남아 있으나 이처럼 각종 의궤의 「상전」조나 「악기풍물」조에 그 흔적만 남겼을 뿐, <공령>조에 기재되지 않은 것은 「항장무」나 「사자무」가 연회의 공식적인 정재가 아닌 잡극(雜劇)이었던 때문인 것으로 여겨진다. 이로써 「항장무」가 고종 10년(계유년, 1873)에 처음 궁중에 들여와 공연된 정재라는 점은 분명한 사실임을 알 수 있다.

---

6) 이 계유년(1873) 이후 「항장무」는 궁중 진연이나 진찬에 꾸준히 연행되었던 것으로 보인다. 정해년『진찬의궤』(1887)에도 <공령>조에는 관련기사가 없으나 <상전>조에 "項莊舞 花仙 等 九名 並從自願免賤"이라는 기사가 보이고, 또 신축년『진연의궤』(1901)에 "項莊舞 紅桃 等 十二名 各 白木一疋 木一疋"이라는 기사가 보여, 오히려 「항장무」의 공연 인원이 9명에서 12명으로 늘어났으며 공연의 대가로 상이 주어졌음을 알 수 있다.
7) 「사자무」 역시 신축년『진연의궤』(1901)의 "獅子舞 才人 崔福東 等 四名 各木二疋 本廳題給" 등의 기사를 통해 정해년(1887) 이후 궁중에서 지속적으로 연행되었음을 알 수 있다.

이제 「항장무」가 애초에 '평안도 선천(宣川) 지방의 특색 있는 정재'였다는 점에 대하여 살펴보기로 하겠다. 이 점 역시 지금까지 계사년 『각정재무도홀기』의 <항장무>조의 제목 아래 괄호로 기재된 "(평안도 선천무극)"이라는 기록에 근거를 두고 설명된 것이지만 이 또한 사실로 드러난다.

구한말・일제 초의 골수 친일파 구지식인으로 지목되는 최영년은『해동죽지』의 <홍문연>조에서 "선천 기생들이 홍문(鴻門)의 고사(故事)를 연출하여 공사(公私) 연향에 썼는데, 그 이름을 「홍문연」이라 한다. 지금도 그것이 전한다"[8]라고 기록했는데, 「홍문연」은 곧 정재 「항장무」를 가리킨 것이다. 당시에 「항장무」를 가리키는 또 하나의 이름으로 「홍문연」이란 명칭이 있었음을 알 수 있는데, 극의 성격상 「홍문연」이란 명칭이 더 적합해 보이기도 한다. 왜냐하면 '항장무'는 '항장이 춘 검무'라는 의미로 제한되어 그것이 곧 '춤으로 이루어진 무극(舞劇)'의 의미를 주기 십상이지만, 실제 이 정재는 '홍문 연회 전체를 극화한 것'이고 '항장의 춤'은 그 일부인 까닭이다. 이로써 보면 「홍문연」이어야 할 연극이 「항장무」란 정재 명칭을 얻게 된 이면에는 춤이 지배적이었던 공식정재로서의 성격을 표방한 의도가 잠재되어 있는 것이 아닌가 생각된다. 어쨌든 이 자료가 「항장무」 연출이 선천 기생들에게서 비롯된 것임을 밝히고 있는 것은『각정재무도홀기』의 기록과 마찬가지이다. 「항장무」가 선천지방의 교방에서 형성된 정재라는 점은 계사년 『각정재무도홀기』(1893)의 「항장무」의 주요 등장인물의 배역을 맡은 여령 10명 전원이 선천지방 출신 기녀들이라는 사실에서 더욱 확실해진다.

관련 자료를 통해보면[9] 「항장무」 정재를 담당한 여령의 소속이 조금

---

8) 崔永年,『海東竹枝』(1920. 刊),「俗樂遊戱」, <鴻門宴>條. "宣川妓 演出鴻門宴故事 用於公私宴饗 名之曰鴻門宴 至今有之".

씩 다르게 나타남을 발견할 수 있다. 1873년 처음 궁중에 들여와 연행되었을 때의 「항장무」 여령의 소속은 관련 자료가 없어 속단할 수 없으나 궁중에 처음 들여왔다는 정황에 미루어 선천지방 출신의 부기(府妓)들이었을 것으로 추측해 볼 수 있다. 1887년의 「항장무」 여령 12명 모두 평양 출신으로 되어 있고, 1893년에는 10명 모두 선천 지방 출신으로 나타난다. 그런데 1901년 「항장무」 여령은 모두 의녀와 상방 기녀, 즉 경기(京妓)들로 구성되어 있다. 곧 선천 또는 평양 등 관서지방 출신 기녀(鄕妓)들이 선상(選上)되어 공연했던 데서 완전히 경기(京妓)로만 여령을 대치한 것은 「항장무」 정재가 경향간(京鄕間)에 일반화되었음을 말해주는 것이라 생각된다.

이와 같은 「항장무」 정재의 일반화 조짐은 『교방가요』(1872)에서 발견된다. 『교방가요』는 1867년 진주목사로 부임했던 정현석이 지은 것으로, 여기에 홀기에 버금가는 「항장무」의 자세한 절차와 도판까지 마련되어 있다는 점은 진주 교방에서도 「항장무」가 공연되었음을 알려준다. 즉 19세기 후반 「항장무」는 지방 교방에서 두루 연행되면서 인기를 누려 급기야는 궁중 연회에까지 진출한 케이스가 되는 셈이다.

이제 「항장무」가 각종 공사(公私) 연향에 쓰였다는 점을 유의하면서 「항장무」가 선천 지방의 특색 있는 정재였다는 사실과 그것의 연희 양

---

9) 「항장무」 관련 정재무도홀기는 『사자무항장무무도홀기』(정해, 1887, 장서각본)가 가장 앞서고, 『각정재무도홀기』(계사, 1893, 국립국악원본)가 그 다음이 되며, 『여령각정재무도홀기』(신축, 1901, 장서각본 도서번호 2-2885), 『여령각정재무도홀기』(신축, 1901, 장서각본 도서번호 2-2886), 『여령정재무도홀기』(미상, 장서각본 도서번호 2-2893) 등이 그 다음이 된다. 한편 「항장무」 관련 의궤로는 『진작의궤』(계유, 1873, 규장각본)가 가장 앞서고, 『사자무항장무무도홀기』와 대비해 볼 수 있는 의궤는 『진찬의궤』(정해, 1887, 국립도서관본)가 있고, 계사년 『각정재무도홀기』(1893)와 대비해 볼 수 있는 계사년 의궤는 현재 남아 있지 않으나, 신축년의 여러 홀기와 대비해 볼 수 있는 『진연의궤』(신축, 1901, 규장각본)는 현재 남아 있다. 의궤자료에 관한 현황은 김영운의 해제(주) 5와 같은 책)에 많은 도움을 받았다.

상을 보다 앞선 시기의 자료를 통해 살펴보겠다. 조선시대 기녀들은 지방에 따라 각기 특기(特技)가 있었는데, 영남 기생이 광대의 단가를 잘 불렀다든가, 안동기생이 <대학지도>를 잘 외운다든가, 관동과 도성기생이 <관동별곡>을 잘 부른다든가, 함흥기생이 <출사표>를 외운다든가, 영홍기생이 <용비어천가>를 부른다든가, 평양기생이 <관산융마>를 잘 불렀다든가, 제주・의주・북청 기생이 말을 타고 달리면서 「검무」를 잘 추었다든가 하는 등의 지방적 특색이 있었다고 한다.10) 선천기생이 「항장무」를 잘 추었던 것 또한 기녀풍속의 지방적 특색 중의 하나이다. 조선 후기에는 지방 정재가 궁중으로 유입된 경우가 적지 않았는데, 「선유락」과 「항장무」는 둘 다 지방의 교방정재가 궁중정재화 된 것으로 그 형성의 연원이 관서지방, 특히 선천과 연계된다는 것, 그리고 여러 정재 가운데 이 두 정재에만 유독 대취타(內吹)가 사용된다는 점 등은 평양・안주・선천・의주 등이 朝・中 사행의 주요 노정지였다는 점과 깊이 관련될 것이다. 교방은 지방 관아에 부속된 건물로 대개는 관문 밖 객사 주변에 위치해 있으면서 이곳에서 노래, 춤, 악기 등 각종 기예를 익힌 관기들이 관변의 이러저러한 행사에 초치(招致)되었음은 잘 알려져 있다. 교방 정재는 사신 송별연뿐만 아니라 신관도임연회, 기로회나 각종 계회, 관장의 각종 놀음 등 관변의 공사(公私) 연향에 두루 소용되었던 것이다.

홍순학은 고종 3년(1866) 가례주청사 서장관으로 북경에 다녀온 사행기록을 <연행가>로 남겼는데, 여기에 「항장무」 공연을 관람한 기록이 있다. 사행 도정에 있는 여러 고을의 관장들은 예외 없이 사행 지공(支供)을 수행하게 된다. 가령 1763년 계미통신사로 일본에 갔던 김인겸은

---

10) 이능화, 『조선해어화사』, 한남서림, 1927, 제28장 참조.

『일동장유가』에서 부산까지의 도정에 놓인 각 고을의 지공 연회를 여러 차례 기술하면서 그 지공에 대해 "영이남(嶺以南) 칠십이주(七十二州) 차례로 지공(支供)하니 대읍(大邑)이 나흘이요 지잔(支殘)한 고을들은 이틀씩 한다 하네"라고 기록하기도 했다. 홍순학 역시 이르는 곳마다 풍악과 술상을 마주하고 "대작(對酌) 미인 권주가에" "대풍악(大風樂) 들여놓고 가무(歌舞)를 구경하자"며 흥취를 돋우기는 마찬가지이다. 평양 부벽루에서는 "아리따운 노랫소리 청천에 높이 떴고 춤추는 긴소매는 바람결에 나부낀다"고 했다. 또 "춘심이 호탕하다"고 하면서 "들으니 색계상(色界上)에 영웅열사 없다하데"라고 하는 데까지 나가지만, 정작 자신은 이십 여 년 책상물림이니 어찌 오입물정을 알았겠냐고 하면서 졸풍류(拙風流)를 면치 못했다고 했다. 이는 사대부적 체면치레 표현인 듯하다. 이 때의 도정은 서울을 떠나 의주까지 국내 도정만 근 한 달이 걸린 노정이었다. 평양을 지나면 사행은 대개 순안, 숙천, 안주, 가산, 정주, 곽산, 선천, 철산, 용천을 거쳐 의주에 이른다. 그런데 선천(宣川) 의검정에서 베풀어진 연회에서 홍순학은 「항장무」에 특별한 관심을 보이게 된다.

곽산군 중화하고 선천부 숙소하니
의검정 너른대청 대연을 배설하고
맵시있는 **입춤**이며 시원하다 **북춤**이요
한가하다 **헌반도**요 우습도다 **승무**로다
항장무라 하는것은 이고을서 처음본다
초패왕 한패공은 동서로 마주앉아
항장의 처음검무 패공에게 뜻이있어
항백이 대무하여 계교를 잃었구나
장검을 두르면서 항우를 보는모양
물색도 변화하며 색향으로 소문났다
여러기생 불러다가 춤추는 구경하자
공교하다 **포구락**과 처량하다 **배따라기**
지화자 한소리로 모든기생 병창한다
팔년풍진 초한시에 홍문연을 의방하여
범증의 세번옥결 눈위에 번듯들어
긴소매 번득이며 검광이 섬섬터니
장자방의 획책으로 번쾌가 뛰어들어
그아니 장관이냐 우습고 볼만하다

사행일행이 선천에 유숙할 때 선천부사가 의검정에다 베푼 연회에 참석한 장면이다. 이 연회에서 제공된 정재는 「입춤(능파무 또는 초무)」, 「북춤(무고)」, 「포구락」, 「배따라기(선유락)」, 「헌반도(헌선도)」, 「승무(독무 형태의 승무가 아닌 무언극 형태의 무극)」 등이었음을 알 수 있는데, 홍순학이 "「항장무」를 선천에서 처음 본다'고 한 것은 그가 책상물림임을 감안하더라도 아직 이 시기까지는 「항장무」가 여러 교방에 널리 일반화되지 못했던 사정을 반영한 것이 아닌가 한다. 더불어 이 표현은 「항장무」가 선천 지방만의 특색 있는 정재였음을 다시 한 번 확인시켜 준다는 점에서 중요성을 띤다. 여타의 정재는 궁중정재로 또 이전 시기부터 궁중과 지방의 교방 정재로 널리 일반화되어 연희 전승된 것인데 반해11) 「항장무」와 「승무」는 이 시기에 지방 교방에서만 연행되던 것으

---

11) 이 가운데 「배따라기(선유락)」는 연원은 오래지만 궁중정재로의 유입은 정조 때의 『원행을묘정리의궤』(1795)와 김득신 등이 그렸다는 <화성능행도병>(1795)의 '봉수당진연도'에 보이는 「선유락」 정재가 처음이다. 「선유락」은 대개 지방 교방에서 「배따라기」라는 명칭을 가지고 있었으며, 그것은 문헌상 박지원의 『열하일기』, <막북행정록>의 「排打羅其曲」[船離]이 처음인 것(1780)으로 보인다. 「선유락」 역시 조선후기 지방교방의 정재가 궁중으로 유입된 예가 된다. 「선유락」 정재의 형성은 명·청 대립기간이었던 16세기 말 또는 17세기 초, 당시 청에 의해 점령된 요동의 육로를 피해 해로로 사행을 가던 정황과 결부된다. 해로를 이용한 사행은 주로 定州(宣沙浦)에서 떠났는데, 安州, 宣川, 鐵山 등이 사행 출발지가 되곤 했다. 남공철의 『금릉집』에 수록된 <船離謠>에 의하면 "닷드자 배떠나니~"라는 歌曲이 200년 동안 전래되어 왔다고 했는데, 남공철이 세상을 뜬 해가 1840년이니 「선유락」 정재의 기원은 17세기 초 정도로 추산된다. 인조 2년(1624)에 주청사 서장관으로 해로로 명에 사행을 간 홍익한의 『조천항해록』이 그 즈음 사행의 한 예일 터인데 근 200여 년의 相距가 가늠된다. 뱃길을 떠나는 장면은 "(선사포에서) 배에 올랐다. 뱃사공들이 일시에 뱃노래를 부르며 돛을 올리니, 북과 나각 소리 또한 심히 처량했다. 여러 고을 수령들과 대소인원들이 모두 포구에 나와 전송하는데 눈물을 흘리는 사람까지 있었다. 닻줄을 풀고 바다를 향해 점점 멀어지는데 홀연 숲 사이에서 노래와 풍악이 울려 멀리 물가에 들려오니, 여러 수령들이 풍악을 베풀어 멀리 떠나는 사람의 심회를 위로하는 것이다"정도만 기술되어 있으나 「선유락」 정재 형성시의 정황을 떠올려 보는데 크게 부족하지는 않을 것으로 본다. 「선유락」에 관한 논의로는 임미선, 「선유락과 어부사」(『문헌과 해석』8, 문헌과 해석사, 1999) ; 사진실, 「<선유락>의 공

로 여겨진다.12) 홍순학이 기록한 「항장무」 공연은 표현의 상세함은 덜 하더라도 그 대략적인 절차는 궁중정재로 공연된 홀기의 그것과 별반 다르지 않다. 정·부사와 함께 사행(使行) 삼사(三使)의 자격으로 선천 의검정에 올라 「항장무」 공연을 관람한 홍순학은 좌상(座上)의 입장에서 "그 아니 장관이냐 우습고 볼만하다"는 감상을 남긴 것이다.

사행(使行)할 때 각 지방의 관장들이 지공한 연회의 정황을 잘 보여주는 자료로는 이우준의 『몽유연행록』을 들 수 있다.13) 여기에는 1848년 당시 연행(燕行) 노정에서 베풀어진 교방 정재가 비교적 상세하게 기록되어 있는데, 「항장무」 관련 기사가 세 군데나 보인다. 이는 필자가 조사한 한도 내에서 「항장무」 관련 기록으로는 가장 앞선 자료가 된다.

이우준의 기록에도 가는 곳마다 관장들이 주선한 각종 연회와 기녀들의 支供이 기록되어 있다. 이우준은 이러한 연회에서 기녀들의 이름까지 하나하나 기록해 놓을 정도로 큰 관심을 나타냈다. 가령 평양 관소(館所)에 부백(府伯) 조두순 등이 내방하였을 때 지공된 기녀는 연심, 난옥, 난희, 소희 등으로 이들은 모두 교태(嬌態)가 있고 노래에 뛰어났으며, 특히 소희는 나이가 가장 어려 12세였는데 동년(同年) 봄에 있었

연양상과 형성원리」(주. 3과 같은 논문) ; 졸고, 「『교방가요』를 통해본 19세기 중·후반 지방의 관변 풍류」(『시조학논총』17, 한국시조학회, 2001) 등을 참조할 수 있으나, 앞으로 관련 자료의 보충과 재검토를 통해 좀더 정밀하고 종합적인 논의가 필요하다고 본다.

12) 「항장무」는 궁중에 유입되었지만, 「항장무」와 함께 지방 교방에서 널리 공연되었던 「승무」는 끝내 궁중정재에 유입되지 못한 것으로 보인다. 「승무」는 정현석의 『교방가요』(1872)에 절차가 비교적 자세히 기록되어 있어 지방 교방에 이미 전파되어 있었음을 알 수 있고, 이보다 앞선 시기에 이우준은 『몽유연행록』(1848)에서 의주 진변헌에서 별설된 정재의 하나로 「승무」에 대한 특별한 관심을 보인다. 19세기 초·중반 지방교방에서 추어진 이 「승무」는 현행 독무형태의 「승무」가 아니라 배역을 갖춘 홉사 탈춤의 노장과장을 연상케 하는 舞劇이다. 그러나 탈을 쓰지 않고 추는 춤이란 점에서 민속극의 그것과 다르다.

13) 李遇駿, 「夢遊燕行錄」, 『藥坡漫錄』(임형택 편), 성대대동문화연구원, 1995.

던 어연(御宴)(헌종 14년, 무신년 진찬)에 선상(選上)되었던 여령으로 청가묘무(淸歌妙舞)로 부내(府內)에 이름이 자자했다고 기술되었다. 이우준은 평양 연광정 연회에도 삼사(三使)를 좇아 참석했는데, 이날 연회에서는 등불을 휘황하게 밝히고 배반(杯盤)이 낭자한 가운데, 사·오십 여명의 기녀들이「쟁무」,「고무」,「향발」,「아박」정재를 공연한 것으로 나와 있다.「항장무」에 관한 첫 기록은 안주(安州)에 묶었던 11월 7일의 기사에서 볼 수 있다. 이날 삼사를 비롯한 사행 일행은 백상루(百祥樓)에서 사·오십 여명의 기녀들에 의해 연행된 기악(妓樂)을 참관한다. 정·부사를 주빈으로 안주목사와 여러 관리들이 벌려 앉은 가운데 기녀들이 올린 잡희(雜戲)는「포구락」,「발도가(선유락)」,「항장무」등이었다. 이우준은 이 세 종목의 정재 절차를 비교적 자세히 기술했는데,「항장무」에 관한 기록이 단연 상세하다. 이 세 가지 정재절차를 기술하고 이우준은 다음과 같은 기록을 남긴다.

　　이러한 것들은 대개 樂府의 女伶이 노는 놀음이다. 해마다 사행 沿路에 樓臺가 있는 곳이면 그곳 관장은 반드시 이를 베풀어 즐기도록 한다. 이른바「**항장무**」는 오직 안주와 선천에만 있다고 한다.14)

「항장무」에 대한 두 번째 기록은 사행이 선천에 도착한 이튿날인 11월 11일, 의검정에서 베풀어진 연회에서 삼·사십 여명 기녀들이 올린 여러 정재 가운데 하나로 공연되었다. 이우준은 이미 나흘 전 안주에서 본「항장무」에 대해 기술했기 때문에 선천 의검정에서의「항장무」절차는 기록하지 않았지만, 그래도 선천의「항장무」를 다음과 같이 특기(特記)한다.

---

14) "此數件事 盖樂府女伶所戲 而每歲 使行沿路 樓臺之處 地主 必設此以娛 所謂 項莊舞 獨於安州宣川有之云".

노래하고 춤을 추는 기녀가 모두 삼・사십 여명이었다. 제반 잡희는 안주에서 본 것과 대략 같았으나 「항장무」는 본디 정평이 나 있어서 의모와 절차가 더욱 잘 갖추어져 있었다. …(중략)… 삼사 이하 본 고을 원과 관원들 그리고 역관들까지 모두 行下를 하였는데 무려 수백 금이나 되었다.15)

「항장무」가 선천 교방 특유의 정재였음이 확인되는 대목이라 하겠다. 이후 사행일행은 의주부(義州府) 용만(龍灣)에 이르러 당시 의주 부윤이었던 이유원의 지공을 받게 된다. 11월 16일에는 통군정에서 유리 양각 등을 40여 개나 매달아 대낮처럼 밝히고 「검무」를 관람하고, 17일에는 백일원의 유명한 '치마(馳馬)'를 관람하며, 19일에는 관아 동각(東閣)인 진변헌에서 이유원이 베푼 연회에 참석한다. 이우준은 이날의 여러 잡희와 정재가 모두 타처에서 본 것이라고 하고 다만 「승무」가 볼만했다면서 이것의 절차만 비교적 소상히 기록했다. 그러나 밤에 숙소에 돌아와 이날의 기악(妓樂)에 제(題)하여 「고무(鼓舞)」, 「포구락(抛毬樂)」, 「발도가(發棹歌)」, 「항장무(項莊舞)」, 「승무(僧舞)」 등, 칠절(七絶) 5수를 남기고 있다. 이로써 의주관아 진변헌에서도 「항장무」가 공연되었음을 알게 된다.

이상의 자료로부터 「항장무」가 1848년 당시 평양・안주와 더불어 기읍(妓邑)으로 이름나 있던 선천(宣川)을 중심으로 이미 안주와 의주 등 관서지방의 주요 교방에 보급되어 관변의 공사(公私) 연향에 두루 공연되고 있었음을 알 수 있다. 특히 선천의 「항장무」는 본원지다운 의식과 규모 및 절차가 잘 갖추어져 여타 교방의 그것과는 확연히 구별될 만큼 뛰어난 공연 수준을 자랑하고 있었음을 알 수 있다. 이에 「항장무」 정재의 연원은 대략 19세기 초반 선천지방의 교방에서 형성된 것이라 볼

---

15) "歌娥舞女 總爲三四十輩 諸般雜戱 與安州略同 而項莊舞 素有名稱 儀貌節次尤備焉 (중략) 三使以下本倅諸宰 以至諸譯 皆有行下 總計數百金".

수 있을 것이다. 「항장무」는 이우준의 기록 이후 약 이십 년이 지난 시점에서 진주교방의 정재 종목의 하나로 기록되며, 급기야는 고종 3년 (계유, 1873)에 처음 궁중에 유입되어 어연(御宴)을 갖게 되고, 이후 궁중 정재의 하나로 자리잡아 공연되던 종목으로 급속히 전파·유행된 공연물이라 하겠다.

신축년(1901) 진연 이후 「항장무」의 자세한 향방은 잘 알 수 없다. 그러나 1900년대에 「항장무」는 협률사를 통해 여러 차례 공연되었던 것으로 보인다. 협률사 폐지론이 연일 신문에 오르던 1906년, 「대한매일신보」 5월 1일자 신문에 "來五月 一日붓터 協律社에셔 項莊舞를 演戱혼다는더 一依 鶴舞宴 當日觀光호야 十分宏壯이라 호니"라는 기사가 보인다. 같은 해 「대한매일신보」 12월 24일자 신문에는 기생 백여 명이 당시 운영에 큰 어려움에 놓였던 경성고아원(京城孤兒院)의 경비 마련을 위해 자선연주장(慈善演奏場)을 협률사(協律社) 앞에서 개최한다는 광고가 났는데, 공연 종목 가운데 「항장무」가 들어 있다.16) 이 공연은 이후 자선금 총액이 신문에 보도된 것에서 보듯 성황리에 끝난 것으로 나타난다. 이때의 공연 종목은 협률사(協律社), 관인구락부(官人俱樂部), 광무대(光武臺), 원각사(圓覺社), 연흥사(宴興社), 단성사(團成社) 등 1900년대 무대에서 자주 공연되던 것들로 보인다. <자료 1>은 정확히 언제 찍은 것인지는 알 수 없으나, 1900년대 이후 연극무대에 올려진 「항장무」 공연이 끝난 후 찍은 것으로 여겨진다.

---

16) 「大韓每日申報」(1906.5.1), 광고 공연종목은 「平壤랄탕퓌」, 「幻燈」, 「倡夫땅지죠」, 「僧舞」, 「佳人剪牧丹」, 「船遊樂」, 「項莊舞」, 「포구樂」, 「무고」, 「향응영무」, 「사쟈舞」, 「鶴舞」 등이며, 이외에도 "滋味잇는 歌舞를 臨時호야 設行"한다고 되어 있다. 발기인은 宮內府·太醫院·尙衣院 행수기생 桂玉·蓮花·錦花와 유부기조합 소속 기생, 무부기조합 소속 기생, 預妓 등이 망라되어 있다. 공연종목 가운데 「幻燈」은 활동사진을 가리킨다.

〈자료 1〉

 19세기의 「항장무」가 각 지방의 교방(敎坊)과 궁중 진연을 담당한 정재청(呈才廳)을 중심으로 궁중 및 관변의 공사(公私) 연향에 공연됨으로써 주로 관료층을 주요 관객으로 삼고 있었다면, 이 시기의 「항장무」는 전 시기의 유행성에 바탕을 두고 극장 공연의 적합성이 고려된 후 일반인들을 대상으로 연출되었다는 특징이 있다고 하겠다.

 「항장무」는 현재 무복(舞服)의 일부와 투구 및 검(劍)이 각각 하나씩 국립국악원에 소장되어 있을 뿐, 그 전승은 끊어진 상태이다. 그 마지막 흔적은 장사훈이 채보(採譜)한 일본 '다나베 뮤직 라이브러리(田邊音庫)' 소장 '콜럼비아레코드 40723'(1920년 취입)의 대취타 음반인데, 이러한 자료들은 정재 「항장무」 복원의 가능성을 충분히 열어두고 있다.

3. 「항장무」의 극 연출 방식

 「항장무」의 극 연출 방식을 탐색해 볼 수 있는 자료는 이우준의 『몽유연행록』에 나오는 안주 백상루에서의 「항장무」 기록(1848), 정현석의

『교방가요』에 수록된 「항장무」 절차 및 도판(1872), 그리고 정해년 『사자무항장무무도홀기』(1887), 계사년 『각정재무도홀기』(1893) 및 3종의 신축년 『여령각정재무도홀기』(1901) 등이다. 여기서 이우준의 기록은 관람자의 입장에서 기술된 것이므로 홀기와 같은 상세한 절차는 기대하기 어렵고, 대사보다는 복식과 행동연기에 대한 묘사가 특징적이다. 또한 정현석의 기록은 홀기에 버금가는 절차는 물론 도판까지 마련하고 있어 이우준의 기록과 함께 지방 교방에서의 공연방식을 얼마간 엿볼 수 있을 것이고, 대사와 행동에 대한 기록이 비교적 자세하다는 특징을 보인다. 연출의 실제는 공연의 사전계획이자 공연을 위한 명세서라 할 홀기가 아무래도 가장 상세하다. 여기서는 이주환의 첨기(添記)로 말미암아 실제의 공연절차를 가장 자세하게 알려주는 계사년 『각정재무도홀기』를 중심 텍스트로 삼고, 관련 자료를 참고하면서 정재 「항장무」의 극 연출 방식을 살펴보기로 하겠다.

1) 등장인물과 배역, 그리고 무대실연을 위한 장치

「항장무」는 초·한 승부의 주역인 항우와 유방이라는 두 역사적 영웅을 중심으로 진(秦)나라 말기 전장에서의 영웅호걸들을 주요 등장인물로 삼고 있다. 조선 후기 특히 18세기 이후 초한고사(楚漢故事)는 시정이나 민간에까지 이미 상식화된 수준에 이르렀던 것[17]으로 보이지만,

---

17) 18세기 이후 시정의 '歌曲(시조)'에서 楚漢故事를 소재로 한 작품이 대거 등장한다던가, 서도잡가(혹은 단가) <초한가>의 유행, 방각본 『초한지』의 유포, 일종의 소설집인 『삼설기』(방각본, 1848)의 <서초패왕기>와 같은 창작물의 등장 등, 야담이나 소설에 영웅호걸의 대명사로 項羽의 이름이 일컬어지는 현상은 다반사이다. 이는 조선 후기 민간이나 시정의 영웅기대 심리나 유협숭상과도 일정부분 유관한 것으로 보인다. 시조작품의 경우는 이형대, 「楚漢故事 소재 시조의 창작동인과 시적인식」(『한국시가연구』3, 한국시가학회, 1998), 傳양식의 경우는 박희병, 「조선후기 민간의 유협숭상과 유협전의 성립」(『한국고전인물전연구』, 한길사, 1992) 등을 참고. 한편,

그 역사물의 연원은 사마천 『사기(史記)』의 「항우본기(項羽本紀)」에 놓일 것이다. 「항장무」는 이 가운데 '홍문연' 장면만을 의방(依倣)한 역사극이자 일종의 상황극이라 할 수 있다. 이렇게 초한고사(楚漢故事)라는 역사물의 특정 장면만을 극화할 수 있었던 데는 이미 그 역사텍스트가 일반에 충분히 주지되었음을 의미하는 것이기도 하다. 「항장무」를 평안도 안주에서 처음 본 이우준이 번쾌(樊噲)의 등장에 대해 "장자방이 잠깐 나갔다가 들어온다. 갑자기 한 기생이 검을 차고 방패를 들고 금은갑옷 차림으로 휘장을 열어젖히며 곧바로 들어오니, 불문가지라! 이는 번쾌이다"라는 반응을 보인 것도 이 같은 맥락에서 이해된다.

자료상 가장 앞서는 이우준의 「항장무」 관람기록(1848)을 통해 추출해낼 수 있는 등장인물과 복식, 그리고 무대 실현을 위한 장치들은 다음과 같다.

항왕(項羽) : 청천릭(靑天翼), 흑립(黑笠子), 호창(虎韔 : 동개), 어복(魚服 : 전통)
우미인(虞美人) : 녹수홍군(綠襦紅裙:녹의홍상)
범아부(范亞夫) : 남의(藍衣), 패옥결(佩玉玦:옥결을 찬다)
패공(沛公) : 사모(帽), 장복(章服) / 장량(張良) : 도복(道服)
항장(項莊) : 검(劍) 2개 / 항백(項伯) : 검(劍) 2개
번쾌(樊噲) : 은개금갑(銀鎧金甲), 순(盾:방패), 검(劍)
중기(衆妓) : 융복(戎服)
기물 : 찬탁(饌卓) 2~3개, 돼지고기(豚肉), 술병(酒樽), 술잔(酒卮)

이상의 등장인물 및 복식 그리고 기물들은 자료의 표면에 나타난 것

楚漢故事 가운데 시가 장르에서는 비극적 정조가 우세한 '사면초가' 부분이 주로 채택되는 데 반해, 정재 「항장무」가 갈등과 긴장이 최고조에 달하는 '홍문연' 부분을 극화했다는 점은 자기 양식의 관습적 특성을 고려한 소재의 수용이란 측면에서 볼 때 매우 시사적이다.

들만 보인 것이다. 특히 이우준의 기록은 철저히 좌상(관객)의 입장에서 기술했기 때문에 그의 인상에 남지 않은 것들은 간과되었을 것이다. 그러나 이 같은 등장인물의 복색이 이후 공연에서는 다르게 나타난다는 점, 등장의 첫 대목에서 "여러 기생들이 융복(戎服)을 입고 좌우에 나립(羅立)한다"는 점 등은 눈여겨볼 만한 사항이다. 등장인물 및 공연장면, 그리고 복식 등에 관한 정보는 정현석의 『교방가요』(1872)가 단연 상세하다.

> 항왕(項王) : 청천릭(靑貼裏), 칼(刀), 편(鞭 : 등채)
> 우미인(虞美人) : 녹의홍상(綠衣紅裳)
> 범증(范增) : 백포(白袍), 패결(佩玦 : 옥결을 찬다) 노기(老妓 : 노기가 배역을 맡는다)
> 패공(沛公) : 홍천릭(紅貼裏), 칼(刀), 편(鞭 : 등채) / 장량(張良) : 청포(靑袍)
> 항장(項蔣) : 군복(軍服) / 항백(項伯) : 군복(軍服) / 번쾌(樊噲) : 갑주(甲胄), 순(盾 : 방패), 검(劍)
> 집사 2명(執事二) : 군복(軍服) 패전도편(佩箭刀鞭 : 전통, 칼, 등채를 찬다)
> 청기수 2명(靑旗手二) / 홍기수 1명(紅旗手一)
> 세악수 6명(細樂手六) / 취고수 8명(吹鼓手八) / 찬탁(饌卓)

이 『교방가요』의 주요 등장인물은 「항장무」 절차를 기술한 뒤에 작성해 놓은 목록인데, 도판과 비교해 보면 인원 숫자와 배역이 정확하게 맞아떨어진다.

맨 위쪽 중앙에 앉은 인물이 항왕(項王)이고, 그 왼쪽이 우미인(虞美人), 그 오른쪽은 범증(范增)이다. 그 아래로 찬탁을 가운데 두고 전통을 메고 좌우에 마주선 두 명은 집사이다. 찬탁 아래 검무를 추는 두 사람은 왼쪽이 항장(項莊)이고, 오른쪽이 항백(項伯)이다. 항장은 패공 유방을 죽이려 하고, 항백은 패공을 몸으로 가리고 덮는 역할을 담당하기 때문이다. 항백 뒤에 앉은 사람이 패공(沛公)이고, 그 뒤에 선 사람은 장자방(張子房)이 될 것이다. 원문(轅門)을 나타내는 두 깃발을 세워 잡고 있는 두 명은 청기수(靑旗手) 2인이며, 그 사이에 갑주(甲冑)를 입고 방패와 칼을 들고 선 인물은 용맹으로 위기의 순간을 봉합한 번쾌(樊噲)이다. 그 아래 오른쪽의 기수 1인이 세운 깃발은 내방한 패공(沛公) 진영(陣營)을 상징하는 홍기(紅旗)일 것이다.

〈『교방가요』(1872), 〈項莊舞〉 圖版〉

아래쪽에 앉은 6명은 삼현육각을 연주하는 세악수이고, 네 명씩 여덟 팔자로 벌려 선 악대는 취고수 8인이다. 이들 또한 「항장무」 공연에는 빠져서는 안 될 주요 구성인자가 된다. 극 구성에서 사건의 무대인 군막(軍幕)을 짓고 군례(軍禮)를 행할 때는 군악을 연주하는 취고수가, 연회를 벌일 때는 삼현육각을 연주하는 세악수가 각각의 장면에 유기적으로 결합되기 때문이다.

이 기록에는 중기(衆妓) 또는 제기(諸妓)로 표현되는, 즉 융복을 입고 좌우에 벌려 서서 군막(軍幕)을 형상하는 인물들이 기록되지 않았지만 이는 생략된 것이라 여겨진다. 이 제기(諸妓)는 그 역할이 등·퇴장 부분에서 진행되는 전배(前排 : 軍物)를 무대에 들인다던가, 군례(軍禮)를 행하면서 순령수(巡令手)의 호령에 "네~이"라고 일제히 답하는 정도의 극히 제한적인 역할만을 담당하는 까닭에 생략된 것으로 보인다.
 이상의 두 자료를 비교해 볼 때, 복식에 약간의 차이가 나는 것은 그만큼「항장무」가 각본에 대한 연출 해석의 범위를 일정하게 허용한다는 것을 의미한다. 이는「항장무」가 창작적 대본에 따른 연극이 아니고, 원-텍스트를 초한고사(楚漢故事)의 '홍문연'에 두고 다양한 연출 해석의 여지를 갖기 때문에 일어난 변화라고 생각된다. 원-텍스트는 사건의 줄거리만 제공할 뿐이다. 그런데 하나의 사건에 대한 다양한 연출 해석은 관객인 당대 식자층(座上)의 비평이 연회 담당자인 기녀나 연출자인 교방 선생들에게 꾸준히 전달되었기 때문에 가능했을 것이다.『교방가요』자료가 범증(范增)의 배역을 "노기(老妓)가 맡는다"고 지시한 것 또한 등장인물에 대한 해석적 연출방식의 하나이다. 등장인물 가운데 어떤 인물보다도 강한 연출 해석에 의해 설정된 인물은 '우미인'이라고 생각된다.『사기』,「항우본기」 등과 같은 역사기술물의 '홍문연'에는 우미인의 존재는 기술되지 않았다. 그럼에도 불구하고 천하영웅 항우(項羽)와 절대가인 우미인은 서로 뗄 수 없다는 상식적 차원의 희망과 이에 따른 연출 해석이 모든 정재「항장무」의 홍문연에 우미인을 등장시켜 놓은 것이다.「항장무」의 우미인은 연출 해석에 의한 가공의 등장인물인 것이다.
 궁중에서 공연된「항장무」는 복식 등에 관한 정보는 전혀 없이 주요 등장인물과 배역을 맡은 여령의 이름만 기록해놓았다. 궁중정재 관련 자료들을 비교해 볼 때 배역을 맡은 주요 등장인물의 숫자도 고정적이지 않아 10명(계유년『진작의궤』<상전>조, 계사년『각정재무도홀기』「항장무」조)에서 12명(정해년『사자무항장무무도홀기』「항장무」조, 신축년『진연의궤』<상전>조, 신축년『여령각정재무도홀기』「항장무」조)으로 가감이 있는데, 이는 실연을 위한 사전계획상의 연출 허용치가 된다. 홀기 자료는 그 형식과 내용이 거의 유사하고, 배역만 바뀌는 정도이다. 의궤나 홀기는 특별한 경우가 아니고서는 전례에 따라 작성되는 특징을 갖기 때문이다. 주요 등장인물의 배역을 모두 선천 출신의 선상기(選上妓)가 맡았던 계사년 『각정재무도홀기』의 등장인물 기록은 다음과 같다.

	범증	항우	우미인	진평
	(蘭玉 宣川)	(眞玉 宣川)	(紅桃 宣川)	(碧桃 宣川)
諸				
		패공	장량	
		(月蟾 宣川)	(柳罵 宣川)	
妓				
	중군 兼 번쾌	(蓮紅 宣川)		
	내집사 兼 항백	(春紅 宣川)		
	외집사 兼 항장	(笑玉 宣川)		
	외집사	(佳珮 宣川)		

궁중정재의 주요 등장인물에 대한 기록을 담은 대부분의 홀기는 모두 이와 동일한 형식이다. '제기(諸妓)'라는 표현은 모든 홀기에 생략되어 있으며, 이 자료의 제기(諸妓)라는 표현도 홀기의 원문과 필적이 다른 이주환의 첨록(添錄)이다. 이 자료의 배역은 10명인데 등장인물은 13명이나 된다. '중군과 번쾌', '내집사와 항백', '외집사와 항장' 등의 배역을 1인 2역으로 연출했기 때문이다. 외집사를 두 명으로 구성했다는 점은 이 자료만의 특징이다. 대부분의 홀기는 주요 등장인물을 12명으로 하는데, 이는 1인 2역이 없고 집사도 내·외집사 각 1명을 둔 까닭이다. 여타의 홀기 자료, 즉 궁중정재 「항장무」의 주요 등장인물에서 주목되는 특징은 『교방가요』의 주요 등장인물이 10명이었던 데에 비해 12명으로 늘어나 새로 등장하는 인물이 나타난다는 점이다. 진평(陳平)과 중

군(中軍)의 등장이 그것이다.18) 홀기는 등장인물의 복식이나 기물 등에 대한 정보를 전혀 알려주지 않지만, 다행이 장사훈은 1930년대 남겨진 이왕직아악부(李王職雅樂部)의 기록을 통해 궁중정재의 등장인물과 복식에 관한 목록을 밝혀 놓았다.19) 이 목록은 궁중정재로서의「항장무」의 주요 등장인물과 복식, 무대장치 등에 관한 내용들을 가늠케 해준다.

 항우 : 주립(朱笠) 남천릭(藍天翼) / 우미인 : 화관(花冠) 몽두리
 범증 : 금관학의(金冠鶴衣)
 패공 : 사모관대(紗帽冠帶) / 장량 : 앵삼(鶯衫), 폭건(幅巾)
 진평 : 갑주(甲冑) / 중군 : 갑주(甲冑)
 번쾌 : 갑주(甲冑) / 항백 : 갑주(甲冑) / 항장 : 갑주(甲冑)
 외집사 : 군복(軍服) / 내집사 : 군복(軍服)
 수문장2인 : 군복(軍服) / 상(床) 4 / 병(甁) 2 / 돈(豚) 2 / 합기(合旗 : 靑紅) 2

이왕직아악부 자료는 새로운 인물인 진평과 중군을 등장시키고 있다는 점에서 홀기와 동일한 인물구성을 지닌다. 교방 정재 복식에서 우미인의 복식이 '녹의홍상'이었던 데 반해, 궁중정재에서는 '화관 몽두리'로 바뀌었고, 항우의 청천릭에 대조되는 장복(章服)(어떤 옷과 대조되는 색깔의 옷 : 홍천릭)을 입었던 패공의 복식이 예복인 사모관대로 바뀌었고, 범증은 남의(藍衣) 등 일반 옷을 입었던 데서 화려한 금관학의(金冠鶴衣)로 바뀌었다. 항장과 항백이 일반 군복(軍服)을 입었던 데서 갑주(甲冑)로 바뀌었지만 이들이 군중(軍中)의 장사(將士)들이란 점에서 좀더 화려해지고 세련된 변개라 볼 수도 있을 것이다. 그러나 역사물에는 등장하지 않는 비사실적 등장인물인 우미인은 지속적으로 남아 있으며, 더

---

18) 이에 대한 구체적 이유는 다음 장에서 밝혀질 것이다.
19) 장사훈, 주. 2와 같은 책.

욱이 복식은 상징적인 녹의홍상에서 화관(花冠)몽두리로 바뀌어 귀인적(貴人的) 화려함을 획득했지만 이는 오히려 그 비사실적 성격을 강화하는 듯하다.

위 목록은 궁중정재 「항장무」의 등장인물 복식에 관한 중요한 자료임에 틀림없는데, 그것이 앞에서 든 사진 <자료 1>의 등장인물 및 복식과 거의 완벽하게 일치한다는 점이 무척 흥미롭다. 이왕직아악부 자료를 토대로 사진의 배역을 읽어본다. 사진의 오른쪽 앞에 기(旗)를 든 군복 차림의 두 명은 청·홍 기수(旗手) 2인이다. 사진의 왼쪽에서 세 번째 인물과 오른쪽에서 다섯 번째 인물은 화살을 꽂은 전통을 등뒤에 메고 또 군복을 입었으니 이들은 內·外執事 2인이다. 그 두 집사 사이에 9명이 있는데, 뒷줄의 네 명은 일반 군복 차림이니 제기(諸妓)로 통칭되던 순령수(巡令手)나 중군 소속 나졸(羅卒)일 것이다. 그 넷을 제외하면 집사(執事) 사이에 다섯 명이 있는데, 둘은 앉고 셋이 서 있다. 왼쪽에 앉은 사람은 사모관대(紗帽冠帶) 차림이니 유방(劉邦)이 틀림없다. 유방 오른쪽에 폭건(幅巾)을 쓴 인물이 장자방(張子房)이다. 나머지 세 사람 중에 가운데 앉은 사람은 항우(項羽)이다. 주립(朱笠)을 쓰고 병부(兵符)를 차고 천릭을 입었으니 항우일 수밖에 없다. 항우의 왼쪽에 금관(金冠)을 쓰고 학창의(鶴氅衣)를 입고 선 인물이 범증(范增)이다. 항우의 오른쪽에 화관(花冠)몽두리 차림으로 서 있는 인물이 우미인(虞美人)이다. 투구를 쓰고 갑주(甲冑) 차림으로 좌·우측에 두 명씩 서 있는 네 명은 항장, 항백, 번쾌, 진평 등이 될 것이다. 사진 촬영에서도 배역의 중요도를 안배하여 포즈를 취한 것이다. 사진은 궁중에서 연희 전승되던 「항장무」가 1900년대 이후 협률사 등 극장무대에서 일반인들에게 공연된 직후 촬영된 것이라 여겨지는데, 사진 속의 인물들은 갑주를 입는 1인이 제외되어 있다는 점 외에는 이왕직아악부 기록 「항장무」 등장인물 목록과 완전히 일치한다. 이 두 자료는 궁중정재「항장무」의 인물과 복식에 대한 중요 정보를 담고 있다는 점에서 주목받아야 할 것이다.

역사적 사건을 텍스트로 삼는「항장무」연출 해석의 범위는 등장인물의 배역, 복식 등에 관한 연출뿐만 아니라 배역자의 연기까지 포함된다. 가령, 이우준이 패공(沛公)에 대해 "눈썹이 가지런하고 위엄이 있으나 근심스런 안색이 있다"거나, 장자방(張子房)에 대해 "(살기가 등등한 분위기에도 불구하고-필자 주)안존한 부인의 용모는 그 본색을 잃지 않고자 함이다"라고 하거나, 우미인의 배역을 맡은 기녀에 대해 "버들 허리 고운 눈썹은 진짜 우미인이라 해도 가하다"라고 표현한 것 등은 등장인물의 배역자(妓女)들이 연기를 훌륭하게 치러내고 있었음을 지적한 것이다. 다른 한편, 등장인물 대부분이 융복(戎服)이나 갑주를 입고, 두 개의 청색깃발로 전장에서의 항우의 군막(軍幕)을 표현하는 원문(轅門)[20]을 형상한다는 점 등은 매우 효과적인 무대실연 장치라고 할 수 있다. 주지하듯 청·홍의 두 색채는「항장무」에서 패왕과 패공의 진영(陣營)을 나타내는 대비적 상징색인 것이다. 좋은 무대장치란 극적 상상력을 불러일으키는 하나의 이미지이면 족하다. 대부분의 자료가 기수(旗手)를 2인으로 하는데 유독『교방가요』에서만 패공(沛公) 측의 홍기수(紅旗手) 1인을 추가한 것은 패공이 내방자(來訪者)라는 것, 나아가 현재 패공의 군세(軍勢)가 약하다는 것 등을 표현하는 또 하나의 연출 해석에 해당한다. 이상을 통해 보듯, 몇 가지 간단한 기물만으로 매우 효과적인 무대를 형상화해 내는「항장무」는 특정 장소를 필요로 하지 않으며, 궁중의 궁정(宮庭)이나 관아(官衙)의 마당 또는 누대(樓臺)의 대

---

20) 원래 轅門은 戰場에서 軍營을 지을 때, 수레의 양 앞쪽에 대는 긴 끌채를 세워서 만든 陣門으로 軍門을 뜻한다. 關中에 들기 직전 당시 항우는 鴻門에다, 유방은 沛上에다 각각 군영을 세웠다.

청과 같이 수평적 시선으로 바라볼 수 있는 장소라면 어디서든 공연될 수 있는 개방적 연출조건과 무대를 가지고 있었다고 하겠다.

2) 등장형식 및 실질적 극 행동과 대사

극 연출에 있어 등장형식은 퇴장형식과 함께 하나의 작품이 예술적 완결성을 확보하는 전략적 극 구성 방법이다. 「항장무」 또한 극 연출 방식과 맞물린 연극 구성 방법으로 등·퇴장 형식이 치밀하게 구성되어 있다. 「항장무」의 등·퇴장 형식은 그 분량과 절차에 있어 등장이 퇴장보다 압도적인 비중을 차지한다. 이우준과 정현석의 기록에는 「항장무」의 등·퇴장 형식이 매우 소략하게 기술되었지만, 홀기의 그것은 실질적 극 행동 및 대사 부분 보다 더 다양하고 복잡한 행동 구성을 보여준다. 등장 부분은 '항왕의 등장으로부터 패공이 등장해서 서로 읍하는 장면'까지라고 볼 수 있는데, 「항장무」는 이 등장 부분에서 오늘날 군 사열식 같은 당시의 군례(軍禮)를 거의 그대로 연출했던 것으로 보인다.

문면(文面)에 드러나 있지는 않으나 제기(諸妓)가 등장해 나립(羅立)함으로써 군막(軍幕)을 형상하는 것을 무대등장의 첫 행동으로 삼아야 할 듯하다. 홀기에는 항우가 등장하여 서쪽을 향해 앉는 것이 실질적인 등장의 첫 행동으로 기술되어 있지만, 이우준이 "여러 기생들이 융복(戎服)을 입고 좌우에 나립(羅立)한다"고 한 기록을 떠올릴 필요가 있다. 즉 홀기는 이미 세악수, 취고수, 순령수, 집사, 중군나졸(諸妓) 등이 등장해 있는 상태에서 항우의 등장(범증, 우미인과 함께 등장)을 첫 행동으로 기술한 셈이다. 항우의 등장 이후 외집사가 순령수를 부르는 것으로 첫 대사가 시작된다. 홀기의 처음 부분을 들어보겠다.

(項羽가 먼저 들어와 서쪽을 향해 앉는다. 그의 오른쪽에 범증, 왼쪽에 우미인이 앉는다. 중군과 제장이 벌려 선다. 진평, 항장, 항백 등)
外執事 : (순령수를 부른다) "순령~수"
諸妓 : (응답한다) "네~이"
외집사 : "전배 드리와라"
제기 : (응답한다) "네~이"
(*군물 등 전배를 들인다.)
외집사 : (다시 순령수를 부른다) "순령~수"
제기 : (응답한다) "네~이"
외집사 : "좌우에 훤화를 금해라."
제기 : (응답한다) "네~이"
외집사 : (다시 순령수를 부른다) "순령~수"
제기 : (응답한다) "네~이"
외집사 : "소개문 취타 잡아라"
제기 : (응답한다) "네~이"
내집사 : (꿇어앉아 소취타를 아뢴다) "소취타 허오" (이후 나간다)
외집사 : (징수를 불러 명금이하를 호령한다) "징수네, 명금이하 해라"
취고수 : (징을 두 번 친 다음 (*소)취타를 연주한다(*초취))
내집사 : (꿇어앉아 명금삼하 취타지를 아뢰고 나간다) "명금삼하 취타지 허오"
외집사 : "명금삼하 취타지 해라"
취고수 : (징을 세 번 친 다음 (*소)취타를 그친다)[21]

인용은 홀기의 첫 기록, 즉 항우의 등장과 곧이어 행해지는 군례(軍禮), 그리고 군례에 수반되는 취고수의 초취(初吹) 연주 부분까지이다.

---

21) 계사년(1893), 『각정재무도홀기』(주. 4와 같은 책). 원-자료를 그대로 살리는 방향에서 대본형식으로 바꿔본 것이다. 생략된 지시문이나 대사라고 생각되는 부분은 添記하되 괄호를 치고 *표를 해 둔다. 장사훈이 다나베 뮤직 라이브러리(田邊音庫)에 보관된 '콜럼비아 레코드 40723' 음반에서 채보한 부분이 인용부분의 "전배 드리와라"에서 "소개문 취타 잡아라"하는 곳까지이다. 장사훈, 『한국무용개론』(주. 2와 같은 책), 227쪽 참조.

이우준은 이 부분을 "군령이 엄하고 분명하여 하나와 같았다"라고 하여 군례가 매우 절도가 있다는 점만 간략히 언급했다. 이우준이나 정현석의 기록 모두 이 부분에 대한 언급이 소략한 것은 당시 군례가 오위영(五衛營)이나 각 지방의 병영(兵營) 등을 통해 익숙한 의식이었기 때문에 특별히 언급하지 않았을 것이라고 생각해 볼 수 있다. 그러나 이보다는 이러한 등장형식이 사건 진행에 따른 본격적인 극 행동과 큰 관련이 없다는 판단에서 군례를 생략했다고 보는 편이 옳을 것이다. 앞의 경우에는 다행히 홀기가 남아 있어 조선시대 군례 및 의식 절차가 잊혀진 현재 시점에서 자료적 가치가 상대적으로 높아질 것이다. 뒤의 경우는 실제로는 그렇지 않아 등장형식의 군례는 사건의 무대인 군영(軍營)을 형상하고, 또 그것이 실질적 극 행동과 대사에 연계되어 극 구성에 '전체의 부분'으로 긴밀히 결합되어 있다는 사실을 발견할 수 있다.

본래 취타(吹打)는 왕의 거둥, 현관들의 행차, 군대의 행진 등에 사용되었으므로 이러한 의식에서 치러지는 군례도 「항장무」의 군례와 크게 다르지 않았을 것이다. 인용은 항우의 좌정 이후 '전배 들이기→헌화 금하기→소취타'라는 군례가 진행된 것인데, 등장형식의 서두이면서 군막(軍幕)을 형상하는 연극 내적 행동의 하나로 연출된 것이다. 이러한 의 전행사는 현재 적잖이 생소하지만 당시에는 일반화된 절차였을 것이다. 특히 궁중정재의 경우 취타 연주는 장악원(掌樂院) 소속 악공들이 담당했을 가능성이 크지만, 그 등·퇴장 형식이 군례로 진행된다는 점에서 선전관청(宣傳官廳), 혹은 오군영(五軍營) 소속 취고수가 맡았을 가능성도 배제할 수 없다. 작우(雀羽)가 꽂힌 초립에 누런 빛깔의 천릭과 남색 전대를 두른 취고수의 연주는 전체 극 구성에 있어 매우 중요한 역할을 담당한다. 이는 "명금이하해라"라는 호령에 취타를 연주하고, "명금삼하 취타지해라"라는 호령에 연주를 마치는 취고수의 연주 자체가 절도 있는 군문(軍門)이나 병영(兵營)을 상징하기 때문이다.

이후의 절차는 위와 유사한 형식으로 중군(中軍)과 기패관(旗牌官)의 군례(軍禮)[22]가 이어지고, 그 다음 삼반고두(三班叩頭), 즉 순령수, 군뢰, 취고수가 차례로 고두를 행한다. 이 역시 군례의 일종이다. 이들은 각자 청령기(靑令旗), 주장(朱杖), 나발을 가지고 나와 고두한다.[23] 다음에는 '방승단포(放陞壇砲)'를 거행한다. "포수네 방포하오"하는 호령에 세악수가 북을 세 번 치는데, 북소리로 방포하는 소리를 형상한다. 이 때 대취타가 연주된다. 이어 원문(轅門)을 세운다. 승기(乘旗) 명령이 나면 두 개의 깃발로 군영(軍營)을 상징하는 원문(轅門)을 일으켜 세우는데, 「항장무」는 단지 깃발 두 개로 완벽한 연극 무대를 갖추게 되는 셈이다. 등장인물이 입은 융복(戎服)과 이들이 행하는 군례(軍禮), 그리고 깃발 두 개로 형상한 원문(轅門) 등이 어우러짐으로써 하나의 완벽한 연극무대가 창조됨은 물론이다.

이처럼 「항장무」의 등·퇴장 형식을 군례(軍禮)에 입각해 자세히 의방(依倣)한다고 할 때, 중군(中軍)의 역할은 상대적으로 비중이 커질 수밖에 없다.[24] 이전 자료에 보이지 않던 중군(將)이란 인물 설정은 이 같은 맥락에서 이해된다. 곧이어 교자를 대령하고 항우가 교자에 앉으면 제장관(諸將官)이 군례를 마친 후 나가 벌려서는 것으로 등장형식의 모

---

[22] '軍禮'라는 용어는 군대 의전형식 일반을 가리키는 의미로 사용되지만, 구체적으로 군인이 등채를 양손으로 받쳐 들고 반절을 행하는 군대의 인사 예법을 지칭하기도 한다. 여기서는 후자의 뜻이다.
[23] 이들은 외집사가 "일어나라"는 호령에 따라 일어서며, 이때 "아악!"하는 일종의 기합을 지른다.
[24] 中軍은 전체 軍陣에서 중앙에 자리 잡고 있는 軍隊라는 뜻과 이 중군 군영의 將官을 가리키는 두 가지 뜻을 지니고 있다. 諸妓로 표현된 융복 차림의 羅卒이 곧 군영을 나타내는 中軍이며, 궁중정재에서 甲冑를 입고 구체적 역할이 부연된 인물이 곧 中軍將을 의미하는 中軍이다.

든 절차가 끝나게 된다.

  이후 장량(張良)이 등장하여 절하고 동쪽을 향해 서고, 패공(沛公)이 들어와 항우(項羽)와 서로 읍하면 실질적 대사와 행동으로 이루어지는 본격적인 극, 이른바 '홍문연(鴻門宴) 연극'이 시작되는 것이다. 이처럼 복잡한 군례를 연출하는 「항장무」의 등장형식은 그것이 궁중으로 유입되는 시점에서 더욱 세련된 형식을 갖추었을 것으로 추측된다. 장량과 패공의 등장 직전에 음악을 연주하게 되는데, 이주환은 이 부분의 음악이 '삼현육각'이라고 첨기(添記)해 놓았다. 군례로 군영을 형상할 때는 군악 담당 취고수의 취타가 연주되고, 홍문연이 시작되면 풍류(風流) 담당 세악수의 삼현육각 연주로 전환하는 것은 「항장무」의 극 연출에 음악이 긴밀히 연계되어 있음을 보여준다. 이상을 통해 알 수 있듯이 「항장무」는 무대의 설정이 등장형식에 유기적으로 결합되어 제시됨으로써 본격적인 극의 진행을 유도하는 매우 자연스러운 등장형식을 갖춘 연극이라 하겠다.

  「항장무」의 실질적 극 행동과 대사는 유방의 대사로부터 시작된다. 연회의 시작부터 범증의 '三擧玉玦(패옥을 세 번 드는 행위)', 그리고 항장의 검무에 맞서는 항백의 대무(對舞) 장면까지의 홀기 대본을 보이면 다음과 같다.

  패공 : "신은 장군과 함께 진나라를 공략하여 남북에서 싸웠습니다. 뜻밖에도 신이 관중에 먼저 들어오게 되었습니다. 지금 보건대 장군께서 소인의 말을 듣고 믿으시니 장군과 틈이 생기게 되었습니다. 어찌 애석한 일이 아니겠습니까"
  항우 : "이는 그대의 좌사마 조무상이 말한 것이오. 그렇지 않다면 내가 어찌 이에 이르렀겠소. 지난 일은 논하지 말고 오늘 한바탕 마시는 것이 어떻겠는가"

(즉시 술상이 마련된다. 패공 앞에 한 상, 항우 앞에 한 상)
세악수 : (음악을 연주한다. * 거상악 = 잦은한입)
우미인 : (항우에게 잔을 세 번 올린다)
진평 : (이후, 패공에게 잔을 세 번 올린다)
범증 : (옥결을 세 번 들어 올린다)
항우 : (끝내 못들은 척 한다)
범증 : (장막 밖으로 나와 항장에게) "그대가 장막 안으로 들어가 검무를 청하여 패공을 격살하도록 하시오"
항장 : (곧바로 장막 안으로 들어가 무릎 꿇고) "군중에 즐거움을 삼을만한 것이 없으니 청컨대 검무를 하야지이다"
항우 : (* 허락의 뜻으로 등채를 든다)
항장 : (검무를 추며 패공을 죽이려 한다)
장량 : (급히 세 번 장막 밖으로 나오는 행동을 취한 뒤 항백에게) "군중이 위급하니 그대가 들어가 對舞하여 패공을 엄폐하여 주십시오"
항백 : (즉시 장막 안으로 들어가 무릎 꿇고) "對舞하야지이다"
항우 : (* 허락의 뜻으로 등채를 든다)
항백 : (對舞한다)

홀기는 궁중정재로 연출된 대본이라 할 수 있는데, 이것과 지방의 교방 정재로 연출된 텍스트 즉 이우준과 정현석이 남긴 자료를 비교해 보면 둘 사이에 적지 않은 차이점들이 나타난다. 홀기에 보이는 패공의 대사, "어찌 애석한 일이 아니겠습니까(豈不惜哉)"라는 표현이 나머지 두 자료에는 보이지 않는다는 점(정현석의 기록과 비교해보면 앞부분의 대사는 동일하다), 항우의 대사 가운데 "지난 일은 논하지 말고 오늘 한바탕 마시는 것이 어떻겠는가(往事勿論 今日讌飲如何)"라는 표현이 또한 나머지 두 자료에 보이지 않는다는 점 등이 그것이다. 한문으로 기록된 텍스트에서 이와 같은 차이점은 매우 사소한 것이고, 또 정현석이 아무리 자세하게 기록했다 하더라도 홀기 자체를 작성하지 않은 이상, 그러한 표현들은 생략된 것이라고 볼 수도 있겠다. 그러나 이렇게 달라진 표현들은 원-텍스트라 할 『사기』「항우본기」에도 없는 대사이기 때문에 궁중정재로 올려진 「항장무」의 극 연출 방식에 적지 않은 해석적 연출이 시도되었다는 증거가 될 수 있다. 또한 항장의 청에 검무를 허락하는 항우의 행동을 홀기의 원문은 "項羽曰 諾"이라고 표현했는데, 이는 '항우 : "좋다!"'라고 읽혀지지만 이 기록 아래 "등채만 든다"라는 첨기(添記)가 달려있어, 실제의 연극에서는 청천릭에 주립(朱笠)을 쓰고 병부(兵符)를 찬 항우의 배역자가 위엄 있게 손으로 등채를 들어 허락의 의미를 연출했음을 알 수 있다. 이 역시 원-텍스트에 대한 해석적 연출이 이루어진 경우가 될 것이다.

연출상 해석의 허용치가 큰 「항장무」는 그 해석이 극 행동과 대사마저 변화시키기도 한다. 텍스트를 통해 범증의 '삼거옥결(三擧玉玦)'이 언제 수행되는가를 살펴보면 홀기에서는 그것이 우미인과 진평이 각각 항우와 패공에게 '작진삼배(酌進三盃)'를 한 뒤에 수행되는 것으로 나온다. 이우준의 기록에도 '주삼행(酒三行)' 이후에 범증이 패옥을 수차 들어 보이는 것으로 나온다. 반면 『교방가요』에는 주연(酒宴)을 준비하는 중간에 범증이 패옥을 세 번 들어 올리는 것으로 나타난다. 이는 범증이 장막 밖으로 나가 항장에게 "너는 헌수하기 전에 들어가 헌수를 마치면 검무를 추다가 그를 죽여라(若入前爲壽 壽畢劍舞殺之)"라고 하는 대사에서 다시 한번 확인된다. 곧 원문밖에 있던 항장이 장중(帳中)에 들어가는 시점이 '작진삼배(酌進三盃)'를 하기 직전으로 바뀐 것이다. 이러한 차이점들을 통해 정재「항장무」가 연극 실연 때마다 새로운 연출 해석을 시도하고 있었다는 점을 알 수 있다. 이는 하나의 고정체계를 가지고 다양한 비고정 현장 연출을 수행했던 판소리 광대의 연출 방식과 흡사한 데가 있다.

한편, 교방 정재「항장무」가 궁중정재로 전환되면서 변화된 극 연출 방식상의 차이점이 발견되기도 한다. 앞서 궁중정재에서 새로 나타난 구체적 인물인 중군(將)의 설정이 극의 등·퇴장 형식을 군례에 입각해 자세히 의방(依倣)하게 되자 그의 비중이 필연적으로 높아질 수밖에 없었기 때문에 등장하게 된 것이라는 진단을 내려본 바 있다. 여기서는 중군과 함께 궁중정재에서 새로 설정된 진평이 어떤 이유에서 등장하게 되었는가를 살펴보겠다.

원-텍스트인「항우본기」의 '홍문연'에서 진평은 유방이 번쾌의 기지로 위기를 모면하여 자리를 피했을 때 항우가 유방을 찾아오라고 하자, 장막 밖으로 나와 장량을 만나 유방의 거처를 묻고, 장량과 함께 장막 안으로 다시 들어가는 장면에서만 등장한다. 그런데 궁중정재, 즉 홀기에서의 진평은 등장형식 부분에서 '중군 군례'를 지시하는 인물로, '방승단포(放陞壇砲)'를 허락하는 인물로, '승기(乘旗)'를 허락하는 인물로 역할하며, 인용에서 보듯 본격적인 극 행동부분에서는 유방에게 '작진삼배(酌進三盃)'를 올리는 인물로 역할하고, 극 후반부에 가서는 항우가 유방을 찾는 장면에서 다시 본연의 역할을 수행하기도 한다. 본연의 역할을 수행하는 장면에서의 진평은 당연히 등장인물의 역할을 맡고 있지만, 그 나머지 장면에서 그는 새로운 역할을 부여받아 역할을 수행하는 셈이다. 궁중정재「항장무」에서의 진평의 역할비중이 원-텍스트에 비해 상당히 높아졌음을 알 수 있다. 그렇지만 지방 교방 정재의「항장무」에서는 진평은 전혀 보이지 않던 인물이다. 지방 교방 정재에서는 진평 본연의 역할인 유방을 찾는 역할마저 설정하지 않았던 것이다. 즉 이우준과 정현석의 기록 모두 이 부분에서 유방이 나가면 곧바로 장량이 선물을 들고 들어오는 것으로 기술해 놓았다. 진평과 같은 새로운 인물의 설정은 지방의 교방 정재였던「항장무」가 궁중정재화되면서 상당 부분 새로운 연출 해석이 이루어졌다는 사실을 말해주고 있다.

궁중정재에 진평이 새로 등장하게 되고 원-텍스트보다도 많은 장면에서 역할을 맡게 된 것은 교방 정재「항장무」에서의 우미인의 역할과 밀접한 연관이 있는 듯하다. 우미인이 원-텍스트인「항우본기」'홍문연'에 등장하지도 않는 등장인물이라는 점은 미리 지적해 둔 바이지만, 궁중정재화가 이루어지기 전에 연출되었던 지방 교방 정재에서의 우미인의 역할은 매우 재미있는 구석이 있다. 정현석의『교방가요』에는 등장인물 목록에 우미인이 나오지만 공연 절차에는 우미인의 행동이 보이지 않아 그녀가 어떤 역할을 했는지는 미지수이다. 그런데 다행이 이우준이 기록한 안주 백상루에서의「항장무」관람 기록에 우미인의 역할이 두 번 나타난다. 이 기록에는 궁중정재에서의 '작진삼배(酌進三盃)'와 마찬가지로 술잔을 세 번 올리는 '주삼행(酒三行)' 절차가 있는데 이 때 우미인이 '행주우전(行酒于前)'한다고 기술되어 있다. 이 문맥을 우미인이 항우에게만 술을 따라 올리는 것으로 해석할 수도 있다. 그러나 교방 정재로서의 모습을 전해주는 두 자료 모두 진평이란 등장인물의 존재가 없으니, '주삼행(酒三行)'에서 우미인이 항우와 유방 모두에게 '주삼행(酒三行)'을 했을 가능성이 높아 보인다. 이러한 추정은 번쾌가 군중에 돌입하여 용맹을 과시하는 장면에서의 우미인의 역할 때문에 더욱 뒷받침된다. 이우준은 이 장면을 "항왕이 우희로 하여금 술을 따라주게 하니, 그 자리에 선 채로 수차 치주(巵酒)를 마신다. 또 칼을 뽑아 고기를 꿰어 들고 먹으니 그 모양이 가관이다"라고 기술했다. 즉 지방 교방 정재에서 우미인은 번쾌에게도 술을 따라주는 역할을 수행했던 모양이다. 이와 같은 장면에서 우미인은 그야말로 작부(酌婦) 스타일이 되고 만다. 이는 애초에「항장무」의 배역이 모두 기생이었던 데서 묻어 나온 당대 교방 문화의 여향(餘香)이라고 생각된다.

그런데 인용에서 보듯 궁중정재의 '작진삼배(酌進三盃)'에서는 항우에게는 화관(花冠)몽두리 차림의 우미인이, 유방에게는 투구에 갑주(甲胄) 차림의 진평이 각기 잔을 세 번씩 올리고 있는 것이다. 궁중정재에서는 우미인이라는 가공의 등장인물을 제외하는 것까지는 너무 무미(無味)하다고 생각했는지 그냥 두었지만, 우미인의 작부적(酌婦的) 성격은 묵과할 수 없었던 것이 아닌가 생각된다. '작진삼배(酌進三盃)'를 수행하는 역할을 분담하고 나선 인물이 곧 진평이었던 것이다. 궁중정재에서 진평이란 인물의 새로운 등장, 그리고 원-텍스트를 훨씬 넘어서는 역할 부여는 곧 궁중정재로서의 극 구성의 세련성 추구나 인물역할의 합리성 여부 때문이었다고 볼 수 있겠다. 그러나 「항장무」의 '볼거리'로서의 흥미는 원-텍스트에 대한 합리적 해석보다는 이로부터 한 발 비껴난 엉뚱한 연출 해석에서 더 커질 수도 있는 것이다. 조야함과 세련됨은 향유의 실제에서는 대단히 상대적 평가개념인 까닭이다. 여기서 홍순학이 선천 의검정의 너른 대청에서 「항장무」를 관람하고 남긴 "그 아니 장관이냐 우습고 볼만하다"라는 단평(短評)의 의미를 곰곰이 삭여봄 직하다.

'항장의 춤'은 역사텍스트의 '홍문연'에서는 최고조의 극적 긴장을 던져준다. 그러나 「항장무」에서의 항장의 춤은 '연극 속의 연극'인 까닭에 그와 같은 실질적 긴장을 가져다주지는 못했을 것이다. 이미 관객들이 그 결과를 알고 지켜보기 때문이다. 항장의 춤은 독립된 '검무'가 아니라 춤을 추면서 동시에 유방을 격살하려는 의도를 표현해야 하기 때문에 고도의 연극적 연출에 포함된다. 따라서 정재 「항장무」에서의 항장의 춤은 배역자의 춤사위에 따라 장관일 수도 있고, 웃음 나게 만들 수도 있었을 것이다. 이런 점에서 '항장의 검무' 또한 연출 해석의 허용치가 적지 않았을 것이라 여겨진다. 춤은 일회적이니 전승되지 않으면 재연되기 어렵고,「항장무」의 무보와 같은 것을 기대하기는 더욱 어렵다. 만약「항장무」의 복원을 염두에 둔다면 '항장의 춤'은 연출상 가장 어려운 대상이 될 듯하다. 그러나 관련 자료가 전혀 없지는 않고,25) 그 '항장의 검무(劍舞)와 항백의 대무(對舞)'는 배역자의 해석적 연기가 그 결과를 좌우했을 것이니, 연출 때마다 기본적인 춤사위에 바탕을 두고 매번 창조적인 춤이 추어졌다고 보면 크게 어긋나지는 않을 듯싶다.

살기(殺氣)어린 '항장의 춤'이 추어지는 도중, 이 급박한 상황을 반전시키는 것은 번쾌의 장중(帳中) 돌입(突入) 행동이다. 원-텍스트에는 패공(沛公) 측의 장수는 누구도 장중(帳中)에 들여보내지 말라는 엄명이 내려져 있는 상태에서 번쾌가 장중 진입을 시도하면서 이를 제지하려는 중문 시위병과의 작은 소란이 일어났음이 기술되어 있다. 교방 정재 텍스트에는 번쾌의 장중 진입 시의 이와 같은 행동 지문은 보이지 않는다. 그러나 홀기에 첨기(添記)된 내용은 이 장면에서의 번쾌의 행동을 "영기문(令旗門)을 세 번 친 후 들어간다"라고 기록해 놓았다. 궁중 정재로서 연출될 때의 연출 해석이 상당히 치밀하게 작성되었다는 점을 말해주는 예가 된다. 그러나 홀기의 경우에도 장중 진입 이후의 번쾌의 행동에 생략된 부분이 있다. 원-텍스트 및 교방 정재 텍스트에는

---

25) 독립된 형태의「검무」는 각종 홀기나 의궤를 참조하면,「劍器舞」,「公莫舞」,「巾舞」등 대략 세 가지 종류가 있었던 것으로 보인다. 일반적으로「검무」라 할 때는「검기무」를 지칭한다.「공막무」는「항장무」에서의 '항장과 항백의 검무'와 깊이 연관되어 있다고 생각된다.『순조 무자 진작의궤』(1828) 및『순조 기축 진찬의궤』(1829) 등에 나오는「공막무」와「건무」는 둘 다 춤의 유래를 항장의 검무에 대고 있는 까닭이다.「건무」는 항장이 검무로 한고조(유방)를 해치려 할 때 항백이 소매로 막아 해치지 못하였다는 고사에서 비롯된 것으로 칼을 사용하지 않고 수건을 들고 추는 춤이다.「공막무」와「건무」는 손에 칼을 들고 추느냐 수건을 들고 추느냐 차이가 있을 뿐 춤사위는 對舞 형태로 대략 같았을 것으로 짐작된다(장사훈, 주. 2와 같은 책 참조). 이러한 사정을 통해 보면 정재「항장무」에서의 '항장무'는「공막무」로 연출되었을 가능성이 높아 보인다.

모두 '항우가 술을 내리면 번쾌가 연거푸 들이마시고 돼지다리가 들어오면 칼을 뽑아 이를 베어(혹은 꿰어) 먹는 행동'이 있는데, 이 장면의 행동연출은 자극적이면서도 번쾌를 번쾌답게 만드는 매우 개성적인 성격 제시 방법이라 할 수 있다. 이 행동은 동시에 영웅호걸로서의 전형적 성격을 표상하는 매우 중요한 행동이라고 생각되는데, 홀기는 이 부분에서 "번쾌가 패공을 돌아보자 패공이 뜻을 알아차리고 곧바로 나와 군영으로 돌아간다"라고만 기술했으니, 계사년 공연에서는 이 장면의 연출이 생략되었던 것이 아닌가 여겨진다.

이 장면의 중요성은 이우준의 기록이 잘 말해주고 있다. 이우준은 이 장면을 "또 검을 뽑아 고기를 꿰어 들고 먹으니 그 모양이 가관이다. 만좌(滿座)가 주목하여 눈길을 주는 사이 패공은 언제 나갔는지도 모르게 나가버린다"라고 기술했다. 이 때의 만좌(滿座)는 극중 인물은 물론 관중 모두를 포함하는 의미일 것이다. 번쾌가 용맹을 부리는 이면에 고도의 계책이 담겨 있다는 연출 해석을 정확히 지적한 것이라 하겠다. 원-텍스트에는 번쾌가 "들고 들어갔던 방패를 땅에 엎어놓고 그 위에 돼지다리를 올려놓고는 차고 있던 칼을 뽑아 그것을 베어 먹었다"고 기록되었는데,「항장무」가 가지고 있던 해석적 연출의 허용치를 감안해 볼 때, 정재「항장무」가 연희 전승된 백여 년간 이러한 행동 연출이 한번쯤은 시도되었을 법도 하다.

사건이 마무리되는 연극의 후반부는 위기를 모면한 유방이 자신의 군영(軍營)으로 돌아가고 뒷수습을 맡은 장량이 변명과 함께 백벽(白璧) 한 쌍과 옥두(玉斗) 한 쌍을 각각 항우와 범증에게 선물하는 장면이 연출된다. 항우는 그대로 받아두지만 범증은 받은 옥두(玉斗)를 땅에 팽개쳐 깨트려버리는 행동이 연출된다. 이 행동과 함께 "철부지 같으니라고! 더불어 대사를 논하지 못하리로다. 항우의 천지가 도리어 패공의 천지가 될 것이다"라는 범증의 대사를 마지막으로 실질적인 극 행동과 대사가 종료된다.

한편, 퇴장형식은 복잡한 등장형식에 비해 다소 간단하게 진행된다.26) 홀기에는 범증의 마지막 대사가 끝나고 음악이 연주되면, 다시 두 명의 妓女가 나와「검무」를 추는 대목이 있는데, 이 때의「검무」는 혜원의 그림 <쌍검대무(雙劍對舞)>와 같은 독립된 형태의「검무」정재가 공연되는 것이다. 이는 '정재 내의 정재 공연'이라 할 수 있다.「검무」는 이전 시기부터 그리고 당시 교방 정재 종목의 하나로 매우 높은 인기를 누려왔던 독립적 형태의 정재였는데 공연 시간이 짧고, 항장의 춤이 검무와 유관하다는 점, 또 기예(技藝)로서의 볼거리를 제공한다는 점 등이 고려되어 궁중정재「항장무」구성에 편입된 것이라 판단된다.27) 이것은

---

26)「항장무」의 등・퇴장 형식은 필자가 극 전체의 구성에 따라 실질적인 극 행동이 제시되는 부분을 가운데 놓고 그것의 전단과 후단을 각각 지칭해 본 것이다. 인물의 등・퇴장 형식은 깃발로 세운 轅門을 인물의 입장과 퇴장 기준으로 삼을 수도 있다. 그러나 그것은 인물의 극중 행동이 수행하는 행동지시의 절차를 나타내는 것일 뿐, 극 전체의 등・퇴장 형식이 될 수는 없을 것이다.

27)『교방가요』에 기록된 정재「검무」를 들어 그것의 공연 시간이 그리 길지 않았을 것임을 방증하는 참고자료로 삼아본다.「劍舞」, ≪네 명의 기녀가 나란히 절을 하고 일어서면 음악을 연주한다. 두 번째 북이 울리면 한 손을 들어올리고, 다섯 번째 북이 울리면 두 손을 들어올리거나 혹 한 손은 들어올리고 한 손은 내리기도 한다. 쌍쌍이 마주하여 춤(對舞)을 추다가 서로 마주앉아 칼을 희롱하는데 먼저 칼 한 자루를 집어 들고 다음에 또 한 자루를 집어 들고 춤을 추다가 곧 일어나서 춤을 춘다. 나아가고 물러서기를 몇 차례하며 서로 쫓고 서로 칼을 치다가 마침내 '연풍대(宴豊臺)'를 한다(이것은 칼을 휘두르고 몸을 돌리면서 원을 그리며 나가는 것으로 일명 '연풍대(軟風隊)'라고도 한다). 칼을 겨드랑이에 끼고 한 번 돌고, 칼 하나를 휘두르며 한 번 돌고, 쌍칼을 휘두르며 한 번 돌고, 칼을 찌르며 한 번 돈다(한 명의 기녀가 춤출 때 나머지 세 명의 기녀는 쉰다). 칼을 던지고 절하고 나온다≫. 한편, 혜원의 그림은 두 명이 추는 雙劍對舞인데, 여기서는 네 명이 추는 것으로 나와 있다.「검무」공연의 절정은 '연풍대'라고 생각되는데(혜원의「쌍검대무」장면은 '연풍대'로 진입하기 직전의 춤사위를 포착한 것이다), 이 연풍대는 古樂譜에 거문고 연주곡목으로도 실려 있는 것으로 보아 細樂手가 그 연주를 맡았을 것이다.

정재로서의 연출구성 방식, 즉 볼거리를 제공한다는 측면에서 각색된 연출구성이라는 혐의가 짙다. 「항장무」의 퇴장형식이 군례로 구성된다는 점에서 등장형식의 그것과 호응된다고 보면, 이 부분에서의 독립 정재인 「검무」의 편입은 자칫 전체 극 구성의 유기성을 손상시킬 염려가 있어 보인다. 반면 지방 교방 정재에서는 이와 같은 독립된 「검무」를 공연했다는 기록은 보이지 않는다. 따라서 궁중정재(항장무)가 「검무」를 편입한 것은 일종의 종합공연물(정재)로서의 연출 구성을 꾀하였던 것이라 여겨진다.

「검무」를 마치면 내집사의 "낙기(落旗) 호령허오"라는 호령에 세웠던 깃발을 내리며, 뇌고와 명라를 각각 세 번 친 다음 외집사의 "명금일하 해라"라는 호령에 징을 한 번 친다. 끝으로 외집사가 "전배 물리와라"라고 하면, 처음 무대에 들였던 군물(軍物)을 치우고 퇴장한다. 이것으로 모든 鴻門의 연회는 막을 내리게 된다.

4. 맺음말

지금까지 19세기 중·후반 궁중에 유입되어 궁중정재 종목의 하나로 공연되었던 「항장무」를 대상으로 그것의 연희전승 양상과 극 연출 방식에 대해 살펴보았다. 초패왕과 한고조의 '홍문연' 고사를 의방(依倣)해 연출한 「항장무」는 19세기 초반 평안도 선천지방의 교방에 그 연원을 두고 형성된 후, 19세기 중·후반 지방 교방에 두루 전파되어 관변(官邊)을 중심으로 연행되고, 급기야 당대의 인기를 등에 업고 궁중에까지 진출한 공연물이었음을 알 수 있었다. 정재「항장무」는 온전한 극 양식을 갖춘, 그것도 매우 치밀한 극 연출 방식을 지닌 연극 공연물임에도 불구하고, 그것이 그 동안 우리의 관심밖에 방치되어 있었다는 사실은 매우 유감스러운 일이다.

이에 이 글은 다음과 같은 두 가지 목적을 가지고 쓰여졌다. 하나는 정재「항장무」가 온전한 희곡문학의 특성을 지닌 훌륭한 대본텍스트(홀기)를 갖고 있다는 사실을 자료적 실상이 있는 그대로 보여주면서 그것의 연희전승과 극 연출 방식을 가급적 상세히 설명해보고자 했다. 이러한 목적 때문에 자료의 성격상 설명적 논의가 많아질 수밖에 없었다. 글의 분량이 예상보다 늘어났지만, 덕분에 글의 의도는 충분히 전달되었을 것으로 믿는다.

또 하나는 우리의 전통 희곡 및 연극사에 대한 새로운 인식과 반성이 따라야 한다는 점을 강조하려는 목적에서 쓰여졌다. 우리 문학사는 그동안 이광수(李光洙)나 임화(林和)류의 전통단절론 극복을 위해 국문학 전반에 걸쳐 활발한 연구 작업이 진행되었고, 그 결과 상당한 성과를 이루어낸 것도 사실이다. 그럼에도 불구하고 희곡문학 또는 연극분야의 경우는 그러한 노력조차도 자료적 제약으로 말미암아 번번이 한계에 부딪쳐야 했던 것이 사실이다. 이 방면에 대한 연구에서 판소리를 분창화(分唱化)한 창극(唱劇)에 대한 관심이라든가 탈춤이 지닌 극양식적 특성에 대한 관심 등 노력이 꾸준히 진행되었지만, 정작 이들이 대본 없이 구연(口演)되어온 의사(擬似)-극양식의 성격에 머문다는 결과를 극복할 수 없어, 항상 온전한 극 양식으로서의 자격 시비에 시달려야 했다. 자료적 빈곤에 따른 회의가 지속되자 근·현대 희곡분야의 연구는 철저히 신극 유입에 그 출발점을 삼고 더 이상 뒤를 돌아보지 않아도 괜찮을 만큼의 심리적 평온함마저 확산된 듯하다.

희곡 및 연극사의 전통을 판소리의 분창화에서 찾고자했던 경우에 있어서도 "강용환이 청국(淸國)의 창희(唱戱)를 모방하여 판소리 춘향가를 창극으로 발전시켰다"는 이동백의 증언에 빛지고 있는 것이 연구의 현주소가 아닌가 생각된다. 판소리 창극을 처음 시도했던 강용환이 청계천 2가 부근 청국인 거리의 경극 전용극장에 드나들면서 판소리 분창화의 힌트를 얻었다는 것을 부정하고자 하는 것은 아니다. 얼마든지 강용환이 중국 경극에 직접적 자극을 받았을 것이라는 생각은 가능하다. 그러나 그러한 진술이 극양식의 관습화마저 전무했던 지점에서 수용된 문화적 모방이라는 의미로 읽혀서는 곤란할 것이다. 특히 신극 태동기의 무대 공간이었던 광무대, 연흥사, 단성사 등은 동 시기 주로 전통 공연물을 연출했던 협률사 소속 예인들의 공연무대이기도 했다는 점을 간과해서는 안 될 것이다. 비록 신구(新舊)라는 개념이 시대상을 반영한 채 격조와 가치의 분계를 따지며 경쟁했지만, 문화적 경쟁은 그 이면에 배타가 아닌 변증법적 발전이 내포되기 마련이다. 신극사의 첫 출발을 수놓은 <육혈포강도>의 연출 주인공인 혁신단(革新團)의 임성구(林聖九)가 국치(國恥) 이후 구한국 시대의 군복을 착용한 '군사극(軍事劇)'이나 의병대장 전봉준을 주인공으로 한 '의병극(義兵劇)' 등 역사극에 치중했다는 사실이 혹, 신·구극이 빚은 길항작용의 귀착점은 아닐는지.

 이 글은 비록 정재「항장무」에 대한 단편적 고찰이지만 적어도 극양식의 관습화가 전적으로 신극 유입에 의존하지 않았으며, 우리의 전통 공연문화 속에서 그것이 내재적으로 이루어져왔다는 것만큼은 충분히 입증해 줄 것이라 생각한다. 그렇다고 이 글의 결과가 기왕의 소론(所論)인 전통 극 양식의 열세 현상마저 부정할 수는 없을 것이다. 다만 온전한 극 양식으로서의 「항장무」의 존재를 인식하고, 이를 계기로 희곡문학에서 정재, 창극, 민속극 등에 걸친 다양한 논의가 이루어져 보다 온당한 문학사적 구도가 세워지기를 희망한다.

참고문헌

· 자료

『각정재무도홀기』(계사, 1893)

『각정재무도홀기』(계사, 1893)

『각정재무도홀기』(계사, 1893, 국립국악원본)

『사자무항장무무도홀기』(정해, 1887, 장서각본)

『시용무보·정재무도홀기』, 한국음악학자료총서 4, 은하출판사, 1989.

『여령각정재무도홀기』(신축, 1901, 장서각본 도서번호 2-2885)

『여령각정재무도홀기』(신축, 1901, 장서각본 도서번호 2-2886)

『여령정재무도홀기』(미상, 장서각본 도서번호 2-2893)

『원행을묘정리의궤』(1795)

『정재무도홀기』, 한국학자료총서 1, 한국정신문화연구원, 1994.

『진연의궤』(신축, 1901)

『진연의궤』(신축, 1901, 규장각본)

『진작의궤』(계유, 1873, 규장각본)

『진찬의궤』(정해, 1887)

『진찬의궤』(정해, 1887, 국립도서관본)

「대한매일신보(大韓每日申報)」(1906.5.1)

남공철, <선리요(船離謠)>, 『금릉집』

이우준, 『몽유연행록(夢遊燕行錄)』, 임형택 편, 『약파만록(藥坡漫錄)』, 성대대동문화연구원, 1995.

정현석, 『교방가요』(1872)

최영년, 『해동죽지(海東竹枝)』(1920. 刊)

홍익한, 『조천항해록』

・논저

박희병, 「조선후기 민간의 유협숭상과 유협전의 성립」, 『한국고전인물전연구』, 한길사, 1992.
사진실, 「고려시대 정재의 공연방식과 연출원리」, 『정신문화연구』73, 1998.
＿＿＿, 「＜선유락＞의 공연 양상과 형성원리」, 『국문학연구』, 태학사, 1999.
양재연, 「검무희」, 『일석 이희승 선생 송수기념논총』, 1957(『국문학산고』, 전예원, 1976에 재수록)
왕패륜 편저, 『희곡사전(戲曲事典)』, 대만(臺灣) 중화서국(中華書局) 印行, 1964.
이능화, 『조선해어화사』, 한남서림, 1927.
이형대, 「초한고사(楚漢故事) 소재 시조의 창작동인과 시적인식」, 『한국시가연구』 3, 한국시가학회, 1998.
임미선, 「선유락과 어부사」, 『문헌과 해석』8, 문헌과 해석사, 1999.
성무경, 「『교방가요』를 통해본 19세기 중・후반 지방의 관변 풍류」, 『시조학논총』 17, 한국시조학회, 2001.
장사훈, 『한국전통무용연구』, 일지사, 1977.
＿＿＿, 『한국무용개론』, 대광문화사, 1984.
＿＿＿, 『국악대사전』, 세광음악출판사, 1984.
한옥근, 「＜학 연화대 처용무 합설＞의 연극적 구성과 표현에 대한 연구」, 『한국연극학』, 한국연극학회 편, 1985.

〈선루별곡〉을 통해 본, 19세기 초 성천의 관변풍류와 정재공연

성무경

1. 머리말

조선 후기의 관변풍류(官邊風流)를 표현한 회화(繪畵) 방면의 걸작을 꼽으라면, 필자는 주저하지 않고 단원(檀園) 김홍도(金弘道)가 그린 것으로 전하는 「평안감사향연도(平安監司饗宴圖)」를 들 것이다. 이 「평안감사향연도」 중, <월야선유도(月夜船遊圖)>에는 평양 장림(長林) 앞으로 펼쳐진 대동강을 배경으로 장쾌한 선유(船遊)놀음의 파노라마가 펼쳐져 있다. 강 건너는 평양성곽을 따라 대동문(大同門)과 연광정(練光亭), 그리고 부벽루(浮碧樓)가 화려한 자태를 드러내고, 대동강에는 감사(監司)가 탄 누선(樓船)을 위시한 수많은 호위 선박과 수종(隨從) 선박이 강물에 떠 있다. 능라도 앞 강물 위에 뜬 작은 배에서는 두어 사람이 방석불을 강물 위에 띄우고, 장림 앞 백사장과 강 건너 평양성의 성가퀴를 따라 수많은 군중이 횃불을 들었는데, 화면 왼편 상단의 노란 그믐달이 없다면, 지금이 밤이라는 사실을 잊어버릴 정도로 화면은 대낮 같이 밝다. 평양성과 대동강, 그리고 십리장림(十里長林) 전체가 호화로운 선유놀음이 연출된 무대공간이 된 셈이다.

「평양감사향연도」 중. 〈부벽루연회도〉

이 「평안감사향연도」에서 조선 후기 관변 정재공연의 실상을 엿볼 수 있는 그림은 부벽루(浮碧樓)와 연광정(練光亭)에서 벌인 잔치를 그린 두 개의 연회도를 들 수 있다. 〈부벽루연회도〉에는 부벽루에 감사가 좌정한 가운데 그 앞 뜰에서 「헌선도」가 공연되고, 그 뒤로 五方 「처용무」가 추어지고, 그 뒤로 「포구락」과 「검무」, 그리고 「무고」가 공연되고 있다. 물론 이 정재들은 한 종목씩 올려진 것이겠으나, 회화 기법상 한 화면에 집약되어 그려진 것들이다. 〈연광정연회도〉에서도 감사 앞으로 누대(樓臺) 위에서 녹의홍상(綠衣紅裳)의 기녀와 백의청상(白衣靑裳)의 기녀가 상대하여 춤을 추고 있는데, 이는 연회가 시작될 때 추어지는 〈초무〉나 〈능파무〉가 아닌가 생각된다. 그 뒤로 청·황의 두 마리 사자가 상대하여 추는 〈사자무〉를 그렸는데, 청사자는 벌써 누대 위로 올라와 웅크리는 춤사위를 선보이고 있고, 황사자는 이제 막 계단을 올라가는 중이다. 누대 아래 뜰에는 학(鶴) 두 마리가 서 있고, 그 앞으로 연꽃 두 송이가 놓였으니, <학・연화대무>가 추어질 것이고, 연꽃 송이 옆으로 조그만 배가 한 척 놓인 것을 보면, <선유락>도 공연될 것임을 알 수 있다. 이처럼 조선 후기의 각종 자료는 여러 종목의 정재가 지방 관변에서도 흔히 추어지고, 한편으로는 전국적으로 제도화된 공연물이었다는 사실을 알려준다.

조선 후기에 정재를 포함한 관변풍류의 실상을 소상하게 알 수 있는 대표적 서책으로는 박원 정현석이 지은 『교방가요(敎坊歌謠)』를 들 수 있다. 필자는 이『교방가요』를 역주(譯註)하면서, 특히 지방 관변에서 추어진 정재들이 같은 종목이더라도 궁중정재와는 차별화된 형태를 지니고 있다는 점을 발견하고 '교방정재(敎坊呈才)'라는 용어를 사용한 바 있는데,[1] 이후 한국전통무용 방면에서는 이 용어를 매우 낯설게 여긴다는 느낌을 받았다. 필자는 '정재'라는 용어가 궁중정재에 국한해서 사용하던 학습관습 때문에 '교방정재'라는 용어가 낯선 것처럼 여겨질 뿐, 당대적 실상에서 보면 매우 자연스러운 것임을 몇 차례 지적한 바 있으며,[2] 또 최근 들어 필자의 논의와 궤를 같이하는 주목할만한 논고들이 발표되어[3] 이 용어가 점차 정당성을 확보해가고 있다고 여겨지지만, 그

---

1) 拙稿,「조선후기 지방 敎坊의 官邊風流와 樂・歌・舞」,『譯註, 敎坊歌謠』, 보고사, 2002, 13~57쪽.
2) 拙稿,「『敎坊歌謠』를 통해 본 19세기 중・후반 지방의 관변 풍류」,『시조학논총』17집, 한국시조학회, 2001.;「呈才, <項莊舞>의 연희전승과 극 연출 방식」,『민족문화연구』36집, 고려대민족문화연구원, 2002.;「조선후기 呈才와 歌曲의 관계」,『한국시가연구』14집, 한국시가학회, 2003.
3) 정은경,「조선시대 궁중정재와 민간 연희의 교섭 양상」, 고려대학교 석사학위논문, 2003.; 김은자,「조선후기 平壤敎坊의 규모와 公演活動」,『한국음악사학보』31집, 한국음악사학회, 2003.

것이 일반화되려면 이 방면에 관련된 다각도의 논의가 반복 수행될 필요가 있다고 생각하게 되었다. 이에 필자는 이 글에서 국문학 가사작품(歌辭作品)인 <선루별곡(仙樓別曲)>을 대상으로 조선 후기 관변풍류와 정재공연의 한 단면을 살펴, 그 실상을 추가적으로 설명해보고자 한다. 물론, 가사(歌辭)라는 문학작품을 여유롭게 감상하는 가운데서 말이다.

2. 만옹(晩翁) 이후연의 <선루별곡(仙樓別曲)>과 관변풍류

<선루별곡(仙樓別曲)>은 그 동안 국문학계에서도 그리 큰 주목을 받지 못한 가사(歌辭) 작품이다. 이 <선루별곡>이 학계에 소개된 것은 이희승 편, 『역대국문학정화(歷代國文學精華)』(卷上, 1948)에 수록된 것이 처음이 아닌가 싶다.4) 출판 연도로는 윤곤강(尹崑崗)이 편주(編註)한 『근고 조선가요 찬주(近古 朝鮮歌謠 撰註)』(1947)에 수록된 것이 앞서지만5), 『역대국문학정화』의 범례(凡例)에 이 책이 원래 "1938년 4월에 전문학교(專門學校) 국문학 교과서로 발행하여 2년간에 3판을 거듭하였던 것"이라 하였고, 그 서문(序文) 역시 1946년으로 되어 있으니, <선루별곡>은 일석(一石)에 의해 처음 소개된 것으로 보아야 할 것이다. 그러나 두 자료 모두 출전(出典)이 불명하고 작자와 시대가 미상(未詳)인 채로 소개되어서, 자료 이용에 곤란한 측면이 없지 않다. 이 <선루별곡>은 이후의 대표적 가사(歌辭) 선집(選集)이라 할 『주해 가사문학전집(註解 歌辭文學全集)』6)에도 재수록(再收錄)되었으며, 북한에서 고정옥과 김삼불

---

4) 李熙昇 編, 『歷代國文學精華』(卷上), 博文出版社, 1948, 139~146쪽.
5) 尹崑崗 撰註, 『近古 朝鮮歌謠 撰註』, 生活社, 1947, 166~174쪽.
6) 김성배·박노춘·이상보·정익섭 편저, 『주해 가사문학전집』, 집문당, 1961, 286~292쪽.

이 주해한 『가사집』7)에도 수록되었지만, 이들 모두 一石이 소개한 <선루별곡>과 동일 작품임을 알 수 있다. 다만 이들 자료 가운데 고정옥·김삼불 주해『가사집』에 수록된 <선루별곡>은 김삼불이 주해(註解)했는데, 그 해제(解題)에 "정조(正祖) 때의 편찬으로 믿어지는 편자미상의『해동악(海東樂)』이라는 사본(寫本)에 수록되어 있다"라고 하여, 처음으로 그 출전(出典)을 밝혀놓았다. 이로 미루어 이들 <선루별곡>의 원출전(原出典)은 곧 김삼불이 소장했던 필사본(筆寫本)『해동악(海東樂)』에 수록된 것이었음을 짐작케 한다.

한편, 이와는 또 다른 <선루별곡>의 이본이 고대본(高大本)『악부(樂府)』에 수록되어 있다. 이 작품의 존재가 학계에 알려진 것은 박성의(朴晟義)의「『악부(樂府)』연구」(1965)8)에 의해서이니,『악부』의 <선루별곡>은 이본(異本)으로 보고된 셈이다.『악부』는 원래 서울 토박이로 장안(長安)의 기녀들이 모르는 이가 없었을 만큼, 한다 하는 풍류객(風流客)이었던 이용기(李用基) 옹(대략 1870~1934 추정)이 잡연(雜然)한 장르의 수다(數多)한 시가작품을 10여 년에 걸쳐 편집해놓은 일종의 종합 가집(대략 1920년대 편집)인데, 편자가 노산(鷺山) 이은상(李殷相)과의 친분으로 노산에게 전한 것을, 노산이 다시 1938년 당시 보성전문학교(普成專門學校) 도서관장(圖書館長)이었던 손진태(孫晉泰)를 통해 기증한 내력이 있는 책이다.9) 그런데 이『악부』소재 <선루별곡>은 일석(一石)이 소개한 <선루별곡>과 비교해보았을 때, 표기법이 다르고 몇몇 부분 철자가 틀린 것 외에는 전체 구수(句數)에 있어서 4음 4보격 1구

---

7) 고정옥·김삼불 주해,『가사집』, 평양국립출판사, 1955(서울 여강출판사, 1991), 246~268쪽.
8) 朴晟義,「『樂府』硏究」,『六十周年紀念 論文集』, 고려대학교, 1965, 1~44쪽.
9) 고대본『악부』는 주해본이 나와 있어 자료 이용이 편리하다. 정재호, 김흥규, 전경욱 주해,『註解 樂府』, 고려대 민족문화연구소, 1992.

(句)로 셈하여 99구(句)로 동일하니, 이본(異本)의 전승이 비교적 온전하게 이루어진 사례에 해당한다 할 것이다.

그런데 근자(近者)에 필자는 임형택 선생의 후의(厚意)로 선생 소장(所藏) 가사자료(歌辭資料)를 정리하는 작업에 참여한 바 있는데, 자료들 가운데 필사본『추선몽(秋僊夢)』에 이 <선루별곡>이 수록되어 있었다.10) 작업 초기에 임형택 선생은 이 자료가 <선루별곡>의 원본이라는 확신을 피력하였는데, 주석 작업이 끝나갈 무렵 그것은 사실로 입증되었다. 이 책자의 표지에는 '추선몽(秋仙夢)'이 고자(古字)로 쓰여 있고「부 관서악부(附 關西樂府)」라는 부제(副題)가 기록되었으며, 체재는 <추선몽소서(秋仙夢小序)>와 <선루별곡(仙樓別曲)> 및 신광수(申光洙)의 <관서악부(關西樂府)>가 수록되어 있다. 세련된 필체로 작성된 이 책의 전·후면에는 난(蘭)이 그려져 있고, 또 "縹渺名樓, 綽約僊侶. 春山秋林, 朝雲暮雨"라는 연구(聯句)를 예서체(隷書體)로 써서 책자 자체를 예술적으로 꾸며 놓았는데, <추선몽소서>가 쓰여진 면의 상단에 "이 서문(序文)에서 아래 가사(歌辭)까지는 모두 만옹(晩翁)의 글과 글씨다.(自此序, 至下歌辭, 皆晚翁文筆)"라는 후인(後人)의 주기(註記)가 있어, <선루별곡>의 저자가 만옹(晩翁)이란 사람이며, 이 자료가 그의 친필(親筆)임을 알려준다.11) 임형택은 <추선몽소서>에 나오는 "歲 戊戌 秋九月 上澣"을 근거로,『만오유고(晩悟遺稿)』(국립중앙도서관 소장)을 통해 작자 '만오(晩悟公)'이 1838년 성천부사로 부임한 이인고(李寅皐)의 숙항(叔行)이 되는 이후연(李厚淵)(1798~?, 字 聖徵)이란 사실을 밝혀냈다.

---

10) 그 동안의 작업이 조만간 임형택 편,「신발굴 가사자료집」의 형태로 출판될 예정이다.

11) 石北 申光洙가 蔡濟恭이 箕伯(평양감사)으로 있을 때 따라가 노닐며 지은 <關西樂府>를 부록으로 써놓은 紙面의 상단에는 단지 "此篇 晚悟公書"라는 기록만 있어 後人 記錄의 정확성이 뒷받침된다.

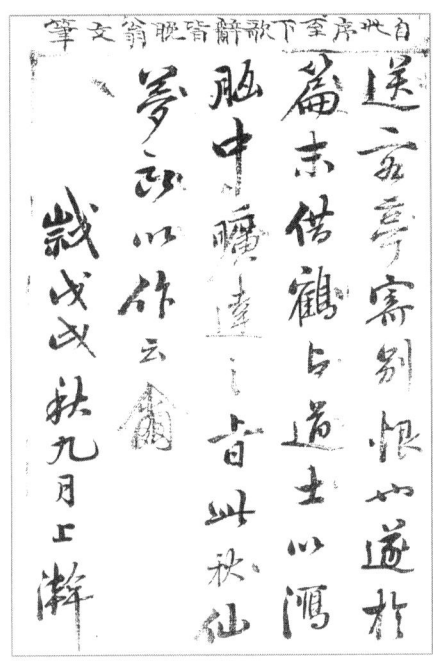

〈추선몽소서〉, 상단에 '만옹문필'이라는 後人의 註記가 달려 있다.

이로써 우리는 작자와 창작연대가 분명한 정본(正本) 〈선루별곡〉을 확보하게 되었다.

『추선몽』의 〈선루별곡〉은 4음4보격을 1구(句)로 셈하여, 총 100구(句)가 17면에 걸쳐 필사되어 있다. 여타 이본이 99구라는 점에 비추어 보면, 원래 정본(正本) 〈선루별곡〉은 꽉 찬 100구로 지어졌음을 알 수 있다. 그 1구의 차이에는 은밀한 사연이 숨어 있기도 하다. 이 〈선루별곡〉이 특별히 주목을 끄는 이유는 이 작품이 평안도 성천(成川)의 객사(客舍)인 동명관(東明舘) 경내에 있는 강선루(降仙樓)의 유람과 유흥을 노래한 매우 독특한 기행·유흥가사로써, 특히 그 연회장면의 묘사에서 풍속사적 의미와 향토적 정취가 짙게 감지된다는 점 때문이다. 〈선루별곡〉의 창작배경과 대강의 내용을 미리 암시해주는 〈추선몽소서〉는 다음과 같다.

" '추(秋)'는 맑은 가을에 관서지방에 온 것을 이름이요, '선(仙)'은 강선루에서 질탕하게 논 것을 이름이요, '몽(夢)'은 천지도 한 꿈임을 이른 것이다. 이 놀음이 기막히게 뛰어났으니 이는 꿈속의 꿈이라. 아양곡(峨洋曲)은 은

어를 내포하고 있으며, 소혼교(銷魂橋) 송객정(送客亭)은 이별의 한을 붙인 것이다. 마침내 글의 끝에 가서 학(鶴)과 도사(道士)를 빌려 마음속으로 자유를 희구하는 뜻을 붙였으니, 이것이 「추선몽」을 지은 까닭이다. 무술년 가을 9월 상한(上澣)에 씀." <추선몽소서(秋仙夢小序)>12)

이로써 보면, 책명(冊名)인 『추선몽』은 곧 <선루별곡>을 가리키는 별칭(別稱)임을 알 수 있다. <추선몽소서>는 먼저 이 책자(冊子)의 제명(題名)을 '추선몽'으로 삼은 뜻을 '秋'는 '청추서정(淸秋西征)'으로, '仙'은 '질탕선루(跌宕仙樓)'로, '夢'은 '천지일몽(天地一夢)'으로 간략히 요약하고, 나아가 <선루별곡> 표현의 묘미처로 세 군데를 지목해놓기도 했다. 먼저 '秋·仙·夢'의 대의(大義)에 주목해보자. <추선몽소서>에서 작자 스스로 '추선몽'을 풀이한 바, 그것은 '청명한 가을에 관서지방의 한 고을인 성천(成川)에 와서, 그 유명한 강선루(降仙樓)에서 질탕하게 놀았으니, 모든 것이 꿈이요 또 꿈속의 꿈이다'라는 뜻이 된다. 이 대의가 <선루별곡>에 투영되어 있을 것이나, '秋'에 해당하는 계절적 배경이 작품 후반부에 '黃菊丹楓 滿山한데'라는 단 한 구절에만 보일 뿐이고, 족형(族兄) 이인고의 성천부사 부임(赴任)을 계기로 성천에 가게 된 유람의 배경이나 목적 등은 작품 표면에 드러나 있지는 않다.

어와 벗님네야 降仙樓 구경가세 / 訪仙門 드리다라 東明舘 찾아가니
江山도 좋커니와 物色도 繁華하다 / 일천년 故國이요 삼백 칸 名樓로다
巫山 十二峯은 병풍의 그림이요 / 沸流江 一帶水는 鏡臺의 거울일다
松讓王 옛 터이요 花郞의 놀던 덴가 / 閭閻이 즐비하니 靑石으로 기와하고
衣服이 鮮明하니 雙紬 盆紬 土産일다 / 風俗도 淳厚하고 奇異한 일 많을씨고

---

12) <秋仙夢小序>: "秋仙夢小序 秋曰, 淸秋西征也 ; 仙曰, 跌宕仙樓也 ; 夢曰, 天地一夢. 玆遊奇絶, 乃夢中夢也. 峨洋曲, 包隱語, 銷魂橋·送客亭, 寄別恨也. 遂於篇末, 借鶴與道士, 以瀉胸中曠達之志, 此秋仙所以作云爾. 歲戊戌 秋九月 上澣"

화자(話者)는 흔히 청자(聽者)를 불러들이는 화법으로 시작하는 가사의 일반관습에서 그 서두를 시작하고 있는데, 그 대상은 '벗님네'이다. "어와 세상 사람들아"가 교훈담론을 지닌 가사들의 일반화법이라면, "어와 벗님네야"는 풍류지향의 가사가 흔히 취하는 서두 어법이다. 평안도 성천의 강선루는 동명관 객사에 부속된 명루(名樓)이다. 화자는 성천부의 성문(城門)인 방선문을 '드리달아' 들어가는 모습에서 경쾌한 유람의 분위기를 풍기더니, 대뜸 무산십이봉과 비류강 일대수(一帶水) 등, 주변 자연경관에 눈을 돌리기도 하고, 청석(靑石)으로 기와를 올린 즐비한 여염집에, 쌍주 분주 등, 유명한 성천의 토산(土産)인 명주를 들고, 성천의 풍속이 순후함을 간단없이 노래했다. 실제로 양덕(陽德)과 맹산(孟山)에서 발원하여 성천 북쪽 30리 지점에서 합류하여 흘골산 아래를 지나 대동강으로 흘러드는 지점에 위치한 성천의 강선루는 언어표현이 부족할 만큼 주변 자연과 썩 잘 어울려 고래(古來)로 성천부 관장(官長)

「성천부 고지도」: 동명관 객사와 강선루, 그리고 방선문이 비류강 앞쪽에 위치하고. 강 건너는 흘골산성이 있다.

이나 풍류객들의 놀이처로 유명했다.

그리하여 화자는 "그렁저렁 다 버리고 仙樓에 올라가니 / 通仙 留仙 伴仙舘은 층층이 벌려 있고 / 蓬萊 朝雲 玲瓏閣은 面面이 相對하니 / 畵閣 丹靑의 十二欄干 縹緲하다 / 怳惚한 陽臺雲雨 朝暮神女 만나는 듯 / 제일층 玄虛閣은 珠簾의 半空일다"라고 하면서 강선루의 부속건물과 누각을 하나하나 들고, 12난간과 무산12봉을 염두에 둔 듯, 초회왕과 무산신녀(巫山神女)이 무산에서 운우지정(雲雨之情)을 나눴다는 고사(故事)를 이끌어와, 높고 아득한 강선루(降仙樓)를 감탄하며 묘사하였다. 표현에는 가을 풍경이 나타나지 않았으나, 청명한 가을날 온통 단풍으로 붉게 물든 동명관과 흘골산성, 그리고 무산십이봉이 비류강에 거꾸로 비친 경관은 참으로 대단한 장관(壯觀)을 연출했을 것이다.

이 같은 아름다운 자연적 경관에서 펼쳐진 감사의 도임연회(到任宴會)와 선유(船遊)놀음에 직접 빈객(賓客)으로 참석한 이후연의 감회는 실로 감개무량했던 모양이다.

평안도 성천의 동명관과 그 앞을 흐르는 비류강.
왼편 건물이 降仙樓이다.

太平聖代 좋은기상 風流太守 놀음일다 / 蟠桃門 내달아서 淸霞門 돌아드니
衙前將校 後陪하고 通引使令 前陪섰다 / 前後部 六角소리 山川이 震動한다
총감투 紅天翼은 歌童名色 古法일다 / 芭蕉扇 파리채가 雙雙이 버려있다
紅氈交椅 雲錦帳과 滿花方席 牧丹屛과 / 輝煌燦爛 靑紗燭籠 千百雙 걸어놓고
玉香爐 높은곳에 香烟이 嫋娜하다 / 器具도 壯커니와 與民同樂 더욱좋다

성천부사(成川府使)의 도임연(到任宴)이 시작되는 부분이다. 화자는 일단 지금이 태평성대(太平聖代)임을 표방하여 흥성한 유흥을 벌이는 정당성을 확보하고, 관아(官衙)로부터 연회처인 강선루(降仙樓)로 야단스레 이동하는 과정을 흥겹게 서술했다. 아전·장교가 후배를 서고 통인·사령이 전배를 서서 감사일행을 인도하고, 그 전·후부의 취타대(吹打隊)의 육각(六角) 소리에 산천이 진동한다고 했다. 가동(歌童)은 제법 古法에 따라 총감투와 홍천릭을 입었으며, 감사의 앉는 자리 주변에는 의전용 장식물(裝飾物)들인 파초선과 파리채가 쌍쌍이 벌려 있는 가운데, 휘황찬란한 청사초롱을 천백쌍이나 걸어놓아 불을 환히 밝혀놓았다고 했다. 옥향로에서는 향기로운 연기가 하늘거리며 피어오르고, 갖은 기물(器物)들을 대단히 벌려놓았는데, 화자는 이러한 호화로운 풍류태수의 놀음을 여민동락(與民同樂)으로 표방했다. 북한에서 발행된 김삼불의 <선루별곡> 해제에서는 "장한 잔치의 풍류며 금준미주가 바로 인민들의 피와 기름으로 만들어졌다는 것을 작자는 인식하지 못했다"는 지적을 빼놓지 않았다. 이 작품이 지어진 것이 19세기 초(1838)라는 사실을 떠올리면 이 지적은 유의해야 할 사항이기는 하지만, 텍스트 자체가 당대 풍습과도 같은 관장(官長)의 도임연(到任宴)을 그린 문학작품일 뿐더러, 또 작자가 그 관장(官長)의 빈객(賓客)이기도 했던 바, 평자(評者)의 기대처럼 날카로운 현실인식을 보여줄 수 있었을까 의문스럽다. <한양가>(1844)나 <게우사>가 보여주는 바, 흥성스러운 '풍류·행

락의 일반화 현상'에 견주어볼 때, 특정 문학작품이 날카로운 주제의식을 드러냈다고 하여, 반드시 그 작품의 미적 성취가 높다고 보기도 어렵지 않은가 한다.

이 다음 서술단락부터 실제로 성천 강선루에서의 실질적 풍류놀이라 할 정재공연이 펼쳐진다. 강선루에서의 풍류는 해가 서산에 질 때가지 계속되었고, 밤이 되자 풍류태수의 도임연은 비류강으로 옮겨져 놀이의 극치라고 할 '화방선유'로까지 이어진다.

> 대풍류 슈이나니 典樂이 主管일다 / 紗帽冠帶 樂工들이 차례로 들어오니 아리따운 女妓들은 누구누구 모였는고 / …(중략)… / 風流根本 右敎坊에 열두節次 根據하다.

질탕한 강선루의 풍류는 전악(典樂)이 주관하는 대풍류로 시작된다. 제법 규모가 있었던 듯, 사모관대의 악공들이 들어오고, 아리따운 기녀들이 예거(例擧)된 다음, 각종 정재가 공연되는 열두 절차가 진행되는 것이다. 실질적인 정재공연인 열두절차가 진행되고, 밤이 되자 관변풍류의 극치인 선유놀음이 이어지는데, 이 서술에 앞서, 인용의 중략된 부분에 흡사 <기명가(妓名歌)>나 <기생점고(妓生點考)>와 같은 형식으로 강선루 연회에 참석한 기녀들이 예거(例擧)되는 표현이 나온다. 바로 이 부분에 『추선몽』의 <선루별곡>과 여타 이본이 1구의 차이를 나타내는 곳이 있다. 이곳에서 이 점을 잠깐 살펴보고, 장을 바꾸어 이어지는 내용을 감상해보기로 하겠다. 작자는 <추선몽소서>에서 "'아양곡'은 은어를 내포하고 있다(峨洋曲, 包隱語)"고 했다. 이 구절은 "峨洋曲은 隱語를 내포하고 있으며, 銷魂橋 送客亭은 이별의 恨을 붙인 것이다. 마침내 글의 끝에 가서 鶴과 道士를 빌려 마음속으로 자유를 희구하는 뜻을 붙였다"라고 한 전체 문맥 속에서 이해되어야 하는데, 이 곳의 '아양곡', '소혼교·송객정', 그리고 '학·도사' 등은 모두 <선루별곡>에 사용된 특정 어휘들로 드러난다. 따라서 '峨洋曲 包隱語'라는 구절은 '아양곡' 자체가 은어를 내포하고 있다고 볼 것은 아니고, "'아양곡'을 운운(云云)한 표현부분에 은밀한 의미가 있다"고 풀어야 옳은 것 같다. <선루별곡>에 기녀들을 예거(例擧)하는 부분은 다음과 같다.

양금난초 거문고는 청가묘무 *혜란*이 / 화용월태 고운양자 빙호일편 *명심*이
나는꽃을 제기차니 화당춘풍 *연연*이 / 면면연연 유정하다 녹수심처 *앵앵*이
삼월동풍 난만한데 만강홍우 *금낭*이 / 아양곡 그뉘알리 벽해청산 *금선*이
쟁강쟁강 소리나니 형산백옥 *보패*로다 / 진루추야 잠을깨니 옥소명월 *강선*이
마고소식 들었던가 동리선인 *벽옥*이 / 동파학사 긴긴사랑 전당명기 *조운*이
이화도화 만발할제 백화총중 *향염*이 / 하향월색 좋은노래 강남녹수 *연염*이
무릉선원 찾아가니 만점춘색 홍도로다 / 국화야 너는어이 낙목한천 *담향*인고

여기에 나오는 14명의 기녀들은 순서대로 '혜란·명심·연연·앵앵·금낭·금선·보패·강선·벽옥·조운·향염·연염·홍도·담향'이다. 이 부분의 표현이 이름에 근거한 것이기에 이들을 실제인물로서의 기명(妓名)으로 신빙하는 것도 문제가 될 것이나, 딱히 그렇게 보지 못할 근거도 없다. 실제 기명(妓名) 역시 대개가 거기서 거기인 풍류취향의 작명법(作名法)을 따르는 까닭이다. 그러나 이 부분은 <기명가(妓名歌)> 또는 <기생점고(妓生點考)>에 해당할 공유사설로 보는 것이 온당할 것 같다. 이 사설은 흔히 판소리 <춘향가>에 근거를 둔 것으로 알려져 있는데, 실제로 고대본『악부』의 ㉠<기생점고>의 한 부분과 매우 흡사하다. 해당부분을 들어보면 다음과 같다.

양금란쵸 거문고에 쳥가묘무 *혜란*이 / 화용월태 고은양자 옥호일편 *빙심*이
나난꼿츨 져기차니 화당춘풍 *연연*이 / 면면만만 유정하니 록슈심쳐 *앵앵*이
삼월동풍 란만한대 만강우후 *금랑*이 / 아양곡을 그뉘알니 벽해쳥산 *금션*이
쟁강쟁강 맑은소래 형산백옥 *보패*로다 / 마고쇼식 드럿나냐 동리션인 *벽옥*이
동파학사 깁흔사랑 젼당명기 *계향*이 / 리화도화 만발한대 백화총중 *향염*이
화향월색 조흘시고 범범록슈 *련염*이 / 무릉선원 차져가니 만졉츈색 홍도로다3)

앞에 인용된 사설과 이 사설을 비교해보면 '강선이'와 '담향이'에 해당되는 표현구가 빠졌고, '조운이'가 '계향이'로 바뀌었지만, 나머지는 수식적 표현과 기명(妓名)이 일치함을 알 수 있을 것이다. 따라서 이 표현단위가 공유사설이란 점이 좀더 분명해진다. 물론 고대본 『악부』 자체가 20세기 초반에 편집된 종합가집이어서, 편자 혹은 누군가가 『악부』에도 수록된 <선루별곡>의 해당부분을 <기생점고>에 첨가해 놓았을 수도 있지만, 공유사설이 사설단위 자체로 기억되어 가창전승된다는 점을 고려하면 이 부분은 공유사설로 보는 것이 보다 타당할 것이다. 결국 이 표현의 연원은 <선루별곡>에 둘 수도 있고, 반대로 <선루별곡>의 작자 이후연이 풍류객(風流客)으로서 당대 가창물의 공유사설에 익숙해서 이를 재활용한 것으로 볼 수도 있을 것이다. 어쨌거나, 그럼에도 불구하고 만옹(晩翁) 이후연이 <추선몽소서>에 특별히 '峨洋曲 包隱語'라고 기록해놓은 것은 여전히 문제가 아닐 수 없다. <선루별곡>을 검토하면, 이 문제의 구절이 여타 <선루별곡>의 이본들에는 생략된 구절임을 발견하게 되는데, 곧 "峨洋曲을 그뉘알니 碧海靑山 琴仙이"가 그것이다.

주지하듯 '아양곡(峨洋曲)'은 『열자(列子)』 「탕여문(湯與問)」에 나오는 백아(伯牙)와 종자기(鍾子期)의 고사(故事)에서 비롯된 곡명(曲名)으

---

13) 『주해 악부』, 주 9와 같은 책, 319쪽.

로, 금(琴)의 고수(高手)인 백아가 연주하는 소리를 듣고 종자기는 백아의 심중(心中)을 정확히 알아맞췄는데, 그 때 종자기가 백아가 태산(泰山)을 표현한 연주에 '峨峨'란 표현을, 유수(流水)를 표현한 연주에 '洋洋'이란 표현을 썼기 때문에 '아양곡'이란 말이 나온 것이다. 따라서 <선루별곡>의 경우, 일차적으로 해당 기녀의 이름이 '금선(琴仙)'이므로 '아양곡'이란 말을 이끌어와 기명(妓名)을 수사(修辭)한 것으로 볼 수 있을 것이다. 그러나 당대인들에게는 상식에 해당할 이 정도의 수사(修辭)를 두고, 스스로 거기에 "포은어(包隱語)"라는 특별한 기록을 남기지는 않았을 것이다. 따라서 이 지점에서는 조심스런 추측을 해볼 수밖에 없는데, 필자는 이후연이 '포은어(包隱語)' 운운(云云)한 것이 그가 '금선(琴仙)'이란 기녀와 맺은 모종의 은밀한 사연을 말하는 것이 아닌가 추측해본다. <추선몽소서>를 남긴 작자 친필본『추선몽』의 <선루별곡>은 정확히 100구(句)로 해당 구절이 있는데, 여타 2종의 이본들에는 이 구절만 생략되어 있다-작자가 자신의 주변에 유전(流轉)될 작품에는 이 구절을 생략한 작품을 내어주었을 가능성이 있다는 것이다-는 점이 이 같은 추측의 근거가 될 수 있겠고, 또 14명의 기녀에 대한 예거(例擧)가 끝난 뒤에 곧바로 "이화월백 잠든밤의 嬋姸美人 꿈을꾸니 / 錦城春光 樂을삼아 月下仙女 노니도다"라는 戀情 관련 표현이 따른다는 점도 이 같은 추측의 가능성을 높여준다. 이에 작자 이후연이 <추선몽소서>에 특별히 기록해놓은 '峨洋曲 包隱語'는 <선루별곡>이 지닌 표현 묘미처(妙味處)의 하나로 이해되는 것이다.

3. 성천 우교방의 12종목 정재공연과 비류강의 화방선유(畵舫船遊)

 노원(老園) 이인고(李寅皐)가 성천부사로 부임한 해가 1838년인데, 만옹(晚翁) 이후연(李厚淵)이 <선루별곡>을 짓고 그것을 『추선몽』에 실으면서 <추선몽소서>를 작성한 년기(年期) 역시 "戊戌(1838) 秋 9月 上澣"이니, <선루별곡>은 신관도임연 직후에 지어진 것이며, 여기에 묘사된 성대한 관변풍류 역시 이인고 부사(府使)의 도임연(到任宴)에서 연행된 것들이라 할 것이다. 지방 교방의 기녀들은 신관도임연뿐만 아니라, 관장의 회갑연이라던가, 관장이 주선하는 양로연, 사행(使行) 지공(支供), 기타 관변의 각종 공·사 연회에 동원되어 지방 관변의 풍류문화를 수놓았던 공연의 실질적 주체들이었다.

 <선루별곡>의 작자 이후연은 관변풍류의 중심이라고 할 정재공연이 시작되는 부분에서 19세기 초반 평안도 성천부 정재공연의 실상을 알려주는 매우 중요한 정보를 서술해놓았다. 그것은 곧 "風樂根本 右敎坊의 열두節次 根據하다"라는 구절이다. 이 "풍악근본 우교방"이란 표현은 당대 연회의 흥치와 절차를 매우 적실하게 지적한 것이다. 원래 교방에는 좌방과 우방이 있어 좌방은 주로 아악계통의 제례악을 담당하고, 우방은 속악·당악계통의 연례악을 담당한다. 곧 이후연이 '우교방(右敎坊)'이 풍악의 근본이라고 표현한 것은 우교방 풍류가 유흥에 제격이라는 말이다. 이 우교방 풍류의 열두절차는 다음과 같이 서술된다.

    風樂根本 右敎坊의 열두節次 根據하다 / 拍牌소리 세번나니 凌波舞가 시작이라
    던지나니 용의알은 抛毬樂이 絶妙하다 / 쌍쌍얼러 牙拍이요 쟁쟁소리 響鈸일다
    畵龍鼓 네북채는 굉장하다 북춤이며 / 朱笠貝纓 호풍신은 헌거할손 舞童일다
    瑤池蟠桃 드릴때에 仙官玉女 어여쁘다 / 各色形容 五方춤은 處容탈이 駭怪하다
    狹袖氈笠 軟風臺는 번개같은 劍舞로다 / 성큼성큼 鶴춤이요 설렁설렁 獅子로다

羅裙玉腕 둘렀으니 放砲一聲 배따라기 / 半入江風 半入雲하니 天上仙樂 그지없다

풍악근본 우교방이 올리는 열두 절차는 곧, 순서대로 「능파무」・「포구락」・「아박」・「향발」・「고무」・「무동」・「헌선(반)도」・「처용무」・「검무」・「학무」・「사자무」・「선유락」 등, 12종목 정재를 가리킨다.14) 두 음보 또는 네 음보만의 언어표현으로 12종목의 정재를 하나하나 특징있게 서술한 솜씨가 예사롭지 않은데, 이 성천 강선루에서 신관도임연에 올려진 열두절차 정재는 글의 서두에서 그림자료로 인용한 「평안감사향연도」, <부벽루연회도>의 정재공연의 모습과 하등 다를 바 없다. 그런데 이 시기 관서지방의 교방에 이 12종목의 정재가 레퍼토리로 정착되어 있었다는 사실이 이만용(李晩用)(1792~)의 『동번집(東樊集)』에 기록된 <이선악가(離船樂歌)>의 두주(頭註)에 보인다. "서경악부(西京樂府)는 본래 18종목이었는데, 6종목의 춤은 전하지 않고 지금은 다만 12종목의 춤만 남아 있다"15)라고 한 것이 그것이다. 이 시기 이들

<선루별곡>, 정재공연 서술 부분

---

14) 졸고, 주 2와 같은 논문, 「조선후기 정재와 가곡의 관계」에서 이미 지적한 바 있지만, 엄밀히 말해 이 중 「사자무」는 교방정재가 아니다. 「사자무」는 기녀들이 담당하는 여타 교방정재와 달리, 재인청 소속 才人(男子)들에 의해 공연된 종목인 까닭이다. 만옹이 「사자무」를 포함해 '右敎坊 열두節次'라고 한 것은 李晩用이 『東樊集』에서 呈才를 '樂府'로 표현한 것처럼, 당대 관변풍류에 소용된 레퍼토리에 대한 포괄적인 관습용어일 것이다.

관서지방 교방의 정재종목은 특정 지방마다 한두 종목의 가감이 있기도 하고, 또 당시까지는 아직 궁중정재로 편입되지 않은 종목도 포함되어 있는데, 대개는 중앙과 지방의 특색이 어우러진 열두거리로 짜여져 있었다고 보아야 할 듯하다. 이후연은 이와 같은 성천 우교방의 12종목 정재공연을 관람하면서, '강선루 주변에 울려퍼지는 거나한 풍류소리가 반은 강바람에 흘러들고 반은 구름에 흘러드니, 천상의 선악(仙樂)이 이보다 좋을 수 없을 것'이라 감탄하며 대단히 흥겨워했다.

풍악근본 우교방의 열두절차를 흥겹게 관람하는 사이, 시나브로 서산에 해가 지고 밤이 되었다. 밤이라고 신관도임연의 흥성함이 잦아지는 것은 아니다. 오히려 낮잔치보다 더 승한 비류강(沸流江)의 호화로운 화방선유놀음이 펼쳐진 것이다.

> 日落西山 저문後에 壯觀일다 落火로다 / 물결위의 방석불은 點點桃花 떠가는듯 欄干머리 쌍줄불은 새벽별이 흐르는듯 / 天鵝一聲 높이불어 一時에 相應하니 봉봉이 떨어진불 十里長江 꽃이로다 / 步虛門 나간곳에 畵舫船遊 더욱좋다 蘆花淺水 고운亭子 완자紗窓 열어놓고 / 靑蛾皓齒 실어두고 金管玉笛 비껴불어 枝菊叢 어사와하니 凌萬頃之 茫然이라

서산에 해가 떨어지자 비류강 물 위에 점점이 불이 떨어져 장관을 이룬다. 물결 위에 띄운 방석불의 모습이 도화(桃花)가 점점이 떠가는 듯하다 하고, 두 줄로 횃불을 매달아 놓은 동명관 난간머리는 새별별이 흐르는 듯하다고 했다. 군호(軍號)로 태평소를 크게 불자, 군중이 일시에 소리치며 횃불을 켜들어 십리장강을 대낮같이 밝힌 가운데, 동명관에서 비류강으로 통하는 보허문을 나서, 화방(畵舫)배에 올라 선유놀음을 벌인 것이다. 이 광경 역시「평안감사향연도」의 <월야선유도>가 보

---

15) 李晩用,「李船樂歌」,『東樊集』: "西京樂府 本十八 而六舞無傳 今只有十二舞"

방석불을 강물에 띄우는 장면(「평안감사향연도」, 〈월야선유도〉의 부분)

여준 장면 그대로인 것이다. 완자창의 화방배에 아리따운 기녀들을 싣고 풍악(風樂)을 울렸으니, 작자는 월(越)나라 미인 서시(西施)를 배에 태우고 오호(五湖)로 돌아가는 범려(范蠡)의 풍취를 부러워하지 않았을 것이다. 나아가 작자는 "지국총 어사와"하는 노 젓는 소리에 "끝없이 펼쳐진 아득한 물결"을 바라보며, 소동파의 〈적벽부(赤壁賦)〉를 떠올리기도 했던 것이다.

비류강 십여리에 화방배를 타고 노는 질탕한 선유놀음에서 작자는 동명왕이 마시던 우물이라 전해지던 월노정(月老井) 부근 승경을 무릉도원에 비유하기도 하고, 온 산이 황국단풍이 물든 강안(江岸) 층암절벽의 석면에 새겨진 유명 벼슬아치들의 허다한 제명(題名)을 보고는 말로만 듣던 '반조정(半朝廷)'이 참말이라고도 했다. 천주봉(天柱峯) 아래 거북바위를 지나친 곳에 있는 성선암(醒仙庵)을 보고는 "성선암 여승들아 인간지락 다버리고 / 금봉차 어디두뇨 백납고깔 무슨일고"라고 하여, 지극히 현세주의적인 태도를 내비치기도 하고, 신당(神堂)에서 들려오는 무녀들의 방울소리를 듣고는 방울소리가 신령(神靈)인가보다고도 했다. 한편으로는 배반(杯盤)이 낭자한 가운데 진수성찬을 차려놓고 〈권

官長의 선유놀음에 횃불을 들고나선 백성들의 모습(「평안감사향연도」, 〈월야선유도〉의 부분)

주가〉를 들으며 평안도 명산인 감홍로를 이삼배 기울이고는 취흥이 도도하여 자신을 '술에 취한 신선(飮中仙人)'으로 견주었다. 또 성천 특산의 별향초(別香草)를 피워무니 입맛이 산뜻하다고 했다. 이러는 가운데 어느덧 배는 방선문(訪仙門)에 이르렀던 듯, "惆悵하다. 送客亭의 한양낭군 이별하니, 웃노라 선녀들아 소혼교의 울지마라"라고 하여, 성천부에 들어설 때는 방선문(訪仙門)이던 것이 성천을 떠나갈 때는 송객정(送客亭)이 되고, 그 앞의 소혼교는 이별교가 되는 사연을 전했다. 이와 같은 풍류 행락의 정점에서 작자는 "인생백년 헤어보니 창해일속 그아닌가"라고 하여 허무한 인생살이를 반추해내었다. 이는 작품 속의 유흥이 마지막 단계에 접어들었다는 것을 의미한다.

이후 〈선루별곡〉은 작자가 〈추선몽소서〉에서 "마침내 글의 끝에 가서 학(鶴)과 도사(道士)를 빌려 마음속으로 자유를 희구하는 뜻을 붙였다"고 했던 '천지일몽(天地一夢)'의 뜻이 술회된다. 곧 '몽유'와 '선계'의 도입이라는 형식장치를 통해 성천 강선루 유흥의 대단원을 마련한 것이다.

蓬窓을 의지하여 취한잠이 잠간들어 / 蝴蝶이 황홀하여 廣漠鄕에 들어가니 靑城道士 鶴이되어 꿈어와서 이른말이 / 자네들 前生몸이 天上의 仙官으로 玉皇 香案前에 黃廷經 그릇읽고 / 人間에 謫下하여 風塵世界 겪어내니 名區에 跌宕하야 仙樂이 즐거운가 / 欣然이 酬酌하고 놀라깨어 일어보니 江天이 寥廓하고 星月이 蒼茫이라 / 아마도 우리 三生이 果然 仙分인가 하노라

 이는 마치 송강(松江) 정철(鄭撤)의 <관동별곡>이 보여준 결사(結辭) 부분의 몽중선연(夢中仙緣)을 다시 보는 듯하다. <관동별곡>의 문학적 성가야 두말할 필요가 없는 것이지만, 유람에 유흥을 곁들인 <선루별곡>이 <관동별곡>이 선취한 문학표현의 용사법(用事法)을 적절히 원용한 것은 문학관습의 활용이란 점에서 새삼 주목되는 것이다. 비류강의 화방선유 중에 배의 뜸에 낸 창에 기대어 부지불식간 아득한 태허(太虛)로 돌아간 화자는 학을 타고 온 청성도사의 말을 빌어 호화로운 유흥을 즐기는 자신들이 인간에 적강한 선관(仙官)들임을 표방했다. 즐거움에 대한 최고의 수사(修辭)가 동원된 셈이라 하겠다. 작자가 말한 '흉중광달지지(胸中曠達之志)'는 곧 이 부분을 두고 이른 것이다.

4. 맺음말

 문학은 문학 텍스트로 바라보아야 한다. <선루별곡>이 호화로운 사대부 풍류를 구가(謳歌)했을 뿐, 그 유흥에 동원된 백성의 일그러진 표정을 읽어주지 않았다고 해서 작품의 가치가 폄훼(貶毁)되고 작가의 세계관이 비판될 수는 없다. 작자가 작품의 미적완결성을 염두에 두고 호방한 풍류의 분위기 전달에 기술(記述)의 초점을 맞췄다면, 작자는 자신의 현실비판인식을 무디게 만들어 애써 감춰야 할 때도 있는 것이다.

<선루별곡>의 언어들은 낭만적 취향의 표현들이 지배적이다. 더구나 작품의 종결구에서마저도 작자는 "아마도 우리 三生이 果然 仙分인가 하노라"라고 하여, 몽중선연(中仙緣)을 통해 자신들이 전생(前生)에 선관(仙官)이었음을 표방하면서, 차생(此生)의 호화로운 풍류행락이 신선의 놀이이며, 후생(後生)에도 이러한 즐거움을 누리기를 '三生의 仙分'으로 기대하고 있다. 그런데 만오(晩悟) 이후연(李厚淵)의 실제 삶도 그러했을까. 대부분 우리 인간은 그렇게 냉철하게 이성적이지 못하다는 점에서 인간적이다. 특히 계급이 사회적 기본구조로 작동하고 있던 시대에 태생된 고전문학을 대하는 시선은 보다 여유로울 필요가 있는 것이다. 이백(李白)은 "고인(古人)들의 병촉야유(秉燭夜遊)가 진실로 이유가 있다"고 했다. 불을 밝혀 인생의 유한한 시간과 즐거움을 좀더 늘려 누려보고자 했던 이가 어찌 고인(古人)들 뿐이겠는가.
　아울러 유흥문화에 대한 인식도 이제는 꽤 긍정적 시선으로 바뀌기는 했지만, 아직은 부정적인 인식이 더 강한 것도 사실이다. 우리의 현실적 삶은 언제나 부족한 욕망으로 가득 차 있다. 그러기에 고달픈 현실을 잊고 새로운 에너지를 충족시키기 위해서라도 유흥은 필수적이다. 다만 우리가 사회적 존재이기에 그것을 추구하는 방법에 선(善)과 불선(不善)이 따를 따름인 것이다. <선루별곡>이 그려낸 19세기 초반 성천 강선루에서의 관변풍류는 신관도임연이라는 당대로서는 지극히 풍속적인 문화・제도적 시스템 아래 치러진 것이다. 만오(晩悟) 이후연(李厚淵)은 이 관변풍류에 참석했던 사대부 빈객(賓客)으로서 가사(歌辭)라는 문학관습에 의거, 지극히 현세주의적인 취향의 어법으로 자신의 감흥을 표출해놓았다. 그 속에서 우리는 당대 평안도 성천지방의 관변풍류를 풍속사적 의미로 읽어낼 수도 있고, 이 놀이의 주빈(主賓)인 성천부사 이인고(李寅皐)가 경화사족(京華士族) 출신이란 점에 착안해 좀더 상상

력을 발휘해보면 조선중화주의에 입각한 당대 사대부사회의 문화적 자존심을 읽어낼 수도 있을 것이다.

<선루별곡>에 그려진 '우교방 열두節次'로서의 정재는 오늘날의 관점에서 보면 우리 민족무용의 문화적 실천물이라 볼 수 있다. 필자는 이 글을 통해 <선루별곡>을 인문학적 글읽기로 소개하면서, 당대 관변에서 공연된 정재들에 대한 문화도상이 자연스레 설명되기를 기대해보았다. 문화는 독립된 특정 세계가 따로 있는 것이 아니라, 우리 모두의 삶 속에 늘 함께하기 때문이다. 이런 점에서 우리의 민족무용인 정재 역시 무형문화재로 보존되는 차원을 넘어, 이제는 인문학적 이해 속에 설명되어야 한다.

참고문헌

· 자료

필사본 『추선몽(秋仙夢)』(임형택 소장본)
이만용, 『동번집(東樊集)』(김택영 편), 목활자본, 1909.
이용기, 『악부(樂府)』(정재호 외 2인 주해, 『주해 악부』, 고려대 민족문화연구소, 1992)
정현석, 『교방가요(敎坊歌謠)』, 성무경 역주본, 보고사, 2002.
고정옥·김삼불 주해, 『가사집』, 평양국립출판사, 1955(서울 여강출판사, 1991).
김성배 외 3인 편저, 『주해가사문학전집』, 집문당, 1961.
윤곤강 찬주, 『근고 조선가요 찬주』, 생활사, 1947.
이희승 편, 『역대국문학정화(상)』, 박문출판사, 1948.

· 논저

김은자, 「조선후기 평양교방의 규모와 공연활동」, 『한국음악사학보』 31집, 한국음악사학회, 2003.
박성의, 「『악부』 연구」, 『60주년기념논문집』, 고려대학교, 1965.
성무경, 『조선후기 시가문학의 문화담론 탐색』, 보고사, 2004.
정은경, 「조선시대 궁중정재와 민간연희의 교섭 양상」, 고려대 석사학위논문, 2003.

조선후기 성천 교방의 공연활동 및 공연사적 의미
−『성천지(成川誌)』를 중심으로−

김은자

1. 머리말

1) 문제제기 및 연구목적

　조선조 서울의 공연문화에서 장악원(掌樂院)이 큰 비중을 차지했다면, 지방의 공연문화는 교방(敎坊)이 구심점이라고 하겠다. 교방은 지방의 공연문화를 주도했던 곳일 뿐만 아니라 경향간의 문화 교류를 담당했던 곳이기도 하다. 교방의 설치는 각 도(道)의 감영(監營)에서 부(府)나 현(縣) 등의 소읍(小邑)에 이르기까지 광범위하게 이루어졌고, 해당 읍의 크기나 성격에 따라 교방의 규모나 공연 활동도 각기 달랐다. 특히 중국이나 일본을 왕래하는 사신들의 행로가 되는 지역은 사신들을 위문하거나 환영하기 위한 연향(宴享)이 잦았으므로 교방의 역할도 컸다고 볼 수 있다. 따라서 장악원과 더불어 관변(官邊)의 공연문화를 주도했던 교방의 공연 활동은 지방의 공연 문화사 연구에 근간이라고 하겠다.

　조선시대 공연문화가 융성했던 지역 중 하나로 평안도 성천(成川)을 꼽을 수 있다. 평안도 성천은 평양(平壤)과 함께 중국 사신들을 위한 연향이 베풀어지던 곳으로, 오래 전부터 기악(妓樂)으로 이름난 곳이다.

전국적으로 유명했던 성천의 교방 활동은 연행록이나 시가문학 작품을 통해 확인할 수 있으며, 이들 작품에 드러난 교방의 공연 활동은 민속 연희라는 측면에서 부분적으로 다루어진 바 있다.[1] 그런데 이 연구들에서 다루어진 성천 교방의 공연 활동은 지방의 공연문화라는 큰 범주에 흡수되어 성천이라는 지역적 특수성이 제대로 부각되지 못한 듯하다. 따라서 본고는 성천 교방을 집중 조명하여 이 지역의 공연 활동 및 공연사적 의미를 살펴봄으로써, 조선후기에 형성된 지방 문화의 실체에 좀 더 다가가고자 한다.

2) 연구범위 및 연구방법

교방은 고려시대 이후 조선시대 말까지 국가적으로 설치되었던 기관이다. 그러므로 교방의 공연 활동은 고려 때부터 차례대로 다루는 것이 바람직하겠지만, 본 연구의 범위는 임진왜란 직후인 17세기 초부터 19세기 말까지로 한정하려고 한다. 왜냐하면 공연문화사에서 민간의 음악 활동이 활발해지고, 경향간의 문화유통이 뚜렷해지면서 지방 교방이 부각되는 시기가 바로 조선후기이기 때문이다. 또 본고에서 살피고자 하는 성천 교방 관련 사료들이 조선후기의 내용을 담고 있기 때문이기도 하다. 본고는 성천 교방을 연구대상으로 한정하여, 교방의 설립목적·규모·악현·공연 종목·공연 활동·공연사적 의미 등을 살펴보겠다.

본고의 연구방법은 문헌사료 중심의 공연문화사적 접근방법이 될 것이다. 조선조 지방의 공연문화와 관련된 자료는 진주 교방의 공연 종목들을 상세히 기술한 『교방가요』(敎坊歌謠)가 이례적이라고 할 만큼 기

---

[1] 전경욱, 『한국의 전통연희』, 학고재, 2004.; 사진실, 『공연 문화의 전통』, 태학사, 2002.; 정은경, 「조선시대 궁중정재와 민간 연희의 교섭 양상」, 고려대 석사학위논문, 2003.

록이 영성하다. 성천도 예외는 아니다. 그나마 성천의 경우 사찬읍지에 교방이나 음악 항목이 있어 대략적인 접근이 가능하다. 본고는『조선시대사찬읍지』(朝鮮時代私撰邑誌)2)에 영인된 2종의 『성천지』(成川誌)와 기타 교방이 등장하는 평안도 지역의 읍지3)를 연구대상으로 삼겠다. 또 평안도가 사신들의 행로였다는 점을 감안하여 연행록(燕行錄)4)의 기록과『조선왕조실록』(朝鮮王朝實錄)・『악학궤범』(樂學軌範)・각종 연향관련 의궤・<선루별곡>(仙樓別曲)5)과 같은 시가 작품 등도 참조하겠다.

---

2) 韓國人文科學院 編,『朝鮮時代私撰邑誌』(서울 : 韓國人文科學院, 1989). 총 55권 중 제45권부터 제55권까지가 평안도에 해당함. 第45卷, 平安道 1, 平安誌.- 第46卷, 平安道 2, 平壤誌.- 第47卷, 平安道 3, 平壤誌. 龍岡邑誌.- 第48卷, 平安道 4, 江西邑誌. 江西縣誌. 安州牧邑誌. 定州邑誌. 肅川邑誌.- 第49卷, 平安道 5, 淸溪縣誌. 淸溪誌.- 第50卷, 平安道 6, 龍灣誌.- 第51卷, 平安道 7, 龍戒誌. 銅山邑誌. 寧邊府邑誌. 泰川縣邑誌.- 第52卷, 平安道 8, 成川誌.- 第53卷, 平安道 9, 慈州續誌. 慈山郡邑誌. 江界府邑誌.- 第54卷, 平安道 10, 江界府邑誌. 楚山誌.- 第55卷, 平安道 11, 七郡圖經.

3)『성천지』를 제외하고 교방 관련 항목이 있는 읍지는『용강읍지』(龍岡邑誌)・『정주읍지』(定州邑誌)・『청계지』(淸溪誌)・『영변부읍지』(寧邊府邑誌)・『초산지』(楚山誌)・『강계지』(江界志) 등이 있다.

4) 본고에서 참조할 연행록은 민족문화추진회에서 출간된『(국역) 연행록선집』(민족문화추진회, 1982)을 위주로 하겠다.

5) <선루별곡>(仙樓別曲) : 작자・연대 미상의 가사. 국한문혼용체. 내용은 평안남도 성천에 있는 강선루(降仙樓, 일명 東明館)를 중심으로 명승・고적・인물・풍속・토산 등을 읊었는데, 4단으로 나눌 수 있다. 고려대학교 도서관 소장의『악부』(樂府)에 수록되어 있다. 한국정신문화연구원 편,『한국민족문화대백과사전』(한국정신문화연구원, 1991), '선루별곡' 항목. <선루별곡>은 성천의 공연과 관련된 중요한 자료이기 때문에 전문을 살펴봐야겠지만, 지면관계상 본고에서는 필요한 부분만 부분 인용하겠다.

2. 『성천지(成川誌)』에 나온 '교방(敎坊)' 항목 개관

성천은 평양의 동쪽에 위치해 있으며, 평안도 지역에서 비교적 큰 고을에 해당한다. 중국사신을 위해 사신연을 베풀던 성천은 평안도뿐만 아니라 전국적으로 기악이 유명한 곳이라고 하겠다. <사료 1>은 『담헌서』(湛軒書)의 「미상기문」(渼上記聞) 편이다. 「미상기문」은 담헌(湛軒) 홍대용(洪大容, 1731-1783)이 미호(渼湖) 김원행(金元行, 1702- 1772) 문하에 가서 공부할 때 김원행으로부터 들은 일화를 실은 것이다.6)

<사료 1> 선생이 말씀하시기를, "일찍 들으니, 성천(成川)의 기악(妓樂)이 성(盛)하다고 한다. 금번 걸음에 용강(龍岡)과 순천(順天)의 두 외종(外從)이 강선루(降仙樓)에 내회(來會)하여 기악(妓樂)을 베풀고 구경하는데 나도 좌(座)에 있었지만, 진실로 볼 만한 것이 없었다. 이 읍(邑)은 일국에 이름났는데도 오히려 이 같으니 기타를 알 수 있다. 기악은 진실로 족히 볼 것이 없었다."7)

본문 내용에 따르면, 김원행은 성천의 기악이 유명하다는 말만 듣다가 두 외종과 함께 강선루(降仙樓)에서 실제로 기악을 접하게 된다. 김원행이 성천의 기악을 비록 진실로 볼 것이 없다고 평했지만, 이 자료를 통해 당시 성천의 기악이 전국적으로 유명했던 곳임은 알 수 있다.
이제부터 기악으로 이름난 성천 교방의 공연 활동을 읍지를 통해 살펴보고자 한다. 먼저 읍지에 대해 간략히 알아보고, 성천지역 읍지에 소개된 교방항목을 소개하는 순으로 내용을 전개하겠다. 읍지는 조선시대

---

6) 민족문화추진회 「담헌서 해제」, 『국역 담헌서Ⅰ』, 민족문화추진회, 1974, 18쪽.
7) 渼上記聞. 先生曰, 嘗聞成川妓樂之盛, 是行龍岡・順天兩外從, 來會於降仙樓, 陳而觀之, 吾亦在坐, 誠無足觀. 此邑名於一國, 而猶如此其他可知. 妓樂誠不足觀也. 「渼上記聞」,『湛軒書』內集, 卷1.57a11-13. 번역문은 민족문화추진회,『국역 담헌서Ⅰ』, 166쪽.

지방 각 읍의 지지(地誌)인 동시에 지방사(地方史)이자 정책 자료로서의 비중이 큰 행정 사례집(行政事例集)이다.8) 편찬자에 따라 읍지는 관찬읍지와 사찬읍지(私撰邑誌)로 구분된다. 관찬읍지는 대체로 중앙 정부의 사업으로 전국 또는 도 단위로 편찬이 이루어지는 데 반해, 사찬읍지는 당해 목(牧)·부(府)·군(郡)·현(縣)등 하나의 지지(地誌)가 개인 또는 지역 인사들에 의해 이루어지는 것을 가리킨다.9)

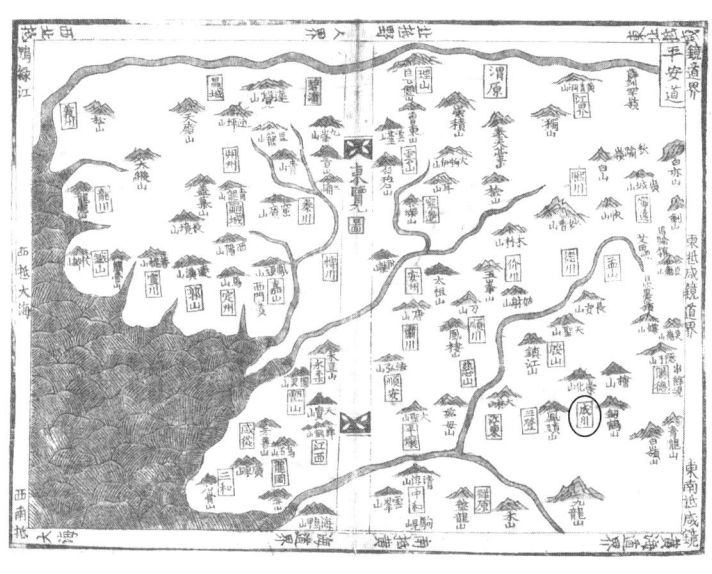

〈도판 1〉 조선후기 평안도10)

평안도의 사찬읍지는 윤두수(尹斗壽, 1533-1601)가 1590년에 편찬한 『평양지』(平壤誌)를 효시로 한다. 『평양지』는 해서·관서지방의 읍지 편찬에 큰 영향을 끼친 모범적인 읍지로 평가되는데, 1603년 성천부사

---

8) 한국정신문화연구원 편, 『한국민족문화대백과사전』, '읍지' 항목.
9) 韓國人文科學院 編, 『朝鮮時代私撰邑誌 第45卷 : 平安道篇』, 2쪽.
10) 팔도총도(八道總圖) : 16세기, 목판본, 28.5×34.0cm, 개인소장.

이상의(李尙毅)가 편찬한 『성천지』도 『평양지』를 모방한 것이다.11) 즉 평안도 지방에서 편찬되는 읍지의 이상적인 형태로 인정되어 『평양지』의 체재를 많은 읍지들이 이어받은 것이다. 『평양지』는 범례를 따로 두지 않고 각 항목마다 머리말을 두어서 항목 설정의 이유, 항목의 유래와 출처, 수록 기준 등을 설명하고 있는 점이 이 시기의 경상도를 중심으로 한 남부 지방의 읍지와 구별되는 특징이다.12)

평안도 지역 사찬읍지에서 교방과 관련된 항목이 발견되는 점 역시 『평양지』에서 비롯되었다. 『평양지』의 교방 항목은 교방의 설립목적, 기생과 악공 수, 공연 종목 순으로 기록되어 있다.13) 이후 편찬된 평안도 지역 읍지들의 교방 항목도 이와 비슷하다. 교방과 관련된 항목은 대부분 '교방'(敎坊) 혹은 '교방'(敎房)으로 항목명을 쓰고 있으며, '음악'(音樂)으로 기록되어 있기도 하다. 영인된 21종의 평안도 읍지 중 교방이나 음악 항목이 있는 읍지는 모두 10종이다.

『평양지』이후 가장 먼저 편찬된 읍지는 『성천지』(成川誌)14)이다. 『성천지』는 원지(原誌)와 속지(續誌) 2종으로 구성되어 있는데, 원지는 이상의(李尙毅)가 1603년(선조 36)에 부사로 부임하여 만든 성천지역의 읍지이다. 원지의 항목명은 '교방'이 아닌 '음악'으로 설정되어 있으며, 수록 내용은 항목 설정이유·악기·공연 종목 등이다. 이외에 '공서'(公

---

11) 楊普景, 「16-17世紀 邑誌의 編纂背景과 그 性格」, 『地理學』 제18권 1호, 대한지리학회, 1983, 51~71쪽.
12) 한국정신문화연구원 편, 「平壤誌」, 『한국민족문화대백과사전』.
13) 자세한 내용은 拙稿, 「朝鮮後期 平壤敎坊의 規模와 公演活動 : 『平壤志』와 <平壤監司歡迎圖>를 중심으로」,(『韓國音樂史學報』, 韓國音樂史學會, 2003. 213~46쪽)를 참고하기 바람.
14) 『成川誌』는 「成川志」와 『續成川志』 둘로 이루어져 있다. 영인본은 韓國人文科學院 編, 『朝鮮時代私撰邑誌』(韓國人文科學院, 1989)제52권에 수록되어 있으며, 원문은 규장각 도서번호 奎12399임.

署) 항목에서는 교방과 악공청에 대한 기록을 볼 수 있다. 이와 관련된 내용은 각각의 장에서 자세히 다루겠다.

<사료 2-1> 『成川誌』의 '音樂'·'公署' 항목
音樂 音樂之設, 所以宣湮菀而暢迷寂, 慰原隰之行役, 寬逆旅之羇懷, 賁餙治化之一事也, 玆亦不可不記.
笛 笙 簫 箏 琵琶 琴 伽琴 嵇琴
初舞 抛毬 響撥 牙拍 舞袖 舞童 處容 女舞 劒舞 鶴舞 獅子 撥棹歌
公署 敎坊十四間 …(中略)… 樂工廳三間

『속성천지』(續成川誌)는 1656년(효종 7) 이동로(李東老)가 부임하여 편찬한 것이라고 한다. 그러나 교방 항목은 1656년의 내용이 아니라 1842년 중간 때 더해진 내용으로 보인다. 왜냐하면 교방을 중건한 인물로 등장하는 부사 김재찬(金載瓚)15)이 1746년부터 1827년까지 살았던 인물이기 때문이다. 따라서『속성천지』의 내용은 19세기 초의 기록일 가능성이 높다.

『성천지』와『속성천지』의 기술방식은 상이한 점이 있다.『성천지』의 기술방식이『평양지』와 가깝다면,『속성천지』는 교방과 관련된 사항들을 특별한 체재 없이 있는 대로 나열한 듯하다. '음악'으로 표기된『성천지』와는 달리『속성천지』의 항목은 '교방'으로 설정되어 있으며, 악기도 병기한다는 세주가 달려있다.16) 다소 산만해 보이는『속성천지』는

---

15) 김재찬(金載瓚, 1746-1827) : 조선 후기의 문신. 본관은 연안(延安). 자는 국보(國寶), 호는 해석(海石). 1774년(영조 50)에 진사가 되었고 이 해 정시문과에 병과로 급제하였다. 이후 대사성·홍문관제학·대사헌·규장각직제학·형조판서·이조판서·예조판서·한성부판윤·병조판서·평안도관찰사·수원부유수·우의정·좌의정 등을 두루 역임하였다. 저서로는『해석집』·『해석일기』가 있고, 편서로는『이문원강의』가 있다. 시호는 문충(文忠)이다.
16)『속성천지』의 목차 부분은 이와 반대로 되어 있다. 즉 주 항목을 악기(樂器)로 기

먼저 옛 이름이 육홍원(六鴻院)이었으며, 부사 김재찬(金載瓚)이 중건했다는 사실을 밝히고 있다.

> <사료 2-2> 『續成川志』의 '敎房' 항목
> **敎房**[樂器幷]古稱六鴻院, 府使金載瓚重建.
> 鼓二 長鼓二 笛二 管四 秸琴二 十二亭子 ○ 檀板[樂作樂止之具]○ 凌波舞 ○ 抛毬 ○ 響撥 ○ 牙拍 ○ 舞袖 ○ 舞童 ○ 處容 ○ 仙冠舞 ○ 劍舞 ○ 鶴舞 ○ 獅子舞 ○ 撥棹
> 典樂一 樂工六 細樂手六 妓生十八

『성천지』와 『속성천지』에 기록된 교방항목의 내용이 연행양상을 구체적으로 알 수 있을 정도로 자세하지는 않다. 하지만 둘 다 악기와 공연종목을 기재했기 때문에 편찬 당시의 사항과 변화양상을 짚어볼 수 있다. 또 소속된 인원을 통해 교방의 규모 등도 파악할 수 있다. 이상의 자료를 통해, 다음 장에서는 교방의 설립목적과 규모에 대해 논의하겠다.

3. 성천 교방의 설립목적 및 규모

교방은 고려 때부터 조선말까지 있었던 음악기관이다. 교방이 이처럼 오랜 세월동안 지속될 수 있었던 까닭은 사회적 필요성 때문일 것이다. 교방의 사회적 필요성은 곧 교방의 설립목적이기도 하다. 『평양지』를 비롯한 여러 읍지들은 항목 초두에 항목을 설정하게 된 이유를 밝히고 있는데, 교방의 항목 설정 이유가 교방을 설립한 목적이 된다. 교방의 설립목적이 밝혀진 읍지는 『평양지』·『성천지』·『영변부읍지』·『초산지』 등 모두 4종이다.

록하고 작은 글씨로 부교방(附敎坊)이라고 기록하고 있다.

<사료 3> 『成川誌』 '音樂' 항목
음악. 음악을 설함은 답답한 마음을 풀어 버리고, 적적한 심정을 틔우며, 사신의 행차를 위로하고, 나그네의 회포를 풀어주기 위한 것이니, 잘 다스려진 세상을 아름답게 수식하는 한 가지 일이다. 이에 또한 기록하지 않을 수 없다.[17]

<사료 4> 『楚山誌』 '敎坊' 항목
교방. 교방을 설함은 사신의 행차를 위로하고, 나그네의 회포를 풀어주기 위한 것이니, 또한 태평한 세상을 아름답게 수식하는 한 가지 일이다. 이에 또한 기록하지 않을 수 없다.[18]

<사료 5> 『寧邊府邑誌』 '敎坊' 항목
교방. 번화하게 훌륭한 일과 태평한 기상은 모두 소(韶)·호(護) 가운데 있으니, 또한 기록하지 않을 수 없다.[19]

『성천지』에 따르면, 음악을 설하는 까닭은 답답한 마음과 적적한 심정을 풀고, 사신의 행차를 위로하며, 나그네의 회포를 풀어주기 위한 것이다. 『성천지』에 나오는 이 내용은 항목 설정 이유를 밝힌 다른 읍지와도 거의 동일하다. 『초산지』와 『영변부읍지』도 항목 설정 이유가 초두에 나오는데, 역시 사신의 행차를 위로하고 나그네의 회포를 풀어주기 위해서라고 기록되어 있다.

읍지에 나온 교방의 설치 목적은 외방(外方) 여기(女妓)의 역할과 밀접하다. 조선시대 외방 여기의 역할은 크게 1) 외방에서의 사객연(使客

---

17) 音樂. 音樂之設, 所以宣湮菀而暢迷寂, 慰原隰之行役, 寬逆旅之羈懷, 責餙治化之一事也, 玆亦不可不記. 『成川誌』, '音樂' 항목.
18) 敎坊. 敎坊之設, 所以慰原隰之行, 攄逆旅之懷, 亦責餙太平之一事也, 玆亦不可不記. 『楚山誌』, '敎坊' 항목.
19) 敎坊. 繁華勝事, 太平氣像, 都在於韶護之中, 亦不可不記. 『寧邊府邑誌』, '敎坊' 항목.

宴), 2) 변방군사의 위로, 3) 외방 관아에서의 연향과 교방가요(敎坊歌謠), 4) 경기(京妓)의 충원 등을 꼽을 수 있다.20) 장악원 여기가 폐지된 이후에도 지방 교방은 계속 생명을 유지했는데, 그 까닭이 바로 이 같은 외방 여기들의 역할을 쉽게 폐할 수 없기 때문이라고 하겠다.

다음으로 성천 교방의 규모를 알아보겠다. 『성천지』 '공서' 항목에 교방은 14칸(間), 악공청은 3칸이라는 기록이 있다. 이로 보건대, 성천 지역은 교방과 악공청이 따로 있었으며 규모가 상당히 컸음을 알 수 있다. 성천과 비슷한 시기에 있었던 평양 교방도 기생청과 악공청을 따로 두었다. 평양 교방의 규모는 기생청이 5칸, 악공청이 3칸이었다.21) 그렇다면 성천 교방이 감영이었던 평양 교방보다 3배쯤 큰 규모였다고 하겠다.

<사료 6> 『成川誌』 '公署' 항목
공서(公署). 교방(敎坊) 14칸 …(중략)… 악공청(樂工廳) 3칸.22)

교방의 물리적인 크기는 성천이 평양보다 크지만, 소속된 여기와 악공 수는 평양이 많았던 것으로 보인다. 교방의 인원은 『속성천지』에 기록되어 있다. 성천 교방에 소속된 인원은 전악 1명, 악공 6명, 세악수 6명, 기생 18명으로, 이 인원은 『평양지』에 나오는 평양 교방의 인원23)보다 적은 수이다. 교방의 구성원 중 전악·악공·세악수는 모두 음악을 담당한다. 전악과 악공은 주로 연향에서 춤반주를 맡았고, 세악수는 행차나 발도가(撥棹歌)의 내취(內吹)를 담당했을 것이다. 물론 김홍도의

---

20) 김종수, 『조선시대 궁중연향과 여악 연구』, 민속원, 2001, 153~156쪽.
21) 公署. …(中略)… 樂工廳三間, 妓生廳五間. 『平壤誌』, '公署' 항목.
22) 公署. 敎坊十四間 …(中略)… 樂工廳三間. 『成川誌』, '公署' 항목.
23) 敎坊. 妓生一百八十, 樂工二十八. 『平壤誌』, '敎坊' 항목 ; 敎坊. 營妓四十五名, 樂工九名, 府妓三十九名, 樂工三名. 『續平壤誌』, '敎坊' 항목 ; 敎坊.[詳原續二志]營妓八十二名, 樂工十二名, 府妓十五名, 樂工六名. 『平壤誌』(1905), '敎坊' 항목.

<무동>이나 <평양감사향연도> 중 <연광정연회도>에서 볼 수 있듯이 악공과 세악수가 서로 섞여 연주하기도 했다.

<사료 7> 『續成川志』의 '敎房' 항목
교방. 예전에는 육홍원(六鴻院)이라고 불렀다. 부사 김재찬(金載瓚)이 중건했다. …(중략)… 전악(典樂) 1, 악공(樂工) 6, 세악수(細樂手) 6, 기생(妓生) 18.[24]

『속성천지』에 나온 기생수는 모두 18명이다. 이 인원수는 1712년(숙종 38) 군관으로 연경에 갔던 최덕중(崔德中)이 성천에 머물 때 베푼 기악에서 기생 수가 60명이 넘었다는 『연행록』의 기록[25]과는 상당한 차이가 있다. 반면에 1838년 작품으로 추정[26]되는 <선루별곡>과는 동일한 인원수이다. <선루별곡>의 풍악장면에 기생들을 한 명씩 소개하는 대목이 있다. 여기서 소개된 기생은 난초(蘭草)·혜란(蕙蘭)·명심(明心)·연연(燕燕)·앵앵(鶯鶯)·금낭(金浪)·금선(琴仙)·강선(降仙)·벽옥(碧玉)·조운(朝雲)·향염(香艶)·연염(蓮艶)·홍도(紅桃)·국화(菊花)·이화(梨花)·선연(嬋姸)·금성춘(錦城春)·월하선(月下仙) 등 모두 18명이다. 즉 『속성천지』에 기록된 기생 수와 <선루별곡>에 소개된 기생 수가 정확히 일치한다.

지금까지 성천 교방의 설립목적과 규모를 살펴보았다. 성천 교방은 중국 사신들을 위해 연향을 베풀던 곳으로, 사신들의 행차를 위로하기

---

24) 敎房.[樂器幷]古稱六鴻院, 府使金載瓚重建.. …(中略)… 典樂一, 樂工六, 細樂手六, 妓生十八. 『續成川志』, '敎房' 항목.
25) 崔德中, 「日記」(『燕行錄』, 임진년 11월 13일조) 번역은 민족문화추진회, 『(국역)연행록선집Ⅲ: 燕行錄』, 민족문화추진회, 1979, 183쪽.
26) <추선몽> 소서(小序)에 나오는 '무술(戊戌)'을 통해 <선루별곡>을 1838년 작품으로 추정했다(성무경, 「『敎坊歌謠』를 통해 본 19세기 중후반 지방의 관변 풍류」, 『시조학논총』제17집, 한국시조학회, 2001, 325쪽).

위해 교방을 설했다는 목적에 잘 부합되는 곳이라고 하겠다. 성천 교방의 규모는 물리적 크기가 평양을 능가하지만, 교방의 인원수는 감영과 부(府)에 소속된 악공・여기가 함께 있는 평양보다 적다. 여기서 주목할 점은 악인들인데, 성천 교방의 악공과 세악수는 삼현육각에 맞게 각각 6명이었고 전악 1명을 따로 두고 있다. 다음 장에서는 악인들이 펼쳤던 반주형태와 여기들이 펼쳤던 공연 종목을 살펴보겠다.

4. 성천 교방의 악현 및 공연 종목

본 장에서는 성천 교방의 악현 및 공연 종목을 알아보겠다. 성천 교방에서 주가 되는 공연은 춤이다. 춤 공연 때는 대개 음악이 함께 제공되는데, 악현(樂懸)은 반주나 합주를 위해 편성되는 악기배열을 뜻한다. 읍지에 기록된 성천 교방의 공연 종목은 춤명 뿐이기 때문에 함께 제시된 악기는 주로 춤반주에 편성되었을 것으로 보인다. 먼저 각각의 읍지에 제시된 악기를 살펴보고 난 후, 성천 교방의 공연 종목을 하나씩 검토하겠다.

1) 성천 교방의 악현

『성천지』에 소개된 악기는 대금[笛]・생(笙)・소(簫)・쟁(箏)・비파(琵琶)・금(琴)・가야금[伽琴]・해금[嵇琴] 등 모두 8종이다. 이 악기들은 18세기부터 민간에서 춤반주 편성으로 널리 쓰인 삼현육각의 악기와는 상당한 차이가 있다. 향악기와 당악기가 혼재되어 있는 것으로 미루어, 성천 교방에서는 두 부류의 악기를 혼합 편성한 향당교주로 춤반주를 담당했으리라고 본다.

<사료 8> 『成川志』의 '音樂' 항목에 나온 악기
음악. 대금[笛]·생(笙)·소(簫)·쟁(箏)·비파(琵琶)·금(琴)·가야금[伽琴]·해금[嵇琴]

『악학궤범』「속악진설도설」(俗樂陳設圖說) 편에 있는 <정전 예연 때의 여기 악공의 배립> 항에는 예연(禮宴)의 악기 진설도가 나온다.27) 진설된 악기는 박(拍), 대쟁(大箏), 아쟁(牙箏), 방향(方響), 당비파(唐琵琶), 피리[觱篥], 현금(玄琴), 향비파(鄕琵琶), 가야금(伽倻琴), 월금(月琴), 해금(奚琴), 당적(唐笛), 퉁소[洞簫], 대금(大笒), 장고(長鼓), 교방고(敎坊鼓) 등이다. 이 악기 편성 역시 향당교주라고 할 수 있겠는데, 성천은 이보다 축소된 형태의 악현으로 춤반주를 했을 것이다.

궁중보다 축소된 형태의 악현은 이 시기의 도상자료를 통해 확인할 수 있다. <기영회도>(耆英會圖)28), <선조조기영회도>(宣祖朝耆英會圖)29), <기석설연지도>(耆碩設宴之圖)30), <사궤장연겸기로회도>(賜几杖宴兼耆老會圖)31) 등이 16세기 말 17세기 초의 연향을 담은 자료들인데, 이 자료에 보이는 악기편성은 성종 때의 악현을 축소해 놓은 향당교주 형태이다. 17세기 초 성천 교방의 악현도『성천지』에 의거하면 여기서 크게 벗어나지 않은 향당교주 편성으로 추정된다.

그런데『속성천지』의 악기 편성은『성천지』와 확연히 다른 삼현육각

---

27) 『樂學軌範』, 卷2.13a-15b.
28) <기영회도>(耆英會圖): 1584년, 지본채색, 163×128.5cm, 보물 1328호, 국립중앙박물관.
29) <선조조기영회도>(宣祖朝耆英會圖): 1585년, 지본채색, 40.4×59.2cm, 서울대학교 박물관.
30) <기석설연지도>(耆碩設宴之圖): 1621년, 축(軸), 지본채색, 168×57.5cm, 규장각.
31) <사궤장연겸기로회도>(賜几杖宴兼耆老會圖): 1623년, 첩(帖), 지본채색, 51.1×32.7cm, 국립중앙박물관.

편성이다.『속성천지』에 소개된 악기는 모두 6종이다. 박, 북 2, 장고 2, 대금 2, 피리 4, 해금 2인데, 박을 제외한 각각의 악기 뒤에 기록된 숫자는 춤반주에 편성되는 악기 수이자 담당 악인들의 수로 생각된다.『속성천지』에 제시된 악기는 삼현육각에 편성되는 악기와 같다. 즉 삼현육각 편성의 악대를 두 편으로 만들 수 있는 수량이다. 교방의 구성원이 악공 6명, 세악수(細樂手) 6명인 점을 고려한다면, 두 편의 악대는 각각 악공과 세악수로 이루어진 삼현육각의 악대임을 알 수 있다.

<사료 9>『續成川志』의 '敎房' 항목
교방[악기도 함께 기록함]…(중략)… 북 2・장고 2・대금 2・관 4・해금 2. 12정자(亭子) ○ 박[檀板][악이 시작하고 그칠 때 쓰는 악기]

악이 시작하고 그칠 때 쓰는 악기라고 소개된 단판(檀板)은 박(拍)을 의미한다. 박은 전악(典樂)이 담당했던 영역으로 지휘의 역할이라고 할 수 있다. 전악은 장악원에서 음악에 관한 일을 맡아보던 정6품 잡직을 일컫는데, 장악원뿐만 아니라 평양이나 성천과 같이 규모가 큰 지방의 교방에도 있었다. 음악을 주관하던 전악의 모습은 <선루별곡>에서 확인할 수 있다.

<사료 10> 선루별곡(仙樓別曲). …(중략)…대풍뉴 녕이 나니 뎐악(典樂)이 쥬관일다 샤모관디 악공(樂工)들이 차려로 드러오니 아릿다온 녀기(女妓)들은 누구누구 모혀눈고 …(중략)….32)

<사료 10>는 강선루에서 베풀어진 연회 장면의 일부이다. 대풍류를 연주하라는 영이 내리니 전악이 주관하여 사모관대를 한 악공들을 이

---

32)「선루별곡」,『악부』.

끌고 등장하는 내용이다. 이때 전악은 집박을 담당하는데, 사모관대를 쓴 악공들의 모습은 <평양감사향연도>(平壤監司饗宴圖)33)중 <부벽루연회도>(浮碧樓宴會圖)와 <연광정연회도>(練光亭宴會圖)에서 연주모습을 확인할 수 있다.

그런데 이 시기에 삼현육각의 악기만 쓰였던 것은 아니다. 거문고나 양금(洋琴)과 같은 악기들이 독주나 합주악기로 꾸준히 쓰였던 기록이 발견되기 때문이다. <사료 11>은 최덕중의 『연행록』에 실린 기사인데, 무산선(巫山仙)의 거문고가 관서에서 유명한 솜씨라고 찬하고 있다. 이 기사와 이어지는 다음 날의 기록에도 60명이나 되는 기생 중에 고운 얼굴은 없으나, 거문고와 노래는 다른 도보다 낫다고 평하고 있다.

<사료 11> 임진년 11월 12일. …(중략)… 밤을 무릅쓰고 길에 올라 20리 강동현에 이르러 유숙하였다. 성천 기생 7명이 와서 기다렸다. 밤에 서헌(西軒)에서 무산선(巫山仙)의 거문고 가락을 들었다. 이것이 관서(關西)의 유명한 거문고 솜씨였다.34)

<선루별곡>에도 잘 다루는 악기를 넣어 기생을 소개한 경우35)가 있는데, 난초(蘭草)가 양금에, 혜란(蕙蘭)이 거문고에 뛰어났던 기생인 듯하다. 양금은 18세기에 중국에서 수입된 악기이다. 난초가 양금으로 대표되는 점으로 미루어 이미 지방에도 19세기 초에 양금이 보급되었음을 알 수 있다.

---

33) <평양감사향연도>(平壤監司饗宴圖) : 연대미상, 지본담채, 71.6x196.9cm, 국립중앙박물관.
34) 壬辰年 11月 12日. …(中略)… 冒夜作行二十里, 至江東縣留宿. 成川妓生七人來待. 夜於西軒, 聽巫山仙之琴, 此乃關西名琴也. 崔德中, 「日記」(『燕行錄』, 임진년 11월 12일조) 번역은 민족문화추진회, 『국역연행록선집Ⅲ : 燕行錄』, 182쪽.
35) 洋琴 蘭草 거문고에 淸歌妙舞 蕙蘭이 …(중략)…. 『樂府』, 「仙樓別曲」.

요컨대 『성천지』와 『속성천지』를 통해 살펴본 성천 교방의 악현은 시기적 변화가 있었다고 하겠다. 즉 17세기 초까지 성천 교방의 춤반주는 대금[笛]·생(笙)·소(簫)·쟁(箏)·비파(琵琶)·금(琴)·가야금[伽琴]·해금[稽琴] 등 향악기와 당악기가 혼재된 향당교주 편성이었으나, 18세기 말 19세기 초에 이르면 삼현육각의 악현이 정립되었던 것이다. 이외에도 거문고나 양금 등이 독주나 합주용 악기로 쓰였다.

2) 성천 교방의 공연 종목

교방은 가·무·악의 공연을 제공하는 곳이다. 성천 교방도 다양한 종목들을 가지고 공연 활동을 펼쳤으리라 짐작된다. 성천 교방에서 주로 했던 공연 종목은 『성천지』와 『속성천지』에서 확인할 수 있다. 그런데 두 자료에 보이는 공연 종목이 모두 춤명이다. 성천 교방에서 춤만 공연했을 리 만무하지만 유독 춤이 발달되어 있기 때문에 춤명이 우선적으로 기재되었다고 추정된다. 두 읍지 이외에 성천에 있는 강선루(降仙樓)를 중심으로 읊은 <선루별곡>에도 연회에서 베풀어진 공연 종목이 소개되어 있다. 이 자료들을 토대로 성천 교방의 공연 종목을 살펴보겠다.

『성천지』에 기록된 춤 종목은 모두 12종인데, 초무(初舞)·포구(拋毬)·향발(響鈸)·아박(牙拍)·무수(舞袖)·무동(舞童)·처용(處容)·여무(女舞)·검무(劍舞)·학무(鶴舞)·사자(獅子)·발도가(撥棹歌) 순으로 기록되어 있다. 『성천지』에 나온 12종 정재는 『속성천지』나 <선루별곡>(仙樓別曲)에서 전하는 정재종목과도 거의 유사하다. 대부분 궁중에서도 공연된 정재들인데, 무수나 여무 등은 『성천지』에 처음 보인다. 춤 종목에 대한 구체적인 논의는 나머지 자료들을 제시한 후에 하겠다.

<사료 12> 『成川志』의 '音樂' 항목
음악. 초무·포구·향발·아박·무수·무동·처용·여무·검무·학무·사자·발도가

<사료 13> 『續成川志』의 '敎房' 항목
교방. ○ 능파무 ○ 포구 ○ 향발 ○ 아박 ○ 무수 ○ 무동 ○ 처용 ○ 선관무 ○ 검무 ○ 학무 ○ 사자무 ○ 발도

『속성천지』에 소개된 12종의 춤은 능파무(凌波舞)·포구(抛毬)·향발(響鈸)·아박(牙拍)·무수(舞袖)·무동(舞童)·처용(處容)·선관무(仙冠舞)·검무(劍舞)·학무(鶴舞)·사자무(獅子舞)·발도(撥棹) 등이다. 『성천지』 12무 중 초무와 여무가 보이지 않고, 대신 능파무와 선관무가 새로 등장했다. 이 점을 제외하면 춤명이나 배열 순서가 『성천지』와 동일하다. 다음은 <선루별곡>의 춤 종목을 살펴보겠다.

<사료 14> 선루별곡. …(중략)… 拍佩 소래 세 번 느니 **凌波舞**가 始作이다. 더지는니 龍의 알은 **抛毬樂**이 絶妙하다. 雙雙 얼너 **牙拍**이오, 錚錚 소리 **響鈸**이라. 畫龍 고리 북채는 宏壯호사 **북츔**이며 朱笠貝纓 好風神은 헌거호손 **舞童**이로다. 瑤池 蟠桃 드릴 젹에 仙官玉女 어엿부다. 各色形容 五方츔은 **處容탈**이 奇怪호다. 夾袖戰笠 연풍대는 번개갓흔 **劍舞**로다. 셩금 셩금 **鶴츔**이오, 셜넝 셜넝 **獅子**로다. 羅裙玉顔 둘너셔셔 放砲一聲 **배짜라기** 半入江風 半入雲호니 天上仙樂이 그지 없다. 『樂府』, 「仙樓別曲」

<사료 14>는 강선루 연회에서 공연되는 춤들을 묘사한 장면이다. 능파무(凌波舞)·포구락(抛毬樂)·아박(牙拍)·향발(響鈸)·무고(舞鼓)·무동(舞童)·헌선도(獻仙桃)·처용(處容)·검무(劍舞)·학무(鶴舞)·사자무(獅子舞)·선유락(船遊樂) 등이 차례로 연행되었다. 위의 두 읍지와 비교한다면, 무고와 헌선도가 새롭게 등장했다고 하겠다. 또 연행 순서

도 약간 달라지는데, 아박과 향발, 헌선도와 처용무가 두 읍지의 순서와 반대이다. 세 자료에 제시된 춤을 비교하면 아래의 표와 같다.

<표 1> 성천 교방에서 연행된 춤 종목 비교

춤 자료	춤 종목										
성천지	初舞	抛毬	響鈸	牙拍	舞袖	舞童	處容	女舞	劍舞	鶴舞	獅子	撥棹歌
속성천지	凌波舞	抛毬	響撥	牙拍	舞袖	舞童	處容	仙冠舞	劍舞	鶴舞	獅子舞	撥棹
선루별곡	凌波舞	抛毬樂	響鈸	牙拍	舞鼓	舞童	處容舞	獻仙桃	劍舞	鶴舞	獅子舞	배따라기

<표 1>에서 『성천지』와 『속성천지』에 나열된 춤 종목은 문헌에 기록된 순서 그대로이다. <선루별곡>도 두 문헌의 기록과 대체로 일치하나, 일치하지 않는 부분은 두 경우의 순서에 맞춰 나열하였다. 위의 표에서 확인할 수 있듯이, 세 자료에 전하는 춤 가운데 9종이 일치한다. 그리고 나머지 세 종류도 동일한 춤일 가능성이 많은데, 먼저 일치하는 9종을 살펴본 후 나머지를 논의하겠다.

세 자료에 공통으로 등장하는 춤은 포구락·향발·아박·무동·처용무·검무·학무·사자무·발도가 등 9종이다. 이 가운데 포구락·향발·아박·처용무·학무는 조선 전기나 혹은 그 이전에 이미 성립된 춤으로써, 조선 왕조 말까지 궁중과 지방에서 지속적으로 연행되었다. 오랜 동안 궁중에서 연행된 이 춤들은 이미 상당한 연구성과들이 나와 있기 때문에 여기서 따로 언급하지 않겠다. 궁중정재를 제외한 나머지 공통된 춤은 무동·검무·사자무·발도가 등이다. 지방을 기반으로 성장한 이들 춤은 최근에 민속연희라는 측면에서 새롭게 조명된 바[36] 있

---

36) 전경욱, 『한국의 전통연희』, 학고재, 2004.; 사진실, 『공연 문화의 전통』, 태학사, 2002.; 정은경, 「조선시대 궁중정재와 민간 연희의 교섭 양상」, 고려대 석사학위논문, 2003.; 김미경, 「19세기 燕行錄에 나타난 民俗演戱 : 『薊山紀程』을 中心으로」, 『11회 실천민속학회 전국학술발표대회 자료집』, 실천민속학회, 2003.

다. 여기서는 4종의 춤이 민간에서 공연된 양상을 간략히 짚어보고 넘어 가겠다.

우선 무동은 검무·사자무·발도가와는 성격이 다르다고 판단된다. 평안도 지역 읍지 중 교방의 공연 종목이 기록된 읍지는 모두 6종이다. <표 2>를 보면, 이들 6종의 읍지에서 공통적으로 발견되는 춤이 무동임을 알 수 있다. 즉 무동은 평안도 지역에서 어느 종목보다 광범위하게 공연되었다고 추정된다. 그런데 무동이란 종목은 원래 춤명이 아니라 춤을 추는 주체인 무동을 부각시켜 '무동이 추는 춤'으로써의 뜻이 강한 듯하다. 왜냐하면 실록의 음악기사나 의궤(儀軌)·홀기(笏記) 등에서 무동이 정재명으로 쓰인 예를 찾아 볼 수 없기 때문이다.

<표 2> 읍지에 기록된 조선후기 평안도 교방의 춤 종목

읍명\춤	춤 종목												
평양	抛毬樂	舞鼓	處容	響撥	撥棹歌	舞童	蓮花臺		牙拍			鶴舞	
정주	抛毬樂	舞鼓	賊容	響撥	撥棹歌	舞童	蓮花臺	劍舞	獅子舞				
영변	抛毬樂	舞鼓	處容	響鈸	離船曲	舞童		舞劍		牙拍			
성천 (원지)	抛毬		處容	響鈸	撥棹歌	舞童		劍舞	獅子	牙拍	初舞	舞袖	女舞	鶴舞
성천 (속지)	抛毬		處容	響撥	撥棹	舞童		劍舞	獅子舞	牙拍		舞袖		鶴舞	凌波舞	仙冠舞
초산		舞鼓				舞童							

그렇다면 평안도 지역의 무동이란 춤은 어떻게 형성되었을까? <사료 15>는 1510년(중종 5)에 예조가 각도의 가동(歌童)·무동(舞童)의 수와 여기를 혁파해야 할 곳을 아뢴 내용이다. 본문의 내용에 의거하면, 평안도의 평양(平壤)·영변(寧邊)·정주(定州)·성천(成川)·함종(咸從) 등지에는 10-20인 정도의 무동을 두고자 했음을 알 수 있다. 중국사신이 나올 때 정주 등 다섯 곳에서 연향을 베풀어왔다는 기록[37]이 있는

데, 사신연을 베풀던 다섯 곳이 바로 이들 지역이라고 추정된다. 즉 성천 지역은 사신연을 베풀던 곳이었기 때문에 여기(女妓)는 물론 가·무동이 함께 공연 활동을 펼쳤을 것이며, 이들 무동들이 추었던 춤이 '무동'이라는 춤명으로 정착되었을 것으로 생각된다.

　<사료 15> (중종 5년 10월 27일) 예조가 장악원 제조(掌樂院提調)와 같이 의논하여 아뢰었다. "경기(京妓)의 원액(元額)이 1백 58명인데 이제 80명을 감액하는 것이 좋겠습니다. 가동(歌童)과 무동(舞童)은 모두 80명으로 하여 11세에서 15세까지의 공천(公賤)과 양인(良人)을 아울러 뽑으며, 평안도의 평양에는 가·무동을 합하여 20인을 두고, 영변(寧邊)·정주(定州)에는 각각 가·무동 15인을 두며, 성천(成川)·함종(咸從)에는 각각 가·무동 10인을 두며, 함경도의 야인(野人)이 지나갈 때의 연향(宴享)에는 여악을 사용하지 말게 하고, 충청도의 임천(林川)·단양(丹陽), 경상도의 선산(善山)·함안(咸安)·영해(寧海)·풍기(豊基)·합천(陜川)·예천(醴泉)·거제(巨濟), 함경도의 안변(安邊), 강원도의 삼척(三陟)·춘천(春川), 전라도의 순천(順天)·장흥(長興), 평안도 자산(慈山) 등지의 여기(女妓)는 모두 혁파하게 하소서."38)

　다음은 검무·사자무·발도가를 차례로 짚어 보겠는데, 이들 춤이 지방에서 연행된 양상은 이미 여러 논문39)에서 다루어진 바 있기 때문

---

37) (中宗 15年 7月 ○壬子) 禮曹判書權鈞等, 啓曰, 自前天使出來時, 定州等五處, 例設宴享 …(中略)…. 『中宗實錄』, 卷40.8b10－11. 번역문은 『중종실록』권 20(세종대왕기념사업회, 1980. 190쪽)

38) (中宗 5年 10月 ○庚戌) 禮曹與掌樂院提調同議啓曰, "京妓元額一百五十 琴宜減八十 歌童舞童竝八十 年十一歲至十五歲 公賤良人竝抄 平安道平壤置歌舞童竝二十人 寧邊定州各歌舞童十五人 成川咸從各歌舞童十人 咸鏡道野人所經宴享時 勿用女樂 忠淸道林川丹陽 慶尙道善山咸安寧海豊基陜川醴川巨濟 咸鏡道安邊 江原道三陟春川 全羅道順天長興 平安道慈山等處 女妓竝令革罷."『中宗實錄』, 卷12.39b7－13. 번역문은 『중종실록』권6, 263쪽에서 옮김.

39) 전경욱, 「조선시대의 전통연희」, 『한국의 전통연희』.; 사진실, 「<배따라기곡>에서

에 여기서는 읍지에 나온 자료를 중심으로 간략히 살펴보겠다. 검무는 조선후기에 전국적으로 유행한 춤 종목 중 하나이다. 지금까지 검무에 대한 최초의 기록은 홍석기(洪錫箕, 1606-1680)의 <관대낭무검>(觀大娘舞劍)이란 시로 알려져 있었다.[40] 그런데 읍지의 기록은 홍석기의 시보다 좀 더 앞선다. 따라서 문헌상『성천지』에 나오는 검무가 최초의 기록이며, 적어도 1603년경에는 성천 교방에서 검무를 추고 있었다고 볼 수 있다. 검무는 평안도 전체에 두루 퍼져있었다고 보이는데,『정주읍지』와『영변부읍지』에서도 공연 종목 중 하나였다.

본래 성천의 잡극이라고 하는 사자무는 1887년(고종 24년)에 비로소 궁중에 들어왔다[41]고 한다. 사자무는『성천지』·『속성천지』·<선루별곡>에서 모두 볼 수 있는 공연 종목이며,『정주읍지』에도 기록되어 있다. 사자무가 언제부터 성천 지역의 잡극으로 정립되었는지 정확한 시기는 알 수 없지만, 이미 17세기 초에 성천 교방의 공연 종목으로 연행되고 있었음은 확실하다. 의궤의 기록에 의하면, 사자무를 연행한 사람이 재인(才人)으로 나와 있다.[42] 따라서 성천 지역 사자무도 재인들이 공연했었을 것이다.

발도가는 16세기 말부터 등장하는 공연 종목이다. 읍지에 소개된 발도가의 명칭은 발도가 이외에 이선곡(離船曲)·발도 등이 있으며, 평양·성천·정주·영변 등지에서 널리 공연되었다. <선루별곡>에서도

<선유락>까지」,『공연 문화의 전통』, 255~88쪽.; 정은경, 「조선시대 궁중정재와 민간 연희의 교섭 양상」, 47~55·65~76쪽.; 拙稿, 「朝鮮後期 平壤敎坊의 規模와 公演活動:『平壤志』와 <平壤監司歡迎圖>를 중심으로」,『韓國音樂史學報』, 224~229쪽.

40) 정은경, 「조선시대 궁중정재와 민간 연희의 교섭 양상」, 66쪽.
41) 장사훈,『한국전통무용연구』, 일지사, 1977, 330쪽.
42) 賞典. 獅子舞才人崔福東等四名 : 各木二疋[本廳題給].『(高宗辛丑) 進宴儀軌』, 「賞典」, 卷3.66a11.

알 수 있듯이 발도가는 연회에서 가장 마지막에 베풀어지던 공연이다. 서경순(徐慶淳)이 쓴 『몽경당일사』(夢經堂日史)에 따르면, 중국으로 사행가는 길에 의주에서 압록강을 건너는 마지막에 발도가가 공연되어 작별하는 회포를 자아냈다[43]고 한다. 즉 발도가는 연행이라는 특수한 상황이 만들어낸 공연 종목으로서, 평안도 지역 관아에서 두루 공연되다가 궁중으로 유입된 것이다.

지금까지 성천과 관련된 세 사료에 공통된 공연 종목을 알아보았다. 이제부터는 일치하지 않는 종목들을 가지고 논의하겠다. 『성천지』에 처음 등장하는 춤은 초무이며, 『속성천지』와 <선루별곡>에서는 능파무가 맨 앞에 온다. 여기서 초무는 글자 그대로 처음 시작하는 춤이란 뜻으로 풀이된다. 그런데 <선루별곡>에 "박패(拍佩) 소리 세 번 나니 능파무(凌波舞)가 시작이다"라는 기록으로 보아, 능파무 역시 전체 공연에서 맨 처음 시작하는 춤임을 알 수 있다. 그렇다면 초무와 능파무는 동일한 춤이며, 고유명인 능파무라는 이름과 처음 시작한다는 뜻의 초무라는 이름이 혼용되어 쓰인 것은 아닐까 추정할 수 있다.

초무가 처음 등장하는 문헌은 『악학궤범』(樂學軌範, 1493년)이다. 『악학궤범』 권2의 「속악진설도설」(俗樂陳設圖說) 항목 중 <성종조의 하례 및 연향악>[時用賀禮及宴享樂]조에 초무라는 용어가 보인다. 그런데 여기서 쓰인 초무는 특정 정재명이 아니라 파연무(罷宴舞)와 대칭의 의미로 처음 시작하는 춤이라는 뜻이다. 따라서 숙종(肅宗, 1674~1720)조부터 하나의 정재명으로 굳어져간 초무와는 구별할 필요가 있겠다.

<사료 16> 성종조의 하례 및 연향악. 첫잔을 올릴 때에는[進第一爵] 보

---

43) 徐慶淳, 「馬訾軺征紀」, 『夢經堂日史』, 을묘년 10월 27일조. 번역은 민족문화추진회, 『국역연행록선집IX : 夢經堂日史』, 261쪽.

허자령(步虛子令) 혹은 여민락령(與民樂令)·금전악(金殿樂)을 연주하고, <이에 맞추어> 여기(女妓) 두 사람이 춤을 춘다.[머리 쪽진 여기[歛髮妓].
○ 속칭 초무(初舞)는 금척무(金尺舞)이다. …(중략)… 파연작(罷宴爵)에는 정동방곡(靖東方曲)을 주하고, 여기 네 사람이 춤춘다.[밖에 선 두 사람은 쪽진 여기[歛髮妓]이고, 안에 선 두 사람은 나이 어린 여기[年少妓]이다.
○ 속칭 파연무는 사수무(四手舞)이다. …(중략)…]44)

초무가 궁중정재명으로 나타나는 시기는 1706년(숙종 32)부터이다. 1706년 인정전에서 베풀어진 진연(進宴)의 9작(九爵) 절차에서 제3작부터 무동의 정재공연이 있다. <사료 17>에 의하면, 제3작에서 초무, 제4작에서 아박, 제5작에서 향발, 제6작에서 무고, 제7작에서 광수, 제8작에서 향발, 제9작에서 광수, 끝으로 처용무가 공연된다. 이 때 연행된 초무는 처음 추는 춤임과 동시에 정재의 한 종목이라고 할 수 있다. 즉 『악학궤범』의 초무가 단순히 '연향에서 처음 추는 춤'이란 일반명사였다면, 숙종조의 초무는 '정형화된 정재의 한 종목'이라는 고유명사의 성격이 더 강하다고 하겠다.

<사료 17> (숙종 32년 8월 27일) 인정전(仁政殿)에서 진연(進宴)하여 아홉 번 술잔을 돌리고 파하였다. …(중략)… 연잉군(延礽君)이 세째 잔을 바치고 임금이 잔을 드니, 음악은 오운개서조곡(五雲開瑞朝曲)을 연주하고 무동(舞童)이 들어와 초무(初舞)를 추었다. …(중략)… 연령군(延齡君) 이훤(李昍)이 네째 잔을 바치고 임금이 잔을 드니, 음악은 정읍 만기(井邑慢機)를 연주하고 무동이 들어와 아박(牙拍)을 추었다. …(중략)… 판부사(判府

---

44) 時用賀禮及宴享樂. 進第一爵, 奏步虛子令, 或與民樂令·金殿樂, 妓二人舞之[歛髮妓 ○ 俗稱初舞金尺舞]…(中略)… 罷宴爵,奏靖東方曲, 妓四人舞之[外立二人歛髮妓, 內立二人年少妓 ○ 俗稱罷宴舞四手舞 …(中略)…].『樂學軌範』, 卷1.22a6-10. 번역은 이혜구 역주,『신역악학궤범』(국립국악원, 2000. 187쪽). 번역문에서 '속칭 초무는 금척무이다.'라고 한 부분은 원래 '속칭 초무 금척무라고 한다.'로 번역되어 있는데, 의미가 분명하지 않은 듯하여 고쳐 쓴 것이다.

事) 이유(李濡)가 다섯째 잔을 바치고 임금이 잔을 드니, 음악은 보허자령(步虛子令)을 연주하고 **무동이 들어와 향발(響鈸)을 추었다.** …(중략)… 임양군(臨陽君) 이환(李桓)이 여섯째 잔을 바치고 임금이 잔을 드니, 음악은 여민락만을 연주하고 무동이 들어와 무고(舞鼓)를 추었다. …(중략)… 동평위(東平尉) 정재륜(鄭載崙)이 일곱째 잔을 바치고 임금이 잔을 드니 음악은 보허자령을 연주하고 무동이 들어와 광수(廣袖)를 추었다. …(중략)… 영돈녕(領敦寧) 김주신(金柱臣)이 여덟째 잔을 바치고 임금이 잔을 드니, 음악은 여민락령을 연주하고 무동이 들어와 향발을 추었다. …(중략)… 호조 판서(戶曹判書) 조태채(趙泰采)가 아홉째 잔을 바치고 임금이 잔을 드니, 음악은 보허자령을 연주하고, 무동이 들어와 광수를 추었다. 소선(小饍)을 물리고 대선(大饍)을 바치니, 음악은 태평년지악(太平年之樂)을 연주하였다. 이어서 여민락을 연주하고 **처용무(處容舞)를 바치었다.**[45]

그런데 초무가 하나의 정재로 정형화되어 외진연(外進宴)에서 펼쳤던 무동들의 정재전통이 된 시기는 숙종 이전인 선조 때부터라는 기록이 있다. <사료 18>에 의하면, 초무-아박-향발-무고-광수무로 이어지는 무동의 정재전통은 선조 이후 기악(妓樂)을 정지하고 무동을 쓴 새로운 제도라고 한다. 따라서 초무가 정재의 일종으로 공연된 시기는 선조 때까지로 거슬러 올라갈 수도 있겠으며, 문헌상으로는 최소한 숙종조에 확립되어 영조조에 그대로 전승되었음[46]을 확인할 수 있다.

---

45) (肅宗 32年 8月 ○壬子) 進宴於仁政殿, 九膓乃罷 …(中略)… 延礽君進第三爵, 上擧爵, 樂奏五雲開瑞朝曲, 舞童入作初舞, …(中略)… 延齡君㽞, 進四爵, 上擧爵, 樂奏井邑慢機, 舞童入作牙拍, …(中略)… 判府事李濡進第五爵, 上擧爵, 樂奏步虛子令, 舞童入作響鈸, …(中略)… 臨陽君桓, 進第六爵, 上擧爵, 樂奏與民樂慢, 舞童入作舞鼓, …(中略)… 鄭載崙, 進第七爵, 上擧爵, 樂奏步虛子令, 舞童入作廣袖, …(中略)… 領敦寧金柱臣, 第八爵, 上擧爵, 樂奏與民樂令, 舞童入作響鈸, …(中略)… 戶曹判書趙泰采, 進第九爵, 上擧爵, 奏樂步虛子令, 舞童入作廣袖, 退小饍, 進大饍, 樂奏太平年之樂, 仍奏與民樂處容舞. 『肅宗實錄』, 卷44.12a2-12. 번역문은『숙종실록』(세종대왕기념사업회, 1988)권24, 30쪽 옮김.

46) 송방송, 「18世紀 前期의 唐樂呈才와 鄕樂呈才-肅宗末·英祖初 중심으로」, 『진

<사료 18> (영조 19년 9월 19일) 임금이 장악원 제조 윤득화(尹得和)를 불러 보고, 하교하기를, "외연(外宴)에 비로소 무동(舞童)을 썼는데, 1작(爵)에는 초무(初舞)이고, 2작에는 아박(牙拍)이고, 3작에는 향발(響鈸)이고, 4작에는 무고(舞鼓)이고, 5작에는 광수무(廣袖舞)이고, 6작에는 다시 향발이고, 7작에는 다시 광수무를 추었으니, 이는 선조(宣祖)이후 백 년 가깝게 기악(妓樂)을 정지하고 무동을 쓴 새로운 제도이다. 이로써『악학궤범』(樂學軌範)에 실어 후일 상고하는 자료로 삼도록 하라."47)

 물론 궁중정재 초무와『성천지』의 초무를 동일한 연행형태라고 말하기는 힘들다. 그런데 여기서 간과해서는 안될 부분이 초무가 무동의 정재전통으로 확립되었다는 사실이다. 무동은 조선 전기부터 중국 조정의 사신(使臣)과 인국(隣國)의 객인(客人)들의 연향(宴享)을 위하여 설치한 것이다. 그리고 장악원뿐만 아니라 외방에도 무동을 두었다. 앞서 제시한 <사료 15>에 따르면, 중종조 성천에 가·무동 각 10인씩을 두게 하자는 내용이 있다. 이로 보건대, 성천 교방의 공연 종목이 무동들의 가무전통과 밀접했을 것이며, 초무는 선조조에 확립된 무동의 가무전통이 지방으로 유입되면서 연행된 종목으로 추정된다.
 다음은 무수(舞袖)에 대해 알아보겠다. 무수는『성천지』와『속성천지』에 나란히 등장한다. 그런데 두 문헌을 제외하면 무수에 대한 별다른 기록이 없다. 따라서 주변 정황을 미루어 무수의 실체를 더듬어 보는 수밖에 없겠다. 먼저 무수라는 이름에 주목하면 무수는 '소매춤'일 것이다. 소매를 길게 늘려 추는 춤이라고도 볼 수 있겠는데, 그렇다면 궁중정재

단학보』제85집, 진단학회, 1998, 87~109쪽.
47) (英祖 19년 10월 ○戊戌) 上召見掌樂院提調尹得和, 教曰, 外宴乃用舞童, 而一爵初舞, 二爵牙拍, 三爵響鈸, 四爵舞鼓, 五爵廣袖, 六爵復響鈸, 七爵復廣袖, 此穆廟後, 百年停妓樂, 用舞童之新制也. 以此載之樂學軌範, 殺賚後考.『英祖實錄』, 卷58.25b12-15. 번역문은『영조실록』권 19(세종대왕기념사업회, 1991, 72쪽)에서 옮김.

중 광수무(廣袖舞)와의 상관성을 배제하기 어렵다.

<사료 19> 성종조의 하례 및 연향악. 둘째 잔[第二爵]부터는 매 잔마다 각각 여러 정재(呈才) 춤을 춘다.[향악정재와 당악정재를 모두 적어서 잔칫날 전에 임금께 품(稟)하여 <임금이 그 여러 정재 중에서> 점 찍은 것을 받아온다.]여러 정재춤이 끝나고 잔치가 끝날 때 향악(鄕樂)을 연주하고 여러 여기(女妓)가 그 음악에 따라서 노래를 부른다. 잔 올릴 때마다 여기(女妓) 두 사람이 춤춘다.[광수무(廣袖舞)]48)

광수무는 넓은 소매로 추는 춤으로써, 이 용어가 처음 보이는 문헌은 『악학궤범』이다. <사료 19>는 『악학궤범』 「속악진설도설」의 <성종조의 하례 및 연향악>조에 기록된 광수무 관련 기록이다. 이 내용에 따르면, 광수무는 잔을 올릴 때마다 여기 두 사람이 추는 춤임을 알 수 있다. 그러나 이 기록만으로 광수무의 실체를 파악하기는 어렵다. <사료 19>의 기록 이외에 『악학궤범』에 광수무가 나오는 대목은 몇 건 더 있다.

<사료 20> 연화대(蓮花臺). …(중략)… 박을 치면 악관은 헌천수만(獻天壽慢)을 연주하고, 박을 치면 왼쪽 동녀가 대열을 벗어나지 않고 춤을 춘다.[광수무(廣袖舞)]끝나면 음악이 그친다.[두 동녀는 곧 첨렴(尖斂)한다.] 악관이 반하무(班賀舞)를 연주하면, 두 동녀는 서로 마주보기도 하고 서로 등지기도 하며 춤추며 나와[서로 끼고 나온다. ○ 도약무(跳躍舞). 다음도 이와 같다.]북쪽을 향한다.49)

<사료 20>은 <성종조 당악정재 도의>[時用唐樂呈才圖儀]조에 기록된 연화대(蓮花臺) 부분이다. 박을 치면 왼쪽 동녀가 대열을 벗어나지

---

48) 時用賀禮及宴享樂. 自第二爵, 遞奏諸呈才[具錄鄕・唐樂呈才, 宴日前期, 入落受點]諸呈才畢後至宴終, 奏鄕樂, 諸妓隨樂唱歌. 每爵妓二人舞之[廣袖舞].『樂學軌範』, 卷1.22a8-9. 번역은 이혜구 역주, 『신역악학궤범』, 187쪽.
49) 『樂學軌範』, 卷1.22a8-9. 번역은 이혜구 역주, 『신역악학궤범』, 263쪽.

않고 춤을 추는데, 이 춤을 광수무로 소개하고 있다. 그리고 바로 다음 부분은 두 동녀가 나와서 도약무(跳躍舞)를 춘다는 기록이 이어진다. 문맥으로 보자면, 광수무와 도약무는 독립된 정재가 아니라, 특정한 춤동작으로 짜여진 일련의 짤막한 춤 종목으로 생각된다. 즉 정재에 속하지는 않지만 하나의 춤 종목으로 보아도 무방하리라 본다. 연화대 이외에도 광수무가 들어간 정재는 수명명(受明命)[50]·하성명(賀聖明)[51]·성택(聖澤)[52] 등이 있다.

광수무가 독립된 정재로 출현하는 시기는 초무와 같은 때인 1706년(숙종 32)부터이다. 앞서 언급했듯이, 문헌상 이 시기부터 외진연에서 초무-아박-향발-무고-광수무 순으로 공연하는 무동의 정재전통이 확립된다. 초무와 광수무는 둘 다 용례를 『악학궤범』에서 찾을 수 있는데, 창사가 등장하는 이 시기의 정형화된 정재와는 다르다. 만일 초무와 광수무를 궁중에서 만들었다면, 정재가 갖추어야할 형식을 참작했을 것이다. 그런데 두 가지 모두 춤만 있고 창사가 없는 것으로 보아, 민간에서 전해오는 춤을 수용한 결과로 보인다.

마지막으로 『성천지』의 여무(女舞)와 『속성천지』의 선관무(仙冠舞)에 대해 살펴보겠다. 우선 여무라는 춤 종목은 『성천지』를 제외한 문헌에서 그 예를 찾아 볼 수 없다. 여무(女舞)가 춤 종목이 아닌 여기(女妓)를 가리키는 용어로 사용된 예는 있다. <사료 21>은 『조선왕조실록』의 기사인데, 1630년(인조 8)에 헌부가 '중국 조정과의 의리'에 관해 아뢴 내용이다. 여기에 쓰인 여무는 풍정(豊呈) 때 정재를 공연할 여기를 의미한다.

---

[50] 『樂學軌範』, 卷1.22a8-9. 번역은 이혜구 역주, 『신역악학궤범』, 278쪽.
[51] 『樂學軌範』, 卷1.22a8-9. 번역은 이혜구 역주, 『신역악학궤범』, 285쪽.
[52] 『樂學軌範』, 卷1.22a8-9. 번역은 이혜구 역주, 『신역악학궤범』, 291쪽.

<사료 21> (인조 8년 3월 26일) 헌부가 아뢰기를, "…(중략)… 그리고 여무(女舞)와 악공(樂工)을 불러 모은 것이 아무리 풍정(豐呈)과 관계 된 것이었다 하더라도 이처럼 변란에 대처해야 할 위급한 때를 당해 이들 무리를 그대로 머물게 할 수는 없으니, 속히 파하여 보내도록 하소서." 하니, 상이 따랐다.53)

　여무는 글자 그대로 풀이하자면 '여성이 춘 춤' 정도일텐데, 대부분의 춤을 여성이 추었다는 사실을 감안한다면 여무라는 이름이 새삼스럽다고 할 수 있다. 춤을 추는 주체를 춤명으로 사용하는 경우는 무동에서 그 예를 찾아 볼 수 있다. 이를 토대로 하나의 가설을 세우자면, 무동이 추는 춤을 여기(女妓)가 출 때 여무라고 했을 가능성도 있겠다. 지금으로써는 이 분야의 연구 축적과 다양한 자료의 섭렵이 이루어진 이후에야 여무의 실체를 파악할 수 있으리라고 본다.

　다음으로 『속성천지』의 선관무를 살펴보겠다. 선관무의 선관(仙冠)은 신선이 쓰는 관을 가리키는 것으로, 선관무의 내용이 선계와 관계되어 있음을 쉽게 알 수 있다. 궁중정재 중 선계와 관련된 춤은 헌선도이다. 헌선도는 군왕을 송도(頌禱)하기 위하여 서왕모(西王母)가 선계(仙界)에서 내려와 선도(仙桃)를 주는 내용으로 되어 있다. 또 <선루별곡>에서도 헌선도가 연행되는 장면을 "요지반도(瑤池蟠桃)54) 드릴 적에 선관옥녀(仙官玉女) 어여쁘다"라고 기록하고 있다. 이 기록들을 종합해보건대, 선관무를 헌선도와 동일한 정재로 보아도 무난할 듯하다.

　지금까지 읍지를 통해 성천 교방의 공연 종목을 살펴보았다. 『성천지』·

---

53) (仁祖 8年 3月 ○丙午) 憲府啓曰, …(中略)… 且女舞招集, 雖係豐呈, 當此危急待戀之日, 不可使此輩仍留, 宜速罷送. 上從之.『仁祖實錄』, 卷22.21a5-10. 번역문은 『인조실록』, 권10, 159쪽에서 옮김.
54) 요지반도(瑤池蟠桃) : 서왕모가 산다는 묘지에 열리는 복숭아.

『속성천지』・<선루별곡>에는 각각 12종의 춤 종목이 기록되어 있다. 12종 가운데 포구락(抛毬樂)・향발(響撥)・아박(牙拍)・무동(舞童)・처용(處容)・검무(劍舞)・학무(鶴舞)・사자무(獅子舞)・발도가(撥棹歌)까지 9종이 공통된 춤이고, 나머지 3종의 다른 춤 종목도 사료를 통해 비슷하거나 같은 종류의 춤이라고 추정하였다. 성천 지역의 춤은 궁중보다는 민간에 기원을 둔 종목들이 다수인데, 지방색이 강한 검무(劍舞)・사자무(獅子舞)・발도가(撥棹歌) 등은 이미 1603년부터 꾸준히 공연되었다고 하겠다.

5. 성천 교방의 공연 활동

성천 교방의 기악이 전국적으로 유명했다는 사실을 이미 언급한 바 있다. 그런데 유명세와는 달리 이 지역 교방의 공연 활동과 관련된 자료는 매우 드물다. 앞서 조선 전기 외방 여기의 네 가지 역할로 1) 외방에서의 사객연(使客宴), 2) 변방군사의 위로, 3) 외방 관아에서의 연향과 교방가요(教坊歌謠), 4) 경기(京妓)의 충원 등을 들었다. 전기에 있었던 이 역할은 조선 후기에 장악원여기가 폐지되고 사객연에서도 여악을 되도록 쓰지 않는 등의 정책적 변화로 인해 약간의 변동이 생긴다. 문헌을 통해 볼 수 있는 외방 여기들의 활동은 크게 관아의 공・사연과 궁중에서의 공연 활동으로 나눌 수 있는데, 성천 교방의 활동도 두 가지 경우로 나누어 살펴보겠다.

외방 여기들의 역할 중 가장 비중있는 역할이 관아의 공・사연이라고 하겠다. 성천 교방의 여기들도 지역에서 벌어지는 여러 행사에 참여했을 것인데, 성천이 사행을 다니던 길목이었기 때문에 연행과 관련된 연향이 베풀어진 예를 볼 수 있다. <사료 22>은 1712년 사은부사(謝恩

副使) 윤지인(尹趾仁)을 수행하여 연경에 갔던 최덕중의 『연행록』에 실린 내용이다. 보통 사신 일행이 한 고을에 머물게 되면 그들을 위로하기 위해 기악이 베풀어진다. 최덕중 일행이 성천에 도착했을 때도 기악이 베풀어진다.

<사료 22> 성천부에 도착해서 …(중략)… 한참 후에 주장이 중씨(仲氏)를 모시고 함께 왔고 같은 성씨(姓氏) 수 십 명과 더불어 풍악(風樂)을 크게 벌여서 기생이 거의 60명은 넘었으나 곱게 생긴 여자는 하나도 없다. 그러나 노래와 거문고 솜씨는 다른 도보다 나왔다. …(중략)… 밤에 초대화(楚臺花)·천금환(千金換)·일흥래(一興來)·절대가(絶代佳)·몽리운(夢裏雲) 등 기생 네댓 명이 와서 놀았는데, 고을 원의 명령이었다.55)

<사료 22>에 의하면, 성천에서 이 날 벌인 연회는 기생이 60명이 넘을 정도로 대규모이다. 그런데 춤과 관련된 언급은 없고, 노래와 거문고 솜씨가 뛰어났다는 평만 남기고 있어서 자세한 정황을 알기 어렵다. 사행과 관련된 공식적 행사에는 기생이 가무뿐만 아니라 잠자리 시중도 들었다. 북경가는 사람에게 천침(薦枕)하는 기생을 방기(房妓)라고 하는데, 방기는 황해도 평산(平山)부터 나온다고 한다. 따라서 성천 교방도 연행과 관련된 행사에 가무는 물론이거니와 천침도 제공했다고 하겠다.

<사료 23> 계해년 10월 25일. 평산(平山)의 객관(客舘). …(중략)… 숙청각(肅淸閣)에 들었다. 서로(西路)의 기생이 이 고을에서부터 나오기 시작한다.56)

---

55) 壬辰年 11月 13日. 至成川府, …(中略)… 移時主將, 陪仲氏偕至, 與同宗之人數十人, 設大風樂, 妓生殆過六十, 而無一人絶色者. 第歌琴之才勝於諸道矣. …(中略)… 夜楚臺花·千金換·一興來·絶代佳·夢裏雲等四五妓, 來遊, 槩爲主倅之命令也. 崔德中,「日記」,『燕行錄』, 임진년 11월 13일조. 번역은 민족문화추진회,『국역연행록선집Ⅲ: 燕行錄』, 183쪽.
56) 李海應,「出城」,『薊山紀程』, 계해년 10월 25일조. 번역은 민족문화추진회,『국역

<선루별곡>에 소개된 가무장면은 "태평성대(太平聖代) 좋은 기상(氣象) 풍류태수(風流太守) 놀음일다"라는 기록으로 미루어, 태수의 사적인 연향이라고 생각된다. 이 공연에서 춤은 능파무에서 배따라기까지 12무가 모두 연행된다. 그런데 이 12무는 성천 지역의 정형화된 정재 절차로 생각된다. 왜냐하면『성천지』·『속성천지』·<선루별곡>에 소개된 공연종목이 모두 12종이고 순서나 내용도 유사하기 때문이다. 이 점은 앞으로 관아의 공·사연과 관련된 자료 연구가 보다 축적된다면 해결될 수 있을 것이라고 기대된다.

이제 성천 기생들이 궁중 연향에서 벌였던 공연 활동에 대해 살펴보겠다. 성천 기생들이 궁중 연향에 참여한 기록은『(영조갑자) 진연의궤』(英祖甲子進宴儀軌)에서 찾을 수 있다. 이 연향에는 18개 읍에서 52명의 여기들이 선상되어 정재를 공연한다.[57] 성천은 안주(安州)와 함께 가장 많은 인원인 10명을 보내는데, 참여하는 기생 명단은「계사질」(啓辭秩)에 기록되어 있다.

<사료 24> <각읍기생의 연령과 차비의 선생을 결정함>
성천(成川) 기생 **태진(太眞)**은 나이 50세인데, 도기(都妓)로 김재홍(金再弘)에게 배움. **분명(分明)**은 나이 33세인데, 노래를 김진해에게 배움. **환춘앵(喚春櫻)**은 나이 32세인데, 노래를 함덕형에게 배움. **송애(松愛)**는 나이 19세인데, 노래를 박천빈에게 배움. **월빈(月賓)**은 나이 70세인데, 노래를 박만의(朴萬儀)에게 배움. **두빈(豆賓)**은 나이 15세인데, 노래를 오천우에게 배움. **채란(彩鸞)**은 나이 33세인데, 노래를 주광윤(朱光潤)에게 배움. **빙정(娉貞)**은 나이 35세인데, 노래를 주광윤에게 배움. **태매(太梅)**는 나이 11세인데, 동기(童妓)로 김세만(金世萬)에게 배움. **인애(仁愛)**는 나이 11세인데,

---

연행록선집Ⅷ:『薊山紀程』, 24쪽.
57)『(英祖朝甲子) 進宴儀軌』,「啓辭秩」, 卷1.24a5-26a10. "各邑妓生年歲及差備定師"條.

동기로 박검송에게 배움58)

<사료 24>의 「계사질」에 소개된 성천 기생은 태진(太眞), 분명(分明), 환춘앵(喚春櫻), 송애(松愛), 월빈(月賓), 두빈(豆賓), 채란(彩鸞), 빙정(娉貞), 태매(太梅), 인애(仁愛) 등이다. 이들은 7종의 정재에서 활약하였다. 먼저 태진은 나이가 50세이며 우두머리 기생인 도기(都妓)이다. 두빈은 금척에서 봉족자를, 빙정은 포구락에서 협무를 맡았다. 또 분명·송애·채란·환춘앵은 각각 2개 이상의 정재를 맡고 있다. 분명은 헌선도 협무·포구락 협무를, 송애는 포구락 협무·금척 협무·아박 무기를, 환춘앵은 헌선도 협무·포구락 협무·하황은 협무를 담당하였다.

여기서 문제는 채란이다. 채란은 안주에도 동일명의 여기가 있어 이름만으로 역할을 구분하기 어렵다. 일단 채란이란 이름의 여기가 맡은 정재는 포구락 죽간자·금척 협무·아박 무기·향발 무기 등이다. 그런데 정황상 성천의 채란이 아박과 금척을 담당했을 것으로 보인다. 왜냐하면 2인이 춘 아박에서 나머지 1명이 성천 기생 송천이고, 금척에는 성천 기생이 3명 있으나 안주 기생은 전혀 없기 때문이다. 금척에서 협무를 담당한 월빈은 70세의 고령이다. 또 태매와 인애는 각각 11세의 연화대 동기이다.59) 이들은 연향이 끝나고 각각의 역할에 따라 상을 받았는데, 흰 명주[白紬]나 흰 무명[白木]·흰 모시[白苧布]·무명[木] 등을 나누어 받았다는 기록이 상격(賞格) 항목60)에 있다.

---

58) 各邑妓生年歲及差備定師. …(中略)… 成川妓生, 太眞 年五十都妓, 師金再弘. 分明 年三十三, 歌師金鎭海. 喚春櫻 年三十二, 歌師咸德亨. 松愛 年十九, 歌師朴天彬. 月賓 年七十, 歌師朴萬儀. 豆賓 年十五, 歌師吳天祐. 彩鸞 年三十三, 歌師朱光潤. 娉貞 年三十五, 歌師朱光潤. 太梅 年十一, 童妓師金世萬. 仁愛 年十一, 童妓師朴儉松.『(英祖朝甲子) 進宴儀軌』, 卷1.25a12 - 25b8. 번역문은 송방송·고방자 편역,『國譯英祖朝甲子進宴儀軌』, 민속원, 1998, 72쪽에서 옮김.
59)『(英祖朝甲子) 進宴儀軌』, 卷1.26a11 - 27b12.

영조 이후 성천 기생들이 선상되어 연향에서 공연한 활약상은 아직 기록을 다 찾지 못했다. 다만 성천부가 예전부터 연화대 동기를 담당하던 예가 있어, 동기를 보내는 일에 대한 기록은 간혹 보인다. <사료 25>는 1829년(순조 29) 순조의 보령 40세와 등극 30년을 기념하여 베풀어진 연향을 기록한 『(순조기축) 진찬의궤』(純祖己丑進饌儀軌)의 「이문」 항목이다. 이 공문에 의하면, 연화대의 동기를 계사년에 성천에서 선상했으므로 이번에도 성천부 동기인 강선(降仙)·금학(金鶴) 2인을 올려 보내라는 공문이다. 계사년이 언제인지 정확히 알 수 없지만, 연화대 동기를 성천에서 뽑았던 일은 이전에도 있었다고 하겠다.

<사료 25> (기축 정월 초3일). 상고할 일, 이번 진찬하옵실 때 **각종 정재 중에 연화대(蓮花臺)에 동기(童妓) 한 쌍의 예가 있으니, 계사년(癸巳年) 진연등록(進宴謄錄)을 참고한 즉 동기는 성천부(成川府)에서 선출해 올려 보냈기에** 방금 공문을 내리고 하던 즈음에, 해당부에서 원래 정한 여령이 올라올 때에 동기 한 쌍이 같이 온다고 하므로 공문을 내지 않았습니다. 또 듣자 하니 동기가 순영(巡營; 監營)까지 와서 되돌려 보냈다고 하니 과연 그러합니까? 지금 연습이 멀지 아니하여 일이 시급한 관계로 이에 공문을 보내오니 공문이 도착하는 즉시 빨리 알려서 **해당 읍의 동기 강선(降仙)·금학(金鶴)을 담당 관리를 정하여 금월 15일 안으로 밤낮없이 올려 보내서** 도착하지 못하는 폐단이 없게 함이 마땅함.(平安監營)61)

---

60) 賞格. 抛毬門, 得中妓生十一名, 各白苧布一疋式, 殿內回給. 荷皇恩, 入隊妓生十名, 各白紬一疋式, 殿內回給. 各差備妓生五十二名, 各該木二疋, 該布一疋式, 別給白木一疋式. …(中略)… 都妓三名, 例給外, 各白苧布一疋, 殿內回給, 又該木一疋加給. 『(英祖朝甲子) 進宴儀軌』, 卷1.28a10~28b7.

61) (己丑 正月 初三日) 爲相考事. 今此進饌敎是時, 各樣呈才中, 蓮花臺例有童妓一雙, 而取考癸巳進宴謄錄, 則童妓自成川府選上矣. 方欲發關之際聞, 該府原定女伶上來時, 童妓一雙同來云, 故關文則置之矣, 又聞童妓到巡營還送云, 果然是喩見, 今習儀不遠, 事係時急, 玆以專關付撥爲去乎, 到卽星火知委, 該色童妓降仙·金鶴定色吏, 今月十五日內罔夜上送俾無未及生梗之獘宜當[平安監營].『(純祖己丑) 進

동기들을 얼른 올려보내라는 공문은 기축년 정월 초 9일에 다시 발송62)된다. 이후 정월 초 13일에 평안도 관찰사에서 색리(色吏)를 정해 동기들을 보낸다는 내용을 상고한다. 잔치가 끝나고 강선과 금학은 흰 무명 2필과 비단 1필씩을 각각 상으로 받는데,63) 이들 이후에 성천 기생이 연화대 동기로 차출된 예는 볼 수 없다. 그러나 1892년『(고종임진)진찬의궤』(高宗壬辰進饌儀軌)에 평안감영으로 동기 4명을 뽑아 보내라는 공문을 하달한 것64)으로 보아, 평양에서 선유락 동기 2명을, 성천에서 연화대 동기 2명을 선출하여 쓰는 예는 조선말까지 계속된 듯하다.

기축년 진찬에 참여했던 연화대 동기 강선은 <선루별곡>에 나오는 강선과 동일인물이라고 생각된다. 강선이 진찬에 참여할 때는 동기였으므로 15세 미만이라고 하겠는데, <선루별곡>은 1838년 작품으로 추정되기 때문에 이 때의 강선의 나이는 25세 미만이라고 할 수 있다. <선루별곡>에서 강선은 "진루추야(秦樓秋夜) 잠을 깨니 옥소명월(玉簫明月) 강선(降仙)이 마고소식(麻姑消息) 들었던가"라고 소개되고 있다.

이상과 같이 성천 교방 기생들의 공연 활동은 관변의 연향과 궁중의

饌儀軌』,「移文」, 卷1.58a11 - b6. 번역문은 한국음악사료연구회, "國譯 純祖 己丑年『進饌儀軌』(Ⅲ),"『韓國音樂史學報』제 17집, 한국음악사학회, 1996, 228쪽.

62) (己丑 正月 初九日) 爲相考事. 蓮花臺舞差備, 成川童妓降仙・金鶴, 星火知委上送之意, 前已發關是在果, 內習儀以十三日爲定是如乎, 十二日及良待令然後, 可以擧行乙仍于, 玆以三懸鈴, 專撥行關爲去乎, 到卽罔晝夜, 星火上送, 俾無未及大段生事之獘宜當[平安監營].『(純祖己丑) 進饌儀軌』,「移文」, 卷1.59b4 - 9. 번역문은 한국음악사료연구회,「國譯 純祖 己丑年『進饌儀軌』(Ⅲ)」,『韓國音樂史學報』, 제 17집, 229쪽.

63)『(純祖己丑) 進饌儀軌』,「賞典」, 卷3.37a2.

64) (壬辰 七月 初五日) 爲相考事 今此進饌敎是時 女伶各差備擧行極爲浩多 而以若數小京妓 無以排比乙仍于玆 以發關爲去乎 到卽 本營妓中 各十名 以年少善歌舞者 各別抄擇爲旀 童妓四名 亦爲另選 一體修成冊 定色吏 不日領上以爲及時肄習之地爲有矣日子甚迫 毋至遲滯生梗之弊宜當 - 平安監營 -. 高宗 壬辰年『進饌儀軌』, 卷2.12a12 - 12b11.

연향으로 나눌 수 있는데, 자료가 영성하여 구체적인 내용 파악은 어려운 실정이다. 관아에서 베풀어진 공·사연으로는 중국으로 사행 가던 일행들을 위로하거나 고을 원이 주관하는 행사를 꼽을 수 있다. 이들 행사에서 성천 교방은 적어도 12가지 정재를 선보였을 것이다. 궁중의 연향에 선상된 기록은 영조대의 진연에서 예를 찾을 수 있다. 이 때 성천은 10명의 기생들이 모두 7종의 정재에 참여했다. 주목할 점은 이 연향에서 연화대 동기를 성천 기생으로 삼았는데, 이후 기축년에도 그 예가 있는 것으로 보아 연화대 동기를 성천에서 쓰는 전통은 꾸준히 계속되었다고 생각된다.

6. 맺음말 : 성천 교방의 공연사적 의미

지금까지 『성천지』를 토대로 성천 교방을 다각도로 조명해 보았다. 성천 교방은 기악으로 전국적 유명세를 떨쳤으며, 특히 17세기 초부터 19세기 전반까지 12무의 전통이 계속되었다. 성천 교방에서 공연했던 정재 종목은 궁중정재와 지방의 춤이 고루 섞여 있다. 포구락·아박·향발·처용 등은 궁중정재가 성천 교방으로 유입된 사례라고 할 수 있으며, 능파무·사자무·발도가·검무 등은 지방의 춤이 오히려 궁중에 영향을 준 경우라고 하겠다.

성천 교방에서도 알 수 있듯이 조선 후기 지방 교방은 궁중 못지않은 문화의 생산지였다고 생각된다. 평안도 여러 지역의 선유락, 전국 팔도의 검무, 성천의 사자무, 선천의 항장무, 진주의 의암별제가무(義嚴別祭歌舞)는 모두 그 지방의 특성에 따라 발달한 공연물이다. 이는 지방이 궁중이나 서울에서 형성된 문화를 따라가는 소극적 수용자에 머물지 않고 스스로 문화를 만들어 가는 자생력을 지녔다고 말할 수 있는 근거이다. 조선 후기 지방 문화에서 볼 수 있는 이러한 자생력은 지금의 우리 문화 현실에 절실한 부분이기도 하다.

  지금까지 공연문화사 연구는 대부분 궁중이나 서울 중심으로 이루어져왔다. 이제는 보다 시야를 넓혀 지방의 역동적인 문화 생산활동에도 귀를 기울일 필요가 있겠다. 왜냐하면 그래야만 조선 후기에 이루어진 거대한 문화지형을 제대로 그려낼 수 있기 때문이다. 지방의 공연문화사 연구는 이제 시작 단계이기 때문에 풀어야할 과제가 많다. 본고가 지방의 공연문화에 접근하는 하나의 연구방법론이 되길 바라며, 앞으로 이 분야의 연구가 더욱 활발해지기를 기대한다.

참고문헌

・원전
『(고종신축) 진연의궤(進宴儀軌)』
『(순조기축) 진찬의궤(進饌儀軌)』
『(영조조갑자) 진연의궤(進宴儀軌)』
『주해악부(註解樂府)』
『악학궤범(樂學軌範)』
『연행록(燕行錄)』,『몽경당일사(夢經堂日史)』・『계산기정(薊山紀程)』
『인조실록』・『숙종실록』・『영조실록』
『조선왕조실록(朝鮮王朝實錄)』(국사편찬위원회, 1968)
『중종실록(中宗實錄)』・『인조실록(仁祖實錄)』
『숙종실록(肅宗實錄)』・『영조실록(英祖實錄)』
『진연의궤 : 신축』(한국음악학자료총서24, 국립국악원, 1987)
『진작의궤 : 기축』(한국음악학자료총서3, 국립국악원, 1988)
『평양지(平壤誌)』,『용강읍지(龍岡邑誌)』,『정주읍지(定州邑誌)』,『청계지(清溪誌)』,
『영변부읍지(寧邊府邑誌)』,『성천지(成川誌)』,『초산지(楚山誌)』,『강계지(江界志)』

・단행본
국립국악원,『조선시대 연회도』, 한국음악학자료총서36, 민속원, 2001.
김종수,『조선시대 궁중연향과 여악 연구』, 민속원, 2001.
민족문화추진회,『국역연행록선집』, 민족문화추진회, 1982.
_____,『국역담헌서』, 민족문화추진회, 1974.
사진실,『공연 문화의 전통』, 태학사, 2002.
성무경 역주,『교방가요』, 보고사, 2002.

세종대왕기념사업회 편역, 『국역조선왕조실록』, 세종대왕기념사업회, 1971.
송방송·고방자 편역, 『국역 영조조 갑자 진연의궤(進宴儀軌)』, 민속원, 1998.
이능화 저(이재곤 역), 『조선해어화사(朝鮮解語花史)』, 동문선, 1992.
이용기 編, 『주해악부(註解樂府)』, 고려대학교 민족문화연구소, 1992.
이혜구 역주, 『신역악학궤범』, 국립국악원, 2000.
장사훈, 『한국전통무용연구』, 일지사, 1981.
전경욱, 『한국의 전통연희』, 학고재, 2004.
한국예술학과 음악사료강독회 역주, 『고종 신축 진연의궤(進宴儀軌)』卷一·二·三, 민속원, 2000~2002.
한국인문과학원 編, 『조선시대사찬읍지(朝鮮時代私撰邑誌)』, 한국인문과학원, 1989.
한국정신문화연구원 편, 『한국민족문화대백과사전』, 1991.

· 논문
김미경, 「19세기 연행록(燕行錄)에 나타난 민속연희(民俗演戱) :『계산기정(薊山紀程)』을 중심으로」, 『11회 실천민속학회 전국학술발표대회 자료집』, 실천민속학회, 2003.
김은자, 「조선후기 평양교방의 규모와 공연활동 : 『평양지(平壤志)』와 <평양감사환영도(平壤監司歡迎圖)>를 중심으로」, 『한국음악사학보』, 한국음악사학회, 2003.
성무경, 「<교방가요(教坊歌謠)>를 통해 본 19세기 중·후반 지방의 관변풍류」, 『시조학논총』제17집, 한국시조학회, 2001.
송방송, 「조선 후기 선상기(選上妓)의 사회제도사적 접근 – 순조 기축년『진찬의궤』를 중심으로」, 『국악원논문집』제7집, 국립국악원, 1995.
_____, 「18세기 전기의 당악정재와 향악정재 – 숙종말·영조초 중심으로」, 『진단학보』제85집, 진단학회, 1998.
신경숙, 「19세기 연행예술의 유통 구조」, 『어문논집』제43집, 민족어문학회, 2001.
양보경, 「16-17세기 읍지(邑誌)의 편찬배경과 그 성격」, 『지리학』제18권 1호, 대한지리학회, 1983.
정은경, 「조선시대 궁중정재와 민간 연희의 교섭 양상」, 고려대 석사학위논문, 2003.
한국음악사료연구회, 「국역 순조 기축년『진찬의궤(進饌儀軌)』(Ⅲ)」, 『한국음악사학보』제17집, 한국음악사학회, 1996.

황창과 황창무의 문헌적 고찰

최 식

1. 머리말

　　황창랑은 신라 사람이다. 속설에 전하기를, "나이 7세로 백제의 시가(市街)에 들어가서 칼춤을 추니, 구경꾼들이 담을 두른 듯 몰려들었다. 백제왕이 듣고 그를 불러다 보고는 당(堂)에 올라 칼춤을 추게 하였다. 황창랑은 기회를 타서 백제왕을 칼로 찔렀고, 백제 사람들이 그를 죽였다. 신라 사람들이 슬프게 여겨 그의 얼굴 모습을 본떠서 가면을 만들고 칼춤 추는 형상을 하였는데, 지금도 전하고 있다." 한다.1)

　　우리나라의 검무 관련 기록으로 『신증동국여지승람』에 수록된 내용이다. 황창(黃昌)과 황창무(黃昌舞)의 연원을 파악하는데 중요한 자료임에도 불구하고, 기존의 한국무용사나 검무 관련 연구는 『동경잡기(東京雜記)』와 『증보문헌비고(增補文獻備考)』에서 그 연원을 찾는 오류를 범하고 있다.2)

---

1) 『新增東國輿地勝覽』권21, 「慶州府」, <風俗> '劍舞之戱'. "黃倡郞, 新羅人. 諺傳年七歲, 入百濟, 市中舞釰, 觀者如堵. 百濟王聞之召觀, 命升堂舞釰, 倡郞因刺王, 國人殺之. 羅人哀之, 像其容爲假面, 作舞劍之狀, 至今傳之."
2) 閔周冕이 편찬한 『동경잡기』는 『신증동국여지승람』의 내용을 全載하고 있으며, 후대의 『증보문헌비고』는 金宗直의 「東都樂府」 <黃昌郞>의 내용을 全載하고 있다.

최근 들어 검무 관련 연구가 진행되면서 주목할 만한 성과3)가 지속적으로 보고되는 것과는 달리, 우리나라 검무의 연원에 해당하는 황창과 황창무에 대한 연구는 전무한 실정이다.4) 이처럼 검무의 연원에 대한 연구가 부족한 이유는 아마도 자료 접근이 용이하지 않으며, 거시적 안목에서 연구가 진행되면서 그 연원에 대해 도리어 소홀히 다룬데서 연유한 듯하다.

본고는 이러한 문제의식에서 황창과 황창무를 구분하여 관련된 문헌을 중심으로 고찰하고자 한다.5) 먼저 여러 문헌을 통해 황창에 대한 고증을 하고 그의 영웅적 행동이 어떻게 문학적으로 형상화되는지, 나아가 황창무가 어떠한 경로를 거쳐 후대에 전승되고 어떠한 방식으로 연희되는지를 살펴볼 것이다.

본고는 여러 한시나 악부 작품을 통해 황창이란 존재를 익히 알고 있지만, 검무에는 문외한이기 때문에 황창무가 어떠한 경로로 전승되고 어떠한 방식으로 연희되었는지를 규명하기에는 사실 역부족이다. 그러므로 기존 연구를 바탕으로 황창과 황창무에 관련된 여러 문헌의 기록

김종직의 언급이 『신증동국여지승람』보다 다소 앞서는 것이 사실이지만, 『신증동국여지승람』은 국가의 공식적인 기록이란 점에 주목해야 할 것이다. 그러므로 황창과 황창무에 대한 연구는 『신증동국여지승람』을 토대로 진행되어야 타당할 것이다.

3) 항장무와 관련해서는 성무경의 「정재 항장무의 연희전승과 극연출 방식」(『민족무용』 2호, 세계민족무용연구소, 2002)과 김은정의 「정재 항장무의 연원 및 전승」(상동)이 있으며, 검무 관련 연구는 박은영, 「시대별로 보는 한국의 검무」(『민족무용』 2호, 세계민족무용연구소, 2002)과 조혁상의 「조선조 검무시 연구」(『민족무용』 5호, 세계민족무용연구소, 2004), 안대회의 「조선의 奇人·名人 ④ : 춤꾼 운심」(『신동아』 2004년 10월호)이 있다.

4) 황인덕의 「황창무 연구 — 황창의 유래문제를 중심으로」(『한국민속학』, 한국민속학회, 1987)가 유일한 듯하다.

5) 실제 황창과 황창무를 바라보는 시각은 동일하지 않다. 황창을 바라보는 시각은 그의 영웅적인 행동에만 주목한다. 그러므로 황창무의 演戱를 직접 관람하고 그 감회를 피력한 작품에서 황창무의 전승 과정과 연희 양상을 파악할 수 있다.

을 다시 점검하고 고찰하는 수준에서 논의를 전개하고자 한다.

이러한 연구가 지금은 이름만 전해지고 사라진 황창무를 제대로 이해하고 재현하는 데 조금이나마 도움이 되기를 바라며, 나아가 검무와 황창무의 관계도 일정정도 밝혀지기를 기대한다.

2. 황창에 대한 고증과 문학적 형상

조선시대 사대부 문인들은 '어린 나이에 나라를 위해 검무를 추다가 백제왕을 찔러죽이고 죽임을 당한' 인물로서 황창을 인식한 바 있다. 그러므로 대부분의 작품은 이를 바탕으로 황창의 영웅적 행동에 주목하여 문학적으로 형상화하고 있다.

1) 황창에 대한 고증

『신증동국여지승람』의 경우도 <풍속>, '검무지희'와 <인물> '관창(官昌)'에서 서로 다른 내용을 수록하고 있으며, 이후 김종직(1431~1492)도 이와는 또 다른 내용을 기록하고 있다. 이러한 연유로 사대부 문인들이 황창을 바라보는 시각은 다를 수밖에 없었던 것이다.

황창에 대한 의문은 크게 두 가지인데, ① 황창은 관창의 와전이다. ② 황창의 나이 문제이다.

①은 이첨(1345~1405)이 <황창랑변>을 지어 제기한 내용으로 역사서를 살펴보아도 황창의 기록이 없기 때문에 관창의 오류일 것이라고 주장한 바 있다.6) 그러나 김종직은 "쌍매당 이첨이 '이는 창랑이 아니

---

6) 『新增東國輿地勝覽』 권21, 「慶州府」, <人物> '官昌'. "李詹辨曰, '余嘗觀三國史矣. …… 國君而見害於敵國之竪, 童子而報仇於敵國之君, 皆非細事也. 兩國之史不載, 固可疑也. 惟列傳載官昌事首末, 其忠義藹然, 讀之令人悲惋, 此必官昌也, 傳

라 곧 관창의 와전이다'고 하여 변을 지어 변론하였으나, 그 또한 억설로 믿을 수가 없다"7)고 하여 수용하지 않고 있다. 그는 역사서에서 황창의 내용을 찾을 수 없다는 이유로 전혀 상관없는 관창을 끌어들이는 것은 도리어 더 잘못된 주장으로 여겼던 것이다. 이후 대부분의 사대부 문인들은 이첨의 주장에 동조하지 않고 있다. 이와는 달리 이유원(1814~1888)은 관창이 와전되어 황창이 되었다는 이첨의 주장을 수용하여, 「해동악부(海東樂府)」를 창작하면서 그 사실을 명시하고 있다.8)

②는 황창의 나이 문제는 7세, 8세, 15~6세 등 세 가지로 압축할 수 있다.9)

ㅡ황창의 나이를 7세로 보는 견해는『신증동국여지승람』권21,「경주부」, <풍속> '검무지희'의 기록으로 이후『동경잡기』권1,「풍속」, <검무지희>에 그대로 전재되었고 강위(1820~1884)가 수용하고 있다.10)

者誤耳. 凡謀變於敵國者, 或假行商, 或僞得罪, 誣以甘言侫辭, 或情見事洩, 其不濟者, 多矣. 濟旣與羅爲敵國, 昌不應公然持兵, 往於通衢大道之中. 若果如是, 濟人得昌, 將具刑以訊之矣, 豈使縱之逞奸於王庭乎? 此人情事理之不通者也. ……. 議論謬誤, 不可不辨. 爲見舞昌者, 辨之, 且別爲讀史者, 爲考異云." 이후『東京雜記』권2,「人物」, <官昌>에 그대로 全載되고 있다.

7) 金宗直,『佔畢齋集』권3,『東都樂府』, <黃昌郎>. "黃昌郎, 不知何代人. 諺相傳, 八歲童子, 爲新羅王, 謀釋憾於百濟, 往百濟市以釖舞, 市人觀者如堵墻. 百濟王聞之, 召入宮令舞, 昌郎於座, 揕王殺之. 後世, 作假面以像之, 與處容舞並陳. 考之史傳, 絶無左驗. 雙梅堂云, 非淸郞, 乃官昌之訛也, 作辨以釋之, 然亦臆說, 不可信. 今觀其舞, 周旋顧眄, 變轉倏忽, 至今凜凜, 猶有生氣, 且有其節, 而無其詞, 故幷賦云."

8) 李裕元,『嘉梧藳略』책1,「海東樂府」, <黃昌郎舞>. "官昌訛誤黃昌郎, 史傳無徵擊釖場, 八歲眇童謀釋憾, 樽前驚起夫餘王. [昌郎八歲, 爲王謀釋憾於百濟, 往濟市舞釖, 王召入宮令舞, 因揕殺之, 後世作假面. 昌郎乃官昌之訛也.]"

9) 이 외에도 沈光世(1577~1624)는 황창의 나이를 세 가지 경우의 중간에 해당하는 십여세로, 李鼎益(1753~?)은 한시의 韻字 때문에 13세로 기록하고 있다. 특히 심광세는 황창이 백제왕을 죽인 결정적인 이유를 백제에게 죽임을 당한 아버지에게서 찾고 있다.

10) 姜瑋,『古歡堂收艸·詩稿』권2,「東京道中雜詩」제15수.

-황창의 나이를 8세로 보는 견해는 김종직이 「동도악부(東都樂府)」 <황창랑(黃昌郎)>에서 제기한 바 있는데, 이후『증보문헌비고』권106, 「속악부(俗樂部)」1, <황창랑무(黃昌郎舞)>와 정현석(1817~1899)이 1872년 저술한『교방가요(敎坊歌謠)』「황창무(黃昌舞)」에 수용되고 있다.11)

-황창의 나이를 15~6세로 보는 견해가 대부분을 차지한다. 아마도 앞서 제기한 두 견해는 나이가 너무 어리다고 생각했기 때문인 듯하다. 성여신(1546~1632)12)을 필두로 하여 이익(1681~1763),13) 오광운(1689~1745),14) 이광사(1705~1777),15) 이영익(1740~?)16) 등이며, 이학규(1770~1835)가 상세하게 고증한 바 있다.17)

이학규는 당시 사대부 문인들이 서로 다른 기록을 나름대로 취사선택하여 수용하던 황창과 관련된 문제를 두고 의문을 제기한다. 먼저『신증동국여지승람』권21, 「경주부」, <풍속> '검무지회'의 내용을 수용한『경주부지(慶州府志)』의 기록(7세)에 의문을 던지고, 이와는 다른 이첨의

---

11) 鄭顯奭,『敎坊歌謠』, 「黃昌舞」.
12) 成汝信,『浮査集』 권1, 「東都遺跡二十七首」, <黃昌舞>.
13) 李 瀷,『星湖全集』 권7, 「海東樂府」, <黃昌舞>.
14) 吳光運,『藥山漫稿』 권5, 「海東樂府」, <黃昌舞>.
15) 李匡師,『圓嶠集』 권1, 「海東樂府」, <黃昌舞>.
16) 李令翊,『信齋集』 책1, 「黃昌舞」.
17) 李學逵,『洛下生集』 책6, 「嶺南樂府」, <黃昌郎>. "按慶州府志, '黃倡郎, 新羅人. 世傳倡年七歲, 入百濟, 市中舞釖, 觀者如堵. 百濟王聞之召觀, 命升堂舞釖, 倡郎因刺王, 國人殺倡郎. 羅人哀之, 像其容爲假面, 作釖舞之狀, 至今傳之.' 按李詹黃倡郎辨曰, '乙丑冬, 客于鷄林, 府尹裵公設鄉樂以勞之, 有假面童子, 舞釖于庭, 問之, 云: 羅代有黃昌者, 年可十五六歲, 善舞釖, 謁於王曰, 臣願爲王擊百濟王, 以報王之仇. 王許之, 則往舞於通衢, 國人觀者如堵. 王聞召至宮中, 使舞而觀之, 昌擊王於座殺之, 遂爲左右所害. 母聞號哭, 遂喪明, 人有爲其母還明者, 令人釖舞於庭, 紿之曰, 昌來舞矣, 前言誣耳. 母大喜泣, 卽還明. 以昌幼而能死事, 故載之鄕樂, 流傳云.' 此說差近理, 世豈有七歲而能爲荊軻之事者乎? 尤侗朝國竹枝詞云, '小兒七歲號黃昌, 舞釖能誅百濟王.' 是必沿傳說之誤耳. 金佔畢宗直黃昌郎歌云, '若有人兮纔離齔, 身未三尺何雄驍.' 夫離齔則已踰七歲矣. 然則當以李說爲正."

<황창랑변>(15~6세)을 나란히 배치하여 그 차이점을 뚜렷하게 부각시킨 후, "이 말은 대략 이치에 가까우니, 어찌 7세의 어린아이가 형가나 섭정의 일을 능히 할 수 있겠는가?"라고 하여 이첨의 주장을 수용하는 입장을 취하고 있다. 또한 중국의 문인 우동이 지은 「외국죽지사」 가운데 황창과 관련된 내용(8세)과 김종직의 <황창랑>(8세)을 나란히 거론한 후, 우동의 기록은 필시 전설의 오류일 것이며 김종직의 <황창랑>도 그 내용을 보면 황창을 8세의 나이로 보기에는 무리가 따른다고 단정하고 있다. 그는 일련의 과정을 통해 황창의 나이를 15~6세로 기록한 이첨의 주장에 공신력을 더해주고 있다.

이학규가 우동의 「외국죽지사」를 거론한 대목은 무슨 영문인지 이해하기 쉽지 않다. 이는 아마도 박지원(1737~1805)이 1780년 연행에서 중국 인사들과의 만남에서 우동의 「외국죽지사」의 오류를 두고 필담을 나눈 것과 관련이 깊을 듯하다. 내용을 간추려서 보면 다음과 같다.

장주(長洲) 우동(尤侗) 회암(悔菴)이 「외국죽지사(外國竹枝詞)」를 지으매, 그 첫머리에 우리나라를 비롯하여 그 다음 백여 나라의 민요(民謠)와 토산(土産)의 대개를 소개하였는데, 우리나라의 일에 대하여서도 그의 서술이 오히려 그릇된 것이 많으니 하물며 해외 만리의 먼 곳이랴. 더군다나 문자가 없으니 무엇으로써 그들의 토속을 통할 수 있었겠는가? …… 또, '어린아이 여덟 살이 황창이라 부르는데, 칼춤을 추다 말고 백제왕을 베었다네.' …… 그 주에, '신라의 황창랑이 8세에 그의 임금을 위하여 백제에 가서 거리에서 춤추는데, 백제왕이 그를 불러 궁중에서 춤추게 하였더니, 그는 이내 그 칼로써 백제왕을 죽였다. …… 그 뒤에 조선이 신라를 격파하고 모의하여 황창과 회소의 두 곡조를 만들었다.' …… 나는 또, "그의 주(註)에 이르기를 조선이 신라를 격파했다는 것은 더욱 그릇된 말입니다. 조선은 고려를 계승했고, 고려는 신라를 계승했는데 어찌 5백 년 전의 신라를 격파할 수 있겠습니까."라고 하니, 여천은 "이야말로 을축(乙丑)·갑자(甲子)라는 겁

니다."하고 크게 웃는다.18)

우동이 「외국죽지사」에 우리나라의 민요와 토산에 대해 4수를 기록하였는데 그 서술에 오류가 많아 믿을 수 없다는 것이다. 그 오류는 대부분 주의 내용인데, 황창 관련 기록도 마찬가지다. 우동은 '조선이 신라를 격파하고 황창과 회소 두 곡조를 만들었다'고 기술하고 있다. 이를 두고 박지원은 '조선이 신라를 격파했다는 것은 더욱 그릇된 말입니다. 조선은 고려를 계승했고, 고려는 신라를 계승했는데 어찌 5백 년 전의 신라를 격파할 수 있겠습니까?'라고 반문하여 그 허무맹랑함을 비판했던 것이다.

이러한 언급에서 짐작할 수 있듯이 당시 우리나라 사대부 문인들은 우동의 「외국죽지사」에 대해 많은 불만을 품고 부정적인 시각을 견지한 것으로 여겨진다. 사실 박지원은 「외국죽지사」 가운데 주의 오류가 많음을 비판하고 있으나, 이학규는 주를 포함한 내용 전체를 믿을 수 없다고까지 생각한 듯하다. 「외국죽지사」에 대한 이학규의 언급도 이러한 맥락에서 이해할 수 있다.

논의를 종합하면, 사대부 문인들은 '황창은 관창의 와전이다'는 이첨의 주장을 수용하지 않고, 당시 황창의 나이는 15~6세에 대부분 동조하고 있다. 이를 바탕으로 황창의 행적을 문학적으로 형상화하기에 이른다.

---

18) 朴趾源, 『燕巖集』 권14, 「避暑錄」. "長洲尤侗悔菴, 著外國竹枝詞, 首以我國, 其下百餘國, 民謠土産, 著其大槪, 而觀其所述朝鮮事, 尙多舛謬. 況四海外萬里之遠, 而無文字可以通其土俗哉? …… 又, '小兒七歲號黃昌, 舞釖能誅百濟王.' …… 註云, '新羅國黃昌郞八歲, 爲王往百濟, 舞劍于市, 王召入宮, 令舞, 因刺之. …… 後朝鮮破新羅, 擬爲黃昌會蘇二曲.' …… 余曰, '註云, 朝鮮破新羅, 尤謬. 敝邦承高麗, 高麗承新羅, 則安得破五百年前新羅?' 麗川大笑曰, '所謂乙丑甲子.'" 우동의 「외국죽지사」 관련 이야기는 박지원이 李德懋(1741~1793)의 저술(『靑莊館全書』 권53, 「耳目口心書」 6)을 재인용한 것이다.

2) 황창의 문학적 형상

사대부 문인들이 황창을 소재로 작품화한 경우, 어린 나이에 나라를 위해 검무를 추다가 백제왕을 찔러죽이고 죽임을 당한 황창을 어떻게 형상화하느냐가 그 성패를 좌우한다. 그러므로 황창의 행적은 물론 그에 상응하는 황창의 평가가 필수적으로 요구되기 마련이다. 여기서는 김종직과 오광운의 작품을 중심으로 황창의 영웅적 행위가 어떻게 문학적으로 형상화되는지 그 일단을 살펴보고자 한다.

김종직은 「동도악부」를 창작하면서 일찍이 황창에 주목한 바 있다.

若有人兮纔離齠	어떤 사람인가 겨우 8세에
身未三尺何雄驍	몸은 석자도 안 되는데 얼마나 사납고 날렵한가
平生汪錡我所師	평생 왕기를 자기의 스승으로 삼아
爲國雪恥心無慘	나라 위해 설욕했으니 마음에 여한이 없겠네
釰鐔擬頸股不戰	칼날이 목을 겨누어도 다리를 떨지 않았고
釰鍔指心目不搖	칼끝이 심장을 가리켜도 눈동자도 흔들리지 않았네
功成脫然罷舞去	공을 이루고 유유히 춤을 마치고 떠나가니
挾山北海猶可超	겨드랑이에 태산을 끼고 북해도 뛰어넘겠네19)

황창은 나이 8세에 체구는 삼척도 안 되는 어린아이지만 매우 용맹하며, 동자로서 나라를 위해 목숨을 바친 왕기와 같은 인물이다. 특히 황창이 백제왕을 죽인 후 백제 군사에게 포위되어 죽임을 당할 때에도 위축되지 않는 의연한 모습에 주목하고 있다. 자신의 목에 칼날을 들이대고 칼끝이 심장을 겨누어진 상황이다. 사내대장부라도 상황이 이쯤 되면 겁에 질려 다리가 떨려 제대로 서있지도 못하고 오줌도 지리며 눈물을 펑펑 쏟았을 것이다. 그러나 황창은 비범한 인물이기에 의기당당

---

19) 金宗直,『佔畢齋集』권3,『東都樂府』, <黃昌郞>.

하게 맞서 조금도 위축되지 않는 모습이다. 김종직은 이러한 상황을 설정하여 황창의 기개와 인물됨을 효과적으로 표현하고 있다. 왕기는 일찍이 이첨이 <황창랑변>에서 거론한 적이 있으며,[20] 이후 여러 사대부 문인들이 황창을 거론할 때면 왕기와 같은 소년 협객으로 진시황을 암살하려 했던 무양, 협객의 대명사격인 형가나 섭정, 복수심에 불타던 예양 등을 연관시켜 평가하고 있다.[21] 이는 황창의 행적이 협객의 면모에 가깝다고 여겼기 때문일 것이다.

오광운은 여타의 작품과는 달리, 황창의 당시 상황을 재연함으로써 현장감을 배가시키고 있다.

臣有劍臣有劍	"신에게 검이 있으니 신에게 검이 있으니
勝君十萬師	십만의 군사도 이길 수 있습니다."
百濟市上霜雪翻	백제의 저자에 눈서리 몰아쳤고
百濟宮中血雨飛	백제 궁중에는 피비가 흩날렸다네
三分天地一震驚	삼국으로 분열된 세상에 한번 놀래키니
童跱慶卿奪光輝	왕기와 형가에게서 광휘를 빼앗았다네
母兮母兮收淚視	"어머니 어머니 눈물을 거두고 보세요
黃昌小兒提劍歸	소자 황창이 검을 끌고 돌아왔어요."[22]

작품의 서두와 말미가 대화체로 되어 있다. 서두는 황창이 신라왕을 알현하는 상황이다. '신에게 검이 있으니, 신이 임금을 위해 백제왕을

---

20) 『新增東國輿地勝覽』 권21, 「慶州府」, <人物> '官昌'. "李詹辨曰, '吾求古人之可擬官昌者幷論, 春秋哀公十一年, 汪錡爲公爲之乘, 偕死於國書之難, 孔子曰, 能執干戈以衛社稷, 可無殤也. 夫死義成仁者, 固難矣, 童子而敢爲者, 獨見汪錡與昌耳.'"
21) 沈光世, 『休翁集』 권3, 「海東樂府」, <黃昌郎>: 李宜顯, 『陶谷集』 권1, 「東都樂府」, <黃昌郎>: 金壽民, 『明隱集』 권4, 「箕東樂府」, <黃倡舞>: 金萬重, 『西浦集』 권2, 「觀黃昌舞」.
22) 吳光運, 『藥山漫稿』 권5, 「海東樂府」, <黃昌舞>.

죽일 것입니다'라고 하여, 결의에 찬 황창의 목소리를 문면에 드러내고 있다. 말미는 황창의 죽음을 듣고 실명한 어머니를 위해 사람을 시켜 검무를 추게 하여 그의 어머니가 눈이 다시 밝아졌다는 내용이다. 실명한 황창의 어머니가 눈물만 흘리는 모습을 보고서 황창인양 '어머니, 어머니! 눈물을 거두고 보세요. 소자 황창이 돌아왔습니다'라고 부르짖고 있다. 오광운은 이러한 대화체를 활용하여 결의에 찬 황창의 모습과 어머니가 다시 눈이 밝아지는 상황을 생동감 넘치게 표현하여, 당시의 현장감은 물론이려니와 비장미까지 형상화하고 있다.

실제로 황창을 작품화한 경우는 매우 많다. 그러나 위의 경우처럼 특정 상황을 설정해서 황창의 기개와 인물됨을 표현하거나 대화체를 사용해서 실감나게 재현하여 문학적으로 형상화한 경우는 많지 않다.

황창은 실제 역사상의 인물이 아니라 신라인들의 염원에 의해 전설로 만들어진 가공의 인물에 가까울 것이다. 그런데 다음 자료는 김종직의 <황창랑>을 전재하고 다음과 같이 평하고 있어 주목이 요구된다.

> 옛 사람의 기개와 의협은 이처럼 장렬한데, 지금은 들리지 않으니 어찌 이른바 문치(文治)가 나라를 망하게 한 것이 아니겠는가![古人之氣槪義俠, 若是壯烈, 今無聞焉, 豈所謂文治者薄蝕歟?]23)

추성자(秋聲子)란 필명의 작가는 일제의 침략 위기에 맞서 애국계몽운동을 펼치던 인물로 여겨진다. 그는 <황창랑>이란 작품에서 황창의 기개와 의협에 주목하고, 황창이 적국의 왕을 죽여 나라의 치욕을 씻은 것처럼 난국에 처한 나라를 구제할 영웅을 염원하고 있다. 아울러 무(武)를 도외시하고 문(文)을 숭상하는 풍조가 결국은 나라를 이 지경에

---

23) 「黃昌郞」, 『대한협회회보』 9호, 1908. 12. 25.

빠뜨렸다고 탄식하고 있다. 그는 황창을 바라보는 기존의 시각에서 벗어나 황창을 이해하고 있다. 여기서 시대적 변화에 따라 황창을 바라보는 시각과 인식이 바뀌고 있음을 알 수 있다.

3. 황창무의 전승과 연희 양상

황창무는 검무의 일종으로 지금은 이름만 전해지는 실정이다. 문헌 자료를 통해 본다면 황창무의 전승 과정은 일정정도 파악이 가능하지만, 황창무의 연희에 관한 자료는 턱없이 부족하다. 그러므로 황창무의 특징적 면모를 파악하여 황창무에 접근하고자 한다. 또한 18세기를 전후하여 검무가 전국적으로 유행한 사실에 착안하여, 황창무와의 관계도 따져볼 것이다.

1) 황창무의 전승 과정

『신증동국여지승람』과 이첨의 <황창랑변>, 김종직의 <황창랑> 등의 자료를 통해서 황창무가 신라시대 이후로 15세기 후반까지 어떻게 전승되었는지 짐작할 수 있다.

『신증동국여지승람』에는 신라시대부터 가면을 쓰고 검무를 추었다고 하여, 신라시대부터 가면을 쓰고 검무를 추는 황창무가 조선전기까지 전해지는 상황을 알 수 있다.

이첨의 <황창랑변>에는 그가 1385년 경주에서 가면을 쓴 동자가 검무를 추는 광경을 직접 목도한 사실이 기록되어, 동자가 가면을 쓰고 추는 검무가 황창무의 원형임을 파악할 수 있다. 또한 김종직은 황창무가 처용무와 함께 공연되었다고 기록하고 있다.

황창무는 신라시대부터 15세기 후반까지 경주를 중심으로 '동자가 가면을 쓰고 추는 검무'로 1인무의 성격이며, 처용무와 함께 공연되었음을 알 수 있다.

그런데 이후 문헌 기록을 살펴보면, 동자가 등장하거나 가면을 착용하는 사례는 찾아볼 수가 없다. 대부분의 자료는 교방(敎坊)의 기생들이 황창무를 연희하는 형태이다. 본래 남성적인 취향의 황창무가 후대로 내려오면서 기생(여성)이 연희하는 방식으로 변형된 것이다.

기생이 연희하는 황창무에 대한 자료는 17세기 후반부터 보이기 시작하는데, 이수광(1563~1628)의 기록24)은 이보다 앞선다. 예로부터 과거에 새로 급제한 사람을 신은(新恩) 또는 신래(新來)라고 일컬었는데, 이들이 조정의 고관대작들을 찾아뵙는 행사가 바로 신은례(新恩禮)이다. 이때 으레 기생이나 악공을 불러 한바탕 연희를 베풀었다고 한다.25) 신은례 때 배우들이 등장하여 환검(丸劍)과 황창무를 연희하는 상황이다. 또한 이의현은 중국으로 사신가는 연행 길에 검무를 관람하고 기록26)한 것이 있다. 아마도 사신의 전별연에서 공손대낭의 혼탈무와 황창의 황창무가 연희되는데, 이는 다름아닌 기방(妓房)을 통해 전수되고 있다는 것이다.

이러한 기록에 따른다면, 황창무는 17세기를 전후한 시점에 이미 서울과 사신의 전별연이 벌어지는 국경 일대에서 연희되고 있음을 짐작할 수 있다.

다음 조태억(1675~1728)의 기록은 황창무가 어떠한 경로로 전승되며,

---

24) 李晬光, 『芝峯集』 권17, 「新恩唱和錄」, <謝車復元, 趙深源和寄.>. "天街賜盖遊三日, 錦席迎恩戱一場, 誰遣俳優調郭禿, 旋看丸劍舞黃昌."
25) 成俔의 『慵齋叢話』 권8에 新恩禮와 관한 기록이 참고할 만하다.
26) 李宜顯, 『陶谷集』 권3, 「觀劍舞有感, 次杜甫舞劍器行韻.」. "公孫已遠黃昌死, 誰向妓坊傳異方, 西來我屢見此舞, 對之不覺增激昂"

그 특징은 무엇인지 살필 수 있는 중요한 자료이다.

東京千古感興亡	천년의 경주 흥망을 탄식하니
月堞星臺半已荒	반월성과 첨성대는 반이나 황폐하구나
唯有敎坊傳舊俗	오직 교방이 있어 옛 풍속을 전하는데
舞來雙釰學黃昌	춤은 쌍검에서 왔으니 황창을 배웠도다.27)

황창무의 연원지인 경주도 18세기 전후한 시점에서 이미 교방을 중심으로 기생들을 통해 전수되고 연희되고 있다. 그는 검무로서 황창무의 특징적 요소를 쌍검에서 찾고 있는데, 황창무를 이해하는 중요한 단서라 하겠다. 이후 여러 기록에서 경주와 영남지방의 교방을 중심으로 황창무가 전승되고 연희되었음을 찾을 수 있다.28)

황창무가 전국적으로 연희되는 상황은 정약용(1762~1836)의 기록에서 확인할 수 있다. 그는 1799년 황주(黃州)의 월파루(月波樓)에서 연회를 배풀던 상황을 기록한 바 있는데, 당시 안악군수(安岳郡守)가 춤추는 아이들 네 명을 보내와 황창무를 추고 포구락(抛毬樂)을 공연하여 나를 즐겁게 해 주었다고 전하고 있다.29)

논의를 종합하면, 황창무는 신라시대부터 15세기 후반까지 경주를

---

27) 趙泰億, 『謙齋集』 권6, 「劍舞」.
28) 李獻慶, 『艮翁集』 권5, 「黃昌舞」. "東京兒女劍如霜, 尙學黃昌舞曲長, 燕客有心徒瞲目, 軹人無勇自屠腸, 濟宮飛入群靈泣, 故國生歸萬口香, 父老尋常澆酒祭, 義魂時作白蜺翔." : 李令翊, 『信齋集』 책1, 「黃昌舞」. "黃昌年十五六, 善劍舞, 謁於羅王曰, '臣願爲王擊百濟王, 報王之仇.' 入百濟, 舞於市, 觀者如堵. 濟王召至宮中使舞, 昌遂擊王殺之, 因爲左右所殺. 其母聞而喪明, 人憐之, 令人舞劍於前, 給曰, '昌來舞矣, 前言妄耳.' 母驚喜還明. 嶺南敎坊, 至今傳其舞爲戱. 昌殺身成功, 固爲難得, 而所死之義, 已不及童踦, 身有老母自處者, 反不如嵒政, 其可惜也." : 李鼎盈, 『甘華集』 권2, 「黃昌舞」. "魯汪秦陽歲十三, 風聲宇宙自燕南, 至今劍舞在東京譜, 曷若黃兒是大男."
29) 丁若鏞, 『茶山詩文集』 권14, 「黃州月波樓記」.

중심으로 '동자가 가면을 쓰고 추는 검무'로 1인무의 성격이며, 처용무와 함께 공연되었다. 이후 교방의 기생들이 황창무를 연희하는 방식으로 변형되어, 동자가 등장하거나 가면을 착용하는 사례는 사라진다. 또한 17세기를 전후한 시점에 이미 서울과 사신의 전별연이 벌어지는 국경 일대에서 연희되고 있으며, 18세기에 경주 일대 또는 영남지방에서 교방을 중심으로 연희되다가, 19세기에 이르러 전국적인 규모로 확대되고 있다.

2) 황창무의 연희 양상

황창무는 어떠한 방식으로 연희되는 검무인지 파악하기가 어렵다. 그러므로 관련 자료를 통해서 그 단서를 추적하고자 한다. 황창무의 특징은 1인무로 쌍검을 들고 추는 검무이다.

황창무의 연희에 대한 기록은 김종직의 <황창랑>에서 그 단서를 찾을 수 있는데, 황창무를 목격하고 그 특징으로 '주선하며 이리저리 돌아보고 언뜻언뜻 연변(變轉)한다'고 간략하게 언급하고 있다.[30]

이후로는 자세한 기록을 찾을 수 없고, 김만중(1637~1692)의 「관황창무(觀黃昌舞)」[31]에서 그 면모를 짐작할 수 있다. 북이 울리면서 단후의(短後衣)에 호모(虎毛)를 쓴 기생이 등장하여 추련검(秋蓮劍)으로 연희한다. 바닥에 놓인 검은 긴 소매를 땅을 스치듯 쓸어 올리면서 잡으며,

---

30) 金宗直, 『佔畢齋集』 권3, 『東都樂府』, <黃昌郎>.
31) 金萬重, 『西浦集』 권2, 「觀黃昌舞」. "繁絃欲停催撾鼓, 翠眉女兒黃昌舞, 短後之衣頭虎毛, 頗似木蘭行負羽, 長袖洋洋拂地起, 欻驚腰下秋蓮吐, 左盤右旋勢轉急, 風雨颯颯雷霆怒, 弓彎舞袖眞嫌俗, 公孫劍器何足數, 吾聞海東昔三分, 日尋干戈相侵侮, 惠文好劍風俗成, 黃昌十四歲如虎, 洗國深羞報君王, 功成身死名萬古, 項莊鴻門謾掉箭, 荊卿遺恨在銅柱, 舞陽色變秦王宮, 唉彼竪子非爾伍. …… 烈士風聲久寂寞, 賴有此舞傳樂府."

좌우로 회전하고 몸을 뒤로 젖히는 궁만(弓彎)도 하고 있다. 여기서 궁만은 본래 중국 검무에서 혐오하던 것인데, 공손대낭이 혼탈무에서 연희한 이후 검무에 널리 행해진 것이다. 이 동작은 황창무에는 없던 것인데, 후대에 첨가되어진 듯하다.

비슷한 시기에 홍세태(1653~1725)도 황창무를 관람하고 작품을 남기고 있다.32) 북이 울리면 화포(花袍)를 입고 옥대(玉帶)를 둘러 허리를 질끈 동여 맨 쌍검을 소매 속에 넣은 기생이 등장하여 연희한다. 긴 소매를 끌다가 가벼운 노리개를 떨치듯이 일어나 장단에 맞춰 완급을 조절하며, 종횡무진 검무를 추고 있다.

17세기를 전후한 두 기록을 살펴보면, 1인무로 땅을 긴 소매로 쓸어 올리면서 검을 잡는 동작이 매우 유사하다.

이후 성대중(1732~1809)도 경주에서 황창무 공연을 목격한 그 광경을 기록하고 있다.33) 붉은 전립(戰笠)을 쓰고 행자삼(杏子衫)과 녹의(綠衣)를 입은 기생이 등장한다. 첨수(尖袖)를 걷어올리면서 검을 잡아 검무를 추다가 몸을 뒤로 젖히고 검을 던지기도 한다. 앞의 기록과는 상당부분 다른 점이 보인다. 긴 소매가 첨수로 바뀌고, 검을 던지는 동작이 새롭게 첨가되고 있다. 검을 던지는 동작은 정약용과 박제가(1750~1805), 유득공(1749~1807)의 검무 관련 기록에 공통적으로 보이는 연희 방식이다.34) 그렇다면 검무가 널리 유행하는 과정에서 황창무에 이 동

---

32) 洪世泰, 『柳下集』 권1, 「觀梅娘黃昌舞歌」. "高堂擊鼓張錦筵, 試舞一曲當樽前, 花袍玉帶束纖腰, 袖裏雙虹光照蓮, 揄長袂振輕珮, 蹈急節應鳴絃, 遊龍矯兮驚鴻擧, 直之無前橫無禦, 梨花雪色遍一身, 驟雨飄風無定所, 左右觀者皆竦神, 廣庭寂若虛無人, 劃然斫地拗餘怒, 但見羅襪生微塵."

33) 成大中, 『靑城集』 권3, 「次玉流子李汝亮[明淵]劍舞詩, 詠黃昌舞」. "鷄林童子姓名香, 樂府猶傳假面粧, 始至綽約如欲笑, 少焉跳盪不勝狂, 初疑彩雲泛繡茵, 却驚飛燕掠雕樑, 轉眄渾失雲燕狀, 但見花毬滾華堂, 猩紅戰笠杏子衫, 半腰纏辮綠衣娘, 冷眼斜睨遽逼人, 尖袖輕揎忽閃鋩, …… 飜身擲劍却躕躇, 繡襪猶沾滿地霜."

작이 수용되고 있는 것이다.

유한준(1732~1811)의 「후검기행(後劍器行)」[35]에는 혼탈무와 황창무가 한 자리에서 연희되는 상황을 언급하고 있다. 이 기록은 황창무가 본래의 모습에서 변모하는 과정을 이해하는데 중요한 자료이다. 황창무도 여러 검무가 한 자리에서 연희되는 과정을 거치면서 다른 검무의 동작을 수용하는 계기가 되었다고 여겨지기 때문이다.

앞서 본래 황창무가 '동자가 가면을 쓰고 추는 검무'와 교방의 기생들이 연희하는 형태로 변화했듯이, 시대적 변화에 맞추어 황창무도 혼탈무의 궁만과 같은 동작이나 검을 던지는 동작을 수용하여 나름대로 변모하고 있다.

황창무와 관련해서 고려할 사항은 18세기 이후 검무가 전국적으로 일대 유행한다는 사실이다. 쌍검대무를 비롯한 2인 검무가 대부분을 차지하며 『교방가요』에는 4인 검무 연희까지 나타나고 있어 점차 체계화되고 있음을 알 수 있다. 이는 황창무가 교방을 중심으로 전수되고 연희되는 상황과 밀접한 관계가 있을 듯하다. 황창무의 특징인 쌍검이 당시 유행하던 검무의 주종을 이루고 있기 때문이다. 혹 쌍검으로 추는 1인무 성격의 황창무가 2인 검무 또는 4인 검무로 변화·발전하지는 않았을까 의심스러운 대목이다. 이 문제는 보다 많은 자료를 토대로 면밀하게 따져보아야 할 사안일 듯하다.

그렇다면 황창무는 언제까지 연희되었던 것인가? 강위는 경주 일대를 지나다가 황창무를 연희하는 광경을 목격하고 그 감회를 기록하고 있다.[36] 황창무는 19세기 후반까지 그 명맥이 유지되어 실제 연희되었

---

34) 丁若鏞, 『茶山詩文集』 권1, 「舞劍篇贈美人」.: 朴齊家, 『貞蕤閣集』 권1, 「劍舞記」.: 柳得恭, 『泠齋集』 권14, 「劍舞賦」.
35) 兪漢雋, 『自著』 권7, 「後劍器行」.

음을 알 수 있다.

4. 맺음말

지금까지의 논의를 정리하는 것으로 맺음말을 대신할까 한다.

본고는 기존 연구를 바탕으로 황창과 황창무에 관련된 여러 문헌의 기록을 다시 점검하고 고찰하는 수준에서 논의를 전개하였다. 황창에 관련된 중요한 문제는 '황창은 관창의 와전이다'는 이첨의 주장과 '황창의 나이 문제이다'에 대한 각각 서로 다른데서 발생한 것이다. 사대부 문인들은 이첨의 주장을 수용하지 않고, 황창의 나이는 15~6세에 동의하고 있다. 문학적 형상에서는 황창의 기개와 인물됨, 그리고 대화체를 활용하여 실감나게 당시 상황을 재현한 김종직과 오광운의 작품을 중심으로 살펴보았다.

검무로서 황창무는 신라시대 이후 15세기 후반까지는 '동자가 가면을 쓰고 추는 검무'로 전승되었다. 17세기를 전후한 시점에서 기생이 연희하는 형태로 바뀌어서, 18세기에는 경주와 영남지방의 교방을 중심으로 황창무가 전수되고 연희되며, 19세기에 이르러서야 전국적인 규모로 확대되고 있다. 황창무를 참고할 자료는 부족하며, 그나마 황창무의 특징은 쌍검으로 1인이 추는 검무라는 것이다. 연희방식은 검무와 커다란 차이점을 찾기 어려우나, 18세기에 쌍검대무를 비롯한 검무가 일대 유행하는 것도 황창무와 관련이 있을 듯하다. 아마도 황창무가 교방을 중심으로 전수되고 연희되는 과정이 영향을 끼쳤다고 여겨진다.

---

36) 姜瑋,『古歡堂收艸・詩稿』권2,「東京道中雜詩」제15수. "舞市升堂刺濟王, 可憐七歲妙兒郞, 座有荊卿應變色, 戲場快活演黃倡."

참고문헌

김매자, 『한국무용사』, 삼신각, 2002.
김혜정 외, 『한국무용사의 이해』, 형설출판사, 2003.
성경린, 『한국전통무용』, 일지사, 1995.
성계옥 외, 『진주검무』, 국립문화재연구소, 2002.
송수남, 『한국무용사』, 금광, 1988.
장사훈, 『한국무용개론』, 대광문화사, 1997.
정현석 편저, 성무경 역주, 『교방가요(敎坊歌謠)』, 보고사, 2002.

김은정, 「정재 항장무의 연원 및 전승」, 『민족무용』 2호, 세계민족무용연구소, 2002.
박은영, 「시대별로 보는 한국의 검무」, 『민족무용』 2호, 세계민족무용연구소, 2002.
성무경, 「조선후기 지방 교방(敎坊)의 관변풍류(官邊風流)와 악가무(樂歌舞)」, 『교방가요』, 보고사, 2002.
성무경, 「정재 항장무의 연희전승과 극연출 방식」, 『민족무용』 2호, 세계민족무용연구소, 2002.
안대회, 「조선의 기인(奇人)·명인(名人) ④ : 춤꾼 운심」, 『신동아』 2004년 10월호.
조혁상, 「조선조 검무시 연구」, 『민족무용』 5호, 세계민족무용연구소, 2004.
황인덕, 「황창무 연구-황창의 유래문제를 중심으로」, 『한국민속학』, 한국민속학회, 1987.

교방정재 승무와 탈춤 중과장의 구조 비교를 통한 영향 관계 연구

허동성

I. 서론

주지하듯이 현재 우리에게 친숙한 독무형식으로서의 승무는 지난 세기 초인 1908년 경 명무 한성준에 의해 창작된 것으로 알려진 우리 고유의 민속춤이다. 승무의 기원에 관해서는 그간 여러 견해가 제기된 바 있으나[1] 무엇보다도 춤의 정조특성과 양식특성을 고려할 때 불교의식무용인 법고춤에서 영향 받아 창작된 것으로 추정된다.[2] 그러나 승무라는

---

[1] 지금까지 제기된 승무의 기원은 불교의식무 기원설과 민속무용 유래설의 두 가지로 대별된다. 전자는 석가세존께서 영취산(靈鷲山)에서 법화경을 설할 때 천사색(千四色)의 채화(綵花)를 내리시니 가섭(迦葉)이 그 의미를 알아채어 빙긋이 웃으며 춤을 추었다고 하며 이를 후대의 승려들이 본따 춘 춤에서 비롯되었다는 설이다. 후자는 황진이가 지족선사(知足禪師)를 유혹하려고 춘 데서 비롯되었다는 설, 상좌승이 스승이 없는 사이에 스승이 하는 기거(起居) 범절과 독경설법(讀經說法)의 모습을 흉내낸 동작에서 유래한다는 설, 파계승이 번뇌를 잊으려고 북을 치며 춘 춤에서 기원하였다는 등 여러 설이 있다. 그러나 현행 승무의 양식 및 구성 측면에서 볼 때 불교의식무용 중 하나인 법고(法鼓)춤에서 유래하였다는 설이 가장 신빙성이 있는 것으로 보여진다. 조선 중엽 이후 서산대사가 불법 포교의 일환으로 승무를 승려의 필수 일과(一科)로 채택한 뒤 더욱 발전하게 되었으나 이후 운수승(雲水僧)들이 승무를 탁발 수단으로 오용하는 경우가 잦아져 지탄의 대상이 되자 금지된 이후 민간으로 전파되면서 민속무용화된 것으로 추정된다.

[2] 법고춤을 포함한 불교의식무용이 홀춤 승무에 끼친 영향 근거에 관해서는 권재남, 「불교의식무용이 승무에 미친 영향」(영남대 석사학위 논문, 1995), 42-46쪽과 송영

명칭은 이보다 훨씬 이전인 1872년에 쓰여진 정현석(鄭顯奭 ; 1817-1899)의 『교방가요』에 이미 보여진다. 『교방가요』는 당시 진주교방에서 연행된 승무를 비롯하여 여러 정재 종목들의 연행 내용과 절차에 관해 소략하게 언급하고 있는 바 이는 조선 후기 지방교방에서 중앙의 궁중정재와는 일부 차별성이 있는 무용종목들이 정재곡목으로 채택되어 연행되고 있었음을 확인케 한다. 그 중에서도 본고의 논의대상인 승무는 중앙의 궁중정재 종목들의 연행내용과 절차를 기록한 의궤나 홀기에서는 전혀 언급되고 있지 않은 점에서 교방정재 종목의 특화 양상은 물론 중앙과 지방의 정재종목의 변별양상을 입증하는 예범이라고 할 수 있다.

그러나 『교방가요』에 기록된 형태의 승무는 20세기 초 한성준이 창작한 홀춤 승무의 인기가 확산되면서 한량무라는 이름으로 개칭되었으며 이 역시 최근 임이조, 조흥동 등에 의해 재구성된 홀춤 형식의 한량무로 변형, 혹은 축약되어 전승되는 양상을 보이고 있다. 현행 한량무의 선행 형태라 할 수 있는 진주의 한량무는 중앙 진연행사에 차출된 진주교방 소속 기녀들에 의해 진주교방에 수용된 것으로 추정되는 『교방가요』 계통 승무의 후대 전승형태로서 경상남도 지방무형문화재 3호로 지정받아 전승되고 있다. 진주 한량무가 한량, 승려, 색시, 주모, 별감, 상좌 등의 인물들이 등장하여 연극적 이야기를 제시하는 무용극적 형식인 데 반해 현행 한량무는 한량의 여유와 풍류의식을 드러내는 섬세한 발디딤새와 소매동작을 수반한 예술적인 독무 형식으로 재구성된 것이다.

따라서 조선 후기에 연행되어 『교방가요』에 기록된 바의 무용극적 형식의 승무는 현전하는 홀춤 승무나 홀춤 한량무보다 시기적으로 선

선, 「승무의 형성에 관한 연구」(이화여대 석사학위 논문, 1998), 24-26쪽 참조.

행 양상을 띠고 있을 뿐만 아니라 이들 후대 형식들과는 적잖이 차별화되는 연극적 서사와 장르특성을 취하고 있는 점에서 그 선후영향 관계의 추찰과 관련하여 주목할 가치가 있다. 무엇보다도 『교방가요』에 기록된 형태의 승무는 극적 서사구조에 있어서 적어도 조선시대 중기 이후 민간에서 성행했을 것으로 추정되는 가면극 양식인 탈춤의 중마당과 상당한 정도의 유사성을 보이고 있는 점에서 역사적 영향관계를 상정할 수 있는 여지가 충분하다.

이 점에서 본고에서는 『교방가요』에 기록된 바의 승무 형식을 기준으로 하여 현전하는 탈춤의 중마당과의 극적 담화구조 비교를 통해 양자의 영향 가능성을 타진함으로써 민간예능으로서의 탈춤이 교방정재 종목으로 편입되는 과정에서 관찰되는 문화상승 양상을 살피고자 한다.

II. 무용극적 양식으로서의 승무에 대한 기록

극적 서사와 분역(分役)에 따른 역할연기를 취하는 연극적 형식으로서의 승무에 대한 최초의 본격적인 기록은 앞서 지적한 대로 정현석의 『교방가요』에 보여진다. 주지하듯 『교방가요』는 고종 9년(1872)년 당시 진주목사로 있던 정현석이 당시 진주교방에서 기녀들에 행해진 여러 교방정재 종목들에 적용된 가곡과 가사, 악기와 무곡, 창사목록, 공연내용 및 절차 등을 기록한 바 조선 후기 지방교방의 정재 연행양상의 실제적 면모를 확인케 하는 소중한 사료이다. 특히 『교방가요』는 각 정재의 실제 연행모습을 묘사한 실연도(實演圖)를 함께 수록하고 있어 그 자료가치가 더욱 크다고 할 수 있다.

이와 함께 주목되는 점은 당시 진주교방에서의 정재 연행에 있어서 종래의 정재창사 대신 가곡이 채택되고 있다는 점이다. 정재의 연행 주체인 교방 기녀들이 정확한 뜻을 모른 채 구송하던 한시 창사 대신 우리말 시가인 가곡으로 대체한 점은 조선 후기에 서민층이 문화향수 및 창작주체로 부상한 데 따른 서민문화의 정립과도 무관치 않으며[3] 아울러 정재의 연행 측면에서 조선 후기에 본격화된 당악의 향악화 양상에서 보듯이 기존의 고답적 문화를 현실적으로 적응, 친화시키려는 문화적 주체성 확립의 역사적 방향성과도 맞물린다고 할 수 있다. 특히 진주교방의 경우에서 보듯 지방 교방정재의 경우 정재창사에서 가곡으로의 전환이 중앙의 궁중정재보다 앞서는 점은 이러한 향악화 현상이 각 지방의 교방에서 더욱 활발하게 진행되었을 가능성을 지시한다는 점에서 주목된다. 이러한 현상은 지방의 교방기녀들이 궁중의 중요한 진연이나 진찬 행사시에 선발되어 상경(上京)하여 궁중행사에 참가하기 위해 장악원(掌樂院)이나 이원(梨園)에서 익힌 기예를 지방으로 돌아가 전파하는 것이 조선 후기 경향(京鄕)간 문화교류의 한 양상이었음을 상정할 때 문화적 향토화를 향한 의도를 내포하고 있다고 볼 수 있다.

『교방가요』에 기록된 교방정재 종목은 육화대, 연화대, 헌반도, 고무, 포구락, 검무, 선악, 항장무, 의암별제가무, 아박무, 향발무, 황창무, 처용가무, 승무의 14종이다. 대개의 경우 각 정재의 절차를 간술한 뒤 악부시체 한역시 1수를 수록하고 이어 연행모습을 채색된 그림으로 묘사하는 기술방식을 취하고 있다. 이들 정재종목들 중 진주교방의 지방색을 가장 농후하게 보여주는 종목은 궁중정재 관련 여러 의궤나 홀기에 기록이 없는 의암별제가무와 승무이다. 이 점에서 승무는 교방정재와 궁중정재의 변별양상을 예증하는 한 단서로서의 가치를 함께 지닌다고 할 수 있다. 여기서『교방가요』에 수록된 승무에 대한 설명부분을 살펴

---

3) 정현석,『교방가요』성무경 역주(서울 : 보고사, 2002), 30쪽.

볼 필요가 있다.

　젊은 기생이 절하고 춤을 춘다. 풍류랑(風流郞 ; 한량)이 쾌자를 입고 대무한다. 한량이 기생 주위를 돌며 춤추다 둘이 서로 희롱하며 친압(親狎)할 즈음 노승이 무대 모퉁이에 엎드려 있다. 상좌가 나와 춤추다가 노승에게 가서 기생을 가리킨다. 노승은 머리를 흔들며 보지 않는다. 상좌가 또 귀에 대고 무어라고 말하자 노승은 차츰 고개를 들어 살펴본다. 상좌가 석장(錫杖)을 끌어당기니 노승은 부들부들 떨면서 일어나지 못하고 일어나려고 해도 벌렁 자빠지기만 한다. 또다시 상좌가 이끌자 일어나 춤을 추다가 차츰 기생 있는 곳으로 다가가 주위를 돌면서 춤을 춘다. 상좌가 둘 사이에 끼어들어 주위를 돌자 한량이 그것을 피해 나간다. 노승은 기생과 더불어 희롱하고 친압하면서 매양 한량이 오는가를 살피다가 한량이 가까이 들어오자 피해 도망간다. 한량이 비단신을 기생의 발에 신겨 놓고 나간다. 노승 또한 꽃신을 기생의 발에 바꿔 신겨놓고 나간다. 한량이 돌아와 그 신발이 바뀐 것을 보고 노하여 기생을 때리면 기생은 우는 시늉을 한다. 한량이 기생의 허리를 안고 달래다가 나간다. 노승이 또 와서 희롱하다가 기생을 업고 나간다. 한량이 술에 취해 비틀거리며 들어와서는 기생이 없는 것을 보자 두 다리를 뻗고 앉아 운다. 기생이 노승을 버리고 돌아와 한량의 허리를 끌어안고 운다. 한량이 기생을 마구 때리자 기생은 울먹이며 눈물을 그치지 않는다. 한량이 기생의 허리를 끌어안고 달래지만 기생은 듣지 않는다. 한량이 계속해서 달래자 기생은 다시 일어나 한량과 함께 춤을 춘다. 한량이 다른 한 명의 소기(小妓)를 끌어안는다. 기생은 질투가 나서 소기를 때린다. 기생은 다시 일어나 춤을 추다가 먼저 절하고 나간다. 한량도 또한 나간다. 노승과 상좌가 춤을 추다가 파한다. 이것은 한 마당의 잡희에 불과하지만 그 본래의 의미를 궁구해 보자면 권징(권선징악)의 뜻이 있다. 여자는 처음에는 정조를 품은 것 같지만 끝내는 음란해지고 선비는 처음에는 지조를 지키는 것 같지만 끝내는 어그러지며 중은 처음에는 계율을 행하는 것 같다가 종국에는 미치광이가 된다. 이는 곧 인간 세상의 희롱에 휩쓸려 끝내 자신을 이겨내는 자가 드물다는 것이다. 구경하는 자도 이와 마찬가지다.4)

이와 함께 『교방가요』의 기록에서 주목되는 것은 잡희 종목으로 분류, 기술되어 있는 사당(舍黨), 풍각(風角), 초란(焦爛), 산대(山臺), 곽독(郭禿), 취승(醉僧) 등의 연희종목이다. 이 중 본고의 논의와 관련하여 특히 주목되는 종목은 산대이다. 정현석의 설명에 따르면 산대는 '士與僧美人皆假面', 즉 선비와 중, 미인이 함께 가면을 쓰고 등장하는 민간연희 종목으로서 이는 현행 탈춤의 양반과장과 중과장에 상응한다고 할 수 있다. 한편 취승의 춤 형식에 관해 '機動蹈舞'라는 설명이 보이는 바 이는 술에 취한 중의 추태를 풍자하는 종목으로서 현행 탈춤의 목중과장, 혹은 취발이과장에 상응한다고 볼 수 있다. 이밖에 초란은 기이한 여성 형상의 탈에 붉은 저고리와 푸른 치마를 입고 긴 깃대를 든 나자(儺者)를 지칭하는 점에서 나례의식을 지시한다고 볼 수 있으나 하회탈놀이와 고성오광대에 양반의 하인으로 등장하여 양반과 선비간에 갈등을 유발하는 초란이, 초라니, 혹은 초랭이와 상응성을 지니는 점에서 주목된다.

이러한 문맥에서 『교방가요』에 기록된 이들 세 종목들은 탈춤의 과장들 중 당시 민간에서 인기있었던 주요 과장에 대한 기록이라고 할 수 있다. 여기서 주목되는 것은 『교방가요』에 교방정재 종목으로 행해진 승무와 민간연희 종목으로 행해진 탈춤의 중과장이 병립되어 기록되어 있는 바 양자의 선후관계 및 영향관계가 어떤 양상인가 하는 점이다. 이에 관해서는 승무, 산대, 취승이 결합하여 산대놀이의 노장, 샌님과장으로 형성되었을 것이라는 견해가 제기된 바 있으며[5] 일면 타당성이 있는 듯하다. 그러나 정현석이 교방정재로서의 승무와 잡희종목으로서의 산대, 취승을 계통상 변별하고 있을 뿐 아니라 양자의 인물구성 및

---

4) 위의 책, 220쪽.
5) 이두현, 『한국의 가면극』(서울: 일지사, 1980), 115쪽.

극적 모티프가 적잖은 상응, 혹은 중복양상을 보이고 있는 점에서 계통이 상이한 이들 종목이 결합하여 다시 민간잡희인 탈춤의 과장으로 전환되었으리라는 가정은 무리가 없지 않다.

이 점에서 기존에 민간에서 유행된 탈춤 곡목들인 산대, 취승의 극적 재미와 그에 따른 대중적 인기에 따라 이들 민간잡희가 승무라는 명칭으로 교방정재 종목으로 채택되어 교방기녀들에 의해 연행되었을 가능성이 더욱 농후하다고 볼 수 있다. 그 한 근거로서 정현석이 상기한 승무에 관한 설명에서 승무를 잡희에서 비롯된 것으로 언급하고 있는 점을 들 수 있 다. 다시 말해 민간에서 잡희로서 행해지던 탈춤의 한 과장으로서의 중마당, 즉 승무의 극적 행동과 인물구성을 복잡화시킴으로써 극적 재미를 더하고 이를 가면을 쓰지 않은 기녀들이 연향(宴饗) 취의에 부합되는 무용극 형식으로 세련화시킴으로써 정재종목으로서의 승무가 형성되었다고 볼 수 있다. 이와 함께 오늘날 진주 인근 지역인 고성오광대에서 중과장을 승무라고 통칭하는 점 또한 정재로서의 승무가 탈춤의 중과장에서 비롯된 것이라는 한 단서가 될 수 있을 것이다.

이와 함께 17세기부터 19세기까지 당시 청조의 연경(燕京)을 사행(使行)하고 돌아 온 사행사들에 의해 쓰여진 기록문학 작품인 연행록(燕行綠)에서도 사행 도중에 목도한 여러 공연종목들의 명칭과 내용이 기록되고 있는 바 특히 교방정재로서의 승무의 연행에 관한 기록은 『교방가요』보다 24년 전인 1848년 이우준(李隅駿)이 저술한 <몽유연행록>(夢遊燕行錄)에서도 발견된다. 이 문헌은 이우준이 연행 도중에 보았던 여러 교방정재 종목들을 기록하고 있으며 그 중 관아에 부속된 진변헌에서 연행된 승무를 관람하였음을 적고 있다. 이밖에도 1862년 홍순학(洪淳學)이 가례주청사(家禮奏請使) 서장관(書狀官)으로 북경에 다녀온 여정을 기록한 기행가사집인 <연행가>(燕行歌)에도 교방정재 형식의 승무의 연행을 확인케 하는 기록이 보여진다. 중국으로 가는 도정에 거친 여러 고을의 관장들이 베푼 사신 전별연(餞別宴)에 관한 기록들 중 평안도 선천의 의검정에서 벌어진 연회에 관한 묘사내용의 일부로서 "우습도다 승무로다"라는 기록이 남아있다. 묘사의 간략함으로 인해 그 구체적인 연행내용을 확인할 수는 없으나 승무를 우습다고 묘술한 점에 비추어 『교방가요』에 기술된 승무의 내용과 거의 동일한 소극(笑劇) 형식이었음을 가늠할 수 있다.6)

이상의 기록사료들을 통해 조선 후기인 19세기 중반 교방에서 연행된 승무는 오늘날 우리나라 민속무용의 대표종목들 중 하나인 우아하고도 엄숙한 정조의 승무와는 전혀 다른 형식으로서 탈춤의 노장과장, 혹은 중마당과 흡사한 극적 서사를 지닌 무용극 형식이었음을 확인할 수 있다. 특히 승무의 연행사실을 기록한 상기 세 문헌들의 지역 소재를 볼 때 극적 형식으로서의 승무가 일부 지역에 국한되지 않고 전국적인 인지도를 지닌 인기있는 잡희종목으로서 교방정재로 채택되어 연행되고 있었음을 확인케 해 준다. 이러한 문화상승 현상은 민간연희로서의 탈춤이 일부 지역적 변용에 따른 향토화, 자기화 양상에도 불구하고 남사당패와 같은 전문적인 유랑연희집단에 의한 전번 매개과정을 통해 대체로 공통된 과장 및 인물구성과 연극적 서사모티프를 지니며 전국적인 분포양태와 대중적 친화력을 갖추고 있었던 점에서도 그 근거를 찾을 수 있다. 또한 지방 이속들이 연행하던 봉산탈춤이 1920년대 이후 기생조합에 조직된 이후 남자대신 기녀들이 상좌와 소무를 연기하고 심지어 얼굴자랑을 위해 가면을 착용하지 않았던 경우와7) 마찬가지로

---

6) 성무경, 「조선 후기 정재의 문화지형 스케치」, 『민족무용』 3(서울 : 세계민족무용연구소, 2003), 175-179쪽.
7) 이두현, 앞의 책, 186쪽.

정재로 채택된 승무의 경우에도 극적 재미와 볼거리를 배가시키기 위해 교방의 여기들이 남성인물 연기와 소면(素面) 연기를 행하였을 가능성이 농후하다.

파계승이 등장하는 중마당에 국한하여 생각할 때 탈춤으로서의 승무의 전통은 매우 오랜 것으로 추정된다. 그 우선적 근거는 이혜구의 비교연구를 통해 우리 탈춤의 기원으로서 상당한 정도의 합리적 근거를 가진 기악(伎樂)이다. 중국에서 백제인 미마지를 통해 612년 일본에 전래된 기악의 연행절차에 관한 일본악서 『교훈초』(敎訓抄, 기원 13세기)의 기록에서도 중마당의 원형적 모티프가 보여진다. 오녀(吳女)에게 음심을 품고 마라(남근)를 휘두르며 유혹하는 곤륜(崑崙)의 일탈적 행위와 그를 제지, 응징하는 역사(力士)의 행위는 이혜구가 지적한 대로 노장, 소무, 취발이가 등장하는 우리 탈춤의 노장과장과 분명한 상응성을 보이고 있다. 곤륜의 타락상을 보여주는 이 장면이 기악의 핵심적 부분으로 정착되어 있는 것은 불법(佛法)의 실천에 가장 큰 장애물이라 할 수 있는 인간의 욕정을 드러내고 응징함으로써 풍자 및 교훈효과가 가장 크기 때문이며 이는 우리 탈춤의 경우에도 거의 동일한 양상을 보인다고 할 수 있다. 이러한 양상은 현재 남아있는 가장 오랜 형태의 불교무용극인 참(Cham)에서도 확인된다. 티벳불교권에서 행해지는 교훈적인 가면무용극인 참은 티벳은 물론 히말라야산을 에워싼 인도 북부와 북동부, 부탄, 네팔, 그리고 몽골지역의 라마불교 사원(gumpa)의 정기적인 종교축제시에 승려들에 의해 연행된다. 주목되는 것은 참의 경우에도 불법의 심중한 장애물인 인간 욕망의 상징으로서의 남근(mara. linga)이 부각된 진흙인형을 처단하는 장면이 가장 중요한 의식절차로 정착되어 있는 점이다. 나아가 세말에 행해지는 신지참(Shinje Cham)의 경우 인간이 죽은 후의 선악을 저울질로 심판하여 극락과 지옥으로 보내는 연

극적 과장을 포함하고 있으며 이 과정에서도 파계승에 상응하는 죄인의 죄과를 심판하는 장면이 보여진다.8)

한편 『교방가요』 계통 승무의 연원을 확인하는 데 보다 가까운 사료는 최근 발굴된 조선시대 후기 문인인 강이천(姜彝天, 1769-1801)의 문집인 <중암고(重菴稿)>에 수록된 한시 <남성관희자>(南城觀戲子)에서 보여진다. 강이천이 10세이던 1778년 당시 남대문 밖에서 본 탈춤과 꼭두각시놀음을 생생하게 묘사하고 있는 이 시의 후반부는 당시 행해진 탈춤의 여러 과장의 일부로서 노장과장을 묘사하고 있다.

노장스님 어디서 오셨는지?	老釋自何來
석장을 짚고 장삼을 걸치고	拄杖衣袂裕
구부정 몸을 가누지 못하고	龍鍾不能立
수염도 눈썹도 도통 하얀데	鬚眉皓如鷺
사미승 뒤를 따라오며	沙彌隨其後
연방 합장하고 배례하고	合掌拜跪屢
이 노장 힘이 쇠약해	力微任從風
넘어지기 몇 번이던고?	顚躓凡幾度
한 젊은 계집이 등장하니	又出一少妹
이 만남에 깜짝 반기며	驚喜此相遇
흥을 스스로 억제치 못해	老興不自禁

---

8) 필자는 미국 포드재단기금이 후원하는 Asian Scholarship Foundation의 연구비 지원으로 2002년 2월부터 12월까지 인도 불교무용 및 연극에 관한 인도 전역의 현장조사 및 연구활동을 하였는 바 그 중 인도 북부의 불교중심지인 라닥(Ladakh)과 시낌(Sikkim)을 중심으로 서장불교 계통의 의식무용인 참의 연행구조와 극적 모티프에 관해서는 차후 별고를 통해 발표할 예정이다. 그 연구결과의 일부는 미국 UCLA Center for Korean Studies, UCLA Center for Intercultural Performance와 한국예술종합학교 무용원 산하 세계민족무용연구소가 공동주최한 국제세미나(The Buddhist Legacy in Asian Culture and Art, 장소 : UCLA Bunch Hall, 일시 : 2004.11.17)에서 발표한 연구논문 「Buddhist Dance of Ladakh and Sikkim in India」에 수록되어 있다.

파계하고 청혼을 하더라	破戒要婚娶
광풍이 문득 크게 일어나	狂風忽大作
당황하여 어쩔 줄 모르는 즈음	張皇而失措
또 웬 중이 대취해서	有僧又大醉
고래고래 외치고 주정을 부린다.	呼號亦忝酗9)

즉, 노장이 젊은 계집에게 반해 파계하고 청혼하자 술취한 중이 등장하여 고래고래 외치며 주정을 부린다는 내용이며 여기서 만취한 중은 가면극의 취발이, 승무의 한량에 상응한다고 할 수 있다. 또한 조선 영정조대 유득공이 당시의 서울의 세시풍속을 기록한 『경도잡지』(1819)에도 승무의 연행 기록이 보인다. 즉, 당시 나례도감에서 주관한 잡희로서 산희(山戲)와 야희(野戲)가 연희되었으며 그 중 산희로써는 시령을 매고 포장을 치고 사호(獅虎), 만석(曼碩), 승무를 상연하고 야희로서는 당녀(唐女), 소매(小梅)로 분장하고 춤을 추었다고 한다. 이러한 사료들을 통해 이미 『교방가요』에 기록된 바의 교방정재로서의 승무 이전에 민간탈놀이로써 연행된 가면극 계통의 극적 양식의 승무가 있었음을 확인할 수 있다. 이 점에서 교방에 유입된 승무 형태는 이전에 민간에서 성행하던 탈춤 계통 승무를 수용한 것이라 볼 수 있다.

III. 탈춤의 중마당과 승무의 극적 담화구조 비교

우리나라 각 지역에 전승되어 온 탈춤에는 강릉 단오제에서 행해지는 관노탈놀이, 동해안별신굿의 여흥으로 행해지는 탈놀음, 영남지역의 통영오광대, 수영야류와 동래야류 등 일부 경우를 제외하고는 대부분

---

9) 전경욱, 『한국가면극, 그 역사와 원리』(서울 : 열화당, 1998), 114쪽.

파계승이 등장하는 중마당, 혹은 노장과장이 중요한 일부로서 포함되어 있다. 가장 고형으로 추정되는 서낭굿 탈춤인 하회탈놀이의 파계승놀이, 산대도감계통 탈춤인 수도권의 양주별산대와 송파산대놀이의 노장과장, 해서지역 탈춤인 봉산탈춤의 노장과장, 강령탈춤과 은율탈춤의 노승과장, 그리고 영남지역 탈춤인 가산오광대의 중마당, 고성오광대의 승무과장 등 중마당은 전국적인 분포양상을 보인다. 심지어 탈춤이 부재하는 것으로 알려진 호남지역의 경우에도 농악의 잡색역할들 중 중광대, 조리중 등의 중 인물이 등장하고 있어10) 이전에는 중마당이 연행되었을 가능성을 시사해 준다. 이 점에서 앞서 언급한 대로 중마당은 민간연희인 탈춤의 구성에서 중요한 위치를 점유하고 있음을 확인할 수 있다. 특히 수도권 지역과 해서지역에 분포한 탈춤의 경우 중마당, 혹은 노장과장이 전체적인 극적 구성에 있어서 가장 큰 비중을 점유하고 있는 점이 주목된다.

따라서 본고의 논의중점인 탈춤의 중마당과 극적 형식으로서의 승무의 상관관계를 보다 구체적으로 밝히기 위해서는 양자의 극적 서사구조에 대한 비교분석이 가해져야 할 것이다. 즉, 양자에 등장하는 등장인물과 그들의 상호관계, 그리고 그를 통해 구축되는 극적 행동의 양상을 상호비교하여 구체적인 상응성과 유사성을 도출함으로써 양자의 영향관계에 대한 추찰이 가능할 것이기 때문이다. 이를 위해 우선 가장 구체적인 연행자료를 보여주는『교방가요』의 승무의 극적 담화구조를 먼저 살펴보고 이어 각 탈춤의 중마당의 극적 담화구조를 살펴봄으로써 비교준거를 찾아보기로 한다.

---

10) 정병호,『한국의 민속춤』(서울 : 삼성출판사, 1993), 267, 278, 284쪽.

1. 승무의 극적 담화구조

앞서 인용한 『교방가요』의 승무 관련 설명을 인물간의 상호관계와 극적 서사구조를 중심으로 정리하면 다음과 같다.

ㄱ) 한량(풍류랑)과 기생의 친화
ㄴ) 상좌가 노승을 기생에게 유도
ㄷ) 주저하던 노승이 기생에게 접근 + 한량의 퇴장
ㄹ) 노승이 기생을 희롱하고 친화 + 한량의 등장과 노승의 퇴장
ㅁ) 한량이 비단신을 기생의 발에 신겨주고 퇴장
ㅂ) 노승이 등장하여 꽃신을 기생의 발에 바꿔 신기고 퇴장
ㅅ) 재등장한 한량이 신발이 바뀐 것을 보고 노하여 기생을 때림
ㅇ) 기생이 우는 시늉을 하자 누그러진 한량이 기생을 위로하고 퇴장
ㅈ) 노승이 재등장하여 기생을 희롱하다가 업고 도주
ㅊ) 술에 취한 한량이 재등장하여 기생의 실종을 알고 슬퍼함
ㅋ) 기생이 돌아와 한량을 위로하나 노한 한량이 기생을 구박
ㅌ) 한량과 소기의 친화
ㅍ) 질투심을 느낀 기생이 소기를 구박
ㅎ) 모든 인물의 퇴장과 종결

한편 한량, 노승, 기생, 소기, 상좌 5인이 등장하는 승무의 극 행동을 추진시키는 등장인물들의 관계는 아래와 같이 요약된다. (실선=친화, 화살선=대립/갈등)

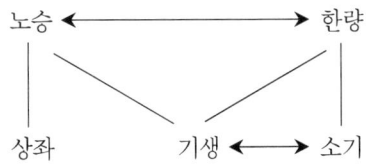

이상의 정리사항을 종합해 볼 때 승무의 극적 플롯은 탈춤에 비해 상대적으로 복잡한 인물들간의 친화 및 대립관계를 통해 전개되고 있음을 알 수 있으며 이는 한량-기생-노승, 그리고 기생-한량-소기의 인물조합에 따른 이중적 삼각갈등관계 설정에서 비롯된다고 할 수 있다. 전자의 경우 한량이 기생에게 제공하는 비단신과 노승이 제공하는 꽃신은 양자의 갈등/경쟁관계를 극명하게 제시하는 오브제이며 이는 탈춤의 신장수 대목과 상응된다. 나아가 후반부에서 한량과 소기의 친화관계, 기생과 소기의 대립관계가 개입되는 것은 일면 탈춤에서의 할미과장에서 보여지는 할미-할아비-후첩과의 삼각관계와 상응하는 양상을 보여준다. 그러나 극의 양식 측면에서 주목되는 것은 극적 행동의 구성에서와 마찬가지로 탈춤에 비해 한층 구체적이고 사실적인 표현방식을 취하고 있는 점이다. 즉, 기생의 변절에 분노한 한량이 기생을 구타하고 이에 기생이 울자 이에 누그러진 한량이 기생을 달래는 장면이나 한량이 술에 취해 비틀거리며 등장하는 장면 등은 탈춤에 비해 적잖은 사실성을 보여주는 양식적 변별성을 예시하고 있다.

한편 주제 측면에 있어서 편저자인 정현석은 다음과 같이 부기(附記)하고 있다.

> 이것은 한 마당의 잡희에 불과하나 본래의 의미를 깊이 생각해 보자면 권징(권선징악)의 뜻이 있다. 여자는 처음에는 정조를 지닌 듯하나 끝내는 음란해지고, 선비는 처음에는 지조를 지키는 듯하나 끝내는 어그러지며, 중은 처음에는 계율을 지키는 듯하나 끝내는 미치광이가 된다. 이는 곧 인간세상의 희롱에 휩쓸려 끝내 자신을 이겨내는 자가 드물다는 것이다. 구경하는 자도 이와 마찬가지이다. (此一場雜戱也 然究其本義 亦寓勸懲之義 女始若懷貞 終爲淫亂 士始若守操 終爲乖悖 僧始若戒行 終爲癡狂 此乃調戱人間 鮮克有終者也 覽者如是)11)

다시 말해 승무는 세상의 유혹에 빠져 자신의 본분을 상실하는 인간의 우매한 모습을 보여주는 권선징악의 교훈을 주제로 취하며 이는 탈춤의 중마당과 크게 다르지 않다. 그러나 탈춤에 비해 짜임새 있는 플롯의 구성과 사실적인 표현을 통해 주제의 전달력을 강화하고 있는 점에서 변별점을 보여준다.

2. 탈춤 중마당의 극적 담화구조

우리나라 각 지방에 전승, 분포되어 있는 탈춤의 중마당을 중심으로 내재된 극적 담화구조와 인물구성 및 관계양상을 살펴봄으로써『교방가요』에 기록된 승무와의 비교준거를 찾아보기로 한다.

가. 하회별신굿

마을의 서낭신을 모시는 동제의 일부로 행해지는 하회별신굿 탈놀이의 세 번째 과장인 파계승놀이의 기본 플롯을 요약하면 다음과 같다.(이두현, 1980, 최상수, 1985 : 159, 박진태, 1990 : 94)

ㄱ) 중이 등장하여 춤을 추고 있는 각시를 염탐한다.
ㄴ) 각시가 오줌을 눈 자리의 냄새를 맡은 중이 흥분한다.
ㄷ) 각시가 놀라 달아나다 결국 중과 어울려 춤을 춘다.
ㄹ) 양반의 하인 초랭이가 등장하자 중이 각시를 업고 도주한다.

위에서 보듯 하회별신굿의 중마당은 각시의 미모에 반한 중이 각시를 유혹하고 각시가 이에 반발하다 결국 유혹에 넘어가는 과정의 소박하고도 단순한 극적 담화구조를 취하고 있다. 이는 위에서 살펴본 승무

---

11)『교방가요』, 220쪽.

의 플롯 중 한량의 행동을 배제한 ㄷ), ㄹ), ㅈ)의 부분에 상응한다. 하회탈춤의 중마당에는 중과 각시의 친화관계를 방해하는 적역이 부재하므로 특별한 극적 긴장이나 대립이 발생하지 않는다. 이러한 긴장감은 오히려 중마당에 이어지는 네 번째 과장인 양반선비놀이에서 관찰된다. 이 과장에서는 부네(첩)을 사이에 두고 양반과 선비가 각각 지체와 학식을 과시하며 대립관계를 형성하다가 백정이 들고 나온 우랑을 서로 사려고 실갱이를 벌이는 풍자적 장면이 연출된다. 이 점에서 하회탈춤의 파계승놀이와 양반선비놀이를 결합하고 양반을 중으로 치환시킬 경우 극적 갈등구조에 있어서 승무의 플롯과 어느 정도 상응되는 극적 담화를 유출할 수 있다. 무엇보다도 중이 각시를 데리고 도주하는 중도둑, 그리고 파계승 모티프는 양자에 공통된 핵심적 주제동기를 이루고 있다. 나아가 하회탈춤의 중마당은 승려의 신분에 어울리지 않는 중도둑 모티프에 따른 풍자성에도 불구하고 중부와 해서지역 탈춤에서와 같은 직접적인 응징 행동이 누락되어 있는 이는 무속굿의 여흥으로 행해지는 굿놀이의 중도둑 모티프에 내재된 생산신, 풍요신으로서의 상서로운 성격을 보여주는 점에서[12] 보다 고형에 속한다고 볼 수 있다.

---

[12] 중이 등장하는 굿놀이 종목으로는 황해도굿의 시성공부 놀이, 서해안 풍어굿의 중놀이, 동해안별신굿의 중도둑잡이놀이가 대표적이며 그 외 개별적인 성격의 굿놀이로서 거제도 중팡대놀이, 예천 청단놀음의 얼레방아놀음 등을 들 수 있다. 무속굿의 경우 중놀이는 천신이자 불교계 신격인 제석신을 모시는 제석거리 뒤에 연행되는 점에서 제석신과 중의 의미상응성을 확인할 수 있다. 서사구조 측면에서 생산신으로서의 중의 상징적 성격을 지시하는 예는 동해안별신굿의 당금아기 무가에서 가장 분명히 보여진다. 이 서사에서 당금아기를 범하여 삼태성을 낳게 한 처녀도둑으로서의 중은 곧 석가세존으로 간주될 정도로 승신(僧神)으로서의 신성성이 부여되어 있다. 굿놀이 계통 중놀이의 신성기원과 후대 변용과정에 관해서는 이인옥,「가면극의 중마당 연구」, 중앙대 석사학위논문(1999) 참조.

나. 양주별산대

　현행 전승되는 내용을 기준으로 감안할 때 산대도감계통극의 탈춤과 해서지방의 탈춤은 다른 지역의 탈춤에 비해 극적 짜임새, 대사의 분량 및 현학적 표현성 등에 있어 우월한 양상을 보여준다. 양주별산대의 노장과장의 경우에도 노장이 등장하기 전 파계승놀이-신장수놀이-취발이놀이로 구분되는 비교적 복잡한 구성방식을 취하고 있다. 파계승놀이에서는 팔목중들이 번갈아 노장을 놀리는 행동을 하다가 종결부에서 목중들이 퇴장한 뒤 소무 2인이 등장한다. 본고의 논의대상인 승무와 상응되는 이 장면 이후의 극적 담화구조를 정리하면 다음과 같다.

ㄱ) 노장이 지팡이를 던져버리고 일어나 춤을 춘다.
ㄴ) 소무 2인이 등장하여 춤을 춘다.
ㄷ) 노장이 소무들을 번갈아 희롱하나 거부당한다.
ㄹ) 노한 노장이 송낙을 벗고 장삼을 찢어버린 뒤 여러 가지 세속적 행동을 한다.
ㅁ) 소무들이 노장을 유혹하자 누그러진 노장이 장삼을 다시 입고 소무들과 춤을 추며 희롱한다.
ㅂ) 노장이 신장수에게 두 소무들에게 줄 신을 흥정한다.
ㅅ) 흥정이 깨지고 신장수가 원숭이를 보내 소무를 유혹하게 한다.
ㅇ) 노장과 취발이가 소무들을 사이에 두고 대결한다.
ㅈ) 노장이 소무1을 데리고 도주한다.
ㅊ) 취발이가 소무2를 유혹하여 통교한다.
ㅋ) 소무2가 아들을 낳는다.
ㅌ) 취발이가 아들을 글을 가르친다.

　이상의 줄거리에 개입된 주요인물들의 관계를 요약하면 다음과 같다.

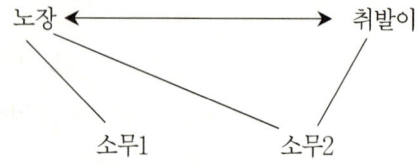

『교방가요』 계통의 극적 승무와 비교할 때 양주별산대 중마당의 주요한 변별점은 노장이 2인의 소무와 친화관계를 맺는 점과 신장수의 등장, 소무2의 출산장면이다. 승무에도 2인의 기생이 등장하나 그들은 기본적으로 한량에게 속한 인물들이다. 반면 양주별산대의 경우 2인의 소무는 먼저 노승에게 속하였다가 1인은 노승에게, 1인은 취발이에게 속한다. 결국 비록 노승이 취발이의 위세에 눌려 도주하나 각각 1인의 소무를 취하였기에 승무에서처럼 패배한 것이 아니라 대등한 관계에 있다고 볼 수 있다. 그럼에도 불구하고 노장이 소무1을 데리고 도주하는 장면은 승무의 ㅈ)과 동일하다. 나아가 소무 2인의 관계가 승무에서처럼 적대/경쟁관계라기보다는 친화관계의 양상을 보이는 점에서 승무와 분명한 변별점을 보인다. 한편 승무에서는 누락되어 있으나 노장이 신장수로부터 소무들에게 선물할 신을 흥정하는 장면은 비록 신의 구입과 전달에는 실패하나 승무의 ㅂ)과 상응되는 중요한 모티프이다. 이와 함께 양주별산대의 다음 과장인 샌님(양반)과장에서는 노쇠한 샌님이 정력적인 포도부장에게 소무를 빼앗기는 줄거리인 바 여기서 샌님이 소무를 보내고 신세한탄을 하며 우는 장면은 승무의 ㅊ)과 일말의 상응성을 보여준다. 이와 함께 승무에서 비록 양주별산대에서처럼 구체적인 흥정과정이 누락되어 있음에도 불구하고 한량과 노장이 소무를 유혹하기 위해 제공하는 비단신과 꽃신의 모티프가 양주별산대의 신장수 대목과 상응성을 보여주는 점은 탈춤 중과장과 승무의 영향관계를 상정하는 점에서 특히 주목된다.

다. 봉산탈춤

해서지방 탈춤의 대표적인 형태인 봉산탈춤의 4과장인 노장과장은 팔목중들이 노장을 희롱, 풍자하는 장면으로 시작된다. 앞의 경우와 마찬가지로 승무의 극적 담화구조와의 상응성을 확인하기 위해 소무가 등장하는 장면부터 그 극적 문맥을 요약하면 다음과 같다.

ㄱ) 목중들이 소무를 남여(藍輿)에 태워 등장한다.
ㄴ) 춤을 추는 소무의 미색을 본 노장이 욕심이 동하여 소무에게 접근한다.
ㄷ) 소무가 놀라서 피한다.
ㄹ) 노장이 접근하여 소무의 목에 염주를 걸어주며 유혹하며 함께 춤춘다.
ㅁ) 노장이 신장수에게 소무의 신을 산다.
ㅂ) 신장수의 짐 속에 있던 원숭이가 나온다.
ㅅ) 신장수의 지시에 따라 신값을 받으러 간 원숭이가 소무를 범한다.
ㅇ) 신장수가 다시 원숭이를 노장에게 보내 신값을 받아오게 한다.
ㅈ) 노장이 보낸 편지내용을 오해한 신장수가 놀라 도망친다.
ㅊ) 취발이가 등장하여 노장과 소무를 놓고 대립한다.
ㅋ) 취발이가 노장에게 얻어맞는다.
ㅌ) 취발이가 노장을 공격하여 쫓아내고 돈으로 소무를 유혹하여 통정한다.
ㅍ) 소무가 아들을 낳는다.
ㅎ) 취발이가 아들에게 글을 가르친다.

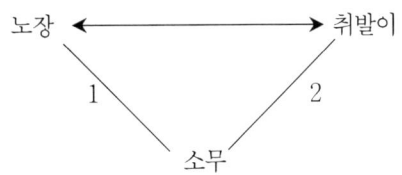

이상 정리된 사항을 종합할 때 봉산탈춤의 노장과장은 기본적인 극적 담화구조 및 인물구성에 있어서 승무와 가장 근접한 유사성을 보여준다는 점에서 주목된다. 즉, 노승의 유혹에 놀라 달아난 소무가 점차 노승과 친화되는 장면, 노장이 신장수에게서 신을 구입하는 장면, 노장이 취발이에게 일방적으로 밀리지 않고 취발이를 먼저 공격함에 따라 첨예한 갈등구조가 형성되는 점, 종국에 취발이가 노승을 제압하여 소무를 차지하는 점 등은 기본적으로 『교방가요』계통의 승무와 동일한 모티프들이다. 반면 양주별산대 노장과장과 마찬가지로 원숭이가 소무를 간통하는 장면, 소무의 출산과 아들의 출생, 교육 장면 등은 승무에서는 보여지지 않는 변별점으로서 극적 재미를 위해 후대에 부가된 것으로 추정된다. 아울러 봉산탈춤의 경우 승무에서 등장하는 소기가 등장하지 않아 등장인물들간의 갈등관계가 상대적으로 단순한 반면 노장-소무-취발이의 삼각관계를 통한 갈등양상이 승무에 비해 한층 높은 집중성을 지니고 있다고 할 수 있다.

라. 가산오광대

영남지방의 탈춤인 오광대는 같은 지역에 속한 야류, 혹은 들놀음 계열의 탈춤과는 달리 대부분 중과장을 포함하고 있는 바『교방가요』의 저술배경이 진주임을 감안할 때 승무와의 상응성을 살피는 데 있어 특별히 주목되는 대상이라 할 수 있다. 우선 영남지역 탈춤의 중마당 중 서사구조가 비교적 복잡한 가산오광대(이두현본)의 다섯 번째 곡목인 중과장의 줄거리는 다음과 같다.

ㄱ) 소무가 서울애기를 데리고 들어와 양반 옆에 데려다 놓고 퇴장한다.
ㄴ) 상좌가 노장을 데리고 등장한다.

ㄷ) 노장이 서울애기를 보고 음심이 동해 유혹하여 등에 업고 달아난다.
ㄹ) 노한 양반이 말뚝이를 불러 노장을 잡아올 것을 명한다.
ㅁ) 말뚝이가 노장을 잡아 양반에게 데려온다.
ㅂ) 양반이 노장에게 곤장을 치게 하자 상좌가 몸으로 만류한다.
ㅅ) 양반이 노장에게 다짐을 받고 풀어준다.
ㅇ) 노장이 신세한탄을 하고 중의 복색을 벗어던지고 파계한다.

가산오광대 중과장을 승무의 극적 구조와 비교할 때 노장이 서울애기를 유혹하여 데리고 달아나는 대목은 동일하나 노장이 말뚝이에 의해 양반에게 소환되어 처벌을 받는 대목은 중요한 변별양상을 보여준다. 다시 말해 중부, 해서지역 탈춤에서의 소무를 사이에 둔 노장과 취발이의 첨예한 갈등관계가 배제되고 이례적으로 노장이 양반에 의해 일탈행위에 대한 징벌을 받는 담화구조를 취하고 있다. 이에 따라 가산오광대의 중마당은 중부지역 탈춤에 비해 노장의 패배가 쉽게 이루어지며 그만큼 극적 갈등이 약화된 양상을 보여준다. 또한 승무의 경우 노장에 대한 양반의 처벌 모티프는 배제되어 있으며 다만 한량이 기생의 실종에 슬퍼하다가 돌아온 기생을 문책하는 장면만이 있을 뿐이다. 또한 종결부에서 노장이 중노릇을 포기하고 파계하는 모티프 역시 승무에서 관찰되지 않는 변별점이다.

마. 그 외 오광대

진주오광대 탈놀이는 승무에 관한 기록을 담은 『교방가요』가 쓰여진 지역이라는 점에서 승무와의 역사적 상응 및 영향관계에 대한 단서의 검증을 위해 우선적인 주목 대상이다. 그러나 실제적인 연행내용을 볼 때 앞서 검토한 중부, 해서지역을 중심으로 한 다른 지역의 탈놀이에 비해 오히려 상응성이 취약한 단순한 서사구조를 보이고 있다. 최상수 본 진주오광대 4과장의 중과장 내용은 다음과 같다.

ㄱ) 2인의 소무가 등장하여 손춤을 춘다.
ㄴ) 상좌를 앞세우고 노장이 등장한다.
ㄷ) 노장이 두 소무를 보고 번갈아 가며 접근하여 유혹하는 춤을 춘다.
ㄹ) 노장과 두 소무가 어울려 춤을 춘다.

이상의 연행절차에서 확인되는 바 진주오광대에서 소무 2인이 등장하여 노장과 어울리는 점을 제외하고는 상응점을 찾을 수 없을 정도의 단순한 줄거리를 취하고 있다. 이러한 축약 양상은 통영, 고성, 김해 오광대에서도 동일하게 노정되는 특징이다. 통영 오광대 2과장 중과장의 경우 진주오광대가 거의 유사한 연행구조를 보이며 고성오광대 1과장 승무과장(최상수 본)의 경우에도 노장이 소무 1인과 등장하여 유혹하는 춤을 추는 간소한 내용을 취하고 있다. 나아가 김해오광대(최상수 본)의 1과장 중과장의 경우는 소무의 등장이 배제된 채 노장과 상좌만이 등장하여 중타령에 맞추어 춤을 추는 식의 극도로 간략한 연행양상을 보이고 있다. 일면 서사구조의 단순성은 생산신으로서의 중도둑 모티프를 내포한 원초서사에 그만큼 가까운 원형성을 담지하고 있다고 해석할 수도 있으나 본고의 논의대상인 승무와의 비교관계에 있어서는 취약한 상응성을 노정하고 있을 뿐 아니라 승무의 서사구조가 영남지역보다는 중부, 해서지역 탈춤의 중마당에 영향받았을 가능성을 시사하고 있다.

『교방가요』에 기록된 승무와 전국에 산재한 각 지역의 탈춤의 연행구조를 비교한 이상의 논의를 종합할 때 승무는 『교방가요』가 속한 진주를 비롯한 경남지역 탈놀이의 중과장, 혹은 노장과장보다는 오히려 중부지역 산대도감 계통극에 속하는 양주별산대와 해서지역에 속하는 봉산탈춤의 서사구조와 가장 높은 정도의 친연양상을 보이고 있음을 확인할 수 있다. 특히 극적 담화에 있어서 비록 완벽한 일치양상을 보이지는 않으나 노장이 (신장수에게) 신을 사서 소무에게 선사하는 대목은 『교방가요』가 쓰여진 영남지방의 야류나 오광대 계통의 중과장에서 전혀 보여지지 않는 점에서 양주별산대 및 봉산탈춤과 승무의 영향 관계를 암시하는 구체적인 공통분모라고 할 수 있다. 아울러 앞서 언급한 대로 『교방가요』에 앞서 해서지방의 승무에 관한 활발한 연행기록들이 산견되고 있는 점에 비추어 볼 때 진주지역의 승무는 인근 지역의 탈춤보다는 중부 및 해서지역의 탈춤, 나아가 이들 지역의 탈춤으로부터 파생된 승무가 유입된 결과로 추정된다. 이는 그간 일방적으로 당연시되어 온 남사당패의 유랑공연에 따른 전번 가능성 외에도 앞서 지적한 대로 지방 교방에 속한 기녀들이 중앙의 궁중행사에 차출되었다가 환향할 때 그 곳에서 배우거나 보았던 승무를 환향 후 교방에서 행함으로써 이식한 것으로 볼 수 있다.

그럼에도 불구하고 탈춤에서 보여지는 취발이나 양반의 대사표현이 승무에서 배제되어 있는 점, 승무에서 가면의 착용이 배제되어 있는 점은 승무와 탈춤의 중요한 차이점이라 할 수 있다. 그 중에서도 가면의 배제는 지방 관아에서 기녀들의 미색을 부각시킴으로써 볼거리의 재미를 부각시킨 결과로 보여진다. 나아가 승무에서 기녀들이 남자 역할을 하는 데 반해 탈춤에서는 남성 연희자들이 여성 역할을 전담하는 대조적 양상을 보여주는 점에서 흥미롭다. 이는 교방정재의 한 종목으로 행해진 승무의 경우 모든 정재 종목들의 연행을 전담하는 여기들이 남성 역할을 하는 데 따른 극적 재미가 한층 배가되었을 것이며 반대로 탈춤의 경우 사회적 도덕관념상 여성들이 탈판 무대에 남성들과 함께 연기하는 것이 불온시되었던 윤리적 이유에 따른 것이라 할 수 있다.

Ⅳ.『교방가요』계통 승무의 계통과 전승양상

　이상의 논의를 통해『교방가요』에 기록된 바의 승무는 현재 우리 무용계에서 일반적으로 통칭되는 홀춤 승무와는 담화구조 및 양식특성 면에서 계통이 상이하며 직접적인 상관성은 취약함을 확인할 수 있다. 결론적으로 조선 후기 지방 관아에서 인기있는 종목으로 연행되었던 승무는 민간에서 성행한 탈춤의 노장과장을 기녀들에 의한 연행물로 각색한 무용극적인 형태인 반면 독무로서의 승무는 불교사찰에서 승려들에 의해 연행된 작법무용, 그 중 특히 법고춤에서 직접적 영향을 받아 각색, 혹은 창작된 홀춤 형태로 사료된다. 이 점에서 양자는 서사구조는 물론 양식과 기법 측면에서 적잖은 변별성을 지니고 있으며 계통이 상이한 별개의 춤 형식이라고 할 수 있다.

　이 점에서 조선말인 19세기 이후 불교의 속화로 인해 시가(市街)에서 불교의식무가 행해지고 이를 유랑예인패인 사당패들이 나름대로 각색하여 탈놀이의 독립된 노장과장으로 연행하였다는 설[13],『교방가요』계통의 승무가 남사당패에 의해 전국으로 확산되고 각지에서 독자적인 형태로 연행되어 기방무용화되면서 파계승 풍자보다는 파계승의 번민을 나타내는 홀춤으로 정착된 것으로 보는 견해[14]가 제기되어 일반화된 양상을 보이고 있다. 그러나 이러한 관점은 탈춤이 속한 민속무용극과 법고춤이 속한 불교의식무용의 계통 차이를 감안할 때 무리의 소지가 없지 않다. 우선 사찰 내에서 전승되다가 불교의 속화에 따라 시중으로 전파된 불교의식무에 오늘날 전승되는 작법무용 계통 이외에『교

---

[13] 박수진, 「승무 변천사 연구-사적 자료를 중심으로」(신라대 석사학위논문, 2001), 30쪽.
[14] 강향화, 「진주한량무에 관한 연구」(부산여대 석사학위논문, 1996), 17쪽.

방가요』계통의 승무가 포함되어 있었다는 사적 근거를 제시하고 있지 않는 점에서 근거가 취약하다고 할 수 있다. 나아가 만약 승려들이 연행한 불교의식무의 일환으로서의 승무가 존재했다면 이는 앞서 언급한 탈춤의 기악원류설에 대한 중요한 근거가 될 수 있을 것이다. 나아가 남사당패에 의한 승무 전번 가능성을 충분히 인정하더라도 앞서 제기한 교방여기들의 상경을 통한 전수가능성을 상정해 볼 때 남사당패를 승무 확산의 전적인 전담주체로 단정하기에는 무리가 없지 않다.

　아울러『교방가요』, 혹은 탈춤 계통의 승무가 후대 홀춤 승무의 직접적인 선행형태라는 가정 또한 문제가 있다. 앞서 지적한 대로 1908년 한성준이 창작, 상연한 것으로 알려진 홀춤 승무는 형식면에서 당시까지 전승되어 오던 불교의식무로서의 법고춤의 양식특성을 다분히 수용한 형태로 보여진다. 또한 극적 서사구조에 있어서도『교방가요』계열의 승무에서의 풍자 모티프보다는 중의 파계에 따른 번민을 보여주는 식으로 각색되었다는 가설 또한 불교작법무용에 공통된 불법(佛法)에의 귀의를 통한 구원과 해탈에의 염원이라는 종교적 주제성과 분위기를 감안할 때『교방가요』승무의 직접적 영향을 수용했다고 보기는 어려운 측면이 있다. 무엇보다도 형식 측면에서『교방가요』계통의 승무에는 현행 승무 후반부에서의 법고를 타박하는 장면이 전혀 보여지지 않는 반면 불교의식무용으로서의 법고춤은 현행 홀춤 승무와 복색 및 장단 구성에 있어서 상당한 정도의 상응성을 노정하고 있는 점에서 분명한 영향관계를 상정할 수 있다. 불교의식무가 여사당패의 매개역할을 통해 탈춤 일부 과장에 끼쳤을 영향 가능성은 오히려 중부 및 해서지역 탈춤의 도입부에서 행해지는 사당춤과 법고놀이 과장에서 더욱 농후하게 발견되며15) 이들 과장이 홀춤 승무의 창작에 끼쳤을 개연성에 대한 차후의 보다 면밀한 검토가 요구된다.

주지하듯이 홀춤 형태로서의 승무에 관한 기록은 이미 개화기인 20세기 초부터 산견된다. 이미 1907년 말 최초의 근대식 극장인 협률사에서 상연된 곡목의 일부로 승무가 포함되어 있다. 그러나 당시 연행된 승무가 『교방가요』계통의 승무인지 현행 홀춤 형태의 승무인지는 명확치 않으나 1908년 근대 한국창작춤의 독보적 존재가 된 한성준(1876-1942)이 당년 7월 개칭된 원각사에서 승무를 추었다는 기록을 감안할 때 홀춤 형태의 승무였을 개연성이 짙다고 추정된다.16)

한편 『교방가요』계통 승무의 전승과 관련하여 주목되는 대상은 오늘날 진주 지역에 전승되어 있는 진주한량무와의 사적 상관성이다. 진주한량무는 일제 통치기를 통해 단절된 것으로 알려지다가 진주권번 출신의 기녀 강귀례에 의해 재발굴되어 1979년 경남지역 무형문화재 제3호로 지정되어 있는 민속무용이다. 일반적으로 한량무는 조선 중기 남사당패들이 유랑연회 중 여흥을 위해 무동들이 춘 춤에서 기원하며 이후 남사당패가 분산되면서 1910년대 이후 성인의 춤으로 기방에서 창작되어 연행된 것으로 알려져 왔다.17) 그러나 진주한량무의 경우 오늘날 흔히 한량무로 통칭되는 독무 형식이 아니라 『교방가요』계통 승무와 거의 동일한 극적 서사와 인물구성을 취하고 있는 점에서 흥미로운 주목대상이다. 참고로 비교준거를 위해 현재 전승되어 있는 진주한량무18)의 극적 구성을 요약하면 다음과 같다.

---

15) 송영선, 「승무의 형성에 관한 연구」(이화여대 석사학위논문, 1998), 72-75쪽.
16) 박수진, 앞의 논문, 33쪽.
17) 성경린, 『한국 전통무용』(서울 : 일지사, 1995), 9쪽 ; 김온경, 『한국민속무용연구』 (대구 : 형설출판사, 1982), 265쪽 ; 장수원, 『한국무용개론』(서울 : 대광문화사, 1984), 239쪽.
18) 일제 치하 진주권번에서 전수, 연행했던 진주 한량무는 <교방가요>에 기록된 승무와 동일한 4인의 인물이 등장하는 4인 한량무였다가 후대 김덕명이 일제시대 양산권번의 춤 선생이었던 김농주에게서 사사하였다는 7인 한량무로 변화되어 전승되고

1. 마당쇠가 등장하여 무대 주위를 한 바퀴 돌며 춤 춘 뒤 자리에 앉아 곰방대와 주머니를 만지락거린다.
2. 주모가 등장하여 마당쇠를 문책하고 빗자루를 던져주고 퇴장한다.
3. 마당쇠는 빗자루로 마당을 쓴다.
4. 색시와 한량이 등장하여 함께 춤을 추고 한량이 색시의 선물을 사러 나간다.
5. 중이 상좌를 앞세우고 등장하여 색시의 춤을 보고는 쓰고 있던 송낙을 집어던지고 미친 듯이 춤추며 색시에게 접근한다.
6. 상좌는 노승의 행동을 경계하기 위해 목탁을 두드리다 퇴장하고 노승은 색시와 춤을 춘 뒤 선물을 사기 위해 퇴장한다.
7. 별감이 등장하여 색시의 접근에 아랑곳 않고 춤을 추다가 퇴장한다.
8. 한량이 꽃신을 사 들고 등장하여 색시 발에 신긴 뒤 색시와 대무하고 퇴장한다.
9. 노승이 꽃신을 사 들고 등장하여 한량의 꽃신을 보고 화가 나서 벗겨버리고 자신이 사 온 신을 신겨준다. 색시는 노승을 감싸 안는 동작을 하며 다가가 얼싸안고 함께 퇴장한다.
10. 이를 지켜보던 한량이 화가 나 부채질을 하며 주모에게 술상을 청한다.
11. 주모가 술상을 들고 궁둥춤을 추며 등장하여 굿거리장단에서 한량에게 술을 따르며 유혹하려 하자 한량이 화를 낸다. 주모가 퇴장한다.
12. 만취한 한량이 취객춤을 춘다.
13. 색시가 중을 버리고 돌아오나 한량은 색시의 등을 돌려 발로 차 버린다.
14. 색시가 노승에게 돌아가나 노승 역시 그녀를 차 버린다.
15. 다시 한량에게 매달리나 역시 차 버린다. 색시가 우는 시늉을 한다.
16. 한량이 색시의 우는 모습에 놀라 돌아와 색시를 달랜다.
17. 색시가 울음을 그치고 한량과 춤을 춘다. 주모와 마당쇠, 상좌와 중이 다시 만나 함께 춤을 추며 끝난다.

이상 요약한 진주한량무는 대사가 배제되었을 뿐 분명한 극적 서사

있다(성기숙, 1999:113-114 참조).

를 수반한 무용극적 양식특성을 보여주며 무엇보다도 기본구조에 있어서 『교방가요』에 기록된 승무의 연행절차와 거의 일치하는 상응성을 보여준다. 본래 진주한량무는 『교방가요』 승무와 같이 한량, 색시, 중, 상좌 4인이 등장하는 4인 한량무였다가 후대에 주모, 마당쇠, 별감과 같은 부수적 인물들이 추가되어 극적 재미를 증강시킨 7인 한량무로 전화된 것으로 보여지며 이 점에서 진주한량무는 『교방가요』에 기록된 진주 승무의 직접적인 계승형태임을 확인할 수 있다. 여기서 문제가 되는 것은 승무에서 한량무로의 명칭 변화 이유인 바 이는 1900대 이후 창작무로서의 홀춤 승무가 대중화되면서 용어상의 혼동을 피하기 위해 한량무로 수정한 것이라 볼 수 있다. 더욱이 『교방가요』 계통 승무에 있어서의 극 행동을 주도하는 주체는 노장보다는 한량이라고 볼 수 있기에 이러한 명칭 전화에 따른 무리는 없어 보인다.

이러한 명칭 분화 및 변경과 관련하여 주목할 만한 참조사항은 이미 1900년대 초부터 대중을 대상으로 상연된 공연 종목에 승무와 한량무가 별개의 종목으로 연행되었다는 점이다. 한 예로 한량무의 무대공연에 관한 기록은 김천홍의 증언에 따르면 1899년 설립된 아현무동연희장, 1900년 용산무동연희장에서 연행되었다고 하며[19] 1907년 협률사 공연(매일신보, 황성신문, 1907. 12. 24) 1908년 동대문 안 광무대에서 행해진 공연 종목에 한량무와 승무가 별개로 기재되어 있으며(황성신문, 1908. 5. 28) 1940년 일본 동경의 히비야 공화당에서 행해진 한성준의 조선춤 발표회의 공연 종목에도 승무와 폐량무(閉良舞 ; 한량무의 誤記 추정)가 별도로 기재되어 있다. 여기서 폐량무, 즉 한량무의 내용은 『교방가요』 승무 및 후대의 진주한량무와 거의 유사한 반면 승무는 그가 창

---

19) 홍웅기, 「한량무에 관한 비교연구-교방가요와 구전을 중심으로」(세종대 석사학위논문, 1991), 15쪽.

작한 홑춤 형식으로 추정된다. 여기서 이미 20세기 초부터 독무 형식으로서의 승무가 안출, 공연되었으며 기존의 『교방가요』계통 승무는 한량무로 개칭되어 전승되었음을 상정할 수 있다.

V. 결론

이상을 통한 본고의 논의는 『교방가요』에 기록된 바의 무용극적 형태의 승무와 전국에 산재한 탈춤의 중과장의 서사 및 담화구조를 비교함으로써 양자의 역사적 친연 및 영향관계를 추찰하는 데 주목하였다. 이를 통해 『교방가요』계통의 승무는 그가 속한 영남지역의 오광대와 들놀음 계통의 탈춤보다는 오히려 중부, 해서지역의 탈춤에서 핵심적 부분으로 연행되어 온 노장과장과 유사한 극적 서사와 인물구성 양상을 보이고 있음을 확인하였으며 이를 통해 진주교방 소속 기녀들이 상경하여 보거나 익힌 탈춤의 중과장이나 승무 계통의 춤을 진주교방에 이식하였을 가능성을 상정할 수 있다. 특히 이러한 논의는 그간 학계에 거의 일방적으로 당연시되어 온 남사당패의 매개역할을 통한 무용극적 승무의 전번이라는 가설에 대한 재고를 요한다는 점에서 한 의의를 찾을 수 있다. 이와 함께 주목되어야 할 것은 지방의 교방정재의 한 종목으로서 승무가 민간연희에 속하는 탈춤 과장을 수용하는 문화상승 과정에서 보여지는 지방문화의 자율적 향토화와 주체화 양상이라고 할 수 있다. 이는 무엇보다도 지방의 교방문화가 중앙의 궁중문화에 일방적인 종속상태에 있었으리라는 통념을 깨뜨리는 것이며 승무와 항장무의 예에서 보듯이 민간에서 인기있었던 연희종목을 융통성있게 수용하는 과정에 있어 교방문화가 더욱 개방적이었을 가능성을 상정케 한다. 이 점에서 그간 연구의 중심이었던 궁중정재에 대한 편향적 관심에서 벗어나 지방의 교방정재의 특수성과 개별성을 검토하는 연구작업 또한 확대되어야 할 것이다. 아울러 사당패, 혹은 사장패의 매개작용을 통해 불교 사찰 내에서 승려들에 의해 연행되던 무용극적 양식의 승무가 조선대를 통한 불교탄압에 따라 민간으로 전파되었을 가능성을 상정할 때 불교의식무의 일환으로서의 무용극의 존재 여부와 그 민간화 과정에 대한 보다 면밀한 고증연구가 요구된다고 할 수 있다.

참고문헌

강향화, 「진주한량무에 관한 연구」, 부산여대 석사학위논문, 1996.
권재남, 「불교의식무용이 승무에 미친 영향」, 영남대 석사학위논문, 1995.
김온경, 한국민속무용연구, 대구 : 형설출판사, 1982
박수진, 「승무변천사 연구-사적 자료를 중심으로」, 신라대 석사학위논문, 2001.
박진태, 『탈놀이의 기원과 구조』, 서울 : 새문사, 1990.
성경린, 『한국 전통무용』, 서울 : 일지사, 1995.
성기숙, 『한국 전통춤 연구』, 서울 : 현대미학사, 1999.
성무경, 「조선 후기 정재의 문화지형 스케치」, 민족무용 제3집, 서울 : 세계민족무용연구소, 2003.
송영선, 「승무의 형성에 관한 연구」, 이화여대 석사학위논문, 1998.
이두현, 『한국의 가면극』, 서울 : 일지사, 1980.
이인옥, 「가면극의 중마당 연구」, 중앙대 석사학위논문, 1999.
이혜구, 『한국음악연구』, 서울 : 국민음악연구회, 1957.
장수원, 『한국무용개론』, 서울 : 대광문화사, 1984.
전경욱, 『한국 가면극 그 역사와 원리』, 서울 : 열화당, 1998.
정병호, 『한국의 민속춤』, 서울 : 삼성출판사, 1993.
정현석, 『교방가요』, 성무경 역주, 서울 : 보고사, 2002.
최상수, 『산대, 성황신제 가면극의 연구』, 서울 : 성문각, 1985.
허동성, 「Buddhist Dance of Ladakh and Sikkim in India」, The Buddhist Legacy in Asian Culture and Art(국제학술세미나논문집) (L.A. : UCLA Center for Korean Studies, UCLA, 2004), 21-41쪽.
홍응기, 「한량무에 관한 비교연구-교방가요와 구전을 중심으로」, 세종대 석사학위논문, 1991.

저자 소개
(집필순)

허영일 (한국예술종합학교 교수, 세계민족무용연구소 소장)
강인숙 (경상대학교 교수)
장정수 (고려대학교 강사)
최진형 (세계민족무용연구소 책임연구원)
박은영 (세계민족무용연구소 연구원)
강경호 (세계민족무용연구소 연구원)
이의강 (세계민족무용연구소 책임연구원)
성무경 (세계민족무용연구소 책임연구원)
김은자 (세계민족무용연구소 연구원)
최 식 (세계민족무용연구소 연구원)
허동성 (세계민족무용연구소 책임연구원)

편집위원회

위 원 장 : 허 영 일 (한국예술종합학교 무용원 교수, 연구소장)
편집위원 : 민 경 찬 (한국예술종합학교 음악원 교수)
　　　　　홍 승 찬 (한국예술종합학교 무용원 교수)
　　　　　변 애 나 (세계민족무용연구소 특별연구원)
　　　　　강 인 숙 (경상대학교 무용과 교수)
　　　　　허 동 성 (세계민족무용연구소 책임연구원)
　　　　　성 무 경 (세계민족무용연구소 책임연구원)
　　　　　박 태 규 (세계민족무용연구소 책임연구원)
감　　사 : 홍 준 철 (한국예술종합학교 발전기금 국장)

연 구 원

특별연구원 : 강인숙, 박은영, 변애나
책임연구원 : 나경아, 박태규, 성무경, 이애현, 이의강, 최진형, 허동성
연 구 원 : 강경호, 김은자, 박은혜, 박정희, 이재옥, 임미희, 최식　(이상, 가나다 순)

세계민족무용연구소 학술총서 2

한국 전통무용의 변천과 전승

초판발행 2005년 7월 1일

책임편집 | 허영일
발 행 인 | 김흥국
발 행 처 | 도서출판 **보고사**

등　 록 | 1990년 12월(제6-0429)
주　 소 | 서울시 성북구 보문동7가 11번지 2층
전　 화 | 02)922-5120~1
팩　 스 | 02)922-6990
E-mail | kanapub3@chol.com
www.bogosabooks.co.kr

ISBN 89-8433-331-X (93680)

저자와의 협의에 의하여 인지를 생략합니다.
잘못된 책은 교환하여 드립니다.

정가 20,000 원